群星闪耀时
这个时代的足坛传奇

西班牙

SPAIN: THE INSIDE STORY OF
LA ROJA´S HISTORIC TREBLE

斗牛士军团的三冠王朝

［英］格拉汉姆·亨特 著
张玉强 严俊 郭磊 译

新世界出版社
NEW WORLD PRESS

北京版权保护中心海外合同登记
图字：01-2014-5034

图书在版编目（CIP）数据

西班牙：斗牛士军团的三冠王朝 / (英) 亨特著；张玉强，严俊，郭磊译. —北京：新世界出版社，2014.8
（群星闪耀时. 这个时代的足坛传奇）
ISBN 978-7-5104-5164-5

I. ①西… II. ①亨… ②张… ③严… ④郭… III. ①足球运动－体育运动史－西班牙 IV. ①G843.955.1

中国版本图书馆CIP数据核字(2014)第167163号

西班牙：斗牛士军团的三冠王朝

作　　者：[英] 格拉汉姆 · 亨特
译　　者：张玉强　严　俊　郭　磊
选题策划：蒋　祥　邓东文　陈中捷
责任编辑：刘丽刚
责任印制：李一鸣　高　金
出版发行：新世界出版社
社　　址：北京西城区百万庄大街24号（100037）
发 行 部：(010) 6899 5968　(010) 6899 8705（传真）
总 编 室：(010) 6899 5424　(010) 6832 6679（传真）
本社中文网址：http://www.nwp.cn
本社英文网址：http://www.newworld-press.com
版 权 部：+8610 6899 6306
版权部电子信箱：frank@nwp.com.cn
印　　刷：北京旭丰源印刷技术有限公司
经　　销：新华书店
开　　本：710×1000　1/16
字　　数：450千字　印　张：29.5
版　　次：2014年10月第1版　2014年10月第1次印刷
书　　号：ISBN 978-7-5104-5164-5
定　　价：79.80元

2014年6月18日，世界杯B组焦点战在马拉卡纳球场上演。智利队在上半场打入两粒进球。中场休息时分，伊涅斯塔、哈维·阿隆索和大卫·席尔瓦走下球场时略显沮丧，1:5输给荷兰后，情况已经不妙，对智利一战，他们没有抓住机会证明自己

2014年世界杯B组第二轮，一身白色球衣的爱德华多·巴尔加斯奔跑庆祝为智利队打入第一粒进球

2014年世界杯B组小组赛西班牙对阵智利，塞尔吉奥·布斯克茨错失进球良机，悔恨、无奈。西班牙独一无二的黄金时代成为历史

智利门将克劳迪奥·布拉沃扑救成功，成为西班牙一道无法逾越的屏障

小组赛1:5不敌荷兰，第二场又0:2负智利，卡索拉(左)和科克黯然离场

2014年在巴西的糟糕战绩让西班牙主教练博斯克有些无所适从。小组赛两连败是对卫冕冠军的重大打击，问题到底出在哪儿？需要全方位的反思

2014年6月13日，在巴西萨尔瓦多新水源球场，世界杯小组赛西班牙对战荷兰，罗本单刀突入禁区晃倒卡西后左脚劲射破门，打入第二粒进球。赛后，卡西含泪请求球迷原谅

西班牙被智利攻入两球，塞尔吉奥·拉莫斯安慰失落的队友霍尔迪·阿尔巴

西班牙替补门将雷纳难掩
失落之情

卫冕冠军状态低迷，伊涅斯塔侧影显出心有不甘，曾享三冠喜，今夕悲欲绝。足球的世界里，没有几支常胜将军。老去的是年华，不朽的是理想

西班牙出局，塞尔吉奥·拉莫斯隐忍的泪水若隐若现。如今的西班牙队走下神坛，“盛极而衰”是一条普遍规律，革故鼎新之后也许否极泰来，又是一番新图景

2013年6月30日，在巴西里约热内卢举行的2013联合会杯决赛，西班牙与巴西争夺冠军。巴西的保利尼奥和马塞洛与佩德罗(中)激战正酣

巴西的蒂亚戈·席尔瓦和西班牙7号比利亚在2013年联合会杯决赛的赛场竞争拼抢

弗雷德（右）梅开二度，为巴西攻入第三个进球，左为西班牙后卫阿斯皮利奎塔。赛后博斯克说：“我觉得第一个丢球和最后一个丢球是我们运气差了些，但我们不会找借口，巴西确实踢得更好。这场失利对我们会是不小的打击，但总的来说，我们这届联合会杯踢得不错。”

2013年联合会杯西班牙输给巴西，托雷斯凭借5粒进球受领金靴奖，能不能算是一点安慰？

伊涅斯塔（左）面对丹尼尔·阿尔维斯、奥斯卡和绿巨人“浩克”的防守从容带球，胜似闲庭信步

2008年2月21日，效力于皇家马德里的劳尔与西班牙国家队主教练阿拉贡内斯联合召开新闻发布会，似乎有意回应二人不和的传言

2008年欧洲杯，西班牙与俄罗斯的半决赛，卡普德维拉张开双臂奔跑，庆祝哈维进球

2008年6月26日，欧洲杯半决赛赛场，拉莫斯（左）与俄罗斯前锋阿尔沙文——一场智者与勇者的较量

卡西，作为队长，用他逆天的扑救支撑着斗牛士军团的后防

2008年欧洲杯决赛，伊涅斯塔、哈维、法布雷加斯一众队友胜利的欢呼响彻音乐之都维也纳

“金童”托雷斯一球定乾坤，身披国旗，接受闪光灯的聚焦

adidas
1
4
15
21
6

2008年6月29日，哈维助攻托雷斯打进致胜一球，西班牙1:0击败德国，问鼎欧洲杯冠军

托雷斯和队友为西班牙捧得2008年的德劳内杯

阿拉贡内斯把西班牙带上了冠军宝座，小伙子们把老帅抛向半空庆祝

德国战车不敌西班牙，球迷撅嘴，一脸失望

马德里巴拉哈斯机场，首次夺得欧洲杯冠军的斗牛士军团凯旋，主帅阿拉贡内斯一出机舱门，就将战利品高高举起

在穆尔西亚举行的2010年南非足球世界杯预选赛欧洲区小组赛中，执掌教鞭的博斯克现场指导，西班牙队主场以1:0战胜波黑队，博斯克爱抚伊涅斯塔

拉莫斯、哈维、托雷斯、马丁内斯、普约尔和略伦特等人，在约翰内斯堡回马德里的航班上，喜笑颜开

2010年7月12日，队长卡西利亚斯紧握大力神杯抵达马德里，载誉归国

2010年，南非世界杯决赛，身着客场球服的西班牙队
在约翰内斯堡的足球城体育场赛前合影留念

2010年，世界杯决赛，西班牙的塞尔吉奥·布斯克茨（左）和荷兰的韦斯利·斯内德争夺控球权

2010年世界杯半决赛，德班大球场，卡西、卡普德维拉、普约尔三人相拥

哈维、皮克、佩德罗、普约尔、卡普德维拉、托雷斯等人一起感受沉甸甸的喜悦

赫苏斯·纳瓦斯（左）和塞尔吉奥·拉莫斯亲吻这来之不易的大力神金杯

西班牙队队长卡西利亚斯举起大力神杯，塞尔吉奥·拉莫斯和马塔等队友分享快乐

伊涅斯塔——中场核心也有卖萌的一面

世界杯结束后，西班牙王储费利佩（右）与伊涅斯塔一起在更衣室庆祝夺冠

FIFA

大卫·席尔瓦、阿隆索、纳瓦斯、法布雷加斯、普约尔、埃尔南德斯、哈维，夺冠功臣陶醉在胜利的喜悦中

德国与西班牙中场的角逐——7号施魏因斯泰格和6号伊涅斯塔

比利亚和马塔的深情一吻

赢得世界杯冠军，大卫·席尔瓦向看台振臂高呼

2010年7月12日，回到马德里的主教练博斯克举杯，容光焕发

2010年南非世界杯，西班牙笑到了最后，胜利属于这支队伍的每一个人，每个热爱这支队伍的人都为这历史性的完美结局而疯狂

每个人都想感受这座奖杯的分量

2010年7月11日，世界杯决赛，荷兰老将范博梅尔（右）和小白伊涅斯塔的争抢

2012年，德劳内杯再次花落西班牙，主帅博斯克在回马德里的航班上

2012年7月2日，为胜利之师在机头插上国旗，伊比利亚航空公司的航班抵达马德里

欧洲杯卫冕冠军4:0横扫意大利的喜悦，溢于言表

卡西帅气逼人

雷纳、卡索拉、拉莫斯和阿隆索举杯同庆

法布雷加斯带球摆脱意大利后卫基耶利尼

2012年，西班牙夺冠后坐大巴游行庆祝。博斯克曾经允诺患有唐氏综合征的二儿子阿尔瓦罗会带他登上欢庆的大巴车，主帅做到了

佩德罗荣归故里

2012年再次捧回欧洲杯，他们似乎没有2008年时那么激动了，这一次的衣锦还乡是锦上添花

2012年欧洲杯决赛，西班牙、意大利列队准备开赛，基辅奥林匹克体育场星光闪耀

FIFA
KYIV
FA EURO 2012
SPECT
UEFA EURO 2012
RES

博斯克率领将士们领取奖牌后接受球迷的掌声和膜拜

炙手可热的球场天才纳瓦斯，跟随国家队征战2010世界杯和2012欧洲杯都拿下冠军

红色火焰创造了世界足坛的一段佳话

国王胡安·卡洛斯接见球队，和队长卡西利亚斯、主帅博斯克分享捧得欧洲杯的感受

卡西佩戴着胜利者的奖章，在掌声中穿过

托雷斯向球迷致敬，毕竟这些球迷追随国家队到乌克兰又忍受每晚5000欧元的天价宾馆也不是一件容易的事儿

夺得2012欧洲杯冠军后，西班牙队一行受到国王的接见。此次接见中，最萌的主角当属小公主索菲亚与莱昂诺尔。她们第一次见到传说中的“欧洲杯”，好奇心大发，想一探究竟

马德里市郊的扎祖勒皇宫，国王胡安·卡洛斯发表演说，赞扬4年来西班牙3次夺冠的丰功伟绩

博斯克在敞篷大巴上向球迷挥手致敬，百万球迷参加了狂欢

旌旗飘扬，大巴车驶向丰收女神广场

西班牙王室与西班牙球队上下合影

2012
CAMPEONES
DE EUROPA

集中起来的球迷欢呼雀跃，马德里被红色淹没，盛况空前

序

这本书的源头可以追溯到1982年6月13日，我的朋友格雷姆·朗西和我正在从阿伯丁赶往马拉加的2000英里朝圣之旅的半路上，我们准备追随苏格兰队征战世界杯，火车刚穿过伊伦[①]的边境，我们进入了巴斯克自治区，太阳已经升起，也需要补充水分了。

在外面的走廊上，一个喝高的英国人，穿着短裙，一副格子军的打扮，突然完全没有任何理由地挥着一个瓶子攻击了一位路过的西班牙人。

我凭着本能为吓坏了的当地人出头，准备去平息冲突，其他人也一起加入，努力平息事态。

不过到了下一站，西班牙乡村警察冲上了火车，挥舞着枪，他们很快抓到了肇事者，但他们听说我也曾经参与冲突，因此决定采用“抓一个，拿一群”的方法。在佛朗哥将军——从1939年到1975年的西班牙独裁统治者去世6年之后，西班牙人还站在犯错的一方，这并不是什么有趣的情况。

我们、暴徒、和事佬和扛着步枪的警察，都站在站台上接受炙热阳光的暴晒，而火车迈着沉重的步伐，开始一英尺一英尺地向前推进。

就在这时候，一个之前参与了和平进程的当地人从一扇车窗里探出头，对着那个全副武装的警察说了一串西班牙语，警察想了一下，轻轻地用枪柄推了我一下，意思是车门为我留着，让我赶上这趟火车，这时

---

① 译者注：西班牙巴斯克地区吉普斯夸省主要城市之一，伊伦以比达索阿河岸与法国交界。

候我已经被视为好人，而不是暴徒，我终于又回到了看球的路上。

如果苏格兰队在那届大赛上能够具备我的逆转速度，或许我们的最终结局不会是那样[1]。

就在那时候，我发现，西班牙队才是我心所属。

我热爱略显浮华、庄严肃穆且古老庞大的体育场，酒吧里令人难以置信的热烈争吵，各路平面媒体的分析和当皮球穿过球门发出的嘶嘶声。关于西班牙足球我唯一不太喜欢的是他们的足球风格：神经过于紧张，节奏缓慢，过分讲究传球，缺乏一种独特个性。

之后，情况发生了改变：佩普·瓜迪奥拉（Pep Guardiola）、阿尔伯特·费雷尔（Albert Ferrer）、米格尔·安赫尔·纳达尔（Miguel Ángel Nadal）、费尔南多·耶罗（Fernando Hierro）——他们带来了充满技术和勇气的足球。之后是盖斯卡·门迭塔（Gaizka Mendieta）、基科（Kiko）、费尔南多·莫伦特斯（Fernando Morientes）、劳尔（Raúl）和最终的哈维（Xavi）、伊克尔·卡西利亚斯（Iker Casillas）、费尔南多·托雷斯（Fernando Torres）和安德烈斯·伊涅斯塔（Andrés Iniesta）、大卫·比利亚（David Villa）、哈维·阿隆索（Xabi Alonso）、塞斯克·法布雷加斯（Cesc Fabregas）。

这个我所生活的国度，拥有令我着迷的西甲球队，到2007年时，西班牙国家队已经拥有了统治性的价值：技术、智慧、团队精神、辛勤工作、技巧以及对胜利的渴望，这是前所未见的。

2006年德国世界杯，我因为其他原因在西班牙队训练营附近工作；2008年和2012年欧洲杯，我代表欧足联官网负责西班牙队的报道；2010年世界杯，我作为国际足联电视制片人在那工作。要把这些工作统筹起来，我需要眼观六路、耳听八方。每一次新闻发布会，每一次训练课，每一次赛后混合区采访或者当场采访最佳球员。有时候因为

---

① 译者注：在巴西、苏联、新西兰的F小组中位列第三未能晋级第二轮小组赛。

工作关系会让我和西班牙队住在同一个酒店，有时候会被邀请进入他们的更衣室，比如在2010年世界杯决赛和2012年欧洲杯决赛之后。

要做好采访他们、安排他们的特写、录制短的比赛宣传片等核心工作，我们需要信任和很多非正式的聊天……球员们需要感觉到当他们和我，以及亚当·戈德芬奇（一位技术精湛的摄影师）、达尼·韦尔塔（一位超级西班牙记者）、费德·阿迪莱斯（拥有黄金嗓音，精通电视技术），甚至是格伦·“影子”·波斯特一起工作时，他们完全可以相信专业人士。在定期采访时，球员们会要求留下聊得更久一些，这样可以避开西班牙媒体的纠缠——我认为他们很喜欢和我们互动。

我当然很享受这份工作，感谢那些雇用我的组织。我也学会了很多东西，回去要重新开始一切，为这本书准备新的信息和采访，虽然我每天参与的新闻非常奇妙，但是需要练习着把所有细枝末节串联起来，以窥全貌。

但是首先得感谢西班牙国家队，他们从2007年开始成为了世界足坛的统治力量，他们的欧洲杯—世界杯—欧洲杯三连冠是足球史上独一无二的辉煌。

特别是两件事，让他们努力改写了此前从未有其他国家拥有能够实现大赛三连冠的天才、理性、渴望和组织的事实。

首先，他们的足球品牌是我们需要全世界的男孩和女孩们复制的。如果你最终更喜欢一支踢得更直接，善打长传战术的球队，或者不论你青睐的执教哲学是什么，那都很好。足球就像一个大房子，你需要确定，过去六七年来西班牙队带给我们的礼物——技术，比赛智慧和团队精神，把这些作为任何足球项目，不论是业余还是职业足球的基石来进行教育。

其次，共同打造了三连冠的所有球员、工作人员和管理层都是深思熟虑、脚踏实地、友善的一群人，是你在任何顶级体育运动中都会遇到的。我认为这些荣誉不仅仅是依靠与生俱来的天赋创造的，也是凭借睿智和策略、以华丽、智慧的风格执行而来的。如果我没有在书中展现出这些，那么我便没能达到自己出这本书的目的。

最后，尽管球迷们跋山涉水来跟随球队征战一届大赛，更重要的是他们都能理解一支整年都在征战顶级俱乐部赛事的球队，要克服各种障碍和陷阱达到最终至高点需要付出多么巨大的努力。也许没有攀登珠穆朗玛峰那么辛苦，但也像征服了多座名山大川一样。我为自己在记录他们所做的一切的过程中得到的友谊和帮助感到由衷的自豪。

斗牛士军团万岁！①

格拉汉姆·亨特

巴塞罗那，2013年9月

① 译者注：La Roja，西班牙语“红色军团”，是西班牙球迷对他们国家队的昵称，中国球迷称之为“斗牛士”或“斗牛士军团”。

译者序

2014年巴西世界杯前夕，就在西班牙队冲击大赛四连冠的历史性时刻，我和两位朋友与《西班牙》这本书不期而遇。本书作者格拉汉姆·亨特从2006年世界杯开始，连续四届大赛跟随西班牙国家队踏遍万水千山，亲身经历、见证了斗牛士军团的三连冠霸业，放眼当今世界，几乎找不到比他更适合来诉说斗牛士三连冠幕后故事的人了。作为体育媒体人，“西风烈”现象是近年来我们长期关注并希望找到答案的课题，因此我们很幸运能够借助本书为中国球迷揭开西班牙队成功的幕后点滴。

格拉汉姆·亨特，苏格兰人，生于阿伯丁，现年50岁，于10多年前举家移居巴塞罗那，他在天空电视台“西甲综述”节目中与另一位知名的足球评论员吉列姆·巴拉格搭档，成为西班牙足球的顶级足球分析家和评论员，他也是一位电视制片人、作家。他的另一本书《巴萨》是2013年最畅销的体育图书。

其实，亨特刚去西班牙时正赶上皇家马德里“银河舰队”的起飞期，不过他们一家人不太喜欢生活在马德里这样的内陆城市，他们更喜欢海洋，因此选择了在巴塞罗那定居。那时的巴萨一无是处，但不久之后，巴萨的革命到来了。同样，西班牙队当时在2006年世界杯上折戟，并在欧洲杯预选赛中被北爱尔兰队击败。而亨特当时为一些电视台和电台工作；为苏格兰队一些比赛的海外转播提供西班牙语评论；为一家北京的工作室报道比赛；2006年世界杯时，他在西班牙队训练营附近工作；2008年和2012年欧洲杯，他代表欧足联官网报道西班牙队的比赛；2010年世界杯时则是西班牙队的电视制片人。他“幸运”地赶上了西班牙队最黄金的年代。

在西班牙足球圈摸爬滚打多年，亨特和很多球星、教练成为了朋友，与罗纳尔迪尼奥、梅西称兄道弟，但他和西班牙球员的关系最为亲密，尤其是赫拉德·皮克。因此，在2010年世界杯决赛夺冠后，皮克拉着亨特一起过五关斩六将去寻找球门上的球网留作纪念。而当西班牙网球天王拉法·纳达尔、西班牙著名男高音多明戈和西班牙王后索菲娅在赛后来到更衣室向西班牙队球员表示祝贺时，亨特也在现场亲眼目睹。他甚至被西班牙队主教练德尔·博斯克开玩笑地称为球队“吉祥物”，因为他随队出征的几届大赛都夺冠了，而两届联合会杯他都没去，西班牙队也没赢。

本书关于三届大赛的回顾，主要采取日记体的形式，因为作者全程跟踪了斗牛士军团三冠征途的每一天，每一次新闻发布会，每一次训练课，每一次赛后混合区采访或者现场采访最佳球员。你可以跟随格拉汉姆·亨特的足迹，前往西班牙队的训练场、大巴、餐厅、酒店以及赛场。你将聆听路易斯·阿拉贡内斯和德尔·博斯克激励西班牙队建功立业的更衣室谈话，还有费尔南多·托雷斯、哈维、伊克尔·卡西利亚斯、大卫·比利亚、塞斯克·法布雷加斯、安德烈斯·伊涅斯塔、赫拉德·皮克以及其他开创斗牛士军团伟大时代的功臣们亲口讲述的点滴幕后故事。

你可以走近西班牙队两位功勋主教练，已故的“奥塔莱萨的智者”阿拉贡内斯与德尔·博斯克。老帅阿拉贡内斯为何冒天下之大不韪，坚决将“伯纳乌王子”劳尔赶出国家队，他为西班牙足球的破茧重生忍辱负重、厚积薄发，了解这位个性教练与弟子们的若干趣事。你也可以知道人品贵重的博斯克又是如何走出被皇马主席弗洛伦蒂诺·佩雷斯抛弃的阴霾，成功修复了2011/2012赛季因为皇马巴萨世纪大战所导致的更衣室裂痕，最终实现斗牛士军团的平稳过渡，奠定三连冠伟业。

网易体育主编　张玉强

目录
CONTENTS

第一章　不被爱的人

——拉森达体育场（Rasunda Stadium），斯德哥尔摩，瑞典[1]

——2006年10月7日

西班牙国家队正准备离开刚刚令他们受辱的球场，大约有300名西班牙球迷将球队大巴团团围住，大巴只能一点点向外挪动，不希望再给已经饱受球迷攻击的球队、主教练和足协主席再添新的伤痕。

“路易斯（阿拉贡内斯）滚蛋！”[2]

“大爷，你迷路了！”

“维拉，下课！”[3]

其中有一个声音特别刺耳。

“下课！下课！下课！”

球迷们很生气，也很疲惫，自掏腰包随队远征却目睹自己的国家队在客场0—2输给瑞典队，要多憋屈有多憋屈。他们对此所表达的语言、语气和接下来几天西班牙媒体的报道基调如出一辙。

技术性破产——《阿斯报》（Diario AS）

下课！！！——《世界体育报》（El Mundo Deportivo）

---

① 译者注：拉森达体育场是索尔纳AIK俱乐部主场，由于在1958年世界杯上，17岁的巴西前锋贝利在这里横空出世，这座球场因此也有了“巴西最伟大球员诞生地”的称号。

② 译者注：Luis Aragonés，路易斯·阿拉贡内斯，西班牙著名教练，1938年7月28日出生于马德里奥塔莱萨，2014年2月1日因为血癌医治无效去世，享年75岁。2004年至2008年担任西班牙国家队主教练，带领西班牙队夺取2008年欧洲杯冠军。

③ 译者注：Ángel María Villar，安赫尔·马里亚·维拉，1950年1月21日生于毕尔巴鄂，球员时代为毕尔巴鄂效力多年，从1988年开始至今一直担任西班牙足协主席。

路易斯（阿拉贡内斯），马上走人！——《每日体育报》（Sport）

路易斯的球队是个灾难——《真理报》（La Razón）

此时，西班牙队距离夺得欧洲杯冠军还剩20个月。

——穆尔西亚（Murcia）

——2006年10月9日

在热身赛对阵拥有莱奥·梅西（Leo Messi）、卡洛斯·特维斯（Carlos Tévez）、昆·阿圭罗（Kun Aguëro）和哈维尔·马斯切拉诺（Javier Mascherano）的阿根廷国家队之前，西班牙队开放了训练课。公开3天的球队训练是为了向球迷表达善意和停战的意图，但球员们后来都承认，他们当时都不愿意出去训练，因为氛围实在是令人不舒服。

现场球迷打出了一面横幅：路易斯（阿拉贡内斯），你这个混蛋，把我们的希望还给我们。①

哈维生气了，尽管大多数球迷都是支持国家队的，但还是有部分球迷辱骂了球队，并辱骂了教练个人。“他们肆无忌惮地对我们发泄怨气。”哈维气呼呼地说。

比赛前一天，西班牙队主教练路易斯·阿拉贡内斯在足协官网上写道：“无论对阿根廷队的比赛结果如何，我都会留下。毫无疑问，部分媒体精心策划了针对我的反对活动，将一切问题都归咎于我，这完全是不公正的。不过我并没有感到被打败或者被摧毁。我依然自信，我们能够扭转局面。是的，我不得不听一些侮辱的话，但我总是发现那些花时间去侮辱其他人的人，最终会得到同样的待遇。我们没有理由恐慌。”

西班牙队最终以2：1击败了强大的阿根廷队，但是当开场宣布双方首发阵容时顺便提到了阿拉贡内斯的名字，遭到了现场球迷猛烈的口哨和嘘声问候。

---

① 译者注：西语原文是Luis，cabrón，que vuelva la ilusión。

哈维后来承认，在那些最黑暗的日子里，他和一些队友之所以接受国家队的征召，主要是出于对阿拉贡内斯的敬佩。否则，他们会因为与俱乐部相比巨大的差异感到不适，因为在斗牛士军团，他们从未体验过在俱乐部层面所获得的享受、欣赏和成功。

《世界体育报》：混乱的扎根（*El Mundo Deportivo：Chaos Takes Root*）

昨天击败阿根廷让人兴奋得有些过头了，根据我们所看到的，阿拉贡内斯似乎有着巨大的情绪波动。我们对于他和西班牙足协的印象是装腔作势和混乱的。

路易斯·阿拉贡内斯：*不论我受到多大的攻击，我都绝不会退出（西班牙国家队）。在足球圈里，什么都有可能发生，要顺其自然。*

费尔南多·托雷斯（Fernando Torres，西班牙队前锋，2013年[①]）：*在那一刻，批评和侮辱直接指向了主教练。他们都在等待着主教练辞职。我们对教练的支持总像是撞到了墙上，有太多要他下课的呼声，就连我们自己几乎都开始相信将要失去他了。*

——西班牙vs拉脱维亚

——卡洛斯·塔迭莱体育场（Carlos Tartiere Stadium），奥维多（Oviedo），2007年9月13日

自从输给瑞典队之后，西班牙队取得了6胜1平1负的出色战绩，2：0击败拉脱维亚队之后升至F组第二位。

---

① 译者注：本章和后文球员名称后括号内的2013年均指该球员在2013年接受记者采访一事。

尽管国家队呈现出明显的上升趋势，但在对拉脱维亚队的比赛之前，球迷和媒体的骂声达到了顶点，因此阿拉贡内斯决定取消维护公关形象的公开训练课，并告诉自己的队员们，不论比赛最终结果如何，自己赛后决不会接受任何媒体采访。

中后卫华尼托（Juanito）告诉其他队员，球迷的辱骂声让他觉得他们是在国外训练和比赛。在比赛进行时，球迷在不停辱骂阿拉贡内斯，吹口哨或者发出嘘声。而当终场哨响的那一刻，他们又开始骂球队了。愤怒的阿拉贡内斯将球队最初的计划撕得粉碎，他宁可让球队驱车500公里从奥维多返回马德里，也没有登上西班牙足协预订的航班，因为他知道所有媒体都在那架飞机上守株待兔。面对这种情况，西班牙国家队上下同仇敌忾，几乎所有球员都拒绝接受媒体的赛后采访。国家队的守门员教练何塞·曼纽尔·奥乔托雷纳（José Manuel Ochotorena）回忆起当时主教练阿拉贡内斯和西班牙全国媒体之间日趋紧张的关系。

何塞·曼纽尔·奥乔托雷纳： *路易斯（阿拉贡内斯）开始通过互联网发布球队阵容名单。我还记得在奥维多的那次可怕的新闻发布会。我们刚刚输给了北爱尔兰队，媒体开始不断猜测他即将辞职。之后，他们抛出了一系列关于劳尔的问题。路易斯决不是那种逃避对抗的人，因此当时的讨论异常激烈。人们甚至侮辱了他个人，这真的太可怕了。*

《国家报》：一场第三级联赛的胜利（*El País：A Third Division Win*）

在球场上名誉扫地，球场下同样痛苦。一位无能的教练和一堆毫无个性的球员无法组织一场叛乱，他们也不愿表达自己的观点，危机正在蔓延。

《世界体育报》：开除掉所有人——越快越好（*El Mundo Deportivo：Sack Them All — Quickly*）

这样做可以一劳永逸。如果西班牙队无法晋级欧洲杯决赛圈，并不会令人吃惊，这样的表现是我们由安赫尔·马里亚·维拉主席统治下的怪诞足协的最佳形象代言，国家队教练这份工作对于阿拉贡内斯的执教生涯来得太晚了些。现在的情况是容易爆炸的、不可持续的，也是可悲的。有没有人能够行行好，为了西班牙足球的利益把他们都给开除了！

此时，西班牙队距离夺得欧洲杯冠军还剩9个月时间。

——西班牙足协训练场，拉斯·罗萨斯（Las Rozas），马德里

——2007年10月

自从1年之前在贝尔法斯特以2∶3输给北爱尔兰队以来，劳尔——西班牙国家队历史上头号射手一直遭到弃用。如今距离在丹麦的出线生死战只有2天时间，如果客场输球，西班牙队很可能去不了2008年欧洲杯。瑞典队是小组出线热门，而北爱尔兰队和丹麦队都比西班牙更有希望拿到小组第二。

晚上训练结束之后，已是黄昏时分，一堆球迷挤到了训练场大门前，面对球迷们索要签名的请求，阿拉贡内斯迅速地闪开。一位球迷突然大声、带有攻击性地问："劳尔——马德里的王子，何时能够重返国家队？教练到底他妈的打算做什么呢？"

阿拉贡内斯本来是想在心里默数到十，以让自己冷静下来。他试图走开，但数月来的压力和屈辱已经渐渐侵蚀掉他的自控能力，他转过身来开始爆发。隔着一层铁丝网，他几乎贴到了辱骂自己的球迷脸上，吼叫道："你知道劳尔参加过几届世界杯吗？"

沉默。

"3届！那你知道劳尔参加过几届欧洲杯吗？"

还是沉默。

"2届！3加上2，等于5。请你告诉我他（这5届大赛中）赢得过几次冠军？快点啊！告诉我！告诉我他拿过几届冠军？"

沉默的三次方。

阿拉贡内斯走开了，但又突然转过身来问道：“到底拿过几届冠军？一次都没有！”

这一切都被一架摄像机捕捉到，并向整个国家转播。这是一位斗士的愤怒，也是一位深受外界刺激、毁谤、辱骂、攻击、歪曲的男人的回应，他忍无可忍。

此时，西班牙队距离夺得欧洲杯冠军还剩8个月时间。

——丹麦vs西班牙

——奥胡斯体育场（Aarhus Stadion），奥胡斯，丹麦，2007年10月13日

塞尔吉奥·拉莫斯（Sergio Ramos，西班牙队右后卫，2013年）： *批评依然十分激烈，感觉就像是所有人都在针对我们。*

霍安·卡普德维拉（Joan Capdevila，西班牙队左后卫，2013年）： *我们感觉完完全全被孤立了。*

在对丹麦队的比赛之前，西班牙队失去了受伤的费尔南多·托雷斯和大卫·比利亚，阿拉贡内斯无视了国内舆论要召回西班牙队头号前锋劳尔·冈萨雷斯·布兰科（Raúl Gonzalez Blanco）的要求，而是提拔了西班牙人队的前锋劳尔·塔穆多（Raúl Tamudo），他在比赛中取得了进球。阿尔伯特·列拉（Albert Riera）打入一球，塞尔吉奥·拉莫斯（Sergio Ramos）在球队经过28脚传递之后完成了最后的进球任务，这也是阿拉贡内斯希望西班牙队踢出的风格。客观来说，这是西班牙队主教练的完胜。他们客场3：1击败了丹麦队，现在距离决赛圈近在咫尺了。在这本书的采访中，每一位球员都将这场比赛当成是西班牙队具有重要意义的转折点。

西班牙最畅销的体育报纸《马卡报》赞叹这一瞬间时说："路易斯（阿拉贡内斯）最好不要认为这是他的胜利，这是我们的胜利，因为我们坚持认为他应该在中场同时派上哈维、塞斯克（法布雷加斯）和伊涅斯塔。"

——西班牙vs瑞典

——圣地亚哥·伯纳乌球场（Estadio Santiago Bernabéu），马德里，2007年11月17日

——西班牙vs北爱尔兰

——大加纳利球场（Estadio de Gran Canaria），拉斯帕尔马斯（Las Palmas），2007年11月21日

一年之前，西班牙队在有7支国家队参与竞争的欧洲杯预选赛F小组中仅仅排名第5，落后榜首球队9分之多，如今西班牙队只要在自己的首都击败瑞典队就可以晋级2008年欧洲杯决赛圈。不过，西班牙队球迷和媒体现在都有着一种杀戮的欲望。劳尔支持者、反对阿拉贡内斯者，甚至是反对西班牙队的人，是如此疯狂——西班牙队球员对此很愤怒，尽管出线奖励近在咫尺，但一些球员担心他们的支持声会被淹没，至少会被对阿拉贡内斯的辱骂声破坏。这里，毕竟是伯纳乌，是"西班牙王子"劳尔的领土。

伊克尔·卡西利亚斯（Iker Casillas，西班牙队门将）：*我只能要求球迷们支持西班牙队，含蓄地，希望他们也支持主教练阿拉贡内斯，和我们所有球员一样。我们的首要任务是出线，其他问题都需要先抛到一边。我们必须和教练站在一起。不论人们是否喜欢他的工作方式和他*

的个性，他是能够带领我们参加2008年欧洲杯的人，（伯纳乌球场）那里会有8万人，很明显，他们都会有自己的看法，总会有支持者或者反对者，但这一次，这里并不是一座皇家马德里的主场——这里必须是一座西班牙国家队的主场。

西班牙队首先在伯纳乌球场以3：0大胜瑞典队，4天之后又在拉斯帕尔马斯以1：0击败了北爱尔兰队，他们不仅成功从小组突围，还作为F小组头名晋级奥地利和瑞士欧洲杯，他们在国际足联的排名也上升到本队历史上的第二高度——世界第4。

在此数周之前，阿拉贡内斯谈到他不太可能在2008年欧洲杯之后继续担任西班牙队主教练时用了一句短语："任何牛奶都有一个保质期，过了这个期限就不能喝了。"（All milk has a sell-by date，after which it goes off.）当他的球员们在拉斯帕尔马斯面对一支组织相当严密的北爱尔兰队成功实施了复仇计划之后，球队确保了小组第一，大伙儿当晚疯狂庆祝，最终在酒店迪斯科舞厅结束狂欢。阿拉贡内斯最初让球员们自己去狂欢，最后他也加入进来，他被球队所有球员抓起来，向天空中抛了好几次，就好像球队刚刚夺得了一项大赛冠军，大家唱了一遍又一遍："这瓶牛奶永远不会过期！"（This milk will never go off!）

西班牙的公众及媒体，与西班牙国家队的球员们，如今对于他们的国家队主教练和他所培养的足球风格的看法完全相左。

此时，西班牙队距离欧洲杯夺冠还剩7个月时间。

——零波段电台（Onda Cero Radio Station），马德里

——2008年1月29日

在零波段电台的足球节目"第一次接触"（*Al Primer Toque*）中，阿拉贡内斯告诉记者阿方索·阿苏亚拉（Alfonso Azuara），他已经解

释了一次为什么劳尔不能入选西班牙国家队，他表示不会再回答关于皇家马德里队长的任何问题。阿苏亚拉当时在节目直播中称阿拉贡内斯是“懦夫一般的（cowardly）”人。

“你才是个懦夫，只会对你的听众撒谎。”（You are the coward who is lying to his listeners.）阿拉贡内斯重复了一遍又一遍，愤怒地指点着阿苏亚拉，当时的气氛和两个人的语调，就像是一场酒吧打斗的前奏。

零波段电台的节目主持人要求阿苏亚拉立即停止，不要再说了，而两个人对骂的场景全部被演播室摄像机拍摄下来，之后被制作成可以观看的视频。

此时，西班牙队距离夺得欧洲杯还剩6个月时间。

——马里亚·赞布拉诺火车站（María Zambrano train station），马拉加

——2008年2月5日

阿拉贡内斯率领西班牙队顺利晋级2008年欧洲杯，他的球队将在马拉加的一场友谊赛中迎战2006年世界杯亚军法国队，他们已经保持了12场不败，但西班牙队的庆祝派对在马拉加火车站遭到了伏击，一群球迷歌唱道：“选劳尔！选劳尔！（劳尔必须代表西班牙队！）”他们还挥舞着属于劳尔的皇家马德里白色7号球衣和西班牙队红色7号球衣。电视台进行了现场直播，整个国家看上去依然坚定地支持劳尔，完全反对阿拉贡内斯。而在近日，国家队主教练住处的墙外都被涂上了支持劳尔的口号。当然，这是警察的问题。

阿拉贡内斯相信，是劳尔的经纪人吉内斯·卡瓦哈尔（Ginés Carvajal）精心策划了这次抗议活动。两周之后，卡瓦哈尔主动联系了一次会面——主教练阿拉贡内斯和被打入冷宫的前锋劳尔之间的会面。

路易斯·阿拉贡内斯：*其实我们两个人都不需要低头认错。西班牙在这个问题上产生了分歧，是时候结束争议了。我们俩之间并不存在任何个人恩怨。*

劳尔：*不论我去或者不去欧洲杯，西班牙国家队都要比这更重要。我支持主教练的决定，不论最终哪一组球员前往欧洲杯我都能够接受，但是我希望彻底结束那些对于我或者我身边的人组织球迷去西班牙队的比赛、去唱支持我重返国家队的歌曲的猜测。*

此时，西班牙队距离夺得欧洲杯冠军只剩4个月了。

——TVE工作室（TVE Studios），马德里

——2008年4月15日

仇恨、诽谤、专业的侮辱、球队士气的严重侵蚀以及彻底的谎言，这一切应该适可而止了。阿拉贡内斯做出了惊人的举措，他同意接受电视台的拷问。他出现在了电视节目“我有一个问题问你”（*Tengo Una Pregunta Para Usted*）上，在那里他受到了一个经常充满敌意的演播室观众的折磨，关于劳尔的提问他稳健地捍卫了自己的位置。

此时，西班牙队距离夺得欧洲杯只剩9周了。

——西班牙vs秘鲁，友谊赛

——诺埃沃·哥伦比诺球场，韦尔瓦（Estadio Nuevo Colombino, Huelva），2008年5月31日

——西班牙vs美国，友谊赛

——萨迪内罗球场，桑坦德（El Sardinero，Santander），2008年6月4日

阿拉贡内斯的球队几乎两年没有输过球了，一路上他们击败过阿根廷队、英格兰队、意大利队、法国队、丹麦队和瑞典队。然而，在2008欧洲杯开始前的最后两场热身赛上艰难地以两个1：0击败对手，已经足够让媒体抛出一系列质疑和批评。阿拉贡内斯的弟子们已经受够了比赛从头到尾被口哨问候，离开球场受到嘘声，他们前往奥地利时明显感觉到西班牙球迷从未相信过他们，更别提尊重了。

在对秘鲁队的伤停补时阶段，卡普德维拉凌空抽射打进致胜一球，也是他生命之中的最佳进球。

霍安·卡普德维拉（2013年）： *我们在韦尔瓦踢了一场对秘鲁队的友谊赛，我们在第91分钟赢得了胜利，而我们自己的球迷却在吹着口哨。之后，我们前往桑坦德准备欧洲杯之前的最后一场热身赛，他们依然在吹口哨。我们面面相觑，说着同样的话："我们赢得了这两场比赛，他们却依然在发出嘘声！他们到底想要怎样的结果？5：0吗？"*

媒体也在不断给我们施加压力。人们总是相信他们在报纸上所读到的东西，如果报纸说西班牙队不够好，他们就会来到现场看球，期待着我们搞砸，随时准备送给我们嘘声。

正是因为部分球迷的愤怒毫无节制，西班牙队认为球队在马德里的最后训练课不得不禁止对公众开放。尽管在一些国家封闭训练很正常，但在西班牙却不是如此。

《国家报》：2008年6月3日

教练组决定将接下来两堂训练课关起门来，目的是至少能够让球员们安静地训练。阿拉贡内斯，他的教练组和球员们，认为上周球迷的表

现很讨厌，甚至是在对秘鲁队糟糕的欢迎仪式之前，一些球迷使用了言语上的侮辱，而其他人则大喊继续支持被弃用的劳尔。

费尔南多·纳瓦罗（Fernando Navarro，西班牙队后卫，2013年）：*这对我来说是一次印象深刻的记忆，因为对美国队的比赛是我的国家队处子秀。对于球队来说，很明显的是，人们对我们并没有信心。他们认为历史必将重演，我们很快就会在欧洲杯上被淘汰出局。我们知道自己有能力成功，我们真的感觉到了球队所拥有的天赋，我们能够获得胜利。但还是难免有些球员会因为公众对我们缺乏信心而情绪低落，我不能说这影响了士气，因为我们非常相信自己的能力。而人们因为缺乏信心，将其变为了侮辱行为，这是个令人感到难过的现状。*

桑蒂·卡索拉（Santi Cazorla，西班牙队中场，2013年）：*因为我是很晚才被征召进国家队的，因此我没有受到太多球迷的为难，但其他队友经历过球队处于低谷时，球迷们完全失去信心的情况。这些球员必须接受侮辱、口哨、负面的媒体报道，这是完完全全的噩梦，首当其冲的人是主教练。在每一次球队训话时，都会萦绕在你的思绪里，但我发现这样的局面也带给了我们特别的斗志。出场的时候，我们的耳边萦绕着队长鼓励的话语。想想每个人都需要忍耐，你得自己好好思考："就是这场比赛了，成王败寇，我是其中的一员，是时候向前迈出一步，把那些人说过的话塞回他们的嗓子眼里去。"*

在桑坦德一战离开球场时遭到球迷嘘声之后6个工作日，斗牛士军团将开始他们2008欧洲杯G小组对俄罗斯队的首战。

此时，西班牙队距离夺得欧洲杯冠军只剩下4周时间。

在差不多26天魔法般的、令人激动的爆炸性的日子之后，西班牙队将以他们压倒性的表现震惊全世界的足球迷。他们会在6场比赛中打入12个进球，哈维会成为本届赛事的最佳球员——尽管评委们怎样区分他和塞纳的作用会是很有趣的话题。斗牛士军团在淘汰赛阶段会保持一球不失。

他们即将征服整个欧洲，但现在他们感受到不被人爱戴，被羞辱，被误解、不被认同的嘘声言犹在耳。

——意大利领空，刚过热那亚，目的地马德里

——2008年6月30日

西班牙队门将佩佩·雷纳（Pepe Reina）和他的队友们在萨迪内罗球场遭遇嘘声不到一个月之后，他手里拿着一个麦克风，机长正在驾驶这架米拉格罗斯·迪亚斯号（Milagros Diaz）飞机，不过机舱内精力旺盛的利物浦门将尽在掌握。

“积极的想法！”（Pensamientos Positivos！）他唱道。

“积极的想法！”（Pensamientos Positivos！）整个客舱最前端的乘客们（西班牙队上下）也大声回应道，他们知道接下来会发生什么。

雷纳说：“这瓶牛奶永远不会过期！”（Esta leche nunca caduca！）

“这瓶牛奶永远不会过期！”（Esta leche nunca caduca！）

雷纳说：“如果阿拉贡内斯不留下，我们就不回来了！”（Si luis no sigue，no volvemos！）

“如果阿拉贡内斯不留下，我们就不回来了！”（Si luis no sigue，no volvemos！）

飞机上的大多数人都只睡了几个小时，这很可能是他们人生之中饮酒最多的一次。24小时之后，卡莱斯·普约尔（Carles Puyol）依然处于宿醉状态，他甚至没办法做到和西班牙首相说话。

西班牙队抵达马德里巴拉哈斯机场（Barajas Airport），有超过100万兴高采烈的西班牙人走上了首都的大街小巷，在等候着英雄们的归来，即便是气温达到了32.2℃。科隆广场（Plaza Colón）即将作为西班牙队花车游行的终点举行盛大的庆祝活动，警察已经要求市民们不要再前往马德里市中心聚集。

来参加庆祝派对的人群不会再“出口成脏”，也没有嘘声，更加没有人提到劳尔。大家形成的共识是，过去两年时间里，西班牙队球员和教练饱受摧残的所有记忆突然消失了。他们都是赢家。就好像什么事情都没有发生过。

空姐们开始欢快地跳起了玛卡雷娜舞①，普约尔在机舱过道上蹿下跳分发着啤酒，大家又开始歌唱阿拉贡内斯最喜欢说的那句话。

“谁控制了球，就主宰了比赛。”（El dueño del juego es el dueño del balón.）

无论如何，队员们希望将他们的感觉再次传递给西班牙足协主席安赫尔·马里亚·维拉先生。

“给路易斯（阿拉贡内斯）一份新合同！不要让路易斯离开！”（Luis renovación！Luis no se va！Luis renovación！Luis no se va！）

当晚接近8点时，这架米拉格罗斯·迪亚斯号飞机打开了舱门，卡西利亚斯和阿拉贡内斯拿着奖杯率先走出来，混乱的一天即将开始。

在球队的花车上装满了啤酒和香槟，新科欧洲冠军从巴拉哈斯机场前往马德里市中心将花上90分钟时间。

等他们所有人到达了科隆广场的临时舞台，雷纳把教练那句名言改了一下，变成了：“谁掌握了麦克风，就是当晚的主宰。”（Whoever owns the microphone owns the night.）

他叫着队友们的名字，让他们一个接一个向前迈一步，接受狂热球

---

① 译者注：玛卡雷娜是一首流行世界的拉丁舞曲，玛卡雷娜舞是伴随快节奏拉丁乐节奏表演的舞蹈。

迷的顶礼膜拜。兴高采烈、宽慰、骄傲、奉承、酒精、缺乏睡眠，加上一个能够让巴纳姆和贝利马戏团都靠边站的表演者。①

佩佩·雷纳秀可以在Youtube上看到，因为只看文字恐怕看不出足够的戏剧性。这次显然是即兴的、热闹的、娱乐性的表演，显示出了西班牙队和西班牙人民之间的团结。那些曾经质疑过他们，辱骂过他们的人，现在也已经彻底拜倒在他们的脚下。

佩佩·雷纳："1号，这个真正无手的男人，是他连扑两记点球让美梦成真。伊克尔·卡西利亚斯！"②

"2号，香肠，世界上最大的香肠。劳尔·阿尔比奥尔！"③

"3号，来自贝索斯的野猪。费尔南多·纳瓦罗！"

"4号，禁区的元帅，后防的老大。卡洛斯·马切纳！"

"5号，泰山，一个只吃菠萝的男人，卡莱斯·普约尔！"④

"6号，一个从来见不到阳光的男人，因为他不喜欢阳光。安德烈斯·伊涅斯塔！"⑤

"7号，西班牙队的7号，因为他是头号射手，因为他有大大的balls。'小孩'大卫·比利亚！"⑥

"8号，亨弗莱·鲍嘉，就是他，是的，亨弗莱·鲍嘉。一头黑发，真王的男人，哈维·埃尔南德斯！"⑦

---

① 译者注：巴纳姆和贝利马戏团是美国19世纪的著名马戏团，创始人巴纳姆把他的马戏团称作"世界上最棒的表演"，充满了不可思议的神奇表演。

② 译者注：这里可能是雷纳在拿他的国家队最大竞争对手开玩笑，在这届欧洲杯上，卡西利亚斯因为手指受伤戴了一个特制的四指手套。

③ 译者注：香肠的外号是雷纳取的，是指后卫阿尔比奥尔又高又瘦，身材像香肠。

④ 译者注："人猿泰山"是普约尔在西班牙队的绰号。

⑤ 译者注：伊涅斯塔皮肤白，得此绰号，中国球迷叫他"小白"。

⑥ 译者注：balls原意指睾丸，这里应该是形容比利亚很有种，有勇气。

⑦ 译者注：西班牙已故球评家蒙特斯把哈维称为球场上的"亨弗莱·鲍嘉"，亨弗莱·鲍嘉是《北非谍影》的男主角，被认为是迄今为止最伟大的男演员。

“9号，金童，是的，我的男孩。西班牙最受欢迎的孩子。费尔南多·托雷斯！”

“10号，真正出色的人物，即便他有点迷糊，什么都不知道。弗兰塞斯克·法布雷加斯！”

“11号，正宗的加林查，是的是的，加林查！卡普德维拉！”①

“12号，他拥有的是属于球迷的号码，他很矮小，非常小，甚至还在青年队踢球。桑蒂·卡索拉！”

“好吧，13号，这个通过一个点球打赌从我手里偷走500欧元的人，安德烈斯·帕洛普！”②

“14号，看上去他像是约翰·克鲁伊夫的儿子，真正的天才，哈维·阿隆索！”③

“15号，他选择这个号码向我们亲爱的安东尼奥·普埃尔塔表达敬意，愿他在天堂安息。神话。塞尔吉奥·拉莫斯！”④

“16号，真正的法莱特（一位吉普赛弗拉门戈歌手），真正的。塞尔吉奥·加西亚！”

“谁是17号，来吧！真正的吉普赛人，我们的主要人物，古伊萨。嘿！古伊萨在哪儿？吉他！达尼·古伊萨！”

“18号，第二位真正的出色的人物，即便他也有点反应慢半拍。阿尔瓦罗·阿韦洛亚！”

“19号，桑巴，巴西—西班牙桑巴，真正的康佳鼓。马科斯·塞纳！”

“20号，多么高水平的球员，我的上帝，神圣的、讲究的华尼托！”

---

① 译者注：加林查是与贝利同时代的巴西队巨星，身披11号战袍，卡普德维拉也穿11号。

② 译者注：帕洛普是西班牙队三号门将，二号门将雷纳经常和他打赌互射点球。

③ 译者注：20世纪70年代荷兰队巨星克鲁伊夫一直身披14号战袍，因此雷纳如此调侃。

④ 译者注：普埃尔塔是曾经身披过西班牙队15号战袍的塞维利亚中场，2007年因为心脏病猝死。而塞尔吉奥·拉莫斯是他在塞维利亚时一同成长的小伙伴，拉莫斯原本最喜欢的是4号，但为了纪念好友他在2008年欧洲杯放弃了4号选择了15号。

“21号，他真的很爱笑，他大概只有1.5米高，但他有足够的实力。大卫·席尔瓦！”

“22号，迭戈·阿曼多·马拉多纳，他是个真正的巨星，真正的巨星，鲁文·德拉雷德！”

“23号，一个卑微的播音员，为你们介绍了所有球员，佩佩·雷纳！”

要想理解他这段“广播”的结束语，你必须知道西班牙语中的蘑菇是champinones。

“侍者！侍者！”雷纳对着困惑的人群大声叫道。“请来一盘蘑菇！”

当然，只要提到蘑菇，所有西班牙人都理解这是冠军（Campeones）的双关语。

他们确实是冠军，欧洲冠军，是即将征服世界，之后将成为历史上第一支连续夺得三届大赛冠军的国家队。

为什么是西班牙队？为什么是现在？接下来我们要说的，就是他们如何成就三冠伟业的内幕故事。

第二章　阿拉贡内斯vs劳尔

或许劳尔·冈萨雷斯·布兰科（Raúl Gonzalez Blanco）被路易斯·阿拉贡内斯弃用并不是西班牙队连夺三大杯并征服世界的最明显的催化剂，但这是原子裂解的时刻，也是这支西班牙国家队的实力开始被世人意识到的时刻。在当时，这个故事震惊了西班牙全国，也分裂了整个国家。

阿拉贡内斯的行为，被西班牙媒体描绘成了是十恶不赦的、不正当的报复行为，而不是为国家队未来考虑的大胆革新性举措。

劳尔是一位上帝。对皇家马德里球迷（Madridistas）来说，他在17岁就成为了传奇，这位出自马德里竞技青训系统的天才少年，最终离开“床单军团”[①]加盟了皇家马德里，原因是马德里竞技俱乐部的主席赫苏斯·希尔[②]不愿意为修理劳尔父亲那辆破旧的汽车埋单。之后，劳尔在代表皇马的主场处子秀就迎来了激烈的同城德比，他对老东家取得了进球，第一个赛季就成为了西班牙甲级联赛冠军。他帮助“白衣军团”[③]夺取了3座欧冠联赛冠军，也成为了欧冠历史最佳射手；他还夺得了6座西甲冠军和2座丰田杯冠军。和如今的伊克尔·卡西利亚斯一

---

① 译者注：Colchoneros，穿床单的人，马德里竞技是皇马、巴塞罗那之外的西班牙传统三强之一，皇家马德里的同城死敌，因为该俱乐部当年是从毕尔巴鄂竞技分裂出来，球衣沿袭了红白剑条衫，正是一百年前西班牙旅店中床单的颜色，因此马德里竞技得名“穿床单的人”，也叫“床单军团”。

② 译者注：Jesús Gil，也是中国球迷熟悉的老希尔，马德里竞技颇具争议的前主席，2004年5月14日因脑溢血突发去世。

③ 译者注：los Blancos，白衣军团，代指皇家马德里，来自皇马的一袭白色战袍。

样，劳尔也曾经同时担任皇马和西班牙队的队长。他是皇马的标志，受人尊敬，当俱乐部处于逆境时，他会带来希望和反抗的火花。

因此，当阿拉贡内斯，这个笨拙的、富有侵略性的、满嘴脏话，有着复活岛塑像一般的面孔，是古怪的马德里竞技传奇人物，他还有着蓝领的态度和一个失败的国家队记录。在2006年10月，斗胆将头顶光环的小王子劳尔踢出国家队的时候，故事很简单，阿拉贡内斯因此被视作魔鬼的化身，立即传来了震耳欲聋的“下课”声。

虽然阿拉贡内斯的西班牙队仍然忠诚于他个人，但在接下来的3场比赛输掉2场之后，并没有给西班牙队主教练带来任何帮助——客场不敌瑞典队，主场输给了罗马尼亚队。

如果不是因为西班牙足协主席安赫尔·马里亚·维拉（Ángel María Villar）是阿拉贡内斯的坚定支持者，他早就被解雇了，很可能被逐出教会。

更重要的是，维拉两次拒绝了阿拉贡内斯的辞呈。

历史总是由胜利者来书写的，很明显，这个冷静、有远见、勇敢，已经到领取养老金年纪的人，做出了最正确的决定。

劳尔垮台的种子是在2006年德国世界杯种下的，他当时还是队长，但在那届大赛上，西班牙队参加的360分钟比赛里，他只被阿拉贡内斯派上场144分钟。这是个很明显的迹象，山雨欲来风满楼。与之形成鲜明对比的是，17岁的塞斯克·法布雷加斯（Cesc Fàbregas）的世界杯处子秀得到了迭戈·马拉多纳（Diego Maradona，帮助阿根廷队夺得1986年世界杯的球王）的高度赞扬，本届赛事他得到了214分钟出场时间。塞尔吉奥·拉莫斯只有20岁，整个赛季都在皇家马德里打中后卫，却得到了首发右后卫的位置。马科斯·塞纳（Marcos Senna），29岁才第一次参加大赛，很快就成为了中坚力量。这些都是接下来24个月西班牙队将发生天翻地覆变化的预兆。

事实上，阿拉贡内斯的错误并不是变得太多，也不是太快。比如，当阿西尔·德尔奥尔诺（Asier del Horno）因伤退出赛事，霍安·卡普德维拉（Joan Capdevila）没有得到征召，安德烈斯·伊涅斯塔（Andrés Iniesta）和卡洛斯·马切纳（Carlos Marchena）几乎没怎么出场，华金（Joaquín）和路易斯·加西亚（Luis García）仍然被认为是关键人物。

三个关键的时刻令阿拉贡内斯开始考虑未来，引发了他的争议举措。

《国家报》的记者迭戈·托雷斯（Diego Torres）当时写到——不论故事主角是否愿意承认或者否认——一组球员，包括佩佩·雷纳和大卫·比利亚在内，违反了球队午夜宵禁令，晚一些到达球队在卡门（多特蒙德附近）的下榻酒店。据迭戈·托雷斯透露，劳尔作为队长找到了主教练阿拉贡内斯，认为违反宵禁令的球员应该受到惩罚。阿拉贡内斯对于劳尔的干预和建议不以为然。或许是偶然，正在威胁到劳尔的场上位置的比利亚，最终接过了劳尔的7号球衣，他碰巧也牵涉其中。

其实，这几个球员已经提前告知了西班牙足协管理者他们会晚点到，主教练因此很冷静，不幸的是队长却横加干涉。阿拉贡内斯认为并不需要队长来指点自己应该去做什么，最重要的是，他更希望看到一位能捍卫他的球队和队友的队长：我为人人，人人为我。

阿拉贡内斯已经满足了队长的意愿，将球队训练营安排在靠近瓦伦西亚的卡尔德罗纳五星级酒店（five-star Calderona Hotel），而不是在拉斯·罗萨斯西班牙足协训练中心新建的功能型酒店。他也同意了将球队23人大名单减少为18人，这样可以保证更少的球员不会白来一趟打不上比赛。阿拉贡内斯展现出了一些灵活性，但他对于劳尔事事插手已经受够了。

另一个令他更加坚定的瞬间，是在第二场小组赛对突尼斯队比赛结束前20分钟劳尔扳平比分时，他转身摆脱了准备一同庆祝的马里亚诺·佩尼亚（Mariano Pernia）和哈维·阿隆索，跑了20米冲向替补席投入了皇马队友萨尔加多，一个替补球员的怀抱，很快卡莱斯·普约尔和塞尔吉奥·拉莫斯也加入了庆祝，之后是华金和费尔南多·托雷斯，但是当劳尔拥抱完萨尔加多之后，他走出众人的包围，冲刺跑过了一名替补门将佩佩·雷纳，去和前皇马主力门将卡尼萨雷斯击掌相庆。最终，在一路小跑回到球场上之前，劳尔给了替补席一个黑暗的、有意义的回头，正是阿拉贡内斯所在之处。

对我们这些从未当过球员的人来说，这些事可能最初看上去微不足道，但是对于足坛的很多人来说，他们相信一支球队或者球员个人怎样庆祝，是球队士气的示范，特别是在这些白热化的时刻，彼此尊重或者不尊重是会铭记在队友的心中的。就是类似这样的一些事情，举例来说，佩普·瓜迪奥拉是非常介意的。①

维克托·穆尼奥斯（Victor Muñoz）曾经代表西班牙队60次出场，为桑普多利亚和巴塞罗那夺得过9座冠军奖杯，其中一座是在阿拉贡内斯带领下随巴塞罗那夺得国王杯冠军。他告诉我："有些事情，有时候没有得到应该给予的重要性。路易斯，以他自己的个性和思考方式，非常清楚这些事情的轻重缓急。"

最后一点。在世界杯淘汰赛第一轮对阵法国队的最后7分钟，西班牙1：1暂时战平对手，接下来他们将以1：3失利淘汰出局。帕特里克·维埃拉（Patrick Vieira，法国队98黄金一代的传奇后腰）2：1反超比分的进球来自一个争议判罚，蒂耶里·亨利（Thierry Henry，法国队98黄金一代的传奇前锋）和卡莱斯·普约尔争球，法国人利用他的精明赢得了一个任意球，但事实上这并非一个犯规。

这绝对算不上是万劫不复的错误——巴勃罗·伊巴涅斯（Pablo Ibañéz）此前通过类似行为为西班牙队赢得了点球，他们也因此取得进球。然而，这又成为了斗牛士军团在关键时刻掉链子的典型案例。他们1：0领先，却无法赢得胜利。他们被扳平之后所剩时间不多，但是又一

---

① 译者注：Pep Guardiola，前巴塞罗那主教练、现任拜仁慕尼黑主教练，曾经带领巴萨以漂亮的控球打法Tiki-Taka夺得众多荣誉，并在2008/2009赛季率队夺得史无前例的俱乐部六冠王。

次是对手找到了特别的东西，而不是西班牙队。绝杀似乎从来都与他们无关，至少那时候还不是。

就在2008年欧洲杯开始前，由于对秘鲁队的友谊赛中，西班牙队被对手打进一球很生气，阿拉贡内斯发表了演讲，正好完美适用在汉诺威对法国队一战时所发生的一切，而在对北爱尔兰队2：3的失利中，他们也曾经两度取得领先。

“当你领先时你必须知道如何去竞争！没有人能够带着这样的防守失误夺得冠军。只是因为你想‘玩玩’球，并不意味着你得丢掉这样一个愚蠢的失球！有一些特定的时刻、特定的区域，是你必须严谨对待的。防守的安全性要比其他一切更重要。要更好地防守，第一要素就是让整支球队都承担起防守责任。我的球员们知道我想要的，当我们领先时，我们必须尽可能减少对手进入我方区域的机会，必须让对手尽可能少拿到球权。有时候我们的阵型会拉伸，我们会让前锋线、中场线和后防线分开，这样三条线之间会有空间。最近的大赛冠军都能够不断保持零封。西班牙队拥有这种在球场上让球自由流动、创造机会的伟大能力，但我希望我们能够更像是一支团队去运作，更加一致。”

从那时候开始直到2012年欧洲杯决赛的胜利，西班牙队踢了42场正式比赛，只丢了20球，输掉2场比赛。阿拉贡内斯给球队个性、比赛风格和心理状态所带来的改变，都非常重要和有效。

这些是阿拉贡内斯分析劳尔的一些关键因素。29岁的劳尔或许还在个人职业生涯的黄金时代，但自从3年前皇马主席弗洛伦蒂诺·佩雷斯①可笑地决定解雇维森特·德尔·博斯克②开始，由劳尔担任队长的皇马，已经先后任命了6位主教练。球队看上去并不健康，非常虚弱，俱乐部已经变成了一场肥皂剧。史蒂夫·麦克马纳曼（Steve

---

① 译者注：Florentino Pérez，建筑商人，皇马历史上最强权的主席之一，打造了银河舰队一年一签巨星的商业神话，但并未给皇马带来竞技上的成功。

② 译者注：Vicente del Bosque，带领皇马夺得过两座冠军杯的功勋主帅，也是日后带领西班牙队夺得2010年世界杯和2012欧洲杯冠军的教练。

McManaman，英格兰中场）——和劳尔一起夺得过西甲和欧冠冠军的前队友，给我解释了他对于皇马带给西班牙国家队队长各种副作用的深切同情。

史蒂夫·麦克马纳曼：*2003年，我们访问了远东的1000个地方，训练情况不好，但我们微笑着向那里的人们挥手。我季前就知道这家俱乐部不是我希望待的地方。劳尔从费尔南多·耶罗（Fernando Hierro，皇马传奇队长，因为代表球员利益被弗洛伦蒂诺·佩雷斯扫地出门，日后成为了西班牙足协的足球总监）手中刚刚接过来皇马队长袖标，非常认真。*

西班牙国家队那时候还是个国际足坛的后进生，皇马对于像他这样一个人来说很可能比国家队更重要。他把俱乐部发生的一切放进自己的心里，球队表现糟糕，不断涌入的教练队伍对球队只有负面作用，而他失去了身边的3到4名战友：耶罗、费尔南多·莫伦特斯（Fernando Morientes，皇马著名中锋，劳尔的死党）和克劳德·马克莱莱（Claude Makélele，法国队著名后腰），后者已经让自己变成了一个更出色的足球运动员。甚至连齐达内（Zidane，法国队传奇中场，法国队1998年世界杯、2000年欧洲杯夺冠和2006年世界杯夺亚军的功勋人物）的状态都开始下滑。在2003年之后的3到4年时间，如果劳尔心情郁闷，我一点不会吃惊。

如果说2006年秋天劳尔被西班牙队永远弃用，你可以很容易地认为劳尔当时的状态不佳，因为一次艰难的膝伤，的确给了阿拉贡内斯做出这个决定的借口。

在这之前的两个赛季，2006年世界杯之后的那个赛季，是劳尔职业生涯最低进球纪录的3个赛季：都只有5球进账。

不论怎样，阿拉贡内斯决定选择更远大、更持久的标准。西班牙队主教练希望改变球队的足球哲学，选择一种更快、更注重控球的风格，这更需要耐心，更多利用年轻球员，像哈维、法布雷加斯和伊涅斯塔，加上给正在成型的天才球员大卫·席尔瓦、桑蒂·卡索拉一些空间。阿拉贡内斯希望让国家队的战术体系适合这批球员，而不是反过来。

从足球角度来说，劳尔非常聪明。我只是在西班牙队有比赛时和他说过几次话，但他总是展现出礼貌，能明确、清晰地理解他所需要掌握的比赛情况。即便是作为一位偶像，皇家马德里的王储，他不断重复，他的足球风格主要来自努力工作、智慧、健康、速度和对胜利的渴望——并不纯粹是技术。他的很多进球都是“机会球”（percentage goals），通过对手失误抓住漏洞一锤定音。利用对手造越位犯错；门将扑球脱手；中后卫拿球失误。他对于比赛的阅读能力和预判能力无以伦比。

更重要的是，劳尔是那种球队需要以他为核心来打造战术的球员，对于所有需要具备的技术而言，更加简洁、直接的打法能够将他的作用发挥到最大。中场赢得球权，给边锋喂球，将球交到中路的劳尔。或者，将球交给传统的9号中锋，比如莫伦特斯，莫伦特斯再回做给他。

他不是阿拉贡内斯需要的参与型和速度型球员，主教练希望西班牙国家队改踢4-3-3阵型，在这个阵型之中劳尔即便是最佳状态，也不过是费尔南多·托雷斯和大卫·比利亚之后的第三选择。如果说劳尔的出色在于所谓的“投机型足球”（speculative football），那么阿拉贡内斯希望转变为控制型和安全型足球。劳尔出自老式的前锋学校，习惯了在一系列机会中抓住最佳机会，而不是耐心地参与球队缓慢的团队配合向前推进过程，往往这样进球机会变得质量更高。

如今，阿拉贡内斯希望主宰球权，快速实现控球权的循环，他希望总是由哈维来决定球的纵向推进，而不是由前锋在做出跑动时要求队友将球往前方送。

阿拉贡内斯肯定没有预料到他将监督实施的这一崭新的足球风格，将带来42场正式比赛仅输2场的优异成绩，但他知道如何去实现它。那也是他为何不惜激怒这个足球国度的大多数人也要去实现它的理由。

伟大的神话在于阿拉贡内斯一气之下将劳尔踢出了国家队，而他们个人之间的憎恶就像是你死我活的最后通牒一样不可避免。事实上，阿拉贡内斯出自皇马青训，最终却成为了马竞历史上的传奇人物，而劳尔的职业生涯则完全走向了与阿拉贡内斯相反的方向。对于一些人来说，他们更愿意将两人的对立理解为皇马和马竞的痛苦决裂。

劳尔代表西班牙国家队出场了102次，打进44粒进球，却被一位誓言不带西班牙队打进世界杯四强就辞职，而且不仅没有在德国世界杯做到这点反而带队输给瑞典队和北爱尔兰队的主教练抛弃了。毫无疑问，阿拉贡内斯成为了众矢之的。这场战斗变得愈发痛苦和无限分裂。整个国家都分裂了，大多数媒体都认为劳尔会回归国家队，而阿拉贡内斯会被解雇。

然而，所有这些不良影响都是副产品，而不是驱动力，是对于一位伟大的足球运动员的国家队生涯被残酷结束的义愤填膺。

关于阿拉贡内斯最后究竟是如何稳定下心绪有一个有趣的小故事。

就在西班牙国家队飞往贝尔法斯特面对北爱尔兰队之前，西班牙男子篮球队在日本历史性地赢得了世锦赛冠军。篮球在西班牙很受欢迎，大批狂热球迷追随着西班牙篮球队的胜利。一些最好的篮球运动员已经前往北美发展——比如加索尔兄弟分别加盟洛杉矶湖人队和孟菲斯灰熊队，这也带来了一种坚韧的心态，一种赢家的态度，可以与球队的天赋相匹配。如果篮球做得到，为什么足球做不到呢？

西班牙国家足球队主教练阿拉贡内斯注意到了这点，在前往贝尔法斯特之前，他说："随着每一场比赛进行，更加清楚的是，这是我们西班牙足球所拥有的非常特殊的一代技术型球员，但在世界杯上的失利对我们影响很大，我们需要做出深刻分析，得出正确的结论。我们需要从身边的那些西班牙冠军球队（世锦赛冠军西班牙篮球队）身上学习经验。"

在其他地方，也是在同一天之内，劳尔似乎不太理解西班牙队的规矩，或者说根本不在乎了，他表示："我们为西班牙国家篮球队的胜利欢呼，但这跟足球没有任何关系。西班牙国家足球队在大赛上从未有过竞争力，我们从未找到过答案。你只能希望有一天我们也能够做到。”

慢慢地，这演变成了两个人的战斗。两个个性都很强的人持有不同的观点。

盖斯卡·门迭塔（Gaizka Mendieta，前瓦伦西亚著名中场）曾经是劳尔在国家队6年的队友，也曾在瓦伦西亚阿拉贡内斯麾下服役，他告诉我：“路易斯是我的教练，我很了解他，他是个天生的激励者，但对他来说，黑就是黑，白就是白，没有灰色区域，他的观点是，‘你得这样踢球，这样做，如果你不按照他说的做，那你就不会得到征召。’

“这是足球的基本原则，你坚持按照你所说的去做。路易斯是一个会当面告诉你应该怎样做才是正确方式的人，之后他会按照他说的做，不论结果是好还是坏。在那个阶段，劳尔不再符合他对于西班牙队的要求。

“劳尔就是劳尔，他几乎葬送了阿拉贡内斯的教练工作，因为一系列糟糕的结果，但是阿拉贡内斯无视个人荣辱坚持他所需要做的，最后的效果很好。”

在阿拉贡内斯结束劳尔的国家队生涯4年之后，他说：“我们决定主要做两方面的改变——改变我们踢球的风格，因此我们使用了最好的球员，能够确保我们不断控制球权。而在那时候，我们没办法和德国队竞争，因为他们的身体力量优势明显，但现在我们的对手们却没办法跟上我们一脚、两脚触球快速传递的节奏。

“另一个关键问题是抹杀掉个人主义。在输给北爱尔兰队之后，我和我的教练组碰面，决定是时候推崇团队而不是个人了。不仅仅是劳尔被弃用，华金（Joaquín）、雷耶斯（Reyes）、萨尔加多（Salgado）、卡尼萨雷斯（Cañizares）也逐渐淡出，最后是阿尔贝尔达（Albelda）。

“我们打造了一支所有人都知道他们各自角色的团队，没有多少个人主义色彩，更多打主力的球员和替补球员之间也没有太多重要性的差异。

“2006年世界杯我有两名运动心理专家，其中一位曾经在北美体育圈的最高领域工作，我从他们身上学到，如果球队拥有强大的个人主义风格，你就无法打造一支强大、胜利的团队。

“我组合了一套伟大球员构成的阵容，他们为人甚至更加出色，当我刚来到这里时我有一套阵容，而当我离开时，我们拥有了一个团队。”

第三章　2008年欧洲杯

比赛中有一个阶段，德国队甚至没办法摸到球，他们面面相觑，好像在说："这到底是怎么回事？"即便是在那一刻我都在想："这并不会是结束，这才刚刚开始呢。"

——费尔南多·托雷斯

这届大赛势必会成为一届"音乐盛会"。不仅仅是因为西班牙队在史诗般的1/4决赛中歌剧般的胜利让希望战胜了恐惧，也不仅仅是因为本届大赛中西班牙队对希丁克的俄罗斯队2场比赛打进了7球。这不是一个比喻，这真的是一届为音乐而生的大赛：威尔第的歌剧，纯正的弗拉门戈，白色条纹乐队，非洲鼓舞，西班牙万岁（Y Viva España）——一切音乐元素应有尽有。不过第一首曲目却有点刺耳，带着蒂罗尔人的风格，由一支老式经典乐队演奏，感觉有点假唱的意味。

一切的音乐和穿着当地服饰的人们在纽斯蒂夫特（Neustift）等待着球员到来，这里距离奥地利城市因斯布鲁克南部15英里，最初看上去西班牙队犯了一个严重错误，将他们的欧洲杯大本营选在了一个具有19世纪风格的小镇。

而这一切都因为路易斯·阿拉贡内斯有一个秘密武器叫作库尔特·亚拉（Kurt Jara）。

在"大靴子"[①]为马德里竞技踢球的年代，西班牙足球存在一个问题。佛朗哥将军当时在西班牙采取独裁统治，他不允许外援"污染"了

---

① 译者注：Zapatones，"大靴子"是阿拉贡内斯的绰号之一。

珍贵的西甲。这也导致了一个所谓的为大俱乐部效力的“西裔选手”军团的出现[①]：球员们要么通过“西裔选手”身份获得双重国籍——主要是南美人——或者伪造西班牙身份，花钱买，或者摇尾乞怜。当时仍然是阿尔弗雷多·迪斯蒂法诺[②]可以代表不同国家队参加比赛的岁月，先是阿根廷队、哥伦比亚队，之后是西班牙队，那时候的规则更加宽松。

而伪造文件和护照的买卖蓬勃发展，也让佛朗哥政府于1973年放宽了规则许可，允许西甲球队签入两名非西班牙裔球员，非西班牙裔球员希望结束造假和腐败的问题。瓦伦西亚很快就签下了萨利夫·凯塔[③]，并从因斯布鲁克瓦克俱乐部（FC Wacker Innsbruck）签下了库尔特·亚拉，一位具有世界杯水准的奥地利中场。

这也是西班牙足球放开引入外援的巅峰时刻，皇家马德里签入了冈特·内策尔[④]，巴塞罗那引进了约翰·克鲁伊夫[⑤]，新来的外援被看作是上帝和外星人之间的物种。亚拉很可能赢得了比他做出其他职业选择更多的名声，当时由迪斯蒂法诺执教的瓦伦西亚就是豪门球队的沙袋，而他被当作是救世主。

奥地利人代表瓦伦西亚踢的第二场比赛是做客阿拉贡内斯效力的马德里竞技——阿拉贡内斯在那场马竞3：1获胜的比赛中有进球。亚拉接下来在诺坎普（巴塞罗那主场）和伯纳乌（皇家马德里主场）都取得了进球，他还在梅斯塔利亚球场（瓦伦西亚主场）击败了巴塞罗那，他最

---

① 译者注：Oriundos，西班牙裔选手，原意是指“原籍来自某个地方的人们”，在西班牙专指生于拉美，但祖籍为西班牙的一系列运动员，他们因此可以获得西班牙公民身份。

② 译者注：Alfredo di Stéfano，阿根廷人，20世纪50年代世界足坛第一巨星，1956年至1960年间为皇马连夺五届欧洲冠军杯。他常被称为贝利和马拉多纳之前最伟大的球员。

③ 译者注：Salif Keita，前巴塞罗那的马里中场塞杜·凯塔的叔叔。

④ 译者注：Gunter Netzer，内策尔是20世纪70年代效力门兴格拉德巴赫和联邦德国队的天才中场，当年与科隆队的奥维拉特并称为联邦德国两大中场灵魂。

⑤ 译者注：Johan Cruyff，克鲁伊夫是20世纪70年代荷兰队巨星，是荷兰全能足球的代表人物，也是世界足坛著名的无冕之王。

后一场代表瓦伦西亚是对阵马德里竞技，打进了一球，而阿拉贡内斯当时已经退役，成为了马德里竞技的主教练。大块头①很喜欢亚拉，两人比赛结束后聊了很长时间。

退役之后，亚拉执教了家乡球队因斯布鲁克蒂罗尔（FC Tirol Innsbruck），接下来一个赛季的欧洲联盟杯上，亚拉因为率领球队淘汰了拥有弗朗西斯科·托尔多（Francesco Toldo）、安杰洛·迪利维奥（Angelo Di Livio）、鲁伊·科斯塔（Rui Costa）、恩里科·基耶萨（Enrico Chiesa）、普雷德拉格·米亚托维奇（Predrag Mijatović）和莫雷诺·托里切利（Moreno Torricelli）的佛罗伦萨队而名声大噪。

不过到了2008年欧洲杯小组赛抽签揭晓，西班牙队的D组3场小组赛将在因斯布鲁克—因斯布鲁克—萨尔茨堡先后举行时，亚拉已经从足坛退休了，他仍然住在当地，只是为奥地利电视台担任评论员分析一些比赛。距他上一次和阿拉贡内斯谈话已经过去了33年，但他有个很充分的理由去主动联系阿拉贡内斯——亚拉相信，斯图拜塔尔山谷（Stubaital valley）会给西班牙队提供最佳的欧洲杯基地。

他找到了主教练，在很好的时机发表了他的看法。其实在抽签之后，西班牙足协让西班牙队在瑞士的索洛图恩（Solothurn）训练的最初计划基本是落空了，虽然从索洛图恩到巴塞尔、伯尔尼和苏黎世的距离几乎一样，但要是考虑到从索洛图恩到两座奥地利城市（因斯布鲁克和萨尔茨堡）的距离，那简直是一记滑稽的乌龙球。

亚拉还需要说服蒂罗尔地区政府对于发展当地的设施做出主要的财政投资。这份协议也将斗牛士军团带到了即将向欧洲发起进攻计划开始成形的地方，但一切并没有那么简单。

纽斯蒂夫特，一个距离因斯布鲁克16英里的宁静的乡下度假村，是亚拉偏爱的地方。它拥有优雅的老式小屋，可以做山地远足和冰川攀登——这里的人也很少。这里甚至没有一块足球场，西班牙队至少需要

---

① 译者注：The big man，大块头指阿拉贡内斯。

两块，很可能三块，而且是顶级水准的足球场。

不过亚拉计划的所有其他部分都打动了阿拉贡内斯，附近不会有其他参赛球队——西班牙队将成为当地居民的宠儿。他们可以得到安静、独立的住宿条件的优先选择权，山谷的远端被周围优雅的丘陵、山峰包围，球员的家人、女友和西班牙媒体都可以待在这个文明的、有序的乡村社区。

而合同的另一方，蒂罗尔政府必须拿出100万欧元——这也隐藏着巨大的财政风险。

“我们寄希望于承办西班牙队的欧洲杯基地可以给这块地区带来推广，但愿它能在未来成为其他球队的夏季训练营。那也是如何收回投资的办法。”亚拉这样解释说。

之后，就像2年后在南非发生的，受到了大自然的影响。2008年春天的雪下得迟了一些，且降雪量大，到5月5日，新设施的工程尚未开启，在纽斯蒂夫特依然没有足球场。

在欧洲杯开赛前1个月，西班牙足协胆小的人士担心西班牙队发现了一种新的方式来搞砸大赛。这次不是因为主裁判或者边裁的糟糕判罚[①]，也不是错失点球或者门将失误[②]——这次他们在比赛开球之前就搞砸了自己的机会。一个漂亮的新发展。

不过在距离西班牙队抵达纽斯蒂夫特还有4周的时候，一切得到了弥补，感谢德国技术的引进，加上大量人力的努力，在保证执行所有健康和安全准则的前提下，通过一周的加班加点终于及时完工了。

“我不觉得在这届大赛上还会有其他球队的训练和生活设施会比我们的更棒。”西班牙队主教练阿拉贡内斯在抵达纽斯蒂夫特后不久就做出了这样的宣言。

---

① 译者注：指2002年世界杯八强战被韩国队淘汰时遭遇裁判黑哨。

② 译者注：指1986年世界杯1/4决赛点球大战被比利时队淘汰，1996年欧洲杯1/4决赛点球大战被英格兰队淘汰，1998年世界杯对尼日利亚队时，老门神苏比萨雷塔愚蠢地漏球了。

——第1日

2008年6月5日，纽斯蒂夫特

前一晚在桑坦德的萨迪内罗球场遭到本国球迷嘘声之后，西班牙队当天中午时分抵达了因斯布鲁克机场——对美国队的热身赛平庸表现之后——一切还留在他们的脑海之中。

让所有人登上球队大巴还是有些手忙脚乱，大巴上写着一句口号：无论发生什么，西班牙都将永恒（Pase lo que pase，España siempre），之后前往纽斯蒂夫特需要30分钟车程，他们将进入灰色、潮湿的蒂罗尔下午。

西班牙队已经进入大赛时间，他们将成为未来的欧洲冠军，不过他们此时此刻像木板一样僵硬，被当地穿着皮裤、戴着两侧有羽毛的阿尔卑斯帽子的孩子们搞糊涂了。这些少年，用手拍着他们的脚后跟，拍着手，看上去像莫克姆和怀斯的“带给我阳光”和莫里斯舞步①，桑蒂·卡索拉（23岁）、塞斯克·法布雷加斯（21岁）和塞尔吉奥·拉莫斯（21岁）咯咯地笑着，不时地指指点点，却不知道孩子们这么做是什么意思。

现场用铜管和手风琴演奏的音乐是所有的经典曲目。西班牙队的国脚们很少作为一个团队旅行，他们的领带歪歪斜斜，衬衣最上面的扣子也是解开的。他们看上去非常不自在，甚至有些尴尬。这些队员不被允许去滑雪，他们大多数人平常会去马洛卡、迈阿密或者撒丁岛度假，而这次西班牙队制定的严格时间表，几乎剥夺了所有人的空闲时间，也不允许大家去尝试滑雪度假旅游。

他们所看到的是最奇怪的、最老套的阿尔卑斯东道主的传统欢迎方式，就像他们所担心的，他们很可能会成为恶作剧对象。他们就像一群不知所措的青年，即将发现斯图拜塔尔山谷的幽闭恐惧症、反胃和可笑。

这时候，纽斯蒂夫特东道主开始拿出王牌节目。一群穿着西班牙国

① 译者注：莫克姆和怀斯是英国20世纪50年代颇具传奇色彩的喜剧明星搭档，在英国“带给我阳光”这首歌是他们的同义词，而莫里斯舞是英国传统民间舞蹈。

旗的红色和黄色衣服的儿童，开始歌唱西班牙儿童歌曲*Veo veo*（西班牙版的游戏I–spy）。这场景太迷人了，打动了这些已经成为百万富翁的球员们，气氛为之一变。在这种快速、发自内心的感动下，纽斯蒂夫特已经得到斗牛士军团的心。

后来，卡洛斯·马切纳指出："这些可爱的小孩子用我们的语言歌唱，在他们的年龄并不容易学习，因此很令人感动。我想，'他们一定付出了很多思考和努力'。"

哈维说："这是个美丽的地方，令人惊叹的山谷，但是来自当地人们的欢迎是最动人的事情。"

库尔特·亚拉站在我和我的同事达尼·韦尔塔身边，看到阿拉贡内斯和他的队员明显被感动，表现得如此有幽默感，也很放松，于是他用胳膊碰了碰我，眨眨眼笑着说："我们知道如何照顾好他们。"

无所不在的"鼓王马诺洛"[①]开始游荡，马上被球员们围住——他在纽斯蒂夫特比在任何一场西班牙队比赛更被需要。

大号和手风琴演奏出"西班牙万岁"的旋律，纽斯蒂夫特崇拜这支西班牙国家队，而斗牛士军团也回馈了他们的爱。

"我理解阿拉贡内斯，西班牙队近些年来发生了戏剧性的变化，"亚拉告诉我们，"我看过他们不少比赛。他告诉我，球员们的态度发生了巨大转变，因为去英超踢球的球员受到了深刻影响，增长了见识。我当然希望奥地利队能够赢得这届杯赛，但是我认为西班牙队或许能够夺冠。"

刚抵达的西班牙队，就球员库存来看，如果没有进一步伤病的话，信号还是积极的。体检显示，几乎所有球员都已经体能耗尽了，大多数都有严重的铁缺乏症。大卫·席尔瓦耳朵感染，比利亚在对阵美国队一战时和普约尔相撞后大腿肌肉微微撕裂，当时这被看成是普通的战斗伤

① 译者注：Manolo el del Bombo，"鼓王马诺洛"是西班牙国家队最著名的球迷，近40年来他一直带着一只大鼓追随着西班牙队南征北战，这也葬送了他的家庭生活，一次当他从球队客场比赛后回到家，发现家人已经不见了，人去楼空。

疤，在2008年欧洲杯一开始，他出色的状态几乎掩盖了这一事实。但这是迟早会复发的伤病，有可能给西班牙队增加一些曲折经历，历史性地改变他们的欧洲杯挑战。

当第一堂训练课被取消时，我猜想这是维拉让球员们身上青肿和擦伤的地方得到复原。不过在做采访时，他们更正了我的这种想法。事实上，是阿拉贡内斯带给球员们小小的惊喜，让他们在当天剩下的时间里休息，而球员们因为这点小恩赐而对阿拉贡内斯那么崇敬，令我感到惊讶。

"是的，我们对当时的细节印象深刻，这或许看上去有些疯狂。"5年后，卡普德维拉这样告诉我，"但是我们刚刚到达奥地利，我们下午2点刚吃过饭，老板说，'好了伙计们，你们现在可以自由活动了，明早10点集合'。"

"通常我们想过的最好结果是吃过午餐，之后午睡，到晚上7点或者7点半再训练，但不是这样。路易斯（阿拉贡内斯）希望给我们意外惊喜，他希望我们能够放松，我们也那样做了。所有人混杂在一起，我们大多数人都和新人们一起待了些时间；老朋友们因为更换了俱乐部之后再次碰面聊聊天；那些家人来了的，他们会去看看家人是否得到了妥善安置。我们一起出去吃了晚餐——这是一种非常美好的开始大赛方式。"

——第2日

2008年6月6日，纽斯蒂夫特

西班牙队第一场小组赛是对阵俄罗斯队，还有5天时间。

阿拉贡内斯利用取消训练的时间来准备他那传奇的、鼓舞士气的讲话，每次回想起那次讲话，球员们脸上都会浮现出笑容，因为他那古怪的表情，他读错球员的名字，或者只是因为他为即将到来的战斗展现出熊一样的能量。

不论怎样，现在他传达的信息，也是他从小组赛到决赛路上一直所重复的："我们来这里不是踢比赛的——我们来到这里是为了赢得胜利。我们是这届赛事之中最出色的阵容，如果你们所有人全力以赴，而我们失败了，那么只能说明我是个烂教练。”

令人吃惊的是，尽管他的球队被评估很疲劳，但仍然开始了一系列的双训练课，西班牙队从上午10点45开始就出来热身，11点开始全速前进，大约12点15左右开始做放松运动。3名已经提前选出的球员将完成媒体新闻发布会，他们将在一个大帐篷里的一张桌子前接受来自各个国家60名记者的采访。其他不参加新闻发布会的球员，将面对来自西班牙的电台、电视台和一些最受尊重的媒体记者的采访要求。

从那里回到米德勒·霍夫酒店（Milderer Hof hotel）只有一英里多的路程：午饭、午睡、社交时间，晚上7点重新回到训练场。

早上的训练重点是拉伸、慢跑和著名的被称为“抢圈”（rondos）的传球练习，是指大部分球员围成一圈相互传球，处在圆圈中间的一到两名球员尽力抢到皮球。球必须不断运动，通常是一脚触球，绕圈高速运转，中间的两个球员施加压力，要么赢得球权，要么阻断传球。团队协作、技术、触球、敏捷度、压迫、身体状态和团队精神，都可以从这一练习中得以展现。

在训练课结束之前，会有一到两场小型比赛，有一些传中或者射门用来考验门将，不会有对技术要求过高的项目。

到了晚上，训练会有更多直接转化为比赛细节的练习：定位球、射门，或者头球、任意球——包括进攻与防守，之后有一场小型比赛。球员们会很繁忙，他们的训练短暂、高强度、有趣，全部旨在刺激敏捷度。

——第3日

2008年6月7日，纽斯蒂夫特

并不是每一天都会进行两次训练，但还是能够给人足够的吸引力。令人惊讶的是，西班牙队的每一堂训练课都是对媒体和球迷公开的（诡异的是，唯一一次关起门来训练是在最后一场小组赛对希腊队之前，而那时球队已经确保会出线，最后一场球队肯定会对首发阵容进行轮换，看上去没有太多需要隐藏的东西）。

马科斯·塞纳（2013年）：*如果你对训练很满意，如果你喜欢主教练的训练方式，哪怕每天训练3次、4次甚至5次，也不会有问题——特别是如果你处在如此重要的大赛之中。我们很高兴参加训练，完全享受其中。即便是在刚打完一个漫长的赛季，如果他告诉我们，在奥地利的每一天都得训练两次，我们不会有一丁点问题。*

桑蒂·卡索拉（2013年）：*球队的氛围非常美妙，每个人都准备好了。我们希望训练，接受指导，努力工作。没有人会抱怨训练过度，我们一天两次训练，这很棒。我们在那里待了一个月，每个人都决心要达到巅峰状态。*

与此同时……

600名瑞士志愿者头顶着五颜六色的盒子，是2008年欧洲杯开幕式上最引人注目的阵容之一，但在开幕式之后不久，东道主就因为其他原因遮住了他们的眼睛，令他们不忍直视：他们最爱的瑞士队以0：1输给了捷克队，头号前锋亚历山大·弗雷开场不久就因为膝伤提前结束了这届大赛。

——第4日

2008年6月8日，纽斯蒂夫特

如果这就是斯图拜塔尔的夏天，他们可以坚持下去。这里寒冷、多云、湿润，经常下雨，如此多的西班牙队球迷来到这个古怪，如今已经人满为患的小山谷，他们就在训练基地附近露营，结束早上的工作回来后，你会发现小腿上溅满了泥。

这里苍蝇也多，或在你的手上、鼻子上，或在球员的麦克风边上嗡嗡作响，甚至躲在你的笔记本下面，任何为了见证赛事魔力来到这里的人，也会在48小时之内带着尖叫声撤退。

然而，这里颇有生活气息：当地家庭出现；来自全世界的摄像团队都希望在这里分一杯羹；武装警察牵着阿尔萨斯犬在每一块场地的角落巡逻；这里有前球员、球员的父母、妻儿或女友们。每个人都在纽斯蒂夫特注视着未来的欧洲冠军开始他们的夺冠之路。

与此同时……

在德国队对波兰队的比赛之前，一家波兰小报用一幅漫画调侃了对手，画上波兰国家队主教练莱奥·本哈克（Leo Beenhakker）手里揪着德国队主教练约阿希姆·勒夫（Joachim Löw）和德国队队长米夏埃尔·巴拉克（Michael Ballack）的头颅。最后在球场上，德国人的反应是将波兰人撕成碎片——卢卡斯·波多尔斯基（Lukas Podolski）梅开二度，德国队2：0获胜。

——第5日

——2008年6月9日，因斯布鲁克

在对俄罗斯队小组赛第一轮比赛开始的前一天，一些事情已经明朗了。首先，刚刚在利物浦经历了处子赛季打破纪录的费尔南多·托雷斯，在奥地利也没有显示出减速的迹象。这个西班牙金童正处在最佳状态。

“我在西班牙队的4年里发生了巨大改变，”托雷斯说，“我从本赛季中获得了巨大自信，我来到这里渴求着再添加一座冠军。欧冠半决赛带给我一点苦涩的味道——我们离赢得这样一项重要的冠军是如此接近（利物浦在加时赛中被切尔西击败）。现在是我本赛季最后一次机会夺得顶级荣誉——这也是令我一直魂牵梦萦的东西。”

其次，很明显，马科斯·塞纳[①]可以接过哈维·阿隆索所有的合法

① 译者注：Marcos Senna，西班牙队巴西籍防守型中场，也是2008年西班牙队夺冠的关键人物。

权利，塞纳是阿拉贡内斯钦点的可以托付重任的人，塞纳霸气十足，看上去像碎玻璃一样锋利。

马科斯·塞纳（2013年）：*西甲一结束，路易斯（阿拉贡内斯）就把我们所有人召集到一起开了一次会，他告诉我们，球队拥有如此强大的能力，如果我们相信自己能够夺冠，那么西班牙队就可以成为冠军——我们就是有那么好。他告诉我们，回家休息几天，好好想象一下成为2008年欧洲杯冠军的感觉。他让我好好思考，我刚踢完一个不错的赛季，我正值个人职业生涯巅峰，我意识到，"我们拥有如此不可思议的球员，我们真的可以夺冠"。当我们到达纽斯蒂夫特的时候，我已经完全找到自己的位置了。*

最后，球队大名单的最后两个人选带来了积极的影响：桑蒂·卡索拉（Santi Cazorla）和塞尔吉奥·加西亚（Sergio García）。

正如劳尔的缺席被视作是整个国家的灾难，阿拉贡内斯的其他选择也引发了更多争论，关于最后23人大名单仍然存在变数。华金（Joaquín）、大卫·阿尔贝尔达（David Albelda）、路易斯·加西亚（Luis García）、巴勃罗·伊巴涅斯（Pablo Ibanez）、佩尼亚（Pernia）、阿尔伯特·列拉、劳尔·塔穆多和博扬（Bojan），都是热门人选，最终却不敌比利亚雷亚尔中场（卡索拉）和萨拉戈萨前锋（加西亚）。当最终23人名单公布时，入选的安德烈斯·帕洛普（Andrés Palop）、卡索拉、加西亚、费尔南多·纳瓦罗（Fernando Navarro）和鲁文·德拉雷德（Rubén de la Red）甚至都从未代表过西班牙队出场。

当时，主教练表示："我从不会去看哪支球队在西甲排名第一或者第三或者其他名次，我只需要符合我要求的球员，个人拥有一个不错的赛季，并且正在状态。塞尔吉奥·加西亚或许只是作为二前锋（在萨拉戈萨，该队刚刚和穆尔西亚、莱万特一起从西甲降级），但他在右翼会对我们非常有用。”

2013年阿拉贡内斯在和我聊天时，回忆道：“我已经关注卡索拉两年了，最后两个月我的球探团队带着不错的报告回来，因此我决定带上他，当比赛向后推进，越来越成熟的时候，他或许会作为替补发挥重要作用。我知道，我们正在谈论一位有着远大前程的球员。”

桑蒂·卡索拉（2013年）：*我记得非常清楚。我刚结束在比利亚雷亚尔的训练，钻进车里，手机突然响了，是埃尔南（Hernán，比利亚雷亚尔俱乐部的新闻官），他告诉我，我入选了欧洲杯名单。直到那时，我都不敢相信自己可以去欧洲杯了。虽然之前有报道提到过我的名字，因为我那个赛季表现很好，但除非接到电话通知，否则你永远不敢相信。我花了两个小时回到家，但直到好几个钟头之后我才真正清醒。我的手机一直响个不停，所有人都向我表示了祝贺，但直到我有时间独处……这个感觉太棒了！真的不可思议。*

当我刚从奥维多出道时，阿拉贡内斯曾经执掌球队帅印，但那时候我还是个孩子，他不认识我。不过我还记得看到他指导训练课——我们当时做得很出色。事实上，他和我从未有过联系，直到他给我电话。那也是为什么我会被入选欧洲杯的消息给吓到了。

他们是如此令人意外的、迟来的两个征召，因此也是仅有的两个没有接种疫苗的球员，因为在奥地利的一些农村，蚊虫叮咬会导致脑炎。

从一开始，他们就给训练营带来了变化，甚至仅仅是他们的举止和态度。卡索拉是一个惹人喜爱的、有感染力的、有趣的家伙，总是一脸灿烂的笑容。加西亚则展现了一个巴塞罗那培养球员的特点，注重训练强度的价值。两个人都很卖力，从来没有对训练表现出一点的害怕，好像他们就是以训练为生。他们被注入了一支踢了太多比赛的队伍，在未来的日子里不会缺少一些亟待解决的问题，尽管他们拥有能量、乐趣、渴望和青春。在开球之前，阿拉贡内斯的球队就已经比对手更占优势了。

与此同时……

荷兰队抵达了伯尔尼，将半座体育场染成了橙色。这也让意大利队有些相形见绌。那也是他们在C组开局0：3惨败的开始，他们没办法平息荷兰队的极度狂热，库伊特的射门被挡出后又送出传中球，范布隆克霍斯特顶进了第3球。

——第6日

——2008年6月10日，因斯布鲁克

西班牙vs俄罗斯

一！二！三！……赢！赢！赢！

小组赛第一个对手是俄罗斯队，而几乎差一点是英格兰队。区别是在出线的最后一夜，在雨水浸泡的温布利，那个夜晚，史蒂夫·麦克拉伦[①]成为了“打伞的傻瓜”，当他在场边擎着伞避雨时，英格兰队参加欧洲杯的希望被彻底冲走了。

克罗地亚队已经赢得了E组头名，当他们抵达伦敦时，英格兰队只需要一场平局就可以出线。他们凭借兰帕德和克劳奇的进球反转了0：2的落后局面，在比赛还剩25分钟时，英格兰队拥有可以进军2008年欧洲杯的关键1分。但他们并没有紧闭后院，而是压上进攻，代价是给了彼得里奇时间和空间，让他面对门将卡森打进了一个远射致胜球。

感谢俄罗斯队1：0击败安道尔队，尽管错过了一个点球，而且安德烈·阿尔沙文[②]被红牌罚下，但英格兰队依然出局了。阿尔沙文将在欧洲杯小组赛前两场停赛，对首战俄罗斯队的西班牙队来说这只是好运气的开始。帕维尔·波格列布尼亚克（Pavel Pogrebnyak）是俄罗斯队的头号射手，在圣彼得堡泽尼特夺得欧联杯的赛季里打进了10球，但6月

① 译者注：Steve McClaren，前英格兰队主教练，带领球队冲击2008年欧洲杯失利。

② 译者注：Andrei Arshavin，绰号“沙皇”，俄罗斯队颇具天赋的小个子前锋。

7日他却退出了训练，前往慕尼黑做膝盖手术。

“面对西班牙队，我们将失去队中仅有的两位能够在一瞬间通过他们的个人技术改变比赛局面、决定胜负的球员。”俄罗斯队主帅希丁克（Hiddink）表示。太天真了吧，我觉得。

希丁克继续披露，他对队中前锋罗曼·帕夫柳琴科（Roman Pavlyuchenko）在备战大赛的过程中没能保持好个人身体状态很不高兴，他承认，自己现在只能依赖帕夫柳琴科，但是他在赛季结束后增肥了好几公斤，现在帕夫柳琴科必须按照季前的训练来安排，以达到合适的比赛体重。

“他刚加入我们的时候状态不是很好，但他正在进步。”这是荷兰人的悲观论调，不必要公开，以免影响球队士气。

俄罗斯队的技术总监维克托·奥涅普科（Victor Onepko）补充道：“帕夫柳琴科是个好球员，但他很懒。他强壮、高大，两只脚都能射门，但当他不想训练的时候，他就不训练。”

这就是支持球队的方式，小伙子们。

从预兆来说，当西班牙队2002年世界杯被淘汰出局时，希丁克是韩国队主教练，哈维、普约尔和卡西利亚斯都经历过那次点球大战的灾难。至少阿拉贡内斯很了解希丁克。他们曾是做教练时的直接对手，1991/1992赛季他们分别带马德里竞技和瓦伦西亚；一年之后，荷兰人离开了瓦伦西亚，1994年，阿拉贡内斯接手梅斯塔利亚。与此同时，俄罗斯队引起了西班牙媒体的广泛关注，1964年西班牙队夺得欧洲杯时的决赛牺牲品正是俄罗斯队的前身苏联队。

如今，因斯布鲁克在颤抖。不要担心“红花侠”[①]，他们在这里那里到处寻找的是罗曼·阿布拉莫维奇（Roman Abramovich），著名的

---

① 译者注：the Scarlet Pimpernel，英国小说主角，故事描述法国大革命期间，法王路易十六被送上断头台，皇室和贵族也纷纷遭陷害。英国花花公子帕西化身为传说中的蒙面侠客红花侠，不断潜往法国，出生入死抢救受难贵族送到国外。

俄罗斯足协的财政支持者（和切尔西俱乐部的老板）。迪斯科舞厅伏特加和香槟的收费突然涨到了800欧元，农民们抓住时机，准备出租自家田地做直升机停机坪，阿斯顿·马丁、法拉利和兰博基尼对大众汽车的数量比例从1∶10000变成了1∶1。因为俄罗斯寡头们驾到了。

蒂沃利球场是因斯布鲁克瓦克俱乐部的主场，充满了生活气息、色彩和巨大的噪音，真正的球迷已经接管了这里，很难找到公司的踪迹。当地组委会给球场增加了一些临时座位，这样正常只能容纳1.7万人的球场可以容下3.1万人了。主看台的右手边就是迷人的群山和当地机场的飞行跑道——感觉在这样一个繁忙、重要、充满活力的地方开启一届大赛，没有比它更合适的了。

阿拉贡内斯选择了通过训练可以预计得到的首发阵容：卡西利亚斯；拉莫斯、普约尔、马切纳、卡普德维拉；伊涅斯塔、哈维、塞纳、席尔瓦；托雷斯、比利亚。

一些西班牙媒体认为这是4－1－4－1阵型（塞纳担任防守型中场），但是在球场上更像是4－4－2阵型，而从很多攻击的阶段来看则像是4－2－4阵型。

从第一天开始，所有队员就被告知了，某些时候板凳上的球员甚至会比首发的球员更加重要。虽然听上去有些莫名其妙，但这是废除了以劳尔、埃尔格拉和古蒂为代表的旧制度之后的核心部分，新西班牙队将成为兄弟连。

在更衣室里，阿拉贡内斯让球员们做好准备，先去感受一下球场的气氛，之后他叫他们回来，他穿上了防水的训练服和球鞋，他移动着，就好像有一种原始的力量想要躲避他的身体。

球员们围在他身边，教练组也是。阿拉贡内斯跺了一脚，退了一步再向前走去，他足球鞋上的铝钉和瓷砖地板摩擦后发出噼啪的声音，有节奏地伴随着他断断续续的动作。

“所有人都要带着积极的态度走出去，走上球场。”他走着，走着，走着，转身。

“所有人都要有自信。”经过按摩台，他回到开始的地方。

“我们要敢于伸腿去做每一次铲球。”他走着，走着，走着，转身。

“但我们都很聪明，我们不能让自己受伤。我们要一起来做这些，团结一致。如果我们得到机会就要去打击他们，我们要好好揍他们。”最后一次转身，他从远端的墙那里踱步回来。

“我们在球场上的跑动，也要聪明点。”

之后，他停下来，大约6秒钟一言不发，他又走了几步，停下来，面对着站在各自储物柜之前的球员：哈维、比利亚、托雷斯、普约尔、伊涅斯塔。他的声音里蕴含着所有指令。

“听我说，现在关键时刻到来了，这两年他们（西班牙球迷）一直在折磨我们，但现在我们要展现给他们看，现在，我们要让他们看到。”

“我们跑到球场上，当感觉精疲力竭的时候，因为你们已经完成了你们的工作，你们举起手，一位队友会上去接过你的位置。出发吧！”

他突然发出了一个爆炸性的吼声：“出发吧！”

每一位球员和每一位工作人员簇拥成了一团，卡西利亚斯在中间，所有人的手伸到了中间，每个人都摸到了其他人的手。

卡西利亚斯叫道：“一！二！三！”之后，所有人异口同声地回应道：“赢！赢！赢！”

西班牙队的每一场比赛都会在这样的仪式之后开始，它成为了西班牙队的胜利咒语。

现在，比赛要开始了。

俄罗斯队先发制人，的确是希丁克带队的风范。这不是一场残酷的较量，但俄罗斯人的身体素质明显优于西班牙人，当他们前压，特别是利用两个翼卫的位置重叠，他们占了上风，但是事实证明，他们的确挺懒散的。

19分钟过去了，26岁的泽尼特防守型中场罗曼·希罗科夫本场司职中后卫，突然犯了个重大失误。他已经远离了防线投入进攻，但大卫·比利亚在他的左侧紧逼上前，慌忙之下，希罗科夫勉强将球向前传给帕夫柳琴科和迪米特里·瑟乔夫的方位，但也是逃避责任地匆忙起脚，显得力道太轻。他不知道，卡普德维拉即将送出他生命中的最佳传球。距离希罗科夫大约50米处的卡普德维拉，预判到了希罗科夫的愚蠢反应。他正好抢在了两名俄罗斯前锋中间的空当，用他较弱的右脚，也不停球，直接凌空送出了60米的贴地传球，直插禁区左肋，而那里的托雷斯正好形成与对方后卫德尼斯·科洛丁的一对一。利物浦前锋先将球往外侧抹，等到科洛丁靠近又突然往禁区内趟球，形成了禁区内面对门将伊戈尔·阿金费耶夫的局面。希罗科夫罪上加罪地任由比利亚摆脱自己后向托雷斯的右手边冲刺。两人的位置正好孤立了俄罗斯门将，金童吸引阿金费耶夫之后将球横拨给中路拍马赶到的比利亚，后者推射空门得手。

西班牙队极度兴奋，但在这一切开始之前，我们看到了让西班牙队如此特殊的缩影。托雷斯的慷慨得到了比利亚的回报，后者跑过来用手挽着托雷斯的脖子，指着托雷斯的前胸，这个手势再明显不过了："是他把进球送到了我的碗里。"

"有时候作为一名前锋总是有些自我的，你希望得到进球。"托雷斯在这届大赛后承认，"但并不是这一次，这次我们都希望保证球队夺取胜利。"

费尔南多·托雷斯（2013年）：*我喜欢和大卫（比利亚）并肩作战，因为我们是朋友，因为他拥有超级天才。奥地利是我们最美妙的体验之一，我们回击了那些说我们不能作为锋线搭档的人们。我们自从U21青年队开始就在一起搭档，经常有出彩的合作。我们之间本能地相互理解，是通过我们共同比赛的时间和场下的友谊达到的。我们的妻子也是知己。*

我本可以自己去争取打进第一球，但是……这样说吧，在切尔西的某一天，我们在看一个前锋和门将形成一对一的视频剪辑，在这位前锋的右侧有一个无人盯防的前锋准备好了接到传球、取得进球。现在如果我是教练，在那种情况下，如果第一位前锋没有将球传给队友打空门，

之后我肯定会迅速换他下场，因为他不是一位团队型球员。任何时候，你都得把团队放在第一位。这就是我看这个问题的方式，也是我一贯的方式。我喜欢进球，但如果我看到一位队友的位置更好，我会把球传给他。这与那名队友是不是大卫（比利亚）没有关系，因为我考虑会让他增强信心，因为他处在完美的位置可以把球打进大门。这也一直是我的反应，尽管球员们都有自我为中心的名声，但我不会去改变。

俄罗斯队很快就击中了立柱，瑟乔夫右路传中，普约尔、塞纳和伊涅斯塔都没有碰到皮球，康斯坦丁・日里亚诺夫的射门打中了左侧立柱上弹出。

之后，上半场结束之前，西班牙队创造了绝妙的配合。大卫・席尔瓦通过努力重新夺回球权，放飞了左后卫卡普德维拉，就在西班牙队的禁区外，加泰罗尼亚人从边后卫变身为左边锋，一路向前驰骋，首先向左，随后将球喂给了右侧的伊涅斯塔。巴塞罗那中场禁区前连续变线摆脱了日尔科夫，绕得对手好像追自己尾巴的小狗，之后伊涅斯塔送出了一记直塞球，从科洛丁的外侧绕过传给了比利亚，后者从希丁克的中卫们身边冲刺，将球从门将阿金费耶夫身边扫进网窝。

从本方禁区到对方禁区；完美的技术和非常直接的打法。更重要的是，这是新西班牙队DNA的组成部分，在半场结束之前，或者说比赛结束前，他们几乎自动创造了一个进球——无论精神上还是身体上，他们的反应都比对手更快、更犀利，一次又一次。

尽管俄罗斯队间歇性地继续发动威胁，但比利亚完成了帽子戏法，希罗科夫又一次看上去好像是“俄罗斯达人”的冠军选手，似乎他来到这个大舞台靠的不是真正的防守协调性，而是凭借着强大的公众投票支持率。

21分钟之前，托雷斯已经被法布雷加斯替换下场。很明显，他对此并不满意。尽管托雷斯并没有发脾气，但接下来一天还是引起了阿拉贡内斯的训斥。当比利亚打进第3球后，他跑向了替补席，将所有人抛诸脑后，他拥抱了托雷斯，因为下大雨，托雷斯已经裹上了厚厚的夹克，因此突然成为全场焦点他还颇有点不好意思。后来，托雷斯承认，自己对此感到很荣幸，特别是比利亚的这一动作。这是比利亚在2008年欧洲杯上最具有个人主义风格的进球，他却选择了和板凳上的托雷斯一同分享，也强调了两人的关系。

重要的是，这是2006年世界杯期间阿拉贡内斯对劳尔不满的积极反应，当时劳尔在庆祝自己进球时忽略了其他队友，只选择了与在场边的萨尔加多、卡尼萨雷斯等“死党”一起庆祝。比利亚的庆祝看上去是给一位感觉受伤队友的抚慰；而劳尔的庆祝则是对主教练的蔑视（也影响了团队精神）。二者的界限很微小，并不是所有教练都会看得出如此大的差异。

当希罗科夫的近门柱头球摆渡，帕夫柳琴科后点用前额将球顶进大门，西班牙队丢球了。

不过，斗牛士军团依然疯狂。法布雷加斯和卡索拉像两只小鬼一样搞得俄罗斯队鸡犬不宁。当比利亚在比赛中做出最终贡献时大家并不吃惊，伤停补时阶段，即将精疲力竭的前锋将球挑传给了哈维，后者的凌空抽射被门将阿金费耶夫扑出，不过落到了法布雷加斯的面前，他不仅顶进了职业生涯第一个头球进球，更重要的是，这是他第27次代表西班牙队的第一个进球。从进球数据来看，他一直受到了巨大压力和批评。从俱乐部层面而言，法布雷加斯已经是阿森纳的关键先生，因此聚光灯对他而言总会特别苛刻。整支球队都为他感到高兴和放松，这个重要的、受欢迎的球员终于可以摆脱在国家队不进球的压力了。

西班牙4：1俄罗斯

西班牙队阵容：卡西利亚斯；塞尔吉奥·拉莫斯、马切纳、普约尔、卡普德维拉；席尔瓦（77’阿隆索）、塞纳、哈维、伊涅斯塔（63’卡索拉）；比利亚、托雷斯（54’法布雷加斯）

进球：20’，45’，75’比利亚；90’法布雷加斯

俄罗斯队阵容：阿金费耶夫；阿纽科夫、希罗科夫、科洛丁、日尔

科夫；瑟乔夫（46’比斯特罗夫，70’阿达莫夫）、日里亚诺夫、塞马克、谢姆绍夫（57’托宾斯基）、比利亚列季诺夫；帕夫柳琴科

进球：86’帕夫柳琴科

与此同时……

兹拉坦[①]登陆了。伊布拉希莫维奇打进了瑞典队在本届欧洲杯的第一球，他和亨里克·拉尔森做出了撞墙配合之后，凌空抽射将球打进了球门死角，帮助球队在D组首战对希腊首开纪录。彼得·汉松在打进球队第2球后似乎对于进球的可看性有些抱歉，但瑞典队2：0取胜拿到了开门红。

——第7日

——2008年6月11日，纽斯蒂夫特

在球队内部，大家很明显地觉察到这届欧洲杯赛有着与以往截然不同的感觉。

阿拉贡内斯因为足球角度的原因将劳尔送上了国家队的“断头台”，作为一种积极的副产品，主教练去除掉了国家队僵化的等级制度。如今，一些新东西正在建立：渴望、友谊、团结。虽然大家的目的都是赢球，但这支团队意识到，没有什么比作为朋友，而不是同事，去一起赢得胜利更加美妙。

回到纽斯蒂夫特，西班牙足协搭建起了一座帆布帐篷，将媒体中心设在训练场的旁边。这是为了解决来自西班牙国内的喧嚣、批评性的电视台、电台和报纸，以及来自全世界的记者们，通常在大赛期间报道西班牙队容易撞车的问题。不过有人忘了给媒体提供翻译服务，对于几乎每一天都有3名球员参加日常发布会来说，这是个问题。

① 译者注：瑞典前锋伊布拉希莫维奇的名字。

西班牙足协的新闻官帕洛马（Paloma），拉拢我在新闻发布会上帮他记笔记，好让所有的外国媒体都能够在每一次新闻发布会结束之后得到一份粗略的球员问答记录。作为交换，一间小的储藏室将被改造成我们的工作室，可以保留特制的照明设备以及拍摄用的布背景，我们可以在这里对球员和教练进行一对一采访。甚至在击败俄罗斯队之前，当我们准备迷你工作室时，一位西班牙足协的资深工作人员正好走过，停下来和我们聊了聊。

“我真的相信这一次会发生点什么，”他说，“球队的气氛已经发生了根本改变，变得越来越好了，我认为这届大赛上我们能够充分展现自己的实力。”

在球场上大家士气高涨，在训练课上充满着各种各样的欢乐，雷纳和卡西利亚斯，法布雷加斯和哈维，卡普德维拉和卡索拉，大家都是带着巨大的乐趣来完成训练。我们看不到的是在球场下球队究竟有多么快乐。

何塞·曼纽尔·奥乔托雷纳曾经作为皇马门将夺得过三届西甲冠军和两座联盟杯冠军，在1988/1989赛季是瓦伦西亚的“萨莫拉”[①]，作为西班牙一号国门安东尼·苏比萨雷塔的替补参加了1990年意大利世界杯。退役后他先在瓦伦西亚担任了守门员教练，之后去了利物浦，又来到西班牙国家队。他在2008年欧洲杯上负责调教伊克尔·卡西利亚斯、佩佩·雷纳和安德烈斯·帕洛普。

“奥乔”回顾说：“你如果走进他们其中一个人的房间，总会有一堆球员在里面，巴塞罗那、皇马的球员都有，气氛总是很好。我们有一个最受欢迎歌曲的榜单，每场比赛之后当我们回到酒店，都会一起唱歌，我们会一起载歌载舞——包括酒店的工作人员！我认为，对于球队来说，最重要的是球员之间是否彼此尊重，尽管他们被圈在一起这么长时间。我认为，那是值得一提的。”

---

① 译者注，Zamora，萨莫拉是西甲历史第一门将。

西班牙队的一位球衣管理员费利克斯·马丁，已经跟随西班牙队参加过13届大赛了，他也明确地说："球员们并不像之前参加大赛时每天晚上各自回房，因此我告诉他们，这是这么多年第一次我看到他们是如此团结。"

他们会去喝一杯高乐高（一种巧克力饮品），打打牌，聊聊足球，打乒乓球，打实况足球游戏——并不是每个球员都会参加，但总会有2/3的球员一起度过一个愉快的夜晚。

"14个球员全部聚集到一个队友的房间，一起大笑——这是我在西班牙队时前所未见的。"卡西利亚斯也承认道。

当然，一位球员的卧房会被选定为主要的活动中心。当初大家在纽斯蒂夫特旁边的米德勒·霍夫酒店登记入住时，西班牙球员们非常惊讶地发现，奥地利主人给他们安排的唯一一间五星级、好莱坞风格的套房并不属于主教练阿拉贡内斯，也不属于队长卡西利亚斯，甚至不是任何一位明星射手，这一特权居然落到了一向谦虚的后卫卡普德维拉手里。他的大床套房有一个起居室、三个卧室、一间浴室、一个淋浴间、一个漂亮的阳台。真是天堂啊。

即便是所有队友每天来自己的房间，卡普德维拉并不介意。他也不会被人开玩笑地说他睡了整个奥地利最好的房间所困扰。不过，当他一个人睡在一个洞穴般、摇摇欲坠的房间里，还是会有点问题。

卡普德维拉总是疑神疑鬼地认为，在他睡觉期间总有鬼魂或者有人想闯进他的套房。

桑蒂·卡索拉： *卡普德维拉最终拿这间大套房怎么办，谁也不知道，但他有三间巨大的卧室，一间起居室，因此我们每天训练之后都会跑到他那去打牌、聊天。我每天晚上都在那里，他开始告诉我，他会在午夜时分听到奇怪的声音，好像是有人在那里。他真是个胆小鬼，我觉得这太好笑了。*

最后，卡索拉选了其中一间备用房间，于是卡普德维拉重归安宁，将继续创造一届史诗般的大赛。

费尔南多·托雷斯和马科斯·塞纳的房间就在卡普德维拉的楼下和旁边，经常因为听到卡普德维拉的如雷鼾声而无法入睡。看来要创造球队和谐，还需要付出小小的代价。

与此同时……

葡萄牙队对捷克队的比赛，焦点却在英格兰，曼联猛烈批评了皇家马德里对于本队葡萄牙球星C.罗纳尔多的贪婪评论。不过这对于C罗在国家队的表现没有任何影响，他身披白袍的潇洒身影令人印象深刻，他在3：1的胜利之中打进一球、助攻一球，帮助他的国家葡萄牙打进了1/4决赛。

——第8日

——2008年6月12日，纽斯蒂夫特

和费尔南多·托雷斯一起聊足球是非常有乐趣的：他才思敏捷，头脑清晰，表达清楚。在职业生涯之中，他一直是一个重量级球员。这是事实，不过，他的表情总是能够轻易出卖他的真实感情。

首战俄罗斯队，半场之后9分钟就被换下场，人们很容易从他的表情中读懂他的沮丧——尽管他几乎没有向阿拉贡内斯表达任何愤怒的情绪。

很快，主教练赛后就谈到这一点：“我的目的是照顾好他，他对于我们至关重要，他刚刚为利物浦踢完了一个漫长、艰苦的赛季。”在这一点上阿拉贡内斯将证明他有多么精明。

一些西班牙媒体希望挑拨是非，因为69岁的阿拉贡内斯偶尔脾气火爆，但接下来48小时阿拉贡内斯突然发动反击：“不论我有没有和托雷斯谈话，这都是球队内部问题，但我可以向你们保证，事情并不像在因斯布鲁克那样。你不能让这些话随便成立。我完全能够理解一位球员会生气，我也当过球员，我也会生气。在这一点上我和托雷斯是一致的。但我不希望突然看到那些没有获得出场机会，或者那些被换下的球员生气。如果你没有首发，你需要确定自己是否准备好了上场，并发挥作用。如果你被换下了，首先要做的是对你自己生气。”

托雷斯和阿拉贡内斯之前已经有过成功的合作，为着他们共同热爱的俱乐部——马德里竞技，2002年，他们一同帮助马竞从西班牙乙级联赛杀回西甲。不过，在阿拉贡内斯治下的西班牙队，托雷斯41次出场只有11次打满了90分钟（其中10场取得进球）。

在2007/2008赛季，他为利物浦出场44次，打进了33粒进球——而与之形成对比的是，自从2006年9月开始的2008年欧洲杯预选赛以来，他在2年时间里仅仅为西班牙队打进了2球。

“当我被换下时，我是有点生气，但我主要是对自己的表现感到不满。”托雷斯解释了对俄罗斯队一战的个人体会。

这也符合阿拉贡内斯提供的分析。托雷斯很失望，他太轻易地显示出了自己的愤怒。媒体会轻易放过这些素材吗?

与此同时……

奥地利的伊维卡·瓦斯蒂奇（Ivica Vastić）在1：1战平波兰的比赛中取得进球，成为了在欧洲杯上进球的最老球员。38岁的瓦斯蒂奇仅仅比克罗地亚队主教练斯拉文·比利奇（Slaven Bilić）年轻1岁，而在克罗地亚队2：1击败德国队之后，比利奇也没有表现出孩子般的兴奋。

——第9日

——2008年6月13日，纽斯蒂夫特

在第二场对瑞典队的赛前新闻发布会上，西班牙队主教练告诉我：“我已经和他（托雷斯）聊过了，但我们之间永远不会有问题。有时候，你和球员能够建立父子般的情谊，我和他在一起已经很长时间了，不过他能够在我的球队里是因为他的特点。”

费尔南多·托雷斯：*我生气是因为在桑坦德对美国队的最后一场热身赛之后，他（阿拉贡内斯）告诉我，我不需要担心任何问题，我会在奥地利首发出场。我不确定他为什么告诉我这些——或许是因为他在对意大利队、秘鲁队和美国队的3场热身赛中连续将我半路换下。不论理由是什么，他都换我下场了。我当时很生气，但路易斯（阿拉贡内斯）在对俄罗斯队的比赛之后没有对我说任何话，我认为这就结束了。我从未预料到媒体会制造如此多的内容。或许正是因为媒体的注意力让阿拉贡内斯找我去谈话，他告诉我，对他来说这不是个问题。他甚至告诉我，“西班牙队就是托雷斯和10个其他球员”。*

这个争议事件也引来了前瑞典国脚、巴塞罗那前锋亨里克·拉尔森（Henrik Larsson）的评价，他认为托雷斯毫无疑问已经成为了特别重要的球员："在我看来，费尔南多是一位新的世界级球星，我看过他所有的重要比赛，特别是代表利物浦参加欧战，我们在谈论他是一位梦幻射手。"

在两场比赛之间的星期三，斗牛士军团早上训练，之后完全自由地享受一天休息时间，周四上午10点回来报到。周四训练时，我碰到了佩佩·雷纳的父亲，他正在照顾雷纳的小女儿格蕾西亚。他曾经和阿拉贡内斯一起参加过1974年欧洲杯决赛。他的出现也说明了，被祖克哈特山和埃尔费山环绕着的山谷，已经被斗牛士军团23名球员的孩子、妻子、女友、朋友和父母们占领了。有一些球员去吃比萨饼，或者喝一杯，有一两个球员去了因斯布鲁克，还有一些人带着他们的孩子玩儿——大家都在休息四肢，放空头脑。

之后，到了星期五下午，在对瑞典队的比赛开始之前24小时（比赛又一次在蒂沃利球场举行），一家瑞典小报表示他们有一个精彩的故事。

我坐在天空电视台比赛评论员马丁·泰勒身边，聊着对1982年世界杯的共同感受，一位记者突然当着众多媒体同行的面，展示了他的报纸当天早上的头条新闻报道，称他们抓住了一位西班牙球员在这场关键的小组赛之前两晚都去镇上喝酒了。

2006年世界杯预选赛瑞典队对列支敦士登队的预选赛之前，媒体也报道了瑞典队球员夜生活（伊布拉希莫维奇、梅尔贝里、威廉松因为违反球队纪律被停赛），很可能这位记者和他的编辑相信他们挖到了猛料。但可以确定的是，塞尔吉奥·拉莫斯和一位找他合影的球迷拍了照片，照片肯定是在一家酒吧或者俱乐部拍摄的，并作为报纸上的巨大图片。

这位瑞典记者一手拿着报纸，一手拿着麦克风走到了阿拉贡内斯面前。

“我们抓到了你的球员外出喝酒，就在对我们的国家队比赛之前去当地一家俱乐部喝酒，我们的报纸图片可以证明。现在，你怎么看待这件事？”

阿拉贡内斯透过镜片盯着对方，面无表情，用他的一双大手接过了报纸，仔细地看了起来，周遭一下子安静了下来。

阿拉贡内斯阅读着图片和文章，沉默了一会儿说：“我认为你们需要去请一位更好的摄影师，因为拉莫斯明天会有一个晚上的自由时间，你永远不知道，我或许会和他一起跳舞。我喜欢迪斯科音乐，尽管我更喜欢弗拉门戈。”

“在他休息的时候，这样的事情他想做都可以。我原本担心你会给我一些更糟糕的东西呢。”

说着，他略带不屑地将报纸还给了那位突然变得垂头丧气的记者，众人哈哈大笑。

之后，阿拉贡内斯警告众人，瑞典队会以英超的打法来对付自己的队伍，最终的确如此。

他要求他的边锋球员阻止对方传球进禁区，特别是阻止伊布拿到进球机会。他们没能办到（但是到最后，这并不重要）。

与此同时……

布冯扑出了一记点球，拯救他的国家意大利队于水火，在1∶1战平罗马尼亚队之后他们打进了1/4决赛。布冯并非用双手封出对手的射门，而是用右脚挡出罗马尼亚反超比分的射门，也让他的球队能够在C组涉险晋级。

——第10日

——2008年6月14日，因斯布鲁克

西班牙vs瑞典

一！二！三！……赢！赢！赢！

托雷斯帮助斗牛士取得领先，回报了主教练。

第15分钟，哈维左侧开出贴地的战术角球，将球短传给了禁区线上的比利亚，比利亚得球后似乎准备将球回传给哈维，后者正从角球区往里跑，但比利亚却突然将球向自己左侧回敲，席尔瓦左侧禁区前沿无人盯防。

席尔瓦左脚拿住球，之后将球似传似射地抽向点球点，正好送到了彼得·汉松身前，而托雷斯已经摆脱了汉松的贴身逼抢，他飞身用右脚脚底将球踹进了球门近门柱，而门将安德烈亚斯·伊萨克松扑了个空。

当托雷斯奔跑开始庆祝的时候，比利亚突然像李小龙一样于无声处听惊雷，给了托雷斯一个飞行般的拥抱。比赛的紧张气氛顿时消失了，托雷斯的进球荒也结束了。西班牙队上下没有比这更高兴了。

上半场结束之前，西班牙队左路让对手送出了一次很舒服的传中球，就像对俄罗斯队时一样——这一次是弗雷迪·斯托尔的传中，拉莫斯丢掉了自己的防守位置，伊布拉希莫维奇拿到了球，突然变向晃倒了拉莫斯，之后他的劲射穿越了卡西利亚斯的十指关。

就这样，1：1的比分一直保持到了第90分钟。

但是，等等，拥有总统套房的兄弟还没发话呢。阿拉贡内斯也没有发话。

当时间一分一秒接近结束时，奥塔莱萨的智者①仍然保持着警惕。他从技术区里给比利亚发号施令，让他不要回撤防守，而是留在中圈后面。

“比利亚，比利亚，比利亚！你就待在那里，就待在他们中间。”阿拉贡内斯仍然保持着专注，仍然关注着即将改变他们赛事命运的细节。

突然，在压力之下的卡普德维拉开出大脚将球送向了前方，西班牙人叫它“跨场长传”。

托雷斯已经埋伏在比利亚的身后来追逐球权，当他和斯托尔都跳起来争球时，球却回到了地面上，形成了一次反弹球。

经过反弹后，彼得·汉松和比利亚拿球的机会是60%对40%，但比利亚的脚下步频更快，抢先用右脚将球捅一下抹过了汉松，尽管另一位后卫梅尔贝里从中路向比利亚压迫过来，瑞典队高大的门将伊萨克松也已经出击希望封堵住角度，但比利亚已经快速转向了他的左侧，用右脚将球捅进了伊萨克松右侧的大门。

比利亚双膝跪地，肾上腺素的爆发令他发出了狂吼。不过这并非这次庆祝的中心，马切纳跳到了卡西利亚斯的怀抱里，几乎所有球员，那些没有机会出场的替补们，现在也都聚集到替补席前面，比利亚冲刺过来和所有人一起庆祝。

阿拉贡内斯要比最终的维也纳决赛之后显得更加激动，他流着热泪加入到大家的庆祝里——他拥抱着球员们，此时此刻很自然地沉浸其中。

“那不是我的风格，但当我看到球队所有球员都开始一起庆祝的时

---

① 译者注：The Wise Man of Hortaleza，阿拉贡内斯的另一个绰号。

候，我也非常感动。”阿拉贡内斯赛后解释道。

自从劳尔在世界杯对突尼斯队的比赛中扳平比分后与萨尔加多、卡尼萨雷斯庆祝，排除掉其他队友，显得不是特别热情，已经过去了2年时间。

一切都改变了，这也是西班牙队的纪录。阿拉贡内斯，这个西班牙队历史上受到诋毁最多的主教练，如今已经追平了国家队历史上的取胜场次纪录，之前纪录保持者是哈维尔·克莱门特（Javier Clemente），但阿拉贡内斯带队51场比赛拿到了36场胜利，比巴斯克人的62场36胜用的场次更少。

瑞典1：2西班牙

瑞典队阵容：伊萨克松；斯托尔、梅尔贝里、汉松、尼尔森；埃尔曼德（79’塞巴斯蒂安·拉尔森）；安德森、斯文松、永贝里；亨里克·拉尔森（87’谢尔斯特伦）、伊布拉希莫维奇（46’罗森贝里）

进球：34’伊布拉希莫维奇

西班牙队阵容：卡西利亚斯；塞尔吉奥·拉莫斯、马切纳、普约尔（24’阿尔比奥尔）、卡普德维拉；伊涅斯塔（59’桑蒂·卡索拉）、塞纳，哈维（58’法布雷加斯）、席尔瓦；比利亚、托雷斯

进球：15’托雷斯，90+2’比利亚

与此同时……

希腊队大巴的轮胎脱落，只能把大巴摆在自家大门前面。卫冕冠军被充满活力的俄罗斯队淘汰出最终八强，俄罗斯队凭借日里亚诺夫的进球1：0获胜。即便希腊队被淘汰，欧洲足球在这届大赛上也将继续前进。

——第11日

——2008年6月15日，纽斯蒂夫特

在受到媒体和球迷两年的严重羞辱之后，阿拉贡内斯终于彻底摆脱了当初的噩梦。在西班牙队集训营的感觉，已经从劳尔时代的“我们不快乐”变成了“人人为我，我为人人”。

“这完全是主教练的优点，”西班牙队队长，也是劳尔在皇马的队友伊克尔·卡西利亚斯说，“他实现了打造一支永远争胜的队伍并创造和谐氛围的理念。不要有任何疑问——你看到在球场上的团结正是我们在球场下努力的成果。”

西班牙队成为了D组头名，他们打进了1/4决赛，他们会在维也纳比赛。不过他们最害怕的“八强魔咒”将取决于谁从C组出线。

不会是荷兰队，因为他们小组赛前两场对意大利队和法国队的总比分是7∶1，罗马尼亚队两轮之后暂列第二，2000年欧洲杯的冠军法国队与世界杯卫冕冠军意大利队，并列小组垫底。

与此同时……

土耳其队希望打入八强的希望在最后一场小组赛进入第75分钟时破灭了，捷克2∶0领先。15分钟之后，土耳其人却突然复活了，当尼哈特的第3球击中了横梁下沿打进网窝之后，土耳其上演了不可思议的3∶2大逆转，这似乎是一个自然而然的结果。

——第12日

——2008年6月16日，纽斯蒂夫特

如今，是时候回到比赛–疗养–休息–训练的节奏中来。在纽斯蒂夫特，西班牙队在萨尔茨堡最后一场对希腊队的小组赛之前进行了一天两练。

每一次大巴的长途跋涉——数量不少——都是由塞尔吉奥·拉莫斯

来主宰的。他是个音乐达人，他是这届大赛的声带——主要是一个弗拉门戈专辑*Aire*①，关于打开窗户，迎接新的早晨到来，呼吸新鲜空气，房子里的幸福。一个很好的主题。

另一个快被听烂了的专辑是阿根廷乐队Jambo的*Se Parece Más A Ti*，一首乱七八糟、重复的挽歌，任何自重的音乐迷都会主动丢掉一些乌龙球，只为了早点回家。对他们来说，幸运的是皮克（斯通·罗塞斯，埃尔维斯·科斯特罗，绿洲和詹姆斯）还没有最后突破底线。

最好的解释来自阿拉贡内斯负责视听的助手，他负责准备对手的视频，但也为本届大赛的国家队音乐质量负责。

哈维·恩里克斯（Javi Enriquez）：*我准备了一张胡丽叶塔·凡内加丝的CD，上面有“You Are The One For Me”，“Now Is All There Is”等歌曲，但对这些家伙来说没有任何影响。所以我问拉莫斯和雷纳是否有喜欢听的歌曲，用作替换。我们赢得了第一场对俄罗斯队的胜利之后，当球员们登上大巴，最后我让我们的司机——长得和奥贝里克斯一模一样——唱了第三首歌。所有人都跟着音乐打着节拍，沉浸其中。我对足协代表说，球员们希望音量能够提高一些，这样能够带来很不错的兴奋感。他们正在增长的自信和决心是有形的，都通过一首歌体现——Se Parece Más A Ti——这首歌也变成了我们这届大赛的官方指定队歌。*

希腊人是4年前的欧洲杯冠军得主，他们的打法是奥托·雷哈格尔做到了极致：严密盯人、保守、投机主义，但现在似乎已经不太有效了。

在一路上，他们在2004年欧洲杯上通过小组赛1：1战平赛斯的西班牙队最终淘汰了斗牛士军团。但是短短4年之后，当年参加过那场比赛的球员已经无人出现在今天的较量之中，只有4名赛斯选过的球员进

---

① 译者注：出自西班牙乐坛最伟大的弗拉门戈歌唱家之一何塞·梅尔切。

入了2008年欧洲杯大名单。

事情对于卫冕冠军来说非常不理想，他们输掉了对瑞典队和俄罗斯队的前两场比赛，希腊队已经出局了。

训练显示，普约尔和席尔瓦都没办法参加第三场小组赛，但阿拉贡内斯希望对阵容做一些调整。很明显，哈维·阿隆索和佩佩·雷纳会出场，法布雷加斯在前两场的表现，塞尔吉奥·加西亚在训练中的工作效率，意味着他们也能够赢得首发机会。而达尼·古伊萨似乎状态完全相反，他看上去十分烦躁、焦虑。

他是上赛季的西甲最佳射手，为马洛卡打进了27粒进球（在欧洲金靴奖中输给了曼联前锋C.罗纳尔多）。古伊萨在训练中进球都很困难，也没有作为替补出场过，尽管知道阿拉贡内斯会将他带到费内巴切——欧洲杯之后他将执教的俱乐部，但安达卢西亚前锋看上去就像一个丢掉了10英镑却捡到了10便士的人，现在他的机会终于来了。

与此同时……

德国队主教练勒夫和他的奥地利同行希克斯伯格都被罚上了看台，不知道他们究竟是不是因为抱怨裁判的判罚遭到处罚，不过这场比赛踢得十分讲文明守礼貌，直到米夏埃尔·巴拉克的任意球破门帮助德国队拿到了1：0的胜利。

——第13日

——2008年6月17日，萨尔茨堡

之后，阿拉贡内斯突然一脸严肃，很不高兴。

在对希腊队的赛前一晚，西班牙人坐在酒店的电视机前，看到意大利队不仅击败了法国队，还超越了输给荷兰队的罗马尼亚队。

意大利——该死的意大利队——将是斗牛士军团在1/4决赛的对手。

“意大利队绝对不是我希望在八强战遭遇的对手，”阿拉贡内斯承认，“非常，非常复杂，他们看上去好像已经死了，要被埋葬了，但突然打进了淘汰赛——又一次。”

事实上，西班牙队已经有80年没能在正式比赛中击败过意大利队了，这也是本届欧洲杯上被引用最多的事实。

与此同时……

安德烈·皮尔洛和丹尼尔利·德罗西进球，意大利队击败法国队打进了1/4决赛，尽管最后一轮之前他们只打进一球拿到了1分。荷兰队是他们晋级的关键，他们2：0击败了罗马尼亚队，3场打进了9球。

——第14日

——2008年6月18日，萨尔茨堡

西班牙vs希腊

一！二！三！……赢！赢！赢！

奥托·雷哈格尔解放了他的队伍，5后卫防线成为一个带着飞翔翼卫的阵型，比赛充满着乐趣。

西班牙队被希腊队攻入了一个任意球，一球落后。查理斯特亚斯的头球破门让人记起来雷哈格尔是如何夺得2004年欧洲杯冠军的。

阿隆索，后来当选本场最佳球员，几乎从本方半场打进了一球，还有一记凌空抽射击中了立柱，让老迈的希腊队门将尼科波利迪斯惊出了一身冷汗，后者已经宣布了即将退役的消息，但整晚他都遭到狂轰滥炸。

西班牙队扳平比分的进球几乎就是直接来自训练场——我在之前那些天看到他们做过一遍又一遍的跑动。法布雷加斯从中场向前跑动，古伊萨做出了一次美国橄榄球联盟外接手的跑动，他利用摆脱盯防后卫之后获得的空间突然后退一步来等待法布雷加斯的传球。这是一次漂亮的挑传，古伊萨将球顶回到德拉雷德前进的路线之上，后者的凌空抽射从尼科波利迪斯的手边打进。训练在实战中得到了完美的实施。

致胜球是对于在2006年兵败北爱尔兰之后阿拉贡内斯决定改革足球的完美诠释。

西班牙队继续控球。而对手却不知道如何去从他们脚下抢回球权。

通常在上下半场快要结束的时候，西班牙队都要比对手体能更好，随时准备好去撕破对手的空当，干扰对方的专注度。

西班牙队进球的时候，对手球队虽然人还在球场上，但精神已经进入了更衣室。

在对阵希腊队时，古伊萨在第88分钟接到塞尔吉奥·加西亚的右路传中顶进了致胜一球。

自从2006年11月输给罗马尼亚以来，西班牙队已经保持了17场比赛不败，斗牛士军团不仅是不输球，还打进了32球，只丢掉了8球。如果仔细审视，通常是在比赛结束之前其他对手已经彻底没指望了，心思也已经不在比赛上。

2007年对希腊队，大卫·席尔瓦在第90分钟打进了致胜球。

预选赛主场打丹麦队，比利亚在一场2：1的胜利中取得了第45分钟的进球。在做客拉脱维亚队一战的2：0胜利中，他也做到了同样的事情。之后在2007年9月，一场关键的预选赛做客打冰岛队，安德烈斯·伊涅斯塔在第87分钟扳平了比分。

主场对拉脱维亚队，费尔南多·托雷斯在第86分钟取得进球；做客打丹麦队，塞尔吉奥·拉莫斯在中场前5分钟打进了一个漂亮的进球，而阿尔伯特·列拉则在第89分钟的进球杀死了比赛。

在2008年春天，意大利队和法国队都被西班牙队以1：0击败。比利亚和卡普德维拉都是在第79分钟取得的进球。

在对秘鲁队的第90分钟，卡普德维拉打进了致胜球，之后在2008年欧洲杯开赛之前对美国队一战，哈维在第79分钟打进了唯一一球。

而在这届欧洲杯赛上，法布雷加斯在对俄罗斯队一战的第90分钟打进了球队第4球，而比利亚在对瑞典队的伤停补时第2分钟夺走了对手的1分。

在适当的时候，对手也会精明起来，他们会在球后面安排上7或8个人，甚至9个人排成人墙，也不会通过争夺球权来消耗体力。而西班牙队则创造了一个属于自己独有的进球区域——要么在半场结束之前，要么在终场哨响之前。

希腊1：2西班牙

希腊队阵容：尼科波利迪斯；文特拉、基里亚科斯（63’安萨斯）、德拉斯、斯皮罗普洛斯；巴西纳斯、卡拉古尼斯（74’齐奥利斯）、卡楚拉尼斯、萨尔平吉迪斯（86’扬纳科普洛斯）；查理斯特亚斯、阿马纳蒂迪斯

进球：42’查理斯特亚斯

西班牙队阵容：雷纳；阿韦洛亚、阿尔比奥尔、华尼托、费尔南多·纳瓦罗；塞尔吉奥·加西亚、德拉雷德、阿隆索、伊涅斯塔（59’桑蒂·卡索拉）、法布雷加斯；古伊萨

进球：61’德拉雷德、88’古伊萨

与此同时……

小个子帮助俄罗斯队迈出了一大步。安德烈·阿尔沙文解禁复出后的第一场比赛，进入了俄罗斯队首发，在对瑞典队的2：0胜利中他成为了头条人物。他对俄罗斯队第2球的贡献令人赞叹，但给人更深印象的是他在中场领导俄罗斯队的从容和睿智——他们从小组出线后将迎战丹麦队。

——**第15日**

——2008年6月19日，纽斯蒂夫特

从霍华德·韦伯（西班牙队在这个故事中还会遇到他）吹响西班牙队对希腊队的终场哨开始，距离对意大利队的1/4决赛只剩下94个小

时。几乎每个人都在和其他人谈论魔咒——1/4决赛的魔咒，自从1920年奥运会以来，西班牙队从未在正式比赛中击败过蓝衣军团。在1994年美国世界杯八强战中，毛罗·塔索蒂（Mauro Tassotti）肘击了路易斯·恩里克（Luis Enrique）的脸（那也是大卫·比利亚对于西班牙队在电视上的最初记忆）。

到最后，西班牙队队内发生的一起冲突，让注意力完全转移了，之前所有人的注意力全部放在罗伯托·多纳多尼（Roberto Donadoni）的意大利队以及如何应付他们上面。

整个赛事之中，阿拉贡内斯对塞尔吉奥·拉莫斯有些抱怨。对于打俄罗斯队时他什么时候该压上，什么时候该回缩；对于打瑞典队时他被伊布涮过后进球的整个过程；对于在米德勒·霍夫酒店球队养成的一两个坏习惯。

主教练选择在训练场上训斥拉莫斯——是公开的，但是在其他人听不到的位置。

在对希腊队的胜利之后，阿拉贡内斯很高兴地解释了为什么要骂拉莫斯。“塞尔吉奥是个很棒的小伙子，一个不错的职业球员，但他在这里应该遵守一定的行为准则。这无关他的足球水平，这是我们球场下的生活方式。是他该理解这些想法的时候了，因为我的经验和老资格，对此我很坚定。”

真实故事是，拉莫斯在训练营里显得太悠闲，经常是最后一个下来吃早餐的，他没有意识到他的主教练——一向以严明纪律著称——已经失去了耐心。

事实上，之前两年里阿拉贡内斯能够顶住批评忠诚他的队员们，为此付出的部分代价正是因为他的坚持原则。如果早餐时间是9点，那么9点过1分都不可接受。迟到就是迟到，迟到就是对于那些遵守规则的人们的不尊重。迟到一分钟也是不遵守纪律。

更重要的是，阿拉贡内斯是个很会使用身体语言的人，他会从他所看到的事情里面阅读到他之前没有注意到的细节。

特别是在早晨做的第一件事。

他的视听分析师确认，西班牙队主教练早上进入早餐室的第一件事就是确定是否每一位球员都各就各位了。

哈维·恩里克斯： *路易斯往往一个晚上就睡4个小时，我和他一起待到早上3点，一起研究视频录像。我们经常一起在9点半吃早餐，尽管路易斯可能7点半就起来了，他会去餐厅。*

阿拉贡内斯对于拉莫斯的话是带着感情说的，只是个温柔的训斥。但这些话却被一家媒体知道，即便到了现在，他们依然在苦苦寻觅球队内讧的老故事。一旦这段话在西班牙国内发表和播放了，拉莫斯就会不高兴了。

与此同时……

在第一场1/4决赛之中，一个晕头转向的瞬间葬送了葡萄牙队的前四位置，德国队的巴斯蒂安·施魏因斯泰格，漂白过头发的中场，以打进一球并用任意球制造两球庆祝他在决赛圈的第一次首发，帮助球队3∶2击败对手晋级半决赛。他在下半场被换下时得到了双方球迷的掌声鼓励。

——第16日

——2008年6月20日，纽斯蒂夫特

第二天早晨，当阿拉贡内斯在训练开始之前准备做简短讲话时，拉莫斯希望得到解释。尽管媒体就在70米到80米之外的地方，摄像机都有长焦，只有对于身体语言完全无知的人才发现不了这是要出事的前奏。

非常明显的是，9分钟之后阿拉贡内斯控制了大局，事情得到了解决（尽管这一情况之后才能明显），“大靴子”摆脱了公开批评球员的指责——从理论上来说算是他自己的一个错误和犯规。

对于这两个人来说，他们都是直话直说的性格，可以很容易爆发，却都不会深藏怨恨。拉莫斯并没有感觉到阿拉贡内斯的批评有敌意——只是他们的关系被公开曝光。更重要的是，不论多么生气，后卫最终还是会听从教练所说的话。

塞尔吉奥·拉莫斯：*纽斯蒂夫特是你作为一名球员所需要经历的阶段之一。我并没有像原本应该的那样享受其中。当你没有像自己所希望的那样开始一届大赛的时候，是很难带着太多笑容。最后事情进展顺利，那也是我们所追求的目标。我从路易斯那得到了不少教训，他的要求很高，但我感觉到这是完全积极的。很快我就感觉到如果教练对我要求严格，那意味着他认为我可以做到更多。他可是给了我不少教育，他的主要要求是：第一任务是防守，因此要做好防守。一旦我压上越过中线，他对于我把握机会就会放松一些。我对他有着很深的感情，我会永远感谢他教我的一切。*

当那一风暴逐渐平息，阿拉贡内斯开始将工作放在更重要的主题上。

他现在承认，对意大利队的比赛还有整整3天，他“开始注意到一些悲剧的时刻”。这正和他两年来希望说服球员们相信自己能力的理念处在了对立面。他的西班牙队来到这届大赛上不是输给任何对手的，尤其是因为迷信、咒语、恐惧的蔓延，认为这一结果是注定的。

西班牙队认为他们是倒霉的，不只是因为大赛1/4决赛的魔咒（他们在1986年、1994年、2000年和2002年都没能越过这一沟坎），还因为他们自从1920年奥运会以来从未在正式比赛中击败过意大利队，更因为比赛的日期，6月22日是真正的魔咒之日。

在1986年的6月22日，斗牛士军团在世界杯1/4决赛中点球大战输给了比利时队；1996年欧洲杯的同一天，西班牙尽管获得了一个漂亮的进球，但在温布利的点球大战中输给了英格兰队——又一次是八强战。最后，在2002年世界杯的同一天，在对阵胡斯·希丁克的韩国队时，鲁文·巴拉哈和费尔南多·莫伦特斯的进球都被错误地吹掉，西班牙队最终在点球大战以3：5输给韩国队，被淘汰出世界杯。

在所有的声音都在警告即将到来的厄运时，有关好运气的消息被置若罔闻。

意大利队前锋卢卡·托尼不在状态，后卫詹卢卡·赞布罗塔低迷，中卫法比奥·卡纳瓦罗受伤。之后，在意大利队最后一场小组赛中，在淘汰法国队的胜利之中，安德烈·皮尔洛和里诺·加图索双双吃到黄牌，将因为停赛错过对西班牙队一战。

被问及皮尔洛和加图索缺阵的巨大重要性，阿拉贡内斯抓住机会笑了笑，缓和了紧张情绪，“皮尔洛，是的，他们会想念他的创造力，但让我告诉你，如果说加图索将是意大利队希望的打法中的关键人物，是的，那么我就是个牧师！”

不过，回到西班牙国内，路易斯·恩里克回忆起两个国家的最近一次正式比赛交锋，在1994年美国世界杯上，斗牛士军团即将打进半决赛，在波士顿和意大利打成1：1，且占据了明显上风，直到毛罗·塔索蒂残酷的胳膊肘打到了皇马中场的脸上。

塔索蒂当时并没有被罚下（他在事后被追加停赛了8场），罗伯托·巴乔在比赛还剩2分钟时打进了致胜球，西班牙队当时受到了场上突然事件的干扰（路易斯·恩里克的鼻子像打破了酱油铺，满脸都是鲜血），他们对比赛的专注和强度都明显下降了。

恩里克说：“这是一次复仇机会，我们要为1994年美国世界杯复仇。”

但他却把主题完全搞错了，那些是属于愤怒斗牛士的日子。自从2年前输给了一支技术上处于劣势但踢得更聪明的法国队，阿拉贡内斯所做的就是确保自己的球队知道如何应付压力，不论他们踢得好坏都要懂得如何去取得胜利。

他希望他的球队能够保持专注、控球、冷酷无情。他最不需要的就是暴力、个人化或者报复性举动。

在训练场上，他还在寻找强度，在维也纳比赛的前两天，在周五进行了一天两练，但这并非一次积极的体验。

在所有的训练比赛中，D组比赛中，进球都如雨下。不过这一次训练比赛打成了1：1，塞尔吉奥·加西亚为预备队进球，大卫·席尔瓦为一队进球。比赛之中缺乏一些精准度。塞尔吉奥·拉莫斯给了加西亚进球的大礼，球队的传球很不到位，训练中只有3到4次符合要求。

在某个阶段，阿拉贡内斯实在看不下去了，愤怒地介入。“重新发一次角球，让我们看看是否至少能够得到一个进球！”他是在40分钟训练比赛的中途咆哮起来。

当时有一位中国记者，住在北京但经常代表他的报纸出现在西班牙，当时正有滑翔伞从蒂罗尔山上从天而降，跟在后面的西班牙国旗迎风飘扬，用中国人的智慧来说是“一个坏兆头”。

“如果旗子掉下来，那就是消极和厄运的预兆。”他告诉那些愿意听的人。

如果他不是被意大利队主教练罗伯托·多纳多尼派来的，那他最好满足了焦躁的西班牙媒体的妄想症。

不过这并不是阿拉贡内斯心里的唯一高空威胁，他在训练赛中安排了7个角球，即便当球没有出界，也会在正常判罚之外安排4到5个任意球。防守卢卡·托尼拿到高球就在他的头脑之中。（托尼在拜仁慕尼黑拥有一个漂亮的赛季，46场比赛打进39球助攻12次，但保罗·罗西形容他在本届赛事“明明有20次机会却没有打进一球”。）

“我们将和一支国家队对阵，如果你看看他们所赢得过的所有奖杯和他们现有阵容的实力，就应该知道他们可以给我们制造麻烦，”阿拉贡内斯在开球之前的倒计时中表示，“因此我需要我的球员从开始到比赛结束，完全确信我们会赢得胜利。任何球队希望击败意大利队都需要最大的自信。就我这些年在足坛的经历来说，我知道只有一件事是肯定的——那就是那些确定自己能够获胜的人会踢得更加积极。如果一个人有消极的态度，整支球队都会为此受伤。”

"一位国家队主教练的工作是技术性和战术性的，但有时候也是心理问题。在对希腊队的胜利之后我和团队有过简短的聊天，我告诉他们有些问题需要解决——但我看着小伙子们，我确定对意大利队重任在肩，我们没有心理问题。"

他在说谎。

与此同时……

伊万·克拉什尼奇在加时赛最后阶段的进球让克罗地亚队主教练斯拉文·比利奇在球场边开始疯跑庆祝。当他返回到教练席，土耳其队已经扳平了比分。土耳其人在这届大赛上是完美一击的同义词，他们最终以3：1赢得了点球大战的胜利。比利奇渐渐走出了人们的视野。

——第17日

——2008年6月21日，维也纳

阿里戈·萨基，带着AC米兰的胜利和风格在西班牙成为了一个神圣的角色，意大利教练上一次带领意大利队将西班牙队淘汰出了世界杯1/4决赛，非常美妙地总结了整件事情。

"这是非常势均力敌的比赛，但意大利队拥有一大优势。当局势非常紧张的时候，意大利队已经习惯了10次赢下9次，这就是文化的问题，是足球传统。对于任何一个意大利人来说，足球就只是赢得胜利，而不是其他。相比之下，西班牙人是为场面，为了美丽足球而生。这意味着他们更关注的是技术，而不是为了胜利，哪怕踢得更加实用。看看这届大赛，在首战0：3惨败于荷兰队之后，我们有能力接受最激烈的批评，利用一些渗透来改进进攻，比如现在球迷们、球员们和媒体都全部团结在了意大利队赢球并打进半决赛的目标背后。意大利队是那支曾经死去的球队，但现在不仅能够走路了，它还在跑！"

虽然这是萨基精心构建的精辟观点，但是却错了。

达米亚诺·托马西（Damiano Tomassi），这位前意大利队、罗马和莱万特中场说：“意大利队可以晋级，因为我们的心理优势、我们的精神和我们应对压力的能力。那也是我们的特质。西班牙队已经发展了一套更高效的比赛风格，但他们尚未打破禁忌。他们仍然受到了八强的恐惧，他们仍未突破，他们甚至会被‘1/4’和‘决赛’这样的词语吓怕。”

卡西利亚斯承认，当意大利队在1/4决赛确认遭遇西班牙队时，他的想法是“意大利队，用很少做到了很多”。

托雷斯回顾他的感觉时说：“1/4决赛——我们的砖墙，我们所有的幽灵突然出现了。”这是西班牙的黄金一代，但仍然有着恐惧的东西。

可怜的老托马西，在之前的88年任何时候，他可能都是对的。

与此同时……

在荷兰队和俄罗斯队的半决赛中一共有55次射门，当尘埃落定时，胡斯·希丁克的球队活下来了。荷兰队进入下一轮的希望在加时赛中受到了重创，阿尔沙文成为了刺客，他的传中帮助托宾斯基打进了最后一球，也在120分钟兴奋时刻之后为俄罗斯队带来了3：1的胜利。

——第18日

——2008年6月22日，维也纳

西班牙vs意大利——1/4决赛

一！二！三！……赢！赢！赢！

当他们走上球场的时候，阿拉贡内斯还在谈话，仍然在心理上给球员正面激励：“让我们去干，让他们追着球跑，跑上去！”

卡西利亚斯拿起指挥棒：“我们等了两年终于等到这一刻——两年准备就为了这一战。不要忘记了这些，让那些来到这里看我们踢球的人们享受快乐吧！”

比赛就像两位意大利人赛前所预测的那样，尽管西班牙队拥有控球的巨大优势，创造出了不少好机会，但意大利队就像是一只披着羊皮的狼，虽然无力，但很清楚很快就有一顿大餐，与此同时，很高兴能够以压力为生。

一小时过去了，卢卡·托尼给禁区带来了麻烦，卡西利亚斯出击封堵了，可是当他返回门线的时候，毛罗·卡莫拉内西利用丢球后的射门穿过了一些腿直奔大门而去，卡西利亚斯用左脚做出了关键扑救，尽管他已经扑向了右侧。这两下都很醒目，也很关键。

塞纳远射，布冯将球漏过了，西班牙人有了盼头，但皮球却没有越过门线，而是打在了门柱之后弹回到了尤文图斯传奇的手中。

卡索拉接到了达尼·古伊萨的做球，拥有西班牙队的最佳机会，他的射门直奔大门而去，却又打中了布冯左手边的立柱。塞纳和比利亚跪地表达他们的失望，而卡西利亚斯将头埋在了一双手套之中，太失望了，或许这也是他们熟悉的自我怀疑。

马科斯·塞纳：*我是个巴西人，我热爱为西班牙队踢球，当我年轻时，如果我的国家没有比赛，我总会支持西班牙队。但我永远没有遭遇过任何的1/4决赛恐惧症，不论是遇到意大利队还是其他球队。因此当比赛打平，逼近点球大战的时候，伊克尔（卡西利亚斯）开大脚时犯了个小错误，我很确定我看到了一些球员的双腿开始颤抖，有些人可能想到了对手是意大利队，1/4决赛魔咒，点球大战即将到来。我只是开始冲着所有人大吼，让他们振奋起来，让伊克尔集中注意力。他看了看我，好像在说：“这家伙怎么啦？”但在那一刻，我感觉自己就像在球场上的阿拉贡内斯，这是我的责任，要去强调他的信息，我们比意大利队更强大，我们没有任何理由会输掉比赛。*

伊克尔·卡西利亚斯：*我们都感觉到意大利队好不容易才涉险晋级，我们带着9分小组出线，进8球仅丢3球，他们只拿到4分，1场胜利，丢了4球。我们又一次在点球大战中面对他们。*

在双方互射点球之前，卡西利亚斯主动找到了布冯，他们说了两三句话，脸上露出微笑，也有拥抱——即将发生的对于两个人来说都很重要，但是并不足以引来不犯规却不光明的手段，敌意或者缺乏风度。两人身高不同，但却是两个巨人。

路易斯·阿拉贡内斯： *我告诉球员们：“我不希望任何人拒绝主罚点球，因为这会是一个非常糟糕的迹象。”我选择了训练中表现最好的3个点球手先主罚——比利亚、卡索拉和塞纳。*

先主罚的球队总会有点心理上的劣势，但如果要让我选择那天晚上的罚球次序，我会选择先罚。意大利队赢得了猜硬币，他们选择让我们先罚，给了我们机会取得领先。一个非常微小的心理优势。

如果阿拉贡内斯选择对了，如果第一个人进球了。

奥地利警察告诉我们，在恩斯特·哈佩尔球场有30000个意大利球迷，充满激情和噪音，但只有12000名西班牙球迷。这样一个维也纳炎热、潮湿、分裂的夜晚，可以让蓝色军团压制西班牙人的咆哮——但是他们却没有。不仅仅是随队而来的斗牛士军团突然产生了坚定的信念，也因为点球大战即将在他们所在的区域展开。虽然只是细节，非常细微的细节。

在纽斯蒂夫特，阿拉贡内斯让所有人都练习主罚点球。唯一不需要额外鼓励的是3位门将——卡西利亚斯、雷纳和帕洛普。从训练第一天开始，他们就参与了门将之间存在的竞争，直到这届大赛结束。这个训练过程通常是很令人着迷的，但并不总是如此，每个人会接10个点球，赢家可以得到输家买的一杯啤酒或者一份小吃，当然也可以有现金赌注。这是一场竞争，也是个乐子，只有我们少数媒体人才能留在球门背后观看。从那天开始直到这一天，这已经成为了西班牙队大赛的传统。随着维克托·巴尔德斯的到来，他没有参与，这如今已经成为了卡西利亚斯和雷纳之间四目相对、肩并肩的激战。

我所见过最棒的——也是史诗一般的——不过是在波兰格涅维诺，

一条通往赢得2012欧洲杯的道路。但是后来会更多。

我问过西班牙队守门员教练关于这次令人着迷的11米的枪手决斗。

何塞·曼纽尔·奥乔托雷纳：*他们自从第一次一起来到国家队就已经有了这种个人竞争。他们会打赌看谁会在训练中扑出最多点球，赌注或许是一杯咖啡、一瓶啤酒又或者是50欧元。但我可以向你保证，他们会非常认真，竭尽全力。不止一次，我们必须站着等待他们，因为他们打平了，希望继续踢直到决出胜者。有些夜晚，我们不得不拽着他们离开，因为已经关灯了。有时还有观众呢，会有不少球迷留下来观看他们的对决，支持其中一位。这就是这个团队之中亲密关系的另一个例子，这也是为什么这支球队能够如此特别，如此成功。*

卡西利亚斯是一位现象级的门将，也是天生的竞争者。但我更愿意相信，面对来自雷纳的点球，一个接一个，磨练了他的反应、他的哲学和他的神经。而他自己也主罚了这么多次，也能够让他进入罚球者的思维之中。我只想说，在西班牙队夺得三届大赛的过程中，卡西利亚斯扑出了4粒点球。

何塞·曼纽尔·奥乔托雷纳：*在任意一次点球大战之前，我们会做好功课，我们知道哪位球员希望去主罚点球，了解他们主罚点球时的身体状态，不论如何，总会有一些人习惯去罚点球。球员们总会有一个最喜欢的进球区域，但你不能依赖这些。这是个人的、内部的事情，你没办法去了解在一位前锋或者门将的头脑里想的是什么。伊克尔（卡西利亚斯）拥有坚强的性格，他已经接受了作为团队领袖的角色，就像鸭子爱划水一样。如果你看他在一场比赛中巨大压力下的瞬间，你会发现他可以一瞬间完全变得冷静和谨慎。他应对紧张气氛时能够举重若轻，比足球圈里其他人都更出色。在准备一场比赛的时候，我们会把所有信息都传递给他。但很多时候，就像这次发生的，他会告诉我，他希望跟随自己的本能。当我们在维也纳备战时他就是这么说，他处在正确的心态*

之中，他拥有所有需要的信息，他准备让他的第六感做主。到了最后一天，你必须尊重这位球员，是他凭借自己的能力搞定了。看上去一切运转得相当好。

在点球大战之前球员会凑到一块，在大多数球员准备喝一小口水之前，阿拉贡内斯直接走向了比利亚，他将主罚第一个点球，有可能给球队带来微弱领先的可能性就掌握在他的手中。

桑蒂·卡索拉背对着主教练，但是当他转过身来时，阿拉贡内斯叫道："卡索拉第二个主罚。"

桑蒂·卡索拉：*从我成为一名职业球员开始直到那时候，我从未主罚过一粒点球。当你被问到"你到底是想罚还是不想罚？"你会说："是的，是的！"这非常矛盾，因为你所想的其实是不能失败。因为如果你罚丢了，西班牙队就会被淘汰了，之后就成为永远了。但你只能接受风险以及责任。*

卡普德维拉：*如果我提前知道桑蒂从未主罚过点球，我会当场昏倒。*

塞纳本能地知道自己是下一个主罚的球员——主教练很喜欢他，他罚球罚得不错，他在这种情况下从来不紧张。

所有人都在晃悠，还没有凑到一块，当古伊萨——阿拉贡内斯的门徒，当晚下半场比赛登场的替补球员，正蹲在地上，突然发现他的巨人教练正俯瞰着他。阿拉贡内斯告诉马洛卡前锋，他将是第4个罚球手后，主教练马上知道他选错了人。从古伊萨的身体语言和表情反应来看，他缺乏积极的回应，他开始系鞋带，重新系鞋带的动作，这些都告诉阿拉贡内斯，这是一个缺乏信心的人。

“我可以看到我犯了一个错误，但要改变主意已经太晚了。”阿拉贡内斯事后承认。

之后，球员们最终围绕在69岁的主教练身边，阿拉贡内斯叫法布雷加斯第5个主罚，希望他是最后一个主罚的。

卡西利亚斯已经劝阻了（守门员教练）“奥乔”给他任何建议或者信息，雷纳很悠闲。卡西利亚斯不需要任何指点。雷纳知道如果他在球场上，他会是第6个主罚的球员（我可以赌上我的房子，我的高级债券，以及我所有的保罗·韦勒的CD，赌他可以进球）。但是，他却找到队友寻求帮助。

在他走过来亲吻皮球，将球放在点球点上并开始主罚点球之前，比利亚这个西班牙队和瓦伦西亚的常规点球手，对雷纳表示自己希望接受一些建议。

大卫·比利亚：*佩佩（雷纳）建议我应该采取低射的方式，打守门员的右下角，那也是我所做的。打进第一个点球减轻了我们所有人的巨大压力。历史欠我们一个点球大战胜利，已经给了我们很长时间的教训。*

西班牙1：0意大利

法比奥·格罗索在2年前的柏林世界杯决赛对法国的比赛中攻入了致胜点球，他慢慢走上点球点，带着优雅的风度，展现了当已经通过点球征服了世界之后，压力会变得无足轻重。他几乎没有停下脚步，用他的左脚内侧抽出了一记精彩的射门，打进了卡西利亚斯把守的球门右侧。

在主看台上，卡西利亚斯的母亲，多娜·玛利亚·德尔·卡门，晕厥过去了，5分钟后才醒过来，被红十字会治疗后确认她没有大碍，但她错过了儿子从伊克尔变成圣伊克尔的一幕："我以前也晕倒过，不论何时我看他踢球，只要评论员宣布有一个危险的任意球直奔球门，我就会闭上眼睛。我无法承受那种压力。"

西班牙1：1意大利

桑蒂·卡索拉：*佩佩（雷纳）自从效力比利亚雷亚尔以来就是我的好朋友，他走过来对我说："小男子汉，你感觉怎么样？保持冷静，抓住你的机会。他们不了解你，我的建议是直接打球门中路。"*

之后，我们都列好队，我看着布冯，心里想："如果我踢中路而他原地不动，我看上去会像是世界上最大的白痴。"我就站在那里，所有想法都在我的头脑里萦绕。我该怎么做？放弃我的本能，听从他的建议？或者按我自己的方式来，自己承受后果。

因此我只是按照自己的方式主罚，将球打进。佩佩后来找到我说："祝贺你，你胆子真肥。你忽略了我的建议，依然能够取得进球！"

事实上，我真的很感激。那是个艰难的时刻，我很感激队友支持的态度。

卡索拉的点球模仿了比利亚的线路，布冯扑向了左手边，而球钻进了另一个方向的死角。

费尔南多·托雷斯：*意大利人的自信感非常显著。你可以看他们在点球大战中的表现，他们都是一两个球员待在一起，或大笑，或微笑，彼此开着玩笑，很放松。而我们则在相互鼓励，肩并肩，虽然紧张，但是互相支持。你可以带着这样的印象来看，一支球队已经习惯了点球大战，而另一支球队希望赢得点球大战。*

西班牙2：1意大利

伊克尔·卡西利亚斯：*我在欧冠中遭遇过德罗西，他将球直接在我面前打高了，我只是告诉自己，作为一个右脚球员他更有可能打自然角度，而不是重复上次打中路——就是打他的左路，我的右路。那也是我在那一刻所想的，我就向右侧扑了出去，我静静地站着，尽可能保持越长时间，之后就把自己扔了出去。*

卡西利亚斯扑出了德罗西的射门。

西班牙2：1意大利

马科斯·塞纳： *当我2002年第一次签约比利亚雷亚尔时，我选择了19号作为背后的号码，一位俱乐部董事走过来告诉我："在我们这里，19号是个不吉利的号码，或许你可以再考虑考虑。"但我就喜欢这个号码，我告诉他，我不相信迷信。之后，在我第一个赛季的1月，对贝蒂斯一战时我遭遇了严重的韧带受伤，休战了几个月时间，那位董事又来找我了，我没有搭理他，重新回到了赛场，很快我的膝盖又受伤了。缺阵了大半赛季。这一次，他还是坚持认为我遭遇了号码的诅咒，尽管我停下来，考虑了一下，我做了决定，不去对任何所谓的魔咒屈服。因此，当我在维也纳对布冯再次进球的时候，这是我最棒的射门，让世界上最出色的门将之一扑错了方向。我的点球打进了网窝，你可以看到那天19号依然在我的国家队球衣后面。到了大赛结束那一天，我回敬了那个在比利亚雷亚尔的家伙说："现在你是不是对我当初没听你的话感到高兴呢？"*

西班牙3：1意大利

毛罗·卡莫拉内西，像塞纳一样在南美出生，他似乎并没有为他和他的球队所处的窘境感到任何压力，他的脸上也看不出任何紧张，压力还不如要他在一瓶漂亮的PInor Grigio葡萄酒和一瓶Barolo中选出一样。他几乎没有摆动他的右腿，但皮球直接打进了卡西利亚斯的球门右上角。这是迄今为止主罚质量最高的点球。

西班牙3：2意大利

达尼·古伊萨： *我不喜欢这一类事情。这是我在大赛上的处子秀，我可以感受到压力。我看到主教练一个个点名罚球者，可以感觉到他要让我主罚了。当我无法进球，那是我职业生涯最糟糕的一刻，我泪流满*

面——我很确定我把大家的事情搞砸了，我的世界崩溃了。

布冯又一次扑向了左侧，他最爱扑的方向，而他很轻易地扑出了西班牙队前锋无力的射门。

西班牙3：2意大利

但在布冯回到两个门柱之间之前，卡西利亚斯开始拯救西班牙队。他看到了古伊萨被摧毁，甚至在布冯起身庆祝之前就已经眼含热泪。

“不要担心，达尼，不要担心——我会为你拯救下一球！”当心烦意乱的前锋低着头回到团队之中时，卡西利亚斯咆哮道。

后来，他回顾说：“你这一个月时间，都和一个家伙一起被关在球队下榻的酒店里，你可以看到他很痛苦，我的第一反应就是帮助他，做一个人应该做的事情。”

他的话很快就对整个团队产生了心理效应。

阿拉贡内斯事后说：“伊克尔根本想都没想过，他只是做出了本能反应去支持队友。但我可以看到他的话对于球队的影响。他们不会再去想，‘他已经罚丢了，我们也可能会’，而是会去想，‘我们还有伊克尔’！”

意大利球迷，现在很确信这又是属于意大利的时刻，他们再次歌唱2006年世界杯时唱过的*Seven Nation Army*①，迪纳塔莱助跑时看上去很有自信，但他的射门几乎和古伊萨同一方向，卡西利亚斯和布冯一样，向左侧横身封出了这记射门。

西班牙3：2意大利

当卡西利亚斯扑救了迪纳塔莱的射门之后，西班牙队的红色球衣一起从中圈向前冲了起来，只有一个人被留在了身后，在那一秒，塞斯克·法布雷加斯知道一切就看他的了。20岁的加泰罗尼亚人自从15岁

---

① 译者注：白色条纹乐队最著名的摇滚单曲。

以来从未主罚过点球，最近一次主罚还是在诺坎普和皮克、梅西一同效力巴塞罗那U16队。现在，他有机会终结世界冠军了。

他暂时将自己所面对的重大责任放了下来，之后他开始移动，加速前进。做好准备。

塞斯克·法布雷加斯：*当主教练叫我的名字，让我第5个主罚的时候，我有点吃惊。自从15岁以来，我就从未在正式比赛中主罚过点球，他之前也没有让我担任过首发。但我很快就感觉到巨大的自信，因为他选我做第5个主罚——那通常是在你认为这家伙肯定可以进球才会这么做，你的国家需要你，我希望给予回答。在替补席上受到了如此多的评论，说我的态度，说我的状态等，我希望做的是为我的国家进球，给他们带来一些欢乐。按通常的习惯，我会将球罚向布冯即将扑出的方向，但这一次，不知道为什么，一瞬间我有些犹豫，但我很快就全神贯注，我似乎可以看到他即将怎么做。因此最后一刻我改变了主意，否则我可能就射失了这个点球。*

西班牙4：2意大利

最初，球员们冲向了打进致胜一球的法布雷加斯，但很快大伙儿就抛弃了法布雷加斯，扑向了他们的队长，卡西利亚斯慢慢意识到西班牙队打进了半决赛，终结了意大利魔咒，1/4决赛魔咒，6月22日魔咒，全部都告终了。他的笑容变成了咆哮，之后，他被比利亚、卡索拉、普约尔、法布雷加斯和其他队友压在了身下。

最后，卡西利亚斯走向了球迷，挥动着手臂向他们示意："这是为了你们所有人。"

之后，西班牙王室来到了西班牙队的更衣室。胡安·卡洛斯国王一直是个狂热的球迷——特别支持西班牙国家队和皇家马德里俱乐部。这一次，他拜访了一位老朋友阿拉贡内斯。很久以前，胡安·卡洛斯国王、阿拉贡内斯和阿尔弗雷多·迪斯蒂法诺曾经在一起吃饭，当时西班牙国王准备给“奥塔莱萨的智者”颁发西班牙的体育运动金牌。

“非常棒，但是陛下，能否行个方便也给我和他（迪斯蒂法诺）一些每月的财务津贴呢？”阿拉贡内斯当时开玩笑地说。

“我从他还只是个王子的时候就认识他了，每一次我们碰面，我都会问他津贴的事进展如何。他总是告诉我要坚持下去，继续努力。”

阿拉贡内斯在5年之后兴高采烈地承认，在对意大利队比赛的前夜他隐瞒了真相，当时他表示球队根本不紧张，也没有谈论魔咒：“在对意大利的1/4决赛备战过程中，我受到了所有媒体和球迷认为我们肯定会失利的狂轰滥炸，我看到了一些球员的不安。我把队长卡西利亚斯和哈维叫到一边，让他们帮助我再加倍努力让他们的心理更强大一些。我的信息被一遍又一遍地灌输给球员，我们是更棒的球队，我们会过关。毫无疑问。”

塞斯克·法布雷加斯：*当时更衣室里有些极度兴奋，所有人都被快乐所围绕，国王在那里告诉我们干得很棒。但这只是一场比赛，就像一场小胜一样。我来到这里可不仅仅是为了结束1/4决赛的魔咒，更是为了夺得冠军——我们都是这么做的。如果老板决定下一场弃用我，没有什么问题，我来到这里是为球队，不论是踢90分钟还是1分钟，或者是加时赛、点球，不论主教练怎么安排。我个人不需要荣誉，我希望西班牙队得到荣誉。这个国家配得上终结在大赛上遭遇的如此长久的梦魇。*

5年之后，在切尔西的科巴姆训练基地，在欧联杯决赛对本菲卡进球之前，费尔南多·托雷斯告诉我：“我们本来是非常自信的，但是之后却在淘汰赛碰上了意大利队，他们已经多次在大赛中淘汰我们。你开始回想那些最糟糕的时刻，但阿拉贡内斯给我们设置了挑战，就是要击败任何球队，而不仅仅是意大利队。媒体、球迷、意大利队和下一个对手，不论是谁，我们要想尽一切办法赢得胜利。你会带着你将改写历史的想法走出去，凭借点球获胜，就是那个瞬间，所有的不安，所有的恐惧都一扫而空，好像我们已经赢得了这届大赛。当我们击败意大利队，我们完全相信自己能够成为冠军。”

西班牙0：0意大利（西班牙4：2点球大战获胜）

西班牙队阵容：卡西利亚斯；塞尔吉奥·拉莫斯、马切纳、普约尔、卡普德维拉；伊涅斯塔（59’卡索拉）、塞纳、哈维（59’法布雷加斯）、席尔瓦；比利亚、托雷斯（85’古伊萨）

意大利队阵容：布冯；赞布罗塔、帕努奇、基耶利尼、格罗索；阿奎拉尼（108’德尔·皮耶罗）、德罗西、安布罗西尼、佩罗塔（58’卡莫拉内西）；托尼、卡萨诺（75’迪纳塔莱）

——第19日

——2008年6月23日，纽斯蒂夫特

命运却突然给了阿拉贡内斯的脸上轻轻来了一记耳光。

欧足联宣布，刚刚在八强战中令人印象深刻地撕碎荷兰队的俄罗斯队，将是半决赛中的主队。这意味着，因为两队存在球衣颜色的冲突（西班牙队和俄罗斯队主场球衣都是红色），西班牙队只能选择黄色的客场球衣——这也是阿拉贡内斯害怕和憎恨的颜色。如果球员们穿着黄色球衣来训练，他会马上把球员打发回家。

我的杂志联盟的同事盖斯卡·门迭塔，曾经为阿拉贡内斯的瓦伦西亚踢球，他确认说：“路易斯肯定是有特殊原因的，我记得一次去瓦伦西亚市政厅参加当地一个议会活动，市长秘书碰巧穿着一件黄色外套，路易斯甚至不敢看她。他对我们说‘让她离我远一点，我碰都不想碰她’。”

当然，我们嘲笑了阿拉贡内斯的球队要穿黄色球衣踢意大利队：“这是芥末色，不是那种颜色（黄色）……是芥末色！你也可以说是金色，但只要不让我穿上任何一件这样的衣服，就算谢天谢地了。”

明智的选择，我想，我们就随他去吧。

——第20日

——2008年6月24日，纽斯蒂夫特

让两队之间的第二次碰面变得如此引人关注的是，俄罗斯队开始踢得非常漂亮，因为阿尔沙文解禁复出了。他在对瑞典队比赛第23分钟的把戏，放飞了右翼无人盯防的日里亚诺夫，造就了帕夫柳琴科的第一个进球，也是本届赛事最具技术观赏性的瞬间。他打进了第2球，还击中了立柱，之后他在淘汰荷兰队的加时赛中一传一射，当选了当场比赛最佳球员。

回到纽斯蒂夫特，在半决赛之前我和哈维聊了聊俄罗斯队，巴塞罗那中场显得眉飞色舞的。

“（阿尔沙文是）另一个可以统治世界的小个子球员，”他指出这点，又回到了我们之前讨论的巴塞罗那的主题，“你知道吗？在本届大赛之前我从未听说过阿尔沙文，然而他却这么棒。他只是又一个例子，说明聪明的球员能够创造多么美妙的足球，而不是那些满场飞奔的球员。”

阿拉贡内斯倒是有个真正的担忧——小组赛阶段4：1击败俄罗斯队或许会让球员骄傲自满。

红色的西班牙大篷车即将离开蒂罗尔小镇，又一次向维也纳开拔。上千个孩子和父母一起出现，阿拉贡内斯让当地警察允许所有人进来找球员要签名。

警察的一条阿尔萨斯犬有些过于兴奋，咬了我们的摄影师尤尔根，真是条坏狗。

我们还得知了一条有趣的细节——球员们的行李被留在了米德勒·霍夫酒店，要么在三四名决赛的周六，或者周日决赛之后，在飞回马德里之前，斗牛士军团将先飞回纽斯蒂夫特拿行李。这是个小小的心理感觉。阿拉贡内斯希望大家会更愿意在夺冠之后兴高采烈地回来，而不是踢完三四名决赛之后像泄了气的皮球。这是个非常微小的细节。

——第21日

——2008年6月25日，维也纳

球员们对阿尔沙文的议论，正中阿拉贡内斯下怀。

桑蒂·卡索拉：*在对俄罗斯队的比赛之前，我们都有些担心安德烈（阿尔沙文）。我们在球队会议室里等待老板开始简短训话，我们都开始谈论这个家伙踢得有多么出色，有能力带来多大伤害，等等。*

路易斯到了，在屋里停了下来，他想知道我们在讨论什么。一个球员说："我们一直在谈论阿尔沙文，先生，因为他看上去是我们需要警惕的球员。"

"胡说。"路易斯说。他马上告诉我们，他听说了阿尔沙文以干完一整瓶伏特加的方式庆祝击败荷兰队。"他绝对不会带来任何威胁，事实上他都不确定是否会出现在球场上。"这当然不是事实，路易斯并不想伤害任何人，但这么一说释放掉了大家的压力。我们笑了起来，不少人都放下心来，老板告诉我们："帕夫柳琴科是有威胁的球员。"

事实上，每一次球队训话都像这样。我们习惯了期待训话，老板总能够找到办法让我们发笑，减轻压力。我不知道他是怎么办到的，但他在压力最大的时刻总有一种幽默的天赋。

塞尔吉奥·加西亚：*那一天，他让我们所有人笑得前仰后合。他让我们准备比赛变得更加愉快，我从未见过一位教练会在一场比赛之前喜欢这样胡闹的。*

普约尔在这届大赛之后几个月说："这是我职业生涯的最佳球队训话。"

与此同时……

尘埃落定，土耳其队输了。土耳其队在半决赛对德国队饮恨出局，但他们并未轻易服输，以他们标志性的风格，他们在比赛还剩9分钟时凭借塞米赫·森图尔克的进球以2：2战平德国队，但5分钟后，菲利普·拉姆的进球将他们淘汰出局，也将德国队送进了决赛。

——第22日

——2008年6月26日，维也纳

俄罗斯vs西班牙——半决赛

一！二！三！……赢！赢！赢！

阿拉贡内斯之前对阿尔沙文的说法虽然是胡编乱造，但在这个潮湿、下雨的晚上，阿尔沙文却未能表现出真正的自己，正如主教练预测的，帕夫柳琴科是西班牙队真正的威胁。如今他要比刚到达奥地利时更健康、更苗条，而进球并没有跟随他的皮带一起松弛，他无疑是俄罗斯队的最佳球员。

“加油，我们会抓住这次机会！”是卡西利亚斯在赛前球员通道里的喊话。西班牙队似乎把俄罗斯队看得太认真了，另外，或许上半场的表现证明了4个晚上之前对意大利队打满120分钟和点球大战带来的负面影响。

半小时之后，大卫·比利亚尝试一脚打门，很快就导致了对美国队热身赛时与普约尔相撞导致的大腿肌肉拉伤复发。这将是他本届大赛的终点，而他已经打进足够多的进球可以赢得本届赛事金靴。更重要的是，他已经在前4场比赛中场场进球，足以超越任何前锋。无论如何，西班牙队已经不可撼动了，没有什么能够阻挡他们。

对于比利亚而言，不幸的是他的进球状态火辣，但最新检查显示他的肌肉撕裂，当比利亚在更衣室开始冲凉的时候，西班牙队取得了领先。

在下半场刚开始不久，正在享受个人本届大赛最佳比赛的伊涅斯塔，向着门前送出了斜线球，在伊涅斯塔前插之前送出快速传球的哈维，预料到了即将发生的一切，突然爆发式前插，门前铲射穿越了门将阿金费耶夫打进大门。

“那一瞬间完全的幸福感，也许是我足球生涯到那时候为止最具魔法的一刻。”当年晚些时候，哈维如此表达当时的感觉。

事实的确如此，西班牙队将俄罗斯队撕成了碎片。这是个足球奇观，自从2008年欧洲杯以来的这些年，几乎每一个尝试打倒西班牙队的对手，最后都窒息了。很少有人能够全身而退，但是也有一些方法得到了回报，比如葡萄牙队和阿根廷队发现了诀窍。而在这届大赛上，俄罗斯队两度希望找到破解之道，两回合的总比分却是1：7。4年之后，意大利队将跟随他们的足迹——我们在后文中会说到。

法布雷加斯创造了接下来两个进球——助攻古伊萨和席尔瓦。第一次助攻的传球，是一个漂亮的凌空挑传，堪称艺术佳作。

西班牙队观赏起来激动人心、大胆、华丽。还有视觉享受提醒人们，除了天赋之外，也令这个团队显得如此特别。

当古伊萨打进第2球时，在恩斯特·哈佩尔球场里最不开心的西班牙人，比利亚也在球场边尽力跑得最远一些，加入队友的庆祝行列，斗牛士军团打进了决赛，此时此刻，即便他无法参与其中也无关紧要了。

当法布雷加斯给席尔瓦送上助攻，预示着2012年欧洲杯将怎样开始时，比利亚又一次爆发了，快乐地将他的水壶高高地抛向奥地利的天空。

无论发生什么，西班牙都将永恒——这句西班牙队的座右铭，在比利亚的无私反应中彰显无遗。

终场哨响的一刻，更多音乐奏响了——身着黄色球衣的队员们围成了一个圈，跟着威尔第的歌剧《阿伊达》凯旋进行曲的节奏舞蹈。你们肯定知道这首曲子，你们已经在上百场欧冠比赛中听过由球迷们歌唱的这首曲子。

俄罗斯0：3西班牙

俄罗斯队阵容：阿金费耶夫；阿纽科夫、瓦西里·别列祖茨基、伊格纳舍维奇、日尔科夫；谢马克、日里亚诺夫、谢姆绍夫（56’比利亚列季诺夫）、萨延科（57’瑟乔夫）；帕夫柳琴科、阿尔沙文

西班牙队阵容：卡西利亚斯；塞尔吉奥·拉莫斯、马切纳、普约尔、卡普德维拉；伊涅斯塔、哈维（69’阿隆索）、塞纳、席尔瓦；比利亚（34’法布雷加斯）、托雷斯（69’古伊萨）

进球：50’哈维、73’古伊萨、82’席尔瓦

——第23日

——2008年6月27日，维也纳

俄罗斯队此前赢得了酒店之战——抢先一步预定了西班牙队想要的靠近多瑙河的酒店。在6月27日星期五的黎明，我确定并没有太多抱怨，西班牙队住进了位于葱郁的城市公园和多瑙河边上富丽堂皇的维也纳希尔顿酒店——15分钟车程先下拉萨莱斯塔来塞，再走汉德尔斯凯，就可以到达恩斯特·哈佩尔球场。

纽斯蒂夫特非常棒：一块平静的绿洲，远离尘嚣，也不会受到导致德国队对土耳其队的半决赛电视信号中断20分钟、国际转播中心几乎被吹走的风暴影响。库尔特·亚拉想出了一个可以让球员和家人团聚又不被注意到的地方（西班牙媒体知道但没有曝光）。

卡普德维拉（2013年）：*因为我们的胜利，一切都变成了玫瑰色，如今我们是世界上最出色的球队——这很好，在大赛期间球员们被允许和他们的妻子或者女友一起过夜。在世界杯赢得16强战对葡萄牙队的比赛之后，我们也可以去小镇上喝一杯。在2008年欧洲杯上，我们习惯了在比赛之后聚在房间里喝点啤酒，通常是在我的房间。但我可以保证我们开始输球的那天……我记得当我在超级拉科鲁尼亚的时代，我们所有时候都在赢，我们会在周二晚上出去，人们会排着队给我们买喝*

的。之后，我们开始输掉了一场比赛，当周日晚上在比赛之后出去，同样的人会辱骂我们，叫我们酒鬼。记住我的话，如果我们（西班牙队）开始输球，他们也会排着队开始再次侮辱我们。

这届大赛上，西班牙队的压力是巨大的，不断受到媒体的指责，认为球队缺乏活力，防线容易漏球，阿拉贡内斯仍然不是最佳教练人选。还有那无休止的劳尔后遗症。如果西班牙队驻扎在或者靠近都市区，球员出去喝杯啤酒，或者被拍到和女友或者妻子一起走出酒店或者房间，关于私生活的非官方禁令本应该加紧执行，很可能被新闻媒体或者狗仔队踢爆。

这的确有效，事实上，也是十分关键的。在风景如画的蒂罗尔山谷，最后带来了一些魔法。亚拉和阿拉贡内斯的合作关系是隐藏的，却相当重要，对于团队胜利的氛围形成了一种趋势。

然而，维亚纳是光荣的，纽斯蒂夫特是灰色的、私密的，但很潮湿。在一片蔚蓝的天空下，优雅的奥地利首都气温飙升到80华氏度（约合27℃）。这是一个拥有过帝国、历史、力量和美丽城市的精确瞬间，西班牙队希望成为舞会上的最靓美女。

训练是在弗朗茨·霍尔球场进行，不像纽斯蒂夫特，这里有些麻烦。球场很小，是奥地利维也纳俱乐部的主场，有点破旧。群众在球场外集合，这让球队大巴很难通过，全世界的媒体也涌入了这座混凝土看台的球场。

在训练结束之后，所有人可以休息到第二天早上9点。

尽管一切很困难，从大赛开始球队就坚守在蒂罗尔，普约尔、伊涅斯塔和球队3位理疗师尝试在附近找到一家寿司餐厅，每次主教练都给他们一个下午，更好的时候是一整天。

普约尔：*劳尔、费尔南多和胡安——我们的三位理疗师，再加上安德烈斯（伊涅斯塔），我们都是好朋友，我们一起去寻找好的日本餐*

馆。慢慢地，我们又有了新人入伙——法布雷加斯、阿隆索和哈维——但我们是核心。我们是寿司团伙，这感觉很棒，也是我们现有成功的另一个小的关键因素。

——第24日

——2008年6月28日，维也纳

球队前往恩斯特·哈佩尔球场，迄今为止那是一块令人愉快的狩猎场，需要球队做更多训练。但首先是聊聊天。

阿拉贡内斯从给球员们训话开始："你们不是去踢决赛，你们是去赢得决赛。没有人记得决赛输家，他们只记得西班牙队的节日。我们赢了，就能够带给他们一个节日。任何人，任何人都不会记得第二名。"

一次又一次，他再次强调了同样的观点：他们来到这里是为捧起冠军奖杯。"积极的想法！"接下来24小时他会不断地咆哮。要有积极的想法。

后来，在酒店会议室里，有更多细节，但他的语调仍然带有幽默的特质。在整届大赛里，阿拉贡内斯不断展现了他搞不清球员名字的习惯。法布雷加斯经常被叫成"法布里卡斯"，关于对手的介绍也往往被他搞混淆，大家经常都不知道他说的是谁。

因此，想象一下这样的场景，这是西班牙足球历史上最重要的比赛前夜，阿拉贡内斯正在滔滔不绝，然后现场有一个旁观者插嘴了。

卡普德维拉：*那是在球队训话中间，老板开始告诉我们他不确定华莱士（Wallace）是否会出场。他的观点是如果华莱士出场，那么……这时候他注意到哈维举起了手。*

"说吧，哈维。"

"先生，我很确定你说的应该是巴拉克（Ballack）。"

"巴拉克？华莱士？我更喜欢华莱士。从现在开始，我就叫他华

莱士。”

2013年夏天，当左后卫和我分享这个故事时，依然让他乐得前仰后合。

在决赛之后，一些球员调皮地提醒阿拉贡内斯华莱士确实出场了。

“没关系。他没有赢，不是吗？”

卡普德维拉：*其他教练或许是伟大的激励者，但路易斯（阿拉贡内斯）有那种特别的东西。不仅因为他总是帮助我们作为一支团队团结起来，他还成功地释放掉了队内所有的压力。那对我们来说是完全新鲜的体验。*

不过关于球队训话，并不只有积极方面。

“那个金发的家伙（The Blond Fella），”阿拉贡内斯继续说，“那个有着奇怪名字的人（Schweinsteiger，施魏因斯泰格），他已经不止被罚下过一次了，如果我们聪明点，你永远不知道会不会再次发生。我不希望我们丢掉纪律性，但如果我聪明点，我会表达一些评论。我或许会给他脸色看，看看他会怎么想。”

他注意到卡西利亚斯就在他面前苦笑。

“你怎么看，队长？是？不是？非常好，或许我们可以说点奇怪的事，因为他头脑容易发热，他之前就失去过理智，这些是你不会玩的把戏——你赢了。”

阿拉贡内斯这天晚上的另一个黄金瞬间是这样出现的：“去和裁判或者边裁聊天的时候，不要叫他们裁判、边裁，即便是在我踢球的年代里，我也会搞清楚他们的名字——每个人的名字。现在你们都有名多了，非常有名，但当你们看到他们走上球场，或者在球场内，不论到哪里碰上他们，都要给他们一个击掌，把手臂放在他们的肩膀上，说句‘你好，约瑟夫’或者其他的话。他们喜欢这样。展现出你们的勇气来，记住他们的名字，你会发现，这些家伙会边走边想：‘我的老天，他知道我的名字！’”

球员们会把他说的话记在心里，4年之后我会看到这些球员中的一个将这些建议用到了2012欧洲杯的乌克兰队实战中。

是时候休息了，在西班牙队1/4个世纪以来第一次决赛到来前的最后一夜，黄金时间，但是，这是西班牙队……

马科斯·塞纳：*球迷们整届大赛都很棒，呐喊着，支持我们，完全和几年前截然不同。不过在决赛前的那一晚，他们也在酒店里。更特别的是他们也在酒吧里。你简直挪动不了，因为他们无所不在。他们开始唱歌，所有你将在球场里听到的曲子，都在我们对德国队赛前的酒店酒吧里形成了和声。我简直睡不着。没办法睡着。因此，我吃了一片安眠药，恍惚间听到他们在歌唱胜利的歌曲：西班牙万岁！*

当我醒来时，感觉睡得还不错，但歌声依然留在我的头脑之中。我依然听到他们前一晚的歌声在我的脑袋周围萦绕着。我知道我们必须赢得胜利，我知道我们不能够令他们失望。

——第25日

——2008年6月29日，维也纳

西班牙vs德国

2008年欧洲杯决赛

一！二！三！……赢！赢！赢！

一切都是为了这一场比赛。“如果我们没有打进决赛，我就是个垃圾教练，我组织了一支垃圾球队。”阿拉贡内斯告诉大家，时间是一个月之前。

西班牙队的王者风范和足球的高贵都体现在这里。在西班牙，万人空巷，即便是在巴斯克地区，即便是在加泰罗尼亚。

在离开希尔顿酒店出发之前，阿拉贡内斯找到了托雷斯。

智者和金童，他们在俱乐部时代就一起工作过，如今他们即将征服欧洲。

托雷斯已经参加过两次欧洲杯决赛（2001年欧足联U16青年锦标赛决赛和2002年欧足联U19青年锦标赛决赛），两次都是以1∶0的比分夺得胜利。

阿拉贡内斯信任他。他们2002年一起夺得了西班牙乙级联赛冠军。

阿拉贡内斯需要他。大卫·比利亚受伤，即将担任二前锋的法布雷加斯，31次代表国家队仅仅打进过1球。

因此，主教练决定自己来解决问题。他找到了托雷斯，严肃地盯着他的脸，向他宣布，西班牙队将以2∶0赢得胜利，托雷斯将独中两元。与此同时，阿拉贡内斯用两只熊掌一样的大手抱住托雷斯，亲吻了他的前额。

“这是我在马德里竞技做过的事情，”阿拉贡内斯后来披露，“结果奏效了。”

“我还少进了一球呢。”通过决赛进球成为西班牙队永恒之星的托雷斯，羞涩地笑了。

现在，我们都在更衣室里，没有什么新东西。

“积极的想法！”

一！二！三！……赢！赢！赢！

在开球之前，阿拉贡内斯提前进入狂欢状态。

阿塞·曼纽尔·奥齐托雷纳：_我记得如果球员们表现不好，他会告诉他们，他们的双腿“犯了结巴”[1]。我记得印象最深刻的训话是2008年欧洲杯决赛之前那次。他形容一些德国人的双腿也“犯了结巴”，把我们大家都逗乐了。他带走了球队所有压力，成功地输入了镇定剂。球员们出场时都渴望着比赛，决心去享受比赛。当他们在球员通道里列队，他走到德国队球员面前，拍了拍（波多尔斯基）的前胸，好_

---

[1] 译者注：指球员的双腿在发抖，发挥失常。

像在说："你难道状态不好吗？"之后他给了勒夫一个大大的拥抱，好像已经认识他很多年了。"别担心，很快就会结束了。"之后他会向裁判们问好。太杰出了。

费尔南多·托雷斯：*当我们在球员通道里等待准备出场时，压力正在上升，他走到了德国队队长（米夏埃尔·巴拉克）面前说："好运，华莱士。"他看着我们，笑了，眨了眨眼睛。这是多么好的减压方式啊！这是怎样的一个人呐！*

德国队开局很好，而西班牙队不太好。

托马斯·希策尔斯佩格射门打中了目标，卡西利亚斯做出了扑救。拉莫斯在"金发家伙"的压迫下传球失误了，克洛泽冲到了禁区里，但没能完成致命一击。

德国队的精彩开局大概持续了15分钟，但从那之后，比赛就进入西班牙队的技术性击倒阶段了。

拉莫斯传中，托雷斯头球击中了立柱。金童开始折磨佩尔·默特萨克。克里斯托弗·梅策尔德不由自主地将球撞向自己球门的死角，延斯·莱曼也做出了精彩扑救。

进球像丝绸一样平滑，但也有点奇怪。德国队没能看防住塞纳，他将球传给哈维，同样无人盯防。勒夫的球队看上去在祈求赛事最佳球员将他们切成碎片。哈维，无人看管吗？球的运动变得准确、快速。哈维拿球，转身，将球从梅策尔德和菲利普·拉姆之间的空当之中送入，整个过程就像天鹅绒一样柔滑。

托雷斯拍马赶到，西班牙射手的第一次触球，打在脚背上，没有控制好，但看上去效果不错，球绕到了拉姆的内侧，托雷斯从外侧突然插上，这是一次赛跑，但拉姆行动有些缓慢，西班牙人超越了后卫，伸出一脚将球挑过了延斯·莱曼的头顶。

德国队门将也有点慢了，因为和梅策尔德一样，他相信拉姆，一架飞驰的机器，不可能输掉任何赛跑。梅策尔德已经停下了跑动，无法回到防线。

托雷斯的右脚擦了一下球，它像一个陀螺一样从右向左旋转，只要再多几英寸就会偏出门柱，但是球最后掉进了球门内，就是这样。

费尔南多·托雷斯：*事情过去了很多年，我不太记得具体的细节了，但我知道当我看到哈维在对方中场之间得到空间，我知道这是非同寻常的机会。如果他无人盯防，那么肯定会传球过来，所以我立即启动了。球到我这里，打在我的脚上，比我预期的要更远一些，拉姆启动有点慢，因为他以为门将会出来拿球，莱曼明显相信拉姆可以赶上来个铲球，因此他也犹豫了。我轻轻地碰了碰球，看着它一点一点滚向球门，我知道如果球场没有正常浇水，那么场地会很干，球会反弹得更高，而不是顺着轨迹滑动，或许会越过门柱偏出。*

庆祝这粒进球的时候，西班牙队表现得比他们这届赛事11个进球的庆祝更低调。这就像他们总是知道他们会解决问题一样。

之后出现的一个瞬间几乎和阿拉贡内斯预言的一模一样，当托雷斯去拍波多尔斯基的前胸时，笑得最厉害的是席尔瓦。

比赛过了一个小时，两位球员突然发生了冲突，头顶头，双方都有点过激行为，之后巴拉克（华莱士）和施魏因斯泰格（金发家伙）冲向了裁判，张开双臂，低垂着头，像玩具狗一样——他们控诉席尔瓦头撞了波尔蒂。

意大利主裁判罗伯托·罗塞蒂没有任何表示，金发家伙又去找边裁抱怨，明显的，在西班牙队的板凳席上所有人都在大声说话，试图压倒他的声音：教练、助理教练、装备管理员、理疗师、替补，甚至包括西尔维娅·多施内罗娃①，自1982年以来就在西班牙足协工作，一位深

---

① 译者注：Silvia Dorschnerova，自从1982年以来就在西班牙足协工作，一位深受爱戴的比赛代表。

受爱戴的比赛代表，尽管她出生在门兴格拉德巴赫。

桑蒂·卡索拉：*他们前15分钟全力压上，我们在板凳上坐着的人都在说，我们必须尽快扭转局面。之后，费尔南多打进了进球，一切突然改变了。他们很难从我们脚下断球，我们完全掌控了局面。已经说过，这不是在公园里散步，我们还有一些焦急的时刻。我们没能打进第2球，伊克尔（卡西利亚斯）做出了一系列扑救。当教练让我开始热身准备上场时，我已经完全兴奋了起来。我尽可能跑动，决心为球队贡献最大力量。这是一种美妙的感觉，之后当终场哨响起——那是怎样的一个瞬间啊！不可思议！从未有过的美妙感觉。*

比赛结束之前，拉莫斯几乎打进了一个头球，弗林斯在门线上用膝盖将球顶出，这是一次伊涅斯塔和塞纳、卡索拉、古伊萨跑动的结合，塞纳在离门半米外脚尖碰到了球，但他没办法及时做进一步动作。

西班牙队控制球就像保守个人秘密一样严密。

费尔南多·托雷斯：*我认为我们展现了个性，在这样一场重大的比赛之中，我们捍卫领先的方式是我从未有过的，也从未见过的。之前的历史几乎都是取得领先的球队立即关张大吉，或者一支球队0：1落后，但球就是没办法打进对方的球门。但我们却在保持自己的节奏继续进攻，最重要的是我们掌控球权。比赛中有一个阶段，德国队甚至没办法摸到球，他们面面相觑，好像在说：“这到底是怎么回事？”即便是在那一刻我都在想：“这并不会是结束，这才刚刚开始呢。所有这些球员都喜欢要球，所有人都至少还要赢得一届大赛。”正如事实所证明的一样。*

终场哨响，这个计划达到了目的。西班牙队登基欧洲之王。

我请托马斯·希策尔斯佩格形容一下和西班牙队交手的体会，他谈了自己的感想。

托马斯·希策尔斯佩格（Thomas Hitzlsperger，德国队中场）：*我上一次和西班牙队交锋还是在U21国家队，对阵托雷斯和伊涅斯塔的球队，我们输了，所以我并没有美好的记忆。但我们感觉在决赛中，我们带着积极的想法，依靠我们著名的意志，希望他们会采取谨慎的方式对待我们。他们拥有技术上的优势，我们则有着德国队这一优势。这是相当重要的。我们知道他们比我们更出色，但我们真的相信自己的历史和我们仍然具备一些实力的事实。我们希望就像对英格兰队一样，尊重他们，但通常情况，我们都会在关键比赛中脱颖而出。我们真的觉得“我们在这方面比他们强”，我们想过他们或许会窒息，但他们没有。*

我们踢了10到15分钟好球，如果我们当时取得进球，你永远不知道会发生什么事情，但他们渐渐凭借实力的优势接管了比赛。看看最终比分，虽说只是0：1小负，但我们是真的被击败了。我们是带着一些问题进入比赛的，因为我们的一些球员之间存在着敌意。我认为，西班牙队，他们互相知根知底，也为对方而战，你可以看到这点，最终，他们具备了完全的自信，他们非常了解对方的比赛风格，所有这些我们都能够感觉到。

哈维和伊涅斯塔总是在要球，不论是在怎样的场合，怎样的比赛状况，怎样的场地条件下，他们都会保护球权，尝试进攻。有一些中场，如果他们丢球，会尝试夺回球权，但他们下一次会回撤更深一些来保护球权，这样更容易传球。但这两位中场不会这样做，他们总是有着绝对自信，他们总是利用传球来创造空间，或者向前推进。

输球，即便是输给一支顶级球队，也是令人失望，具有毁灭性的。但西班牙队不仅仅把他们自己放在谦卑的位置上——这是真的。他们是世界上最出色的足球队，但他们更是伟大的人。在球场上，他们为了队友拼搏；在球场下，他们会尊重你。无论什么时候遇到他们，都不会傲慢自大。马里奥·戈麦斯告诉我，当他在比赛结束后问西班牙队球员

希望交换一些球衣时，他们正在庆祝夺得胜利，他们太高兴了，很难停下庆祝，但还是和他交换了球衣还聊了几句，并祝他好运。他们本可以说：“别烦，我们正忙着庆祝呢”，但他们却没有这么做。他们花了时间。他们是出色的球队，伟大的人物。

当他谈到庆祝时，他真的是指庆祝。

在两支球队的更衣室之间有一个接待区，里面有一个叫“闪光”的采访区。而在从球员通道到球场开始的地方，全世界已经花了千万百万购买电视转播权的电视台正在各自位置上等候——在他们两侧各有一台可移动的屏幕，前端是开放的。在一个小隔间里他们可以吸引赢球的队员们（不论在这届大赛或者其他的现代赛事），让他们在终场哨之后能够尽快接受采访并直播，因此很多国家的节目仍然在直播中（西班牙、德国、英国、美国、沙特阿拉伯、法国、巴西或者其他任何国家）。

通常比赛结束之后球员们都会疲惫不堪，但这次却不是。球员们完全接管了这块区域。卡西利亚斯、比利亚、塞尔吉奥·加西亚、古伊萨、佩佩·雷纳、普约尔和拉莫斯都在跳舞，有几个人甚至脱得只剩下泳裤，他们唱着*Seven Nation Army*，而喷洒出的香槟溅到了每一个摄像机、每一个麦克风、每一个主持人身上，雷纳非常好地利用他头部的平衡性顶着巨大的奖杯，这是一个幸福得完全不受控制的夜晚。

比利亚和电视四台的记者胡安马·卡斯塔诺是老朋友了，被香槟浇了个透，比利亚带着一条毛巾回来，假装要擦干头发（这一切都将直播），他突然拿起了麦克风，干起了记者的工作：“欢迎来到维也纳——和你在一起的是他妈的欧洲冠军！”

之后，西班牙队的香槟超新星更上一层楼，在伊克尔·卡西利亚斯的带领下，加上鲁文·德拉雷德、桑蒂·卡索拉，之后，大约23人中的半数球员跟在他们身后，跳着他们的康加舞经过了混合区，在那里，当时没有直播节目的德国电视台正在采访巴斯蒂安·施魏因斯泰格。金发家伙接受ZDF电视台的采访被西班牙队的庆祝声淹没了，他只能短暂停顿，最初，“小猪”[1]以很好的态度接受了这些。不过当数秒之后，等到康加舞队列折返从另一个方向再次经过他身边，并歌唱着“西班牙万岁”时，“小猪”就没那么开心了。

我了解卡西利亚斯，我很确定这点，他本来希望他们能够选择另外一条路线庆祝。

虽然西班牙队球员还穿着衣服，但已经不太清醒了，最终他们离开了恩斯特·哈佩尔球场抵达机场，乘坐米拉格罗斯·迪亚斯号飞机返回因斯布鲁克。在那里，他们跳上了涂有“无论发生什么，西班牙都将永恒”的球队大巴前往纽斯蒂夫特——他们在蒂罗尔山谷的藏身之处。

凌晨4点在米德勒·霍夫酒店短暂停留之后，球队在安妮咖啡店快速吃了点比萨饼，之后所有人都到多夫酒吧开始喝酒、唱歌、跳舞。

“就像蒸了个桑拿，但我们喝了足够多的液体。”阿拉贡内斯愉快地回忆道。米德勒·霍夫酒店的老板赫伯特·霍费尔，组织了吃比萨的地方，酒吧也是禁止对公众开放，直到欧洲冠军享受早餐之后才开放。

啤酒是当天的家常便饭，有拥抱，有合唱，有照片，但没有麻烦，也没有狗仔队。阿拉贡内斯是早上6点第一个离开的，之后他的队伍跟着他一个接一个离去，就像他们在贝尔法斯特温莎公园的最低谷时所做的，一直到欧洲之巅。

马科斯·塞纳是最早离开的球员之一，他在球场时就已经喝高了，他和两个记者说话，却说可以看到4个记者。

卡洛斯·马切纳：*有一件事是我永远不会忘记的，劳尔·阿尔比奥尔是被放在一辆警车的后座上从纽斯蒂夫特的一个派对上带回来的，他穿着警察的制服，因为他们借给我们外套和帽子。我们互相调侃：“今天要什么都可以！”*

---

① 译者注：Schweini，施魏因斯泰格的绰号，来自于他的名字Schweinsteiger。

马切纳，来自塞维利亚省一个只有16000人的小镇的安达卢西亚人，拥有着代表西班牙队以来从未输过球的纪录（直到2010年世界杯告终）；阿尔比奥尔，来自安达卢西亚东北部700公里的瓦伦西亚。不同的口音，不同的成长背景，效忠于不同的大区，如今却亲如兄弟。

最后离开的是托雷斯和比利亚，他俩是完全不同性格的人，却是很好的朋友。一位是本届赛事最佳射手，一位是本届赛事最终决赛的进球者。当奥地利的孩子们走在上学的路上时，来自西班牙北部阿斯图里亚斯的一位矿工那沉默寡言的儿子，和来自西班牙首都的高大、金发、害羞的马德里人，正在以他们的方式在庆祝。El Niño y El Guaje——西班牙语里的金童和阿斯图里亚斯语里的金童在一起了。

或许他们的确有太多的差异性，但在来自奥塔莱萨智者的调教下，他们却一起做着明智的事情：团结、联合、找乐子，赢得胜利。

一、二、三……赢，赢，赢！

德国0：1西班牙

德国队阵容：莱曼；弗里德里希、梅策尔德、默特萨克、拉姆（46’扬森）；希策尔斯佩格（58’库兰伊）、弗林斯、波多尔斯基、巴拉克、施魏因斯泰格；克洛泽（79’戈麦斯）

西班牙队阵容：卡西利亚斯；塞尔吉奥·拉莫斯、普约尔、马切纳、卡普德维拉；塞纳、伊涅斯塔、法布雷加斯（63’阿隆索）、哈维、席尔瓦（66’桑蒂·卡索拉）；托雷斯（78’古伊萨）

进球：33’托雷斯

第四章　奥塔莱萨的智者

“足球”这个词在字典里应该总是放在路易斯·阿拉贡内斯的照片后面，因为他敢于以一帮技术高超，但个子矮小的球员为核心打造一支队伍，他在西班牙足球历史上留下了伟大的印迹。

——哈维·埃尔南德斯

——TVE工作室，马德里

——2008年4月15日

这个高大、胸围宽大的男人，有一种20世纪50年代纽约巡警的容貌，知道应该怎么使用警棍。他像一个前拳击手一样缓步通过长廊走向一扇开着的大门，可以看到里面电视强光灯的闪光。

走向工作室的漫长道路，那种感觉就好像即将被判刑的囚犯。执行地点是在马德里的布努埃尔研究所，在那里20世纪70年代，索菲亚·罗兰、詹姆斯·梅森和亚利克·基尼斯拍摄了恢弘气势的史诗巨制《罗马帝国之衰落》，那里有大片大片的空间。

当第一架摄像镜头拉近到他的脸上，向期待的人群宣布他的即将到来，他看了看一侧，在上唇划了划，好像在想：“我还能逃走吗？”

伴随着主题音乐声，临时构建的圆形剧场里，60双眼睛都在瞪着他，就像陪审团和刽子手一样各就各位。突然之间，他那平凡的打扮，灰色西装，淡蓝色和灰色条纹的领带，看上去像一个糟糕的选择。再向前一步，他就将处在刺眼的灯光之下，在他旁边，主持人衣着光鲜亮丽，身材苗条，看上去很真诚。而在他面前，不仅有60个评论员，还有

60分钟时间将向整个西班牙全国数百万人直播——无拘无束，自由的审讯，没有任何限制。

即将面对“审判”的是路易斯·阿拉贡内斯，他是西班牙队的主教练，此时距离2008年欧洲杯开幕仅仅不到2个月时间。在最近一场预选赛之后，他拒绝接受媒体采访，取消了球队的航班，坐车返回马德里，还威胁似的宣称球队接下来只通过互联网接受采访，但他还是接受了TVE电视台安排的电视审判。

事情的发展出人意料，即便是这档节目“我有一个问题问你”的制片人伊娃·阿兰达，也不敢相信西班牙足协会答应她的请求，让阿拉贡内斯来参与节目拍摄。

此前，这档节目的客人包括政府首脑、资深政治家、工会领袖。主持人并不是著名的脱口秀节目主持人杰里·斯普林格，但这次节目有可能会成为灾难。节目是现场直播，也是最富有技巧的转播公司的领地，即便如此也存在一触即发的危险——特别是增加了一位像西班牙队主教练这样一点就着的客人。

阿拉贡内斯就是一座火山——此时距离他在国家队训练营外猛烈还击一位抨击自己的球迷才过去几个月时间。虽然他来到这里并非推广这样的形象，但确实存在潜在的可能，或许会发生，他有爆发的可能。如果真的发生这种情况，如果这是一种灾难，那么即便此时距离欧洲杯开幕时间已经所剩无几，但是阿拉贡内斯的任期仍将受到更多刺耳的质疑，他的名声也会进一步遭受损害。

在这煎熬的一小时里，他将被问到作为国家队主教练是否太老了，他是否对皇马感到苦涩和偏见，劳尔的个人力量是否就是令他被排除在国家队之外的原因，拉法·贝尼特斯和维森特·德尔·博斯克是否能够在西班牙队主帅位置上比他干得更好。

他的提问者们拿着麦克风，主持人在旁边看不见的地方，而一家研究公司被请来做统计工作（60位提问者有男有女，涵盖各个年龄段，包括18名皇马球迷、15名巴塞罗那球迷、8名马德里竞技球迷等），很明显，大多数观众是支持劳尔的。即将提出的问题已经困扰了阿拉贡内斯两年时间，时时令他分心，此次矛头又对准他。而这次是电视直播。

在审判开始之前，阿拉贡内斯希望明确表达自己的观点。“不是因为我的名字或者我的个性有着很高的媒体价值，也不是因为我希望如此，我来到这里只是因为我的工作是国家队主教练。两个强有力的原因让我接受了做这个节目。首先是捍卫足球，一项我非常热衷的运动。在我挚爱的运动里，看上去没有任何对我们的尊重，人们打击我们，甚至想方设法羞辱我们。其次，人们想方设法给我的名声带来令人难以置信的损害，但人们根本不了解我，或者根本不知道我喜欢什么，或是怎么想的。因为这些因素，我来到了这里，那么现在就让我们开始吧。”

到最后，比分是平局，甚至可以说是阿拉贡内斯赢了。没有咒骂，没有大喊大叫，也没有暴风骤雨。有些问题本身体现了球迷是缺乏信心的，他们对于劳尔被排除出国家队表现出不加掩饰的失望；有些问题本身是以询问为包装的攻击，但阿拉贡内斯应付自如。

对于已经很了解他的少数精英分子来说，这一次超高风险的策略并不会太令他们吃惊，因为他就是一个用整个生命与恶魔做正面交锋的人。

在那个谈论心理健康就像在你的脖子上挂着“别给我一份工作”的标志时代，阿拉贡内斯曾经两次辞职——1981年在皇家贝蒂斯，1987年在马德里竞技——因为他所有的意图和目标都受到了阻碍。他在1981年夏天接掌贝蒂斯教鞭，但在一场联赛之后的9月初就离开了。他回到了他生命中最爱的马德里竞技，带队超过100场比赛，赢得了国王杯和西班牙超级杯，1986年报道称他每年收入20万英镑。阿拉贡内斯带领马德里竞技打进了1986年5月的欧洲优胜者杯决赛，他们被瓦列里·洛巴诺夫斯基①的基辅迪纳摩横扫。

在那一年7月的季前训练营里，他卧病在床有着类似流感的症状，但随后被抑郁的情绪所取代。他告诉他的队员们，自己将不能再执教

---

① 译者注：Valeriy Lobanovskiy，已故乌克兰著名教练，舍甫琴科的恩师。

他们了，之后，尽管感到病情明显好转，但他接受了俱乐部医生恩里克·伊巴涅斯的建议，放弃了这份工作，去治疗抑郁症。

恩里克·伊巴涅斯（1987年，Enrique Ibáñez）：*因为那时候他所遭受的抑郁症，他无法处在正确的前提下来做出他的那个决定，但他向他的队员们宣布了。我很确定，路易斯可以从这次危机中恢复，就像他之前所做过的一样，到那时候他可以做出深思熟虑的选择。*

当他在赛季中期回来时，他又一次离职了——这次是出于足球的原因——他在1987年被任命为特里·维纳布尔斯[①]在巴塞罗那的继任者。

不过到了1月，他又一次被击倒了，因为太抑郁以至于无法离开家，他缺席了数天的训练，又一次在放弃的边缘摇摇欲坠。但这一次，事情的发展截然不同。

尽管巴塞罗那被围困在积分榜中游，阿拉贡内斯本可能被平静地解除主教练的职务，这并不难办，不过俱乐部副主席霍安·加斯帕特[②]给阿拉贡内斯介绍了一位医生何塞·波苏埃洛（José Pozuelo），他是一位抑郁症、焦虑症和躁郁症治疗专家，在他的帮助下阿拉贡内斯恢复了健康。

之后，在巴塞罗那凯隆医院诊所举行的一场坦率的新闻发布会上，阿拉贡内斯和波苏埃洛直面主题。

路易斯·阿拉贡内斯：*我很高兴得到了波苏埃洛博士的帮助，因为如果不是他，我可能已经退出了这份工作，就像在贝蒂斯和马德里竞技*

---

① 译者注：Terry Venables，前英格兰队主教练，1984—1987年执教巴塞罗那，1984/1985赛季带巴萨夺得西甲冠军。

② 译者注：Joan Gaspart，被誉为巴萨历史上最成功的副主席之一，但2000—2003年担任主席后政绩不佳，特别是拿出售菲戈赚的钱买来奥维马斯、珀蒂和赫拉德却徒劳无功。

一样。以我们刚认识时候我的状态，根本不可能继续执教巴塞罗那。

有一份诽谤性报道称某些事情造成了阿拉贡内斯的抑郁，对此，他俩都全面否认。波苏埃洛还坚定地抨击了之前治疗过阿拉贡内斯的医生，包括马德里竞技的伊巴涅斯，包括他们在公众场合谈及主教练和他所受的困扰时所使用的一些专业词汇。

何塞·波苏埃洛：*路易斯患上的既不是循环性精神病，也不是躁狂抑郁症，而在公众场合却有着这类的说法，误诊的谎言根本没有给他任何帮助。*

波苏埃洛诊断出，一种恐惧症才是导致阿拉贡内斯短期抑郁症的潜在深层原因。但是他坚持认为，尽管阿拉贡内斯已经受到巨大打击，但还是属于可以治疗的范畴，不应该因此干扰阿拉贡内斯继续工作和实现目标。

何塞·波苏埃洛：*他受到了恐惧焦虑症的影响，这种病更容易影响到高智商和取得最高成就的人士。*

路易斯·阿拉贡内斯：*我认为现在最好的治疗方式是赢得奖杯。*

他很快就做到了。2个月之后，加里·莱因克尔的射门和亚历山科的补射破门，他们在伯纳乌球场1：0击败了皇家社会夺得了1987/1988赛季国王杯冠军。

之后在1991年，又一次作为马德里竞技的主教练，阿拉贡内斯遭遇了最后一次威胁到他工作的主要事件。

在1991年7月末到8月初，他因为过于焦虑无法工作，波苏埃洛被叫来采取治疗措施，阿拉贡内斯开始感觉到要学会如何自信地去处理这些病症严重的进攻。短短几天之内，他接受了一次坦诚、深度的采访，谈到了在更宽广的社会领域内职业体育仍然是受到局限的主题。

路易斯·阿拉贡内斯：*有时候我会考虑放弃掉一切。当问题第一次发生时，你可以明显认为这是很沉重的事情。因此当你状态不佳时，你会放弃你的工作，事实上，3年半之前当这个问题第3次发生时，我花了2年时间远离足球。我拒绝了各种邀请，因为我很担心这个病是否会频繁地出现。现在我找不到任何理由觉得会复发了，我也没有任何理由停止工作。在西班牙，这类疾病被拿来和抑郁症相提并论，甚至更加糟糕。可事实是，全世界10%的人都会患有各种各样的恐惧症。我知道，人们会患上抑郁症，有些抑郁症是终生的。但我得的病没有那么严重。这就像是那种休息上几天，你就可以治愈的疾病。作为一个患者，你只能感觉到会发生什么，因为它看上去没有节奏也没有原因，一切取决于你所处的环境。但是要解释给非患者是很困难的，很明显这会再次发生，但经验会告诉你即将发生什么，应该怎么应对。*

阿拉贡内斯的人生从不缺乏挑战。随着他的故事发展，各种挑战也催生了他的绰号。他出生在马德里的郊区奥塔莱萨，他曾经有一次解释过，他的兄弟被称为“奥塔莱萨的智者”（El Sabio de Hortaleza），关于这个绰号的来龙去脉，因为听众的误会，或者故意为之，随着时间流逝已经语焉不详了。但是在西班牙，不仅仅是在足球界，如果你提到智者（El Sabio），特别是如果你提到奥塔莱萨，你所提到的必然是“大靴子”（Zapatones）。

“大靴子”，从字面上来理解是指大鞋子，有说法认为阿拉贡内斯之所以能够得到这个绰号，是因为一双大脚是他球员生涯的标志：强力射门，致命的任意球。不过，事实是这个绰号来自一名记者，因为他觉得阿拉贡内斯走路摇摇晃晃的，有点像约翰·韦恩①。“公爵”赚了

① 译者注：20世纪30年代好莱坞明星，以出演西部片和战争片中的硬汉而闻名。

百万美元，成为了好莱坞的传奇。而“大靴子”还有另一个绰号，猜猜看吧。

当时阿拉贡内斯被皇马球探发掘，但不幸的是他虽然是个高个子男人，却长在巨人的土地上——他有天赋，但当他到达伯纳乌时还没有达到他的偶像阿尔弗雷多·迪斯蒂法诺、亨托、费伦茨·普斯卡什和雷蒙德·科帕的境界，他只能尽可能茁壮成长。

后来他离开了皇马，先后在奥维多、韦尔瓦、赫拉克勒斯和皇马B队，后者那时候叫作Plus Ultra，直到他在贝蒂斯获得了成功，并在马德里竞技夺得了冠军荣誉。

在球员生涯效力和执教“床单军团”时期，他夺得了5座国王杯、4座西甲冠军、1座丰田杯、1座西班牙超级杯和1座西乙冠军奖杯。

马德里竞技在1974年打进了欧洲冠军杯决赛，半决赛做客凯尔特人公园一战相当残暴，马德里竞技3人被罚下场。阿拉贡内斯在比赛还剩7分钟时攻入了一记绝世任意球，他们将在海瑟尔球场的决赛中对阵拜仁慕尼黑，但拜仁门将塞普·马耶尔（Sepp Maier）的高接低挡令人崩溃，灾难性的事情在120分钟比赛还剩20秒就将结束时发生了，汉斯–乔治·施瓦尔岑贝克（Hans–Georg Schwarzenbeck）射门打进了那不勒斯门将雷纳的父亲米格尔·雷纳（Miguel Reina）把守的大门。

两天之后的重赛，马德里竞技遭遇了0：4的惨败，对于阿拉贡内斯而言也是一个激励，在他后来的职业生涯中（碰上德国对手），他总会告诉队员们“决赛不是用来踢的，是用来赢的”。

阿拉贡内斯是一位出色的球员，一位特别成功的主教练，一位因为焦虑症发作带来抑郁的幸存者，他有些神经，有些恐惧症，但也是极具争议的人物。在西班牙，这样的事件非常有名。

因为对于马德里竞技的新主席赫苏斯·希尔的侮辱和不让步的愤怒，阿拉贡内斯在一次激烈的争吵之后勒住了希尔的脖子，几乎打了他，最终导致了自己的离开。尽管此后的几年里，这两个人之间有着致命的吸引力。

当罗马里奥在阿拉贡内斯执教的瓦伦西亚开始表现出好色的一面，训练迟到，彻夜狂欢，更关心漂亮女孩而不是进球。他的教练跟他彻底翻脸了。在帕特纳训练基地，阿拉贡内斯又和罗马里奥发生了冲突，当时罗马里奥出工不出力，阿拉贡内斯直接走上去对着他大吼："看着我的眼睛，现在看着我的眼睛！"由于被镜头拍下，这次事件也带来了恶劣影响。

"一个球员如果回答问题的时候不敢看着你，那他肯定在撒谎。""智者"随后解释说。

当他执教的巴塞罗那球员们发动了史称"海斯佩里亚兵变"[①]，对于主教练来说是非常残酷的事情。那次起义发生在1988年4月，就在几个月之前巴萨遭受了阿拉贡内斯因为恐惧症发作暂时无法工作的打击。不过，他是一位受球员爱戴的主教练，正是这支球队，而不是董事们，在当年春天赢得了国王杯冠军。

因此，当除了3名球员之外的大多数球员同意了一份声明要求巴塞罗那主席何塞普·路易斯·努涅斯[②]辞职，阿拉贡内斯没有别的选择——在新闻发布会上坚定地支持他的球队。到赛季末也葬送掉了他的工作。

尽管阿拉贡内斯性格火爆，但塞缪尔·埃托奥仍然热爱着这个被他称作"爷爷"（abuelo）的人，他也是另一位受阿拉贡内斯影响颇深的人。2000年12月3日，马洛卡主场扳平了萨拉戈萨，阿拉贡内斯在场边指示，准备用约万·斯坦科维奇换下喀麦隆前锋。埃托奥还没下场就已经开始指手画脚，对着教练咆哮，当他坐上板凳，更是对教练的呼唤表现出厌恶的神色。

"大靴子"怒了。他冲下了替补席的座位，揪住了他的前锋的衣

---

① 译者注：The Mutiny of the Hesperia，以他们举行新闻发布会的酒店命名，是指巴萨队员要求俱乐部主席努涅斯下课的事件。

② 译者注：Josep Luis Nuñez，努涅斯从1978—2000年长期担任巴萨主席，帮助巴萨成为了世界级的体育俱乐部，也是历史上最成功的巴萨主席之一。

领，对着他的脸吼叫。整个西班牙都惊呆了。

阿拉贡内斯的脾气十分火爆，特别是受到压力时更容易爆发，但如果他的态度强硬、攻击性强，那么他的管理也具有西洋剑的技巧。他长期将心理学放在体育的重要位置上，特别是当面临着改变一个失去动力的任务时。1998年，他解释称这是最佳、最公开的方式。

路易斯·阿拉贡内斯： *在一支球队里，主教练并不是领导人物，但这是完全不同的工作，因为它是多方面的。对我而言，最重要的是，虽然难以言喻，但这是团队的心理问题。领导一支由收入很高的年轻人组成的团队，他们都有着各自独立的思考方式，这相当复杂。最近，人们只想说策略，对我而言，这是最次要的事情，虽然现在大家认为足球重要的是战术和场面，但是对于教练来说却并非如此，谁能够提供场面——永远都是球员。*

卡洛斯·马切纳： *我们在2008年欧洲杯取得成功的关键之一是，我们凝聚成了一支团队。直到那时，我们都感觉自己是来自不同球队的球员，阿拉贡内斯应该为此得到广泛认可。他从来不会把我们当成个别球员来对待，而总是说“西班牙国家队”，他从未提到过我们为俱乐部做了什么或者没有做什么。我们变成了一个团队，我们中的每个人都致力于共同的目标，有着一个简单的想法。我们相信主教练，不论我们私下是否同意路易斯的任何批评，我们都是一心一意决心支持他。我们都很清楚，这样的攻击会伤害到他，也会伤害到我们这个团队，因此我们必须选择作为一个团队去向世界说不，我们要创造一个真正伟大的团队。事实上，这让我们变得更强大，你今天所看到的一切都是他努力的成果。*

何塞·曼纽尔·奥乔特雷纳： *路易斯永恒的信念是，这一代赢家球员是球队成功的关键部分。他会在每一堂训练课、每一次球队训话中给*

球员们灌输这一理念，他们可以成就伟大的事业。他一直这么做，直到他们真的做到了。

不过，阿拉贡内斯对于心理激励的利用，也导致了他执教生涯最大的错误。

作为西班牙队主教练，阿拉贡内斯认为何塞·安东尼奥·雷耶斯（José Antonio Reyes）的状态受到了他畏惧阿森纳队友蒂耶里·亨利（Thierry Henry）的影响。2004年10月，在西班牙队的拉斯·罗萨斯训练基地，他命令雷耶斯："告诉那个臭黑鬼，你比他强多了。不要畏缩不前，告诉他，告诉他这是我说的，你必须相信你自己。你比那个臭黑鬼强多了。"

这是不可原谅的行为。不论是用词，还是观念，或者是最后的表达，都令人无法接受。当那次事件被再次广播给公众后，引起了世界各地的抗议，这本可以让西班牙足协主席安赫尔·马里亚·维拉解雇主教练。

可以说，对阿拉贡内斯最有利的是那些黑人球员在全力以赴为他辩护，其中包括马科斯·塞纳和亨利的朋友埃托奥，他们认为阿拉贡内斯此前从未有过如此恶劣的行为，这次应该属于无心之过，是可以接受的错误。在接下来的10年，阿拉贡内斯从未给出任何暗示，这是一次严重误判了心理学可能造成的巨大伤害，但并不能因此说明其背叛了坚定的种族主义观点。

不论是整个社会还是体育界，西班牙都深受种族主义影响——不论种族主义表现得潜在还是明显。整个国家并不只是一个领域存在种族主义，但却没有太多人承认这点，教育并没有引导怎样和为什么要消灭种族主义。直到今天，你依然可以在整个西班牙的足球场上看到球迷向黑人球员模仿猴子叫，这种行为居然是可以接受的。这是一个悲惨的事实，在西班牙这样一个国家，更加烦恼的居然是劳尔被逐出国家队，而不是阿拉贡内斯在"雷耶斯-亨利"事件中骇人听闻的语言选择。

在西班牙人和阿拉贡内斯的战斗中，人们指责阿拉贡内斯的理由之一是作为马德里竞技历史上的传奇人物，他是个反皇马主义者。

具有讽刺意义的是，阿拉贡内斯的成长轨迹和劳尔颇为相似。年轻的劳尔是被马德里竞技培养成才的，直到赫苏斯·希尔拒绝给劳尔的父亲买一辆新汽车来取代那辆送劳尔训练的破车。这件事直接导致了老希尔和劳尔的家庭翻脸，未来的皇马偶像被马竞当作礼物送给了死敌。

形成对比的是，阿拉贡内斯是马德里竞技历史上的英雄，却是被皇马青训体系培养的，他有4次差点被皇马任命为主教练。两位伯纳乌的主席雷蒙·门多萨[①]和洛伦索·桑斯[②]都试图引诱过他。

1990年，阿拉贡内斯受到了阿里戈·萨基（Arrigo Sacchi）在AC米兰所取得成就的刺激，在西班牙人引入了一种快节奏压迫式的打法，门多萨当时接触了西班牙人俱乐部主席胡利奥·帕尔多（Julio Pardo），希望两家开始协商阿拉贡内斯的转会。

当时，阿拉贡内斯说：“这是两家俱乐部商量决定，如果他们达成了一致，让我接手皇马没有任何问题。”

6年之后，1996年3月12日早晨6点30分，皇马主席洛伦索·桑斯的电话吵醒了阿拉贡内斯，许诺说如果他接手皇马可以给他提供世界上所有的财富。这激怒了“智者”的雇佣者、瓦伦西亚主席弗朗西斯科·罗伊格（Francisco Roig）。“我知道桑斯今早叫醒了他，我知道桑斯希望不惜一切代价从我们这里把他挖走，但路易斯是一个重承诺守信用的人，他也很有种，因此我相信他会说不的。”

很多年来，类似的电话依然会从伯纳乌打过来，但是最终却什么都

---

① 译者注：Ramón Mendoza，1985—1995年担任皇马主席，见证了“皇马五鹰”的崛起时代，豪夺西甲五连冠，但后期却被巴萨的成功所压倒，并因为俱乐部巨额负债被迫辞职。

② 译者注：Lorenzo Sanz，1995—2000年担任皇马主席，曾经长期担任门多萨的副主席，为皇马带来了久违的欧冠冠军，最终还是因为巨额负债让位弗洛伦蒂诺·佩雷斯。

没有发生。有一段时间，看上去西班牙队也是如此。

阿拉贡内斯，具备成功的前瞻性的思维，如今看上去完全控制了曾威胁他执教生涯的焦虑症和恐惧症的袭击，也是西班牙队新主帅的明显候选人。安赫尔·马里亚·维拉也曾经给他提供过4次合同，最著名的是在1998年，他是最佳人选，被要求24小时内对于是否接班做出决定，但最终阿拉贡内斯说不，回去执教了贝蒂斯。60岁的阿拉贡内斯在很多人看来，失去了执教国家队的最后机会。

路易斯·阿拉贡内斯（1998年）：*足协给我提供了一份合同，但这是一份受约束的合同，甚至列出了我的助理教练人选，因此我拒绝了。后来他们回来找我，把合同条件放宽了不少，但是我再次拒绝了。国家队主教练的工作和俱乐部教练的日常工作有很大不同——你所承担的责任，缺乏和球员相处的时间，俱乐部在你面前也会设置障碍。此外，足协并没有把这些问题处理好。*

他当然可以进入国家队，但奇怪的是，阿拉贡内斯是西班牙足球圈内需要最大的顿悟才能成为崭新的、以技术为基础、控制为目的、快速传切配合风格的积极推行者，而这种足球风格能够让哈维、安德烈斯·伊涅斯塔、塞斯克·法布雷加斯和大卫·席尔瓦这些创造型球员释放最大能量。

作为一个前球员，一个真正的男人，愤怒（强度、热情和凶猛）意味着一切，但在成为西班牙队主教练6年之前，阿拉贡内斯公开表示认为所有这类东西无法帮助西班牙队。1998年，他认为带着愤怒的精神去比赛，是唯一能够最终夺得一些东西的方式。

路易斯·阿拉贡内斯（1998年）：*我们需要做的最好的事情是尊重我们自己的个性。每一个国家都有自己的足球生活方式，那也是自己应该走的道路。意大利队凭借着链式防守夺得了三届世界杯，这是一*

个足球大国。阿根廷人和巴西人从未缺少过个人足球特质。西班牙也有我们自己的东西。西班牙足球从未细腻过，我们不应该去尝试固执地和自己的DNA作对。La Furia（愤怒）并不只是一个绰号，它并不是用来卖票的，这是国家队需要继续进行的哲学。我们已经致力于把控球做到极致。不过，我们并不是那类足球。现在我们拥有10名，或许有12名球员拥有触球的完美感觉，但他们并不能一起踢球。在这个国家，一位好球员出现，不到一年半载他就被推荐为欧洲最佳球员人选。这是商业的问题，媒体需要把足球当成商品来售卖。人们喜欢足球并不是为了场面——他们只是去支持自己的颜色。他们热爱足球，他们去看比赛只是因为他们喜欢自己的球队。

从收税官扫罗到大马士革的路上，谁会成为最狂热的信徒保罗，人类的事情充满了变数。①不过，一直做着和赢得2008年欧洲杯时所使用的每个观念相悖的事情，而最终令西班牙队转型的恰恰是阿拉贡内斯。主教练接受了令西班牙队伟大的责任，而他依然全心全意接受老式的“愤怒”哲学。不过，在接受这份工作之后，阿拉贡内斯吸取了看到一系列关键球员带来负面影响的经验——劳尔-萨尔加多-古蒂-卡尼萨雷斯集团，也在其他人身上看到了积极因素——哈维-席尔瓦-比利亚-伊涅斯塔-法布雷加斯集团。一旦有事实表明，他的计划已经过时了，他几乎能立即适应这一认知转变。

路易斯·阿拉贡内斯：*从我和他们一起工作开始，我就相信这支球队。当2004年接手时，我们决定追求一种特定类型的足球。事情在德国没有解决（2006年世界杯），通常主教练必须下课，但我相信我拥*

---

① 译者注：此处引用的是《新约圣经》中的故事，罗马人扫罗，是个学问不错的收税官，从耶路撒冷到大马士革抓捕基督徒的路上，因为看到了耶稣显圣突然发生转变，决定改信基督信仰，成为后世所知的外邦人圣徒保罗。在基督徒之外用来比喻意识或观点的突然改变。

有一支出色球员组成的团队，一生或许只会遇到一次的一代球员。有时候所有事情都在和我作对，除了我拥有这样一支美好的团队。

在“大马士革路上”[①]的主题上，阿拉贡内斯王朝的关键人物——哈维，最开始并没有得到阿拉贡内斯的重视。巴塞罗那中场没有被招入新主帅的前3场比赛。2004年10月才被召回参加对立陶宛和比利时的比赛，阿拉贡内斯对他说的第一句话就是：“我敢打赌，你一直在想：‘那个老混蛋还没有召我进国家队！’”

“不是这样的，老板。”哈维回答道。

“好吧，你就承认了吧。我知道你在想些什么。我会近距离观察你的。”

哈维记得回到自己在球队下榻酒店的房间时还很震惊，但是他已经决定要给这个老怪物留下深刻印象。

阿拉贡内斯和哈维的轴心关系甚至高于伊涅斯塔和卡西利亚斯，也是从2006年到今天所有好东西的根源。从加泰罗尼亚人开始理解他的新领导明显偏心之后，每个人都开始对其他人发挥重要的影响。

哈维：*在我的膝盖受伤后，我去参加德国世界杯时没能处在好的状态。路易斯来到巴塞罗那看我，之后我们都保持着日常联系——他相当关注我和我的身体恢复。他的支持给了我很多自信。我从未在其他教练身上体验到这种感觉。他总是对我说：“你能理解事情是怎样的。”*

“足球”这个词在字典里应该总是放在路易斯·阿拉贡内斯的照片后面，他非常非常睿智。在训练课上，他会看着你说：“你的行为有点自大，你来到这里必须努力训练，但我没有看到！我不喜欢骄傲自大。”之后他就离开了。

---

① 译者注：Damascene conversions，大马士革的转变，是指扫罗从残害基督徒到皈依基督教成为圣徒保罗的转变过程。

路易斯总会当面跟你说事情——永远不会在背后说。我真的认为他在西班牙足球历史上留下了伟大的印迹，因为他敢于以一帮技术高超，但个子矮小的球员为核心打造一支为2008年欧洲杯夺冠而战的队伍。

回想起来，足协主席当初寻找他，任命他，在艰难时刻力挺他的整个过程，都显得相当精明。

安赫尔·马里亚·维拉：*我们当时已经数次考虑过阿拉贡内斯，在何塞·安东尼奥·卡马乔*[1]*接手之前就给他提供过这份工作，但他拒绝了我们。之后，当伊纳基·赛斯*[2]*离开之后，我们决定让他担任我们的主教练。我已经关注他很多年了，他是我最欣赏的主教练。他有着大智慧，有着多年经验和丰富的足球知识。他是一位从内到外能够理解球员的人。我们有过一些困难的阶段，比如输给北爱尔兰队，之后打瑞典队和罗马尼亚队，但我们在那之后就开始赢球。路易斯是个奇妙的人，总是有着雄心和决心。在预选赛时，他告诉我，我们将成为2008年欧洲杯冠军，他是对的。*

霍安·加斯帕特：*我不能说自己有千里眼，因此当维拉告诉我，他准备去阿拉贡内斯及其家人度假的比利牛斯山和阿拉贡内斯会面时，我没有说："瞧！他是最适合这工作的人！"我知道他是一位有才华的教练，但西班牙队的工作是非常不同的命题，比赛会非常分散，球员不是你自己的，你无法负责他们的日常训练——这是完全不同的工作心理。*

---

① 译者注：José Antonio Camacho，前中国队主教练，1998—2002年担任西班牙队主教练，前任是哈维尔·克莱门特，1998年世界杯八强战不敌法国，2002年世界杯八强战惨遭韩国淘汰后辞职，被赛斯接替。

② 译者注：Iñaki Sáez，1996年成为西班牙U21国家队主教练，率队夺得2年后欧青赛冠军，1999年率U20国家队夺尼日利亚世青赛冠军。2002年接替卡马乔执教西班牙国家队，2004年欧洲杯小组赛出局后下课，后来回归U21国家队，2008年退休。

尽管如此，我还是非常渴望同他见面，我们一起用了晚餐，我们对于合同中的财务条款和其他细节有不同想法，但我们最终达成了妥协。很快，维拉就同意了这笔交易，我们签署了合同。

那是阿拉贡内斯和我达成的第二份合同。早在1987年，我就让他接替特里·维纳布尔斯成为巴塞罗那主教练，我们在阿维尼达皇宫酒店签下合同，他的朋友费尔南多·迪亚斯·普拉哈代表他。费尔南多受过律师训练，但更知名的是作家身份，这是典型路易斯的做法，他更愿意选择一位朋友来帮助自己，而不是一位很可能给他拿到一份更优厚合同的专业经纪人。他总是首先对朋友充满信任。

当事情两次面临最糟糕的境地时，阿拉贡内斯都提出了辞呈，但无论是维拉还是足协董事们都予以婉拒。在现代足球中，像这样的洞察力、信任与决心是极为罕见的。

以我和阿拉贡内斯的工作关系，我发现他很有趣、可爱、充满活力。那些他最亲近的人会毫无例外地告诉你，这是一个热情、有趣、睿智的人，会以他暴跳如雷的夸张动作表达自己，特别是对媒体。在2008年欧洲杯时的守门员教练就给我们描绘了一幅清晰的图画。

何塞·曼纽尔·奥乔托雷纳： *路易斯是一个可爱的人，一个喜欢聊天的特别的伙计。和他一起坐下抽根烟，喝点可乐，你会舍不得离开。他是那种可以在你身上留下印记的人，有一些非常容易动感情的球员，在欧洲杯之后才会意识到他对于他们有多么重要。*

人们对于路易斯的观点是错误的，因为他们对他的唯一认知来自新闻发布会，但那里是他随时准备积极捍卫自己观点的场合，他是一个有着伟大幽默感的人，那些真正了解他的人会告诉你他有多么聪明。

阿拉贡内斯一直相信要成功就必须比其他人更加努力工作。他对心理学的信心十分坚定，也获得了回报，他对球探和视频分析的看法是非常严谨的。他雇佣了一个年轻人哈维·恩里克斯来拍摄他的球员们为他们所在俱乐部的比赛，也拍摄西班牙队的训练和比赛，以及对手的比赛和训练，并把它们放在一起，做成了励志视频和球员们夺得2008年欧洲杯一路上所歌唱的乐谱。

恩里克斯从不缺乏勇气，经常伪装成西班牙电视台的技术人员潜入对手的训练营。

哈维·恩里克斯：*我们在踢一场国家队比赛时，他们告诉我们，另外一支球队的双胞胎兄弟因伤缺阵对我们的比赛。我装作提供技术设备的工作人员偷偷摸进了他们的训练营，发现他们完全可以赶上比赛。后来，路易斯拿一瓶可口可乐跟我打赌说我错了，我给他展示了一张两兄弟签名的报纸。能够对他取得领先真的很棒，因为这样的事情并不常见。*

路易斯利用幽默带来了奇妙的效应，他知道开怀大笑是很好的减压方式。当他发现一屋子的球员准备武装到牙齿为他们的生存而战时，他会想办法缓解这种紧张气氛，会说一些可笑的笑话。只有当他看到小伙子们放松了不少，他们的头脑清晰了，他才会开始谈战术。那是他最棒的礼物。他成功地消除掉队员们的焦虑思想。我会说，那才是一个球员的完美心理状态——当他不再思考的时候。

劳尔·阿尔比奥尔参与了西班牙队连夺三冠的整个过程，但并没有享受太多的比赛时间。他在2008年欧洲杯预选赛在丹麦奥胡斯的生死决战中上演了处子秀，尽管西班牙队伤兵满营，依然拿到了3：1的胜利。那也是这个故事中的关键时刻。

劳尔·阿尔比奥尔：*我当时坐着听教练做球队训话，正因为紧张而发抖，突然之间，一个手机响起。这可是最大的罪过，那一刻几乎所有人都僵住了，直到发现原来是老板的手机。他捡起手机扔出了房间，叫*

道：“是哪个该死的现在给我打电话？”之前我们那种准备好了为我们的生命而战的担忧情绪，在那一瞬间蒸发掉了。我永远不会忘记这件事。

当阿拉贡内斯决定去接受电视直播，面对来自充满敌意的公众的提问，他是和他深爱的妻子佩帕一起面对的。他们共同抚育了5个孩子和11个孙子孙女，他们都在维也纳观看了2008年欧洲杯决赛。佩帕这些年来一直看到的是真正的“大靴子”，和媒体故意的或者无意的描绘形象如此不同。

在大赛期间，恩里克斯拍摄了一些帮助斗牛士军团最终夺取胜利的私人瞬间。当阿拉贡内斯的妻子观看它时，给她带来了一些启示。

哈维·恩里克斯：*当佩帕看到视频，她热泪盈眶，因为她之前从未看到丈夫工作时的样子。*

在遭受了一次体育所带来的恐惧症攻击之后，阿拉贡内斯不得不休假，他去了美国度假。

路易斯·阿拉贡内斯：*我在洛杉矶拜访了华纳兄弟电影公司，看到了（好莱坞著名影星）马龙·白兰度。替身演员和他一起工作，在一个场景中男主角必须跳过一些台阶，白兰度并没有做这些惊险的表演。我对自己说：“该死的，全都是谎言！”*

富有同情心、善良、幽默、有魅力，这是朋友和家人眼中的阿拉贡内斯，也是“马龙·白兰度”。但是当他戴上了“智者”的面具，进入“大靴子”的角色改变自我之后，他会变得脾气暴躁、易怒和令人生畏。但是西班牙队没过多久从他那里得到了胜利的习惯。

从洛杉矶的白兰度到2008年6月的维也纳，一切都是为了一份斗牛士军团无法拒绝的开价。

第五章　孩子们很棒

——巴塞罗那

——1992年12月19日

在西甲球队西班牙人的主场萨里亚球场，18点45分，这是一个寒冷、灰色的傍晚。在2013年，这里成为了一个加油站，但在1982年世界杯期间，它主办了一场世界杯历史上的经典之作：意大利队3：2战胜巴西队。

这一天是“鹦鹉”[①]主场对阵西甲排名倒数第三的阿尔瓦塞特，尽管他们错过了一连串机会，却还是拿到了1：0的胜利。

纯属巧合——我们或许必须回到这个小家伙的身上——8岁的安德烈斯·伊涅斯塔，一个热情的阿尔瓦塞特球迷，正在丰特阿尔维利亚[②]的家中听着广播，祈祷着自己的球队扳平比分。这是他支持的球队在西甲的第二个赛季，他很担心球队会降级。阿尔瓦塞特拼尽了全力，给西班牙人造成了极大压力，但对手却创造了40秒钟的世界级足球。

从后防线开始出球，他们连续做了4次成功的二过一，戈约·丰塞卡优雅地完成了射门，在那一瞬间，一个个子矮小、衣着整洁、戴眼镜的男子从替补席一跃而起，为他刚刚目睹的出色足球喝彩。

值得注意的是，这人是吉内斯·梅伦德斯（Ginés Meléndez），阿尔瓦塞特主教练，却在为球队的丢球庆祝。阿尔瓦塞特已经落后2球

① 译者注：Los Pericos，西班牙人队的绰号。

② 译者注：Fuentealbilla，西班牙卡斯蒂利亚-拉曼恰自治区阿尔瓦塞特的一个小村镇。

了，比赛还剩2分钟结束，这个结果会让他们在圣诞节依然位列倒数第三，但这是个为卓越而不是利己而生的人。

那场比赛之后，他说："我们下半场踢得很不错，当我们占据统治阶段的时候，西班牙人以一次我在本赛季所见过的所有球队中最精彩的跑动将我们甩开了。我起身为他们鼓掌喝彩，因为如果你是一位出色的运动员，如果你热爱足球，那么你必须承认高水平的足球。"

讽刺的是，在那个赛季最后一天，阿尔瓦塞特将以1：0击败维戈塞尔塔保级成功，而西班牙人将客场不敌毕尔巴鄂竞技降级。伊涅斯塔和梅伦德斯将喜闻乐见我们已知的事实。

历史快速向前推进18年，所有人都在迫切地寻找梅伦德斯。

当伊涅斯塔在南非足球城体育场打进了赢得2010年世界杯的致胜一球时，西班牙的所有媒体都想知道：这是不是球队的最高点，或者我们能否持续不断取得成功？只有一个男人可以解答这个问题。

伊涅斯塔是从由梅伦德斯在阿尔瓦塞特设计的青训体系成长起来的，后来转入巴塞罗那的拉玛西亚青训营。他在南非打进那个历史性进球的一刻，梅伦德斯已经执掌西班牙足协的青少年国家队有10年之久。因此在2010年7月初，电台、电视台、各大报社的记者们突然对西班牙青少年队的发展产生了更多兴趣，于是堵上了他家的大门。

当我们在西班牙队训练中心拉斯·罗萨斯相遇时，梅伦德斯回顾当时的场景说："他们都冲向我问：'我们怎样才能继续保持这样的水平？'我说：'别担心，我们所有的增援部队都已经做好了准备，严阵以待。'"

西班牙队刚刚在欧足联U17欧青赛决赛中输给了英格兰队，不过自从梅伦德斯的大胆规划开始后的3年之内，西班牙队夺得了两届U19欧青赛冠军，两届U21欧青赛冠军和2012年波兰和乌克兰欧洲杯冠军。他并不是在说笑。

当西班牙队在2012年欧洲杯决赛中面对意大利队时，他们的阵容是：卡西利亚斯；阿韦洛亚、皮克、拉莫斯、阿尔巴；哈维、布斯克茨、阿隆索；席尔瓦、法布雷加斯、伊涅斯塔。这11名球员曾经代表西班牙队各级青年队出场332次。大卫·席尔瓦，对意大利队比赛中的第一个进球者，以54次出场傲视群雄；提供助攻的塞斯克·法布雷加斯，38次出场。而出场最少的是布斯克茨（3场）、阿韦洛亚（7场）和阿隆索（10场）。

不论本书中其他内容如何解释，西班牙队连拿三届大赛冠军最重要的原因是至高无上的天赋。然而，每个球员都得到了精心的培养，不论是在俱乐部还是在国家队层面。此外，西班牙队在青少年大赛上的出色成绩提供了无可辩驳的证据，该系统在球员进入成年国家队之前很久就已经就位了。

自从2001年以来，西班牙队赢得了6届U19欧青赛冠军（1次亚军）；他们拿到了3次U17欧青赛冠军（3次亚军）；还连续夺得两届U21欧青赛冠军；他们在国际足联U20世青赛中两次拿到亚军。当然，他们还夺得了2008年欧洲杯、2010年世界杯和2012年欧洲杯冠军。在有组织的足球历史上，从未有过具备如此全面统治力的王朝球队。

这种魅力非凡的胜利足球之所以迎来爆发，背后有着明显、可理解的原因。

对西班牙足球的发展来说，55是个魔法数字。在每一年的夏天的7月达到高潮，梅伦德斯，他的团队和为他工作的19个大区球探，会在自愿的基础上会面并达成一份整个国家最出色的14岁到15岁球员的55人名单——在U15国家队会给每个位置5名球员人选。

这个进程也会在U16、U17和U18国家队复制，而在U19和U21国家队则会制订一份33人到40人的名单，而挑选西班牙队成年国家队的名单每个赛季将由维森特·德尔·博斯克和他的教练组来拟定，他们也会挑选出55位最出色的国家队队员。

渐渐地，这个数字会被削减，但会发生在14岁到15岁的孩子之中，我认为这很有趣，也解释了西班牙队过去10年发展和统治的独一无二的元素之一。

2012年12月，我被邀请去西班牙足协（RFEF）的圣诞庆祝派对。和西甲俱乐部的主席们共进午餐，之后是晚餐，也是在拉斯·罗萨斯，还有大多数足协工作人员，主要的西班牙记者和一到两位外国记者，比如《卫报》的锡德·洛（Sid Lowe）和《米兰体育报》的皮波·里奇（Pippo Ricci）。

西班牙足协给了我荣誉，安排我和梅伦德斯、西班牙队首席球探、分析家安托林·冈萨洛·马丁（Antolín Gonzalo Martín），负责安排西班牙队出行及住宿的经理安东尼奥·利莫内斯（Antonio Limones），柔道黑段的体能教练哈维尔·米尼亚诺（Javier Miñano）以及德尔·博斯克的助理教练托尼·格兰德（Toni Grande）坐在一桌。

在西班牙足协主席安赫尔·马里亚·维拉的演讲之中，出现了德尔·博斯克、伊涅斯塔等人的名字。

"他（伊涅斯塔）是我带过的小伙子之一。"梅伦德斯在一边告诉我。

这令我为之着迷。伊涅斯塔在12岁时打动了巴塞罗那培训体系，当然他的发展是三方面共同努力的结果——他自己、他的父母和他的俱乐部。前几年，我已经听说过西班牙足协准备建立起一套体系，向个人灌输训练、比赛的价值，用类似著名的巴塞罗那青训体系的方式培养国脚球员。而在国家队，不论各年龄组，都会每年召集几次，在一起训练、踢一场比赛或者一届锦标赛，我不能理解这样的理念是否可行，更不要说成功实施了，因为球员的接触时间还是太少了。

我和梅伦德斯继续聊天。他并没有将自己当成是西班牙黄金一代的唯一或者主要建筑师，反而是将伊纳基·赛斯和特奥多罗·涅托（Teodoro Nieto）放在自己之前，并给予了最初设想这一切的足协主席同样的赞誉。不过，他还是提供了独一无二的见解。

吉内斯·梅伦德斯：*在西班牙队，我们在挖掘青少年天才上远远领先俱乐部。我们会安排来自19个大区的U12、U16和U18球队中最好的*

球队进行锦标赛。2013年，U12全国锦标赛数周前就在洛格罗尼奥举行，我们已经从中挑选了24名少年。3年之内，这一批男孩将进入西班牙U15国家队。

关键的研究工作由来自全国的57名球探来进行，他们都是自愿为我们工作。他们都是由各个地方足协选出来的（安达卢西亚、加泰罗尼亚、阿斯图里亚斯、巴斯克等），没有一分钱报酬；他们做这些纯粹是出于对这项运动的热爱。我们每年12月都会碰面一次，我精确地解释给他们我在寻找的东西。之后，他们每周都会打电话给我，会提供一些可以输入数据库的信息，而这套数据库正是2001年我来之后建立起来的。

举个例子：特奥多罗·涅托在一项地区比赛中发现了哈维，当时哈维还在特内里费代表加泰罗尼亚队，而不是为巴塞罗那效力之时，涅托决定将哈维放入魔法的55人名单。

当梅伦德斯和他的手下编制好整个国家最好的14岁到15岁年龄段的55名球员名单之后，他们会叫孩子们开始入门的进程，像模具一样帮助他们成型，在某些情况下，让他们成为世界冠军。

7月，这份55人名单将最后产生，俱乐部将被通知他们的明星学生在9月将被征用——奇迹中的奇迹——俱乐部被迫交出球员。这个巨大的团队被分成两队，从9月到第二年1月，每个月一次，他们都将离开俱乐部去国家队报到，在马德里市郊的拉斯·罗萨斯训练中心生活和训练3天。在那里他们会接受训练和学校教育以及行为规范。

吉内斯·梅伦德斯：*我列出了10条规矩，以书本的形式发给小伙子们。他们需要把注意力集中在像守时、尊重、友谊等上面。更衣室必须时刻保持完美状态，酒店房间必须保持整洁。孩子们必须尊重装备管理员、按摩师、他们的对手以及裁判。*

规矩非常重要，我们总是按照这个理念去执行。我记得有一次一

个球员和裁判发生了激烈争执，因此我们将他踢出球队，直到他向我道歉。还有一次，我发现两个小伙子正在走廊里聊天，而那个时间他们本应该在房间里休息，因此我把他们送回了家。这意味着他们没能跟随我们前往欧洲比赛，也丢掉了一枚奖牌。后来他们来找我说："虽然那个决定意味着我们错过了赢得奖牌的机会，但却让我们成为了更出色的人。"他们都在这里学习，有时候受教育的方式有点艰难，但他们都成长了。

到1月份，这个队伍将从55人缩减到33人，每个位置留下3个人，他们将继续参加训练，一直到夏天，每个月3天（通常是周一到周三），到夏天会有正式比赛或者友谊赛，他们总是会参加一届锦标赛。

这是国家队联络员向我解释这套体系是如何工作的。"从男孩们15岁刚来开始，直到他们年满21岁，我们都会以同样的方式和他们一起工作，使用同样的训练项目，因此当他们通过努力从国家队一路升级，会对西班牙队的比赛风格有完美的掌握。

"我们会给他们特定的训练，直到他们形成自然而然的习惯。孩子们刚来时都很有天赋，但我们必须教育他们理解秩序。这是两种可以定义我们足球的元素——秩序和天赋。技术能力需要时间才能变得完美，这是我们做到一切的基础。你如果不具备完美的技术层面，就无法按照我们的风格来比赛。

"我们会不断地来做抢圈练习，让他们学会如何去保持控球权和位置。他们需要本能地知道怎样和球队一起推进，当队友在我的右侧拿球时该向哪个位置跑动，该在什么时候给对手压迫，如果队友失去球权时该做什么，之后再怎么做。

"这就像一个训练的金字塔——从15岁时开始，并向上发展。所有夺得2008年欧洲杯的球员，除了马科斯·塞纳之外，都是出自这一体系。他们已经在较低级别的国家队夺得过世青赛和欧青赛的奖牌。所有参加世界杯的西班牙球员都出自同一体系，几乎每个人都曾经代表西班牙的青少年队夺得过荣誉。”

哈维，西班牙黄金时代的主要建筑师之一，对此表示赞同。

哈维： *我在国家队的第一次体验是在16岁参加的一次训练营上。我必须去马德里和包括费尔南多·略伦特、伊克尔·卡西利亚斯、费尔南多·索里亚诺、丹尼尔、阿兰苏比亚、费尔南多·巴雷拉、巴勃罗·奥尔拜斯、弗朗西斯科·耶斯特在内的其他男孩一起工作。我们都感觉到这3天为我们的余生设置了课程。我不断告诉自己：“机不可失，时不再来。我要么作为一个球员离开这里，要么失败”。当最后一切揭晓时，我成功了。*

我踢得非常好，他们选中我参加在葡萄牙举行的子午线杯①。尼日利亚队夺得冠军。我记得巴塞罗那在那届杯赛上签下了塞缪尔·奥坤诺沃（Samuel Okunowo）。西芒（Simao）当选赛事最佳球员，我排名第二。同一年，1997年，我和卡西利亚斯、大卫·索萨、胡安霍·卡马乔、苏埃特斯·古鲁查加一起参加了在埃及举行的U17世青赛。我们排名第三，拥有罗纳尔迪尼奥的巴西队夺得了冠军。

我记得我们当时有多么激动。我们渴望赢得胜利，球队之中有着伟大的团队精神。在青少年时代往往有更多的社交活动，更多的聊天。你会更愿意敞开心扉谈你的担忧，因为所有人都会担心同样的事情。我认为这种恐惧让大家能够在那个年纪愿意分享。我交了不少好朋友，我记得大家一起玩了很多纸牌游戏。我依然记得伊克尔（卡西利亚斯）总是能打出赢牌的招数。当然，是从桌子底下。②

总的来说，在过去11年来，至少每一支西班牙队都从14岁开始起步，

---

① 译者注：Meridian Cup，是由欧足联和非洲足协共同举办的足球锦标赛，每两年举办一届，由两个大洲优秀年轻球员参加，参赛球员年龄不得超过18岁。

② 译者注：应该是指卡西出老千。

以基本的4-2-3-1阵型开始训练，之后被教授如何转型成为4-3-3。

这两个阵型对于11个场上位置的大多数人（尽管不是所有人）的要求有着细微区别，因此需要不断练习，7年的不断演练可以做到完美。西班牙队的球员们一遍又一遍地训练怎样去做才能保持控球权；当他们丢掉球权时应该怎样去、何时去压迫对手；后卫、中场、前锋三条线之间合理的距离范围是多大。重点在于何时快速传球；每个球员都需要和他身边的两名球员保持合适的联系；和谁一起能够形成三角形，在比赛不同情况下如何能够达到局部的人数优势。发挥天赋，执行秩序。

这也意味着不少进入U21国家队的球员，实际上已经在一起生活、比赛和赢球5年、6年甚至7年时间。当蒂亚戈·阿尔坎塔拉①、伊斯科②、阿尔瓦罗·莫拉塔③和大卫·德赫亚④在2013年夏天一同捧起U21欧青赛冠军时，西班牙U21国家队自从2009年11月以来保持26场不败战绩，只有3次打平。

另一个因素是西班牙足协和俱乐部训练体系已经如此高效，一举扭转了曾经折磨整个国家足球的不利局面，年轻人因此能够更早得到机会。

比如，西班牙U21国家队夺得2011年欧青赛冠军的第一场比赛对阵英格兰队的首发阵容：德赫亚；蒙托亚、多明戈斯、博蒂亚、维拉；哈维·马丁内斯、安德尔；赫弗伦、蒂亚戈、马塔；阿德里安。他们已经代表俱乐部一线队出场总数达到了944场。英格兰球员代表成年队的比赛时间相当，但是他们的大多数出场都是被英超俱乐部租借到低级别联赛中获得的。西班牙队球员代表瓦伦西亚、毕尔巴鄂竞技、巴塞罗那和马德里竞技出场，不论是国内还是欧战，他们令人惊讶的经验是赢得这届杯赛的关键因素。

---

① 译者注：Thiago Alcántara，巴塞罗那培养的中场，如今效力于拜仁。

② 译者注：Isco，瓦伦西亚培养的中场，如今效力于皇马。

③ 译者注：Álvaro Morata，马德里竞技培养的高中锋，2014年夏天从皇马转会，加盟尤文图斯。

④ 译者注：David de Gea，马德里竞技培养，如今是曼联主力门将。

西班牙U21国家队两年之后将卫冕成功，他们首战对阵俄罗斯队的首发阵容是：德赫亚；蒙托亚、马丁内斯、巴尔塔拉、莫雷诺；伊利亚拉门迪、蒂亚戈；特略、伊斯科、穆尼亚因；罗德里戈。这项赛事对于年龄资格的规则限定要求球队进行换血，相比2年前的夺冠阵容只剩下3人，但首发球员依然具备了745场在西班牙、英格兰和葡萄牙代表俱乐部一线队的出场经验。

这一体系生生不息，而在其内部，持久的友谊开花结果，也突破了大家因为俱乐部和地理位置不同造成的障碍。

当这些孩子15岁或者16岁时，他们远离一队，也远离因为俱乐部恩怨所造成的敌意、媒体报道和侵略性上的影响。而这些球员之间在俱乐部敌对关系可能造成的分裂之前早已经建立了情感纽带，这不仅是德尔·博斯克反对2011/2012赛季皇马巴塞罗那之间的世纪大战本国球员交恶的核心原因，也是帮助西班牙队连夺三届大赛冠军的团队精神的重要体现。

友谊、相互支持和尊重，对父母以及社区的责任，很容易受到那些把足球视作类似电影《低俗小说》的人们的嘲笑：他们认为世界上充满着非凡的硬汉和赢家、输家，他们认为贪婪是好东西，价值观是女人的，或许是对的。但是相比之下，西班牙队的模特更像是玛丽·波平斯①。这些才是斗牛士军团胜利机器中的发动机。

吉内斯·梅伦德斯：*从第一天开始，我们就教给他们价值观。我们教育他们，什么是赢家的心态，我们也教育他们关于友谊、团结和团队工作，如何和其他人一起成功地生活、工作。*

我可以给你一个很好的案例。当国家队在奥地利备战2010年世界杯，我的U17国家队打进了欧青赛决赛对阵英格兰队，那将是一段3小

---

① 译者注：电影《欢乐满人间》中的仙女，喜爱孩子并教授孩子们如何在受挫后寻找快乐之道。

时的旅程，因为比赛将在列支敦士登举行，但是成年队球员们问德尔·博斯克他们是否能去现场。博斯克同意了，并确定所有人都是乘坐大巴前往目的地。我们输掉了决赛——这是英格兰队10年来第一次击败我们，我的小伙伴们都很伤心，但是当他们走出来接受奖牌时，大多数人都泪流满面，德尔·博斯克、拉莫斯、卡西利亚斯、哈维和队友们，正在等着给他们喝彩，给他们一个安慰的拥抱。

当他们还是孩子时，在足协每周一和周二下午会接受两个小时的课程教育，但是在青训课程里，我们会教育他们关于友谊和团队工作。他们从非常年轻就开始学习这些。你会发现门将会一起闲逛，边锋们会待在一起——整个团队不需要靠球员来自哪家俱乐部来进行区分。

梅伦德斯是围绕西班牙队这一计划的合适指导，他也帮助西班牙青少年国家队夺得了一系列冠军，如今他是青少年项目的负责人，但是还有其他建筑师让这个系统不仅仅是一个高效的潜在天才孵化器。天才永远是最重要的，如果足协接受愚钝的学生，或者训练不力，那么国家队不可能具有统治力。

伊纳基·赛斯此前曾经扮演过与梅伦德斯类似的角色，带领西班牙U20国家队夺得1999年世青赛冠军，那支球队中包括哈维、卡西利亚斯和马切纳等球员。他和我谈起这一温室培育的过程以及为什么光有天才永远是不够的问题。

伊纳基·赛斯[①]**：***当他们第一次来报到，我们并没有对他们加以训斥，但是我们非常清楚会碰到怎样的问题。我们的主要优势是他们知道自己是最棒的球员。之后，他们每周都会和其他俱乐部的最好球员面对面，他们现在已经期待着和对手们做朋友，开始为他们俱乐部的对手做球。他们的态度必须改变，任何做不到这点的人我们以后都不会叫他回*

① 译者注：Iñaki Sáez，前西班牙队主教练。

来。我们只希望最好的球员能够代表国家队比赛，应是那些非常清楚他们的角色、任务和知道如何作为一支团队工作的球员。这也是如今西班牙国家队的本质，也是更令人钦佩的，因为球队大多数球员都来自两大对手豪门巴塞罗那和皇家马德里。一些人，甚至包括一些教练，对于卡西利亚斯和哈维之间的友谊感到很吃惊，就好像既然他们所效力的俱乐部是死敌，那么他们在球场上也需要死死掐住对方的喉咙。太疯狂了！在球场上，你做你必须做的，但是一旦比赛结束，就要回到了真正的生活中，应该好好珍惜友谊。

费尔南多·托雷斯打进了2001年U16欧青赛决赛和2002年U19欧青赛决赛的唯一进球，他对于西班牙青少年国家队经验的评价证实了梅伦德斯和赛斯的说法。

费尔南多·托雷斯：*当我为西班牙队青年队踢球时，有点像拍一部电影。你会被征召，必须前往马德里的一家酒店和其他队员碰头。最初的日子里，我一个人都不认识，但我在电视上见过其他一些球员，我会对自己说："我到底在这里干什么？"渐渐地，我交到了朋友。我们会交换电话号码，在下一次国家队集训之前通过电话聊几次。那也是友谊发展的方式。在那些日子里，和教练一起出国参加比赛的经验要比赢球重要多了，尽管教练会不停地向我们灌输我们是天生赢家的观念。那种自信对于任何足球队来说都是至关重要的，它很可能是目前这支球队成功的关键。我们是赢家的信息，从我们还是年轻人开始就被灌输给我们，因此我们也都会这样去思考以及相互之间会表达。我不能说这是著名的德国人的赢家心态，但从一开始这就是2008年欧洲杯之前阿拉贡内斯希望灌输给我们的观念。我想这是压力，但教练们从我们15岁开始就这样要求我们，你在那个年纪可能感觉不到压力，你只是享受乐趣，环游世界，广交朋友。*

托雷斯在2001年U16欧青赛半决赛中取得进球，进球之后他向电视摄像机展示了T恤衫上的字，献给他的朋友安德烈斯·伊涅斯塔，后者此前在该届赛事对德国队的比赛中被铲伤提前返回了西班牙。

在9年之后的世界杯决赛上，打进致胜一球的伊涅斯塔复制了这一庆祝动作，在那个决定性的时刻，伊涅斯塔所想到的第一件事就是悼念他已经过世的朋友（西班牙人队长）达尼·哈尔克（Dani Jarque）。

2013年，当蒂亚戈·阿尔坎塔拉作为西班牙U21国家队夺得欧青赛冠军的队长，在决赛中上演帽子戏法之后，他前后颠倒地穿上了印有队友塞尔吉奥·卡纳莱斯（Sergio Canales）名字的球衣，因为卡纳莱斯因伤缺阵，但他的名字是不可或缺的。

这种团队精神虽然不是西班牙队所独有，但确实已经成为他们成功的核心部分。当然，在英国，这并不是常态。

费尔南多·托雷斯：*我和达尼·哈尔克、安德烈斯（伊涅斯塔）从15岁开始就一起踢球。我们那一组球员如今都29岁了，尽管每年我们至多见到彼此两到三次，但是我们之间已经具有了很强的纽带。我们总是希望其他人有好运，看到伊涅斯塔在那届杯赛上中途因伤退出令人伤心，不仅仅是因为球队失去了一位伟大的球员，很可能因此而受损，更是因为他是一位朋友。当此类事情发生时，我们在下一场比赛的前一晚会集中起来，在我们的一件衣服上写上向他致敬的话，究竟由谁穿上不重要。这是很自然的自发地向一位朋友致敬。那天我们为安德烈斯（伊涅斯塔）和同样受伤的戈尔卡（拉雷亚）做了这些。*

赫拉德·皮克在赢得世界杯之前4年，赢得了在波兰举行的U19欧青赛冠军，不过他更像电影《低俗小说》，而不是玛丽·波平斯。然而他告诉我，西班牙队的这个辉煌时代植根于球员小时候开始被灌输的价值观。

赫拉德·皮克：*很多，或许是全部的西班牙队的成功都得归功于我们的足球教育。我们总是被教导要“赢”，但又不仅仅是赢，更重要的是怎样去赢，以及你在球场内外的风格。*

我们的更衣室相当壮观，我们有着很棒的胜利氛围，但不仅仅是在比赛日。如果我们要一起外出很长时间，那里会有纸牌、啤酒、比赛，在这种情况下我们会分享很多。

和其他国家相比？我不确定这是否是西班牙的文化问题或者属于我们这一代天才的特别东西。但我知道最后的结果是我们一起赢得胜利，不断重复，我和塞斯克（法布雷加斯）、马塔一起夺过冠，伊克尔（卡西利亚斯）和哈维、马切纳一起夺过冠，费尔南多（托雷斯）和伊涅斯塔一起夺过冠。最后，当你将所有拥有过胜利经验的球员团结到一起，你所具有的阵容的整体实力要远比各部分的总和要大得多。

我想说的重点是我们所接受的足球教育，不论俱乐部还是国家队都是如此。我在青少年时期就遇到过如此多的天才球员——在巴塞罗那的低级别球队中为了胜利而培养的球员，看上去很有希望在未来赢得金球奖的年轻人。但是他们并没有专注，他们没有遵从我们被教育的规则。

在这个层面上，天赋是最基本的东西，但仅仅具备天赋，不论你的天赋有多么高，都将一事无成。如果你非常努力，但是天赋不够，你依然能够赢得一些东西，但如果你有精英的天赋，良好的足球教育，职业道德和球队之中的良好氛围，你们能够成为兄弟，那么你可以赢得任何东西。

渗透进皇马和巴塞罗那世纪大战中的毒药，出自何塞·穆里尼奥的焦土政策，在2013年联合会杯之后依然被提及。穆里尼奥已经离开皇马回到了切尔西，有些人觉得可以自由发言了，劳尔·阿尔比奥尔披露了如今阿尔瓦罗·阿韦洛亚和伊克尔·卡西利亚斯之间的矛盾，就是由葡萄牙人引发的。

塞斯克·法布雷加斯离开阿森纳返回巴塞罗那后立即陷入了冲突之中，被问及穆里尼奥走后两家俱乐部之间球员如今的关系如何，法布雷加斯也以低级别国家队背后同样的原则予以了说明。

塞斯克·法布雷加斯： *之前关系有些紧张，但如今一切都回到了正常，西班牙队更衣室里一片和谐气氛。当然你不可能像在俱乐部那样每天都和队友接触，因此这会有很大不同，但没有什么可以影响我和塞尔吉奥（拉莫斯）等人的关系。我从17岁开始就认识他了，我们在U21国家队时共用一间卧室，当球队剩下所有人冲进我们的卧室，我们习惯了进行枕头大战。在国家队里我有很多真正的好朋友。*

2004年的西班牙U21国家队也包括罗伯托·索尔达多、胡安弗兰、桑蒂·卡索拉和大卫·席尔瓦。对于连续性而言这并不坏。

然而，西班牙足协的成功并不是平白无故获得的，他们凭借着球员天赋获得了巨大的收益，甚至在14到15岁之间，在充满技术的环境下成长能够得到最高的能力提升。室内足球（使用小球门、小场地，和一个更小、更重的足球）当然会有帮助，而7人制足球也一样。最出色的青年球员需要执行额外的秩序，足协体系要求的纪律，经验和责任。

更重要的是，西班牙的俱乐部从未像英格兰俱乐部1992年创立英超时所做的那样，将联赛的品牌价值集中到一起获得力量。因此，英格兰顶级联赛在组织形式、版权售卖和体育场设施上都遥遥领先西甲。他们的俱乐部控制着他们的年轻球员和每个年龄段国家队的关系。

正是因为英格兰的俱乐部体系和西班牙不同，因此要让这个国家的顶级球会放弃他们年轻的精英球员，每个月去圣乔治公园接受3天英足总的训练和教育，希望让他们成为更好的朋友，为国家队效力时更加高效，这简直是白日做梦。

西班牙的有利之处是他们拥有一位不仅是有实力的前国脚球星的足协主席——一位阿拉贡内斯的前队友，自从1988年以来他一直在这个位置上拥有无人可及的优势。安赫尔·马里亚·维拉是一个热爱足球的人，他不是一个前电视台执行官、注册会计师或者西装革履的未来集团董事。如果他相信西班牙国家队能够取得进步，他可以允许无数的青少年和资深教练员自由地创新工作（在阿拉贡内斯的案例中他会为主教练遮风挡雨）。

在解释他所建立的给西班牙队带来史上最黄金时代的哲学基石时，他说："我把西班牙足协的工作看作是推广和发展足球，还有提供经济支持。这些都是重要的工作，一切的前提是低级别国家队。我们的重点是确保年轻人开始设法得到一些国际比赛经验。我们已经创建了一套包括职员在内的基础架构，不受制于高级教练，这很重要。

"在大多数足协中，如果国家队主教练出了问题，一切都会受到影响。必须有一个信息交流，他们（教练组）需要了解在训练中心发生了什么，这样他们可以保持独立性。

"我们已经成功地在低级别国家队发现了有天赋的教练，这意味着我们的球员可以得到国际比赛经验。最近夺得欧洲杯和世界杯冠军的球员就是这种方法的产物。

"一共有三个基本要素，那些非常特别的球员的能力、教练组，在俱乐部日常训练水平上增加国家队的经验，这些对于他们的发展，对于他们形成一个团队的联系非常重要。

"这个团队有着鲜明的特点，他们都是优秀的球员，但他们也能够作为一个有凝聚力的团队发展。他们在采访中所表现出的主要特点是谦虚、相互理解和尊重对手。我无法想象有谁是例外，我也没听到过有球员表现得很傲慢或者夸夸其谈。他们是在一个竞争激烈的联赛踢球，但是有些办法成功地避免了多年来形成的纽带遭到联赛竞争的侵蚀。这个特别的团队当然也有它的寿命，但我希望并祈祷它能存在越久越好。

"是球员们和教练组的工作为我们带来了这些奖杯，没有其他球队能够做到这样。"

第六章　英语课

费尔南多·耶罗坐着，手里拿着一杯啤酒，身后是一张阿尔弗雷多·迪斯蒂法诺的黑白照片。这是个周五的下午，明天是比赛日。紧挨着他的是伊万·坎波，一位在皇马夺得过欧冠冠军的后卫。他们在一个酒吧里，但没有受到球迷的打扰，没有马德里人希望和他们说话，触碰他们，要求签名合影，或者给俱乐部打电话报告他们的放肆行为。

啤酒。在比赛前一天的下午，是个美妙的主意。

劳尔·冈萨雷斯·布兰科，很可能是现代足球史上最具标志性的皇家马德里和西班牙队球员，正靠在一个鼓上。他穿着全套运动装，站在球门后的墙上，手里拿着一个麦克风，钟爱他的球迷们希望他们的英雄引领自己歌唱。

劳尔叫道："前进！"（Vorwärts！德语的前进）对于一个外国人来说这是个非常复杂的词汇，他的队友们和沙尔克球迷跟着叫道："前进沙尔克！"（Vorwärts Schalke！）

之后，他们都帮着西班牙人唱着："前进沙尔克！"

"战斗，必胜！"（Kämpfen und siegen！）

"前进，沙尔克必胜！"（Vorwärts Schalke auf gehts zum Sieg！）

这是一首关于经过艰苦战斗，克服困难获得胜利的典型球迷歌曲，但这并不是劳尔真正的领地。

如果你了解这些在之前职业生涯中显得多么高贵、冷漠的人们，那么此时就是惊人的时刻。但时代已经改变了。

耶罗已经离开了马德里，这是2004年，他在曼彻斯特的酒店和哈珀斯酒吧，他在英超博尔顿踢了一个赛季，正是在那年他们将第一次拿到一个联盟杯资格。

劳尔也不在伯纳乌了，那是2011年12月，他刚刚代表沙尔克04对不莱梅的比赛中上演了帽子戏法。球迷们咆哮着他的名字直到声音沙哑，他快步从中圈线走向球门后面的球迷，和他的崇拜者们一起歌唱。

两个镜头都在说明西班牙队正在慢慢苏醒，走向外面的足球世界，从中学习，并从根本上改变。

劳尔和耶罗是皇家马德里被加冕的国王，深受西班牙人的喜爱，这个国家大多数人宁愿赌上他们毕生的积蓄也不相信两位球员会离开白衣军团，更不要说在博尔顿或者盖尔森基兴踢球。

到2011年春天，离开皇家马德里不到一年，劳尔承认他对于在德国的快乐生活感到震惊，他后悔没有在更年轻的年纪做出这个选择。他深受德甲的职业精神和氛围感染，在谈到即将离开时他明确表示了自己的感受。

劳尔：*这两年是非凡的，我将永远不会忘记那些人，从我所见到的，人们应该也不会太快忘记我。我在这里享受每一场比赛和每一段旅程。我真的感到欣喜，因为我和我的队友们相处非常融洽。每个人都在告诉我关于这里球迷的事情，但是当你自己看到这一切，他们对于俱乐部的感情——这就像是一种宗教信仰。这太美妙了。我不只是说说而已，代表沙尔克04是我生命之中最美好的经历之一。我无法用语言来形容球迷们给予我的一切。为了回报他们的爱，我本应该打进更多的进球。我在这里就感觉像回到了家，和我之前在马德里17年的感觉完全一样。*

劳尔的前皇家马德里队长耶罗习惯了快乐地跳上（博尔顿主教练）山姆·阿勒代斯的面包车，从博尔顿主场锐步球场前往埃克斯顿训练中心，之后带着一身的泥泞回到锐步球场冲凉。对弗洛伦蒂诺、齐达内和大多数马德里的足球媒体而言，这将是令人难以置信的景象。

费尔南多·耶罗：*我非常幸运能够体验英超的一切，心态、足球、氛围和精神。我们西班牙人以前并不习惯离开祖国去国外踢球。对于其他球员来说很正常，外援来到我们这里，在西班牙踢球。因此我们的球员出口到英格兰联赛，带来了大量新的灵感，强化了他们。*

他们学习足球是怎样的，怎样转移对足球的爱。你必须把你所拥有的投入进去：精神和足够的欲望。这也能够帮助西班牙足球发展，在任何时候，我们都可以有多达10个球员在英格兰踢球，其中几位进入了西班牙国家队。

耶罗和劳尔的亲身经历已经帮助展现出了一个现象，即便是西班牙的旧政权也支持时代的变革，不过年轻的火枪手长期以来已经经历了新的文化洗礼。

年轻的赫拉德·皮克致电同样一家曼彻斯特的骗子公司，给他正在出售的公寓屋顶安装卫星天线，他天真到不知道正是这些人已经偷走了他之前3次安装的天线。费尔南多·托雷斯，很自信他能够掌握英语，但却听不懂（前利物浦队友）杰米·卡拉格说的一个最简单的单词。（阿森纳主帅）阿尔塞纳·温格在科尔尼训练基地里和19岁的塞斯克·法布雷加斯聊天，问他：“我想问问你的意见，我是否应该卖掉（球队中场核心）帕特里克·维埃拉？”

天赋异禀的西班牙孩子们正在开始适应远离他们娇生惯养的家庭生活，进入变幻莫测的世界。之前的30年，当巴西、阿根廷、德国、意大利、法国、荷兰、丹麦、捷克斯洛伐克、巴拉圭、智利、秘鲁、南非、埃及、刚果、加纳、摩洛哥、尼日利亚、赞比亚，甚至希腊都赢得了一两座大赛冠军，斗牛士军团却将失败变成了一种艺术形式。

形成尖锐讽刺的是，今天，尽管英格兰队被远远甩在身后，西班牙队比赛韧性的一大部分，参与竞争的心态和组织的改变，都需要归功于英超。一些他们最出色的年轻球员移民到那里再回来，他们的新思想、新习惯与那些从未在西甲之外的地方踢过球的球员形成了互补，取长补短。

因为过去的50年，西甲俱乐部不断地走出去，赢得了国际赛事的荣誉，因为他们自从20世纪70年代开始开放海岸线，允许大众旅游，这对于一个习惯了封闭、狭隘的民族来说并不容易。然而，对于国家的许多足球领军人物而言，这一描述不仅是真实的，首先也影响到了他们如何接受教育，之后他们如何从最初的童年脚步到职业生涯的终点之间做出选择。

部分责任在于弗朗西斯科·佛朗哥将军，西班牙1939年到1975年之间的邪恶独裁者。

其实我既不是社会学家，也不是学者，但我在西班牙生活过11年，我知道我所见过、经历过，和我有过联系的东西。在独裁统治的一代里，领导者往往具有发育迟缓、吝啬、充满仇恨的、自私的世界观，试图给普通人群灌输恐惧和厌恶外界社会的观念，这些人已经被教育成，要相信天堂和地球上所有的一切都可以在西班牙找到。

当事情出现问题的时候，那是因为外界的黑暗力量所致，是恶魔般的外国人密谋针对西班牙。

当然，西班牙也孕育出了自由主义的思想家、先驱者、学者，他们知道世界正在前进，已经将他们的国家抛在身后，但是在一代又一代西班牙球员身边的朋友、家庭和社区，不断告诉他们要对国家忠诚信仰，要以“我们的方式”做事情，要把绝大多数来自外国的影响视作负面或者危险的东西。

迈克尔·理查兹在他的书《沉默年代》中解释了佛朗哥认为的自由主义：

把（西班牙）国家变成了一具腐烂的尸体，只会被法西斯主义和严厉的阶级权威所“埋葬”。

他的解决方案"退化"是通过身体和心理的隔离"疗法"。是"黑暗力量"对于"我们的世界"发动的进攻，他们无形的、混沌的力量十分强大。佛朗哥警告说："为了社会的健康，为了身体的健康，必须对那些来自瘟疫出没地区的人们进行隔离。"

事实上，西班牙在这期间可以被视为一个巨大的精神病院或者叫隔离病房。一旦重新夺回了真正的西班牙本质，（佛朗哥认为）必须和其他受到污染的保持隔离以保证纯正，这个国家的大门必须保持紧紧关闭。

上世纪70年代，西班牙的旅游业蓬勃兴起，与佛朗哥的死有着直接关系，成千上万为了摆脱专政控制而移居到其他国家的西班牙人开始回归到祖国，外国思想也随着他们渗透进了整个社会和文化。然而40年的残暴独裁统治需要时间才能消散。

举个例子，普约尔出生在西班牙自1930年以来第一次民主大选之后一年，当哈维·埃尔南德斯、伊克尔·卡西利亚斯和卡洛斯·马切纳还是婴儿时，西班牙遭受了一次未遂的军事政变。

1981年，安东尼奥·特赫罗带着200名全副武装的国民卫队士兵攻占了马德里议会。

詹姆斯·米兰斯·德尔·博施，在蓝色师团中参加战斗，该师团在苏联前线加入了纳粹集团①，命令坦克出动到瓦伦西亚的街道上予以支持，宣布全国进入紧急状态。瓦伦西亚完全和西班牙其他地区隔离，米兰斯·德尔·博施和特赫罗等待着整个西班牙的军事要塞来给予支持。但最后，只有来自国王胡安·卡洛斯的电视呼吁和平地解决了围困。这就是西班牙，距离他们主办世界杯还剩一年时间，一个在缺少了独裁统治之后对于如何思考、行动和教育，仍然充满着不确定性的国家。

---

① 译者注：蓝色师团是第二次世界大战时西班牙独裁统治者佛朗哥派遣支援德国的师团。

那些在大赛上连遭不幸的西班牙国脚们都来自天堂，他们相信他们的价值观是这个世界上唯一正确的，任何来自外界的价值观都很可能是腐败的和邪恶的。很难去争论到底是不是西班牙球员自己造成了在大赛中的悲剧。

佛朗哥统治下的西班牙队被强加了信念和规范，这意味着他们的球员并不具备所有的知识和技能来应付和克服失败的问题。

而哈维和卡西利亚斯这一代球员是先锋，他们将给社会带来越来越多的自信，而不是傲慢。他们准备好了去质疑，而不是骄傲自满。他们对于外界充满着兴趣，雄心勃勃，并不恐惧未知事物。

这一代球员需要国际足球的输血，而欧冠的不断上升提供了他们所需要的平台。

直到1992年，欧洲冠军杯只允许每个国家的一支俱乐部参加淘汰赛。这给了欧洲各大豪门俱乐部的球员和教练学习并获取经验的机会，但这些经验可以说很有限。欧冠联赛最终给每个国家最多4家俱乐部带来了至少6场欧冠小组赛，现在有大约60名西班牙球员可以学会如何应对出国旅行、外国食物、奇怪场地、奇葩裁判、充满敌意的观众、不同气候等各种经验，慢慢地，不同足球文化之间的差异也会被侵蚀掉。

下一个维他命是足球电视转播。对于一代又一代人来说，西班牙人在电视上看到的99%的节目是他们自己的足球，偶尔是一些欧洲足球，或者南美锦标赛决赛。裁判执法的方式，球员们可以期待的身体接触，比赛的节奏变化，什么是街头智慧，什么是欺骗——所有这些概念都可以植入的、无可匹敌的。

对于这支胜利的团队而言，英国足球是通过电视日程进入球员的世界，开始时是每周一次，但最后几乎没有了限制，之后就是向英国的留学潮。

盖斯卡·门迭塔是西班牙队著名国脚，也曾随瓦伦西亚两度打进欧冠决赛，2001年以4500万欧元转会拉齐奥，2003年帮助米德尔斯堡赢得了他们唯一一座重要冠军——联赛杯。他仍然认为，2001年离开西班牙国家队，当时是何塞·安东尼奥·卡马乔执教，并没有帮助他的国家队生涯蓬勃发展。然而，他强烈支持西班牙顶级球员有必要在他们职业生涯巅峰时去尝试其他国家的文化，并从中受益。

盖斯卡·门迭塔：_我们要改变西班牙顶级球员的心态，增加坚韧不拔的心态——那是我们绝对需要提高的部分。西班牙队也被称作“红色的愤怒”（La Furia Roja），我们也把自己看成是“有种的西班牙”。也许事实上我们有些夸大，因为这并不是经常能够在我们的比赛中反映出来——我们总是爱踢漂亮足球的一方。_

我会同意人们对我们的国家队那些日子里仍然在发展的说法，西班牙在很多方式上落后英格兰和德国不少。那很明显地体现在我们的足球上。

当法国队夺得1998年世界杯冠军时，他们赢得决赛的14名出场球员中有12人是在海外踢球，在那时候，我们的国家队没有一个球员出国踢球。拥有在海外踢球的球员绝对会让整支球队受益。这不会让你自动变成一个更好的球员，但会让你变成一个更好的男人，一个拥有世界经验的更全面的球员。当我们一些人出国后，它可以改变所有人的心态，包括球员、球迷、媒体。突然之间，人们对于其他国家的联赛产生了兴趣，那可以让你开拓思维。

创造一支成功的球队有一系列的不同因素，比如，球员与生俱来的天赋、主教练、董事们、足协，团队的动力以及时机等。但是拥有正确的心态是至关重要的。西班牙是一个最多打进过世界杯八强的国家，我们不能一成不变，而要让精神实现飞跃，要开始相信我们能够和德国、法国，和所有对手竞争。

那些离开西班牙的球员从涓涓细流变成了集体大逃亡，但他们的故事却并不总是一样的。有的球员是为了更高的薪水；有的球员是觉得遭到了俱乐部的不公待遇，而碰巧又有个和波兰或者斯洛伐克有着联系的精明经纪人；有的球员则是纯粹想要生活的冒险，“入侵”苏格兰、罗马尼亚、塞浦路斯或者希腊。之后会有一队精英球员在英格兰大获成功，当他们回到国内，给国家队的黄金一代球员带来了更好的推进。

回想起来，值得注意的是，无敌舰队的球员们之所以去英超踢球，主要是因为西班牙俱乐部并没有给予他们足够的信任，没有给予他们在英格兰能够得到的责任。就像是能够生出金蛋的鹅，却不会去孵化他们。大约10年之前，所有人的前辈哈维·埃尔南德斯曾经被引诱前往曼联，他自己承认，只有“顽固的固执”让他决定在他深爱的俱乐部巴塞罗那待更长时间争取获得成功。在很短的时间内，法布雷加斯和皮克选择了不同的道路。他们分别去阿森纳和曼联改善自己的现状。当雷纳离开比利亚雷亚尔时，他甚至愿意吃掉自己的球鞋，也要签约他父亲曾经在1974年欧洲冠军杯决赛时把守大门的球队马德里竞技。但是，利物浦对他很有信心，并把钱摆到了谈判桌上。2004年，皇马将哈维·阿隆索带到伯纳乌也就一英寸的距离，但又一次，利物浦行动更迅速、更加勇敢。

哈维·阿隆索：_塞斯克（法布雷加斯）去英格兰的时候16岁，托雷斯22岁，我去利物浦也是这个年纪，皮克在那待了一些年，雷纳也是。在欧洲最大的俱乐部之一享受发展的机会，在西班牙之外，要求我们所有人必须适应，成为更出色的球员。这当然帮助了国家队。_

皇马对于他们自己的青训产品并没有信心，阿尔瓦罗·阿韦洛亚，直到他随着利物浦在欧冠中将巴塞罗那淘汰出局，并参加了欧冠决赛，并帮助西班牙队夺得2008年欧洲杯。在皇马将他带回马德里之后他又夺得了5项冠军，包括世界杯。

尽管西班牙队的卓越地位在于培养年轻球员，尽管他们在青少年国家队就夺得了很多奖杯，但在不久之前，他们在俱乐部还是受到怀疑，能否适应一队足球。

最成功的西班牙出口产品之一，也是斗牛士军团赢得最近三届大赛决赛的试金石——费尔南多·托雷斯。2007年，他从自小支持的马德里竞技加盟了利物浦。

费尔南多·托雷斯： *传统上，斗牛士军团最大的问题是西班牙球员在西甲最大的俱乐部并没有得到机会，他们也没有想去国外发展。结果，他们无法在最伟大的欧洲豪门得到经验。在2006年世界杯前的任何一届西班牙国家队，你可以看到大多数球员来自最大的四家俱乐部，也有来自五六家较小的俱乐部。我们没有足够的竞争力，假如我们的球队名单都是来自切尔西、阿森纳、皇马、巴塞罗那、马德里竞技、AC米兰、国际米兰就会强大许多。西班牙足球就像戴着眼罩——似乎任何人都没有想过去海外踢球，整个国家的希望都寄托在了劳尔、佩普（瓜迪奥拉）、门迭塔等人身上。看看齐达内那支夺得1998年世界杯的法国队，看看他们的球员组成。*

我们的球员跟随西班牙U21国家队赢得了如此多的荣誉，但却被他们的俱乐部告知他们不被需要，他们有更好的球员。这就是你开始看到这些人凭借从西班牙青少年足球中学到的技术形成出国潮的原因：法布雷加斯15岁去了阿森纳；皮克是下一个；哈维·阿隆索和阿韦洛亚也跟随他们去了英格兰。人们不再惧怕出国踢球。突然之间，这些球员从利物浦和阿森纳回来为国家队效力。因此，当你从阿森纳带一个19岁的孩子（法布雷加斯）去参加世界杯，如果他那些年留在了巴塞罗那，那么他很可能在24岁才会得到第一次出场机会，那也是伊涅斯塔在巴萨必须等待的年纪，即便他拥有来自另一个星球的技术。

从U21国家队到成年国家队的区别，是在U21国家队你只是和与你年龄、体格相当的对手踢球。如果你在U21国家队获得成功，但是回到你的西甲俱乐部你会被告知，你将获得有限的经验，或者去一个保级球队踢球，之后你不会得到提高的机会，你无法获得经验。你无法和世界上最好的国家队比如法国或者巴西抗衡，因为他们的大多数球员都效力

于AC米兰、尤文图斯、切尔西或者拜仁慕尼黑。

所有那些去国外联赛发展的球员都带来了巨大帮助，现在，我们有席尔瓦在曼城，桑蒂（卡索拉）在阿森纳，马塔在切尔西①。最后，像巴塞罗那，包括后来的皇马，都开始信任本国培养的球员，如今，已经没有任何心理负担阻止西班牙球员出国踢球，他们希望职业生涯更好，希望自己成为一个更好的球员。

托雷斯在17岁时就成为了马德里竞技的关键球员，19岁进入国家队。他是有些愤世嫉俗的："如果马德里竞技是在为西甲冠军而战，而不是在西乙打拼，也许我不会在这么早得到信任，如果西班牙队已经是世界冠军了，那么我会等待更久才能迎来国家队处子秀。"

当一个西班牙人离开祖国，特别是去英格兰，意味着无数的事情需要改变。在英超之中的大多数本土球员肯定不会去主动学习外语，西班牙人如果希望留下必须得学习英语。在英格兰踢球的西班牙人总是不断重复他们在那里的足球有多么高强度和职业化。尽管并不是经常，但通常来说，规则是更严格，时间更紧，层次更清晰，训练强度更大。一般来说，球迷们在公共场合会更懂得尊重，而在比赛时会更充满热情和忠诚。球员知道这些事情。

要在英格兰踢球让他们坚强起来。他们带着技术、足球智慧、战术意识的提升回到西班牙，也让他们区别于其他人，但他们不再只是技术精湛的软蛋，在英格兰，裁判允许身体接触，这也改变了西班牙人的心态，他们懂得了如何去区分什么是精明的竞争，什么是故意伤害。

即便在2008年欧洲杯决赛之前，当西班牙队击败了伟大的莱纳·邦霍夫（Rainer Bonhof）的德国队，在他那个年代德国队是世界冠军，如今他是个精明的人才开发人员，他承认德国队必须对曾经的巨大优势说再见了。"足球发生了天翻地覆的变化，因为现在不仅是德国

---

① 译者注：马塔于2014年初转会曼联。

人在西班牙踢球，巴西人会在德国踢球，西班牙人会在英格兰踢球。这些不同的足球文化已经磨平了我们一度对于南欧球队的身体对抗优势。”

有个男人在处子季便成为了2012/2013赛季阿森纳最佳球员，他就是桑蒂·卡索拉。

桑蒂·卡索拉：*在英格兰踢球让你变得更有竞争力，各个角度都是如此。我们有幸能够在英超工作的人们，把一些特别的东西带回了国家队。那是西班牙足球革命举足轻重的因素。*

那么留下来的人又如何呢？他们是否注意到那些从英格兰回来的国家队队友身上发生的变化，足球实验室是否已经让细腻与硬朗实现了完美的融合？

卡普德维拉：*去英格兰踢球的人们因为获得经验而得到了转化。看看阿韦洛亚，他在利物浦时期发生了巨大改变，之后他可以回到皇马打上主力。我怀疑如果他没有在利物浦的那段时光是否能够做到这些。球员们回来之后都强大了许多。在那里一切都不太一样，包括生活方式和日常工作。举个例子，在西班牙晚餐是个大事情，但是在英格兰最晚不超过7点。这给球员的生活增加了很多秩序，你可以看到西班牙球员回来之后的生活方式。他们在球场上更加专注，更有纪律性。事实上，我完全赞同设立一条规定，那就是，所有的西班牙俱乐部必须每个月在英格兰踢一场比赛。*

如果西班牙队在他们一直存在的高超技术上增加英格兰人的坚韧和组织性，统治世界7年，如果西班牙的技术优势增加到英格兰队的进取精神里，那会发生什么？对于英足总主席格雷格·戴克（Greg Dyke）或者无论哪位前商业主管来说，他们能否在这个月开始尝试改造这艘足球巨轮？

第七章　胡子背后的男人

在每一座西班牙城市都应该设立维森特·德尔·博斯克的塑像，因为他为那个国家所取得的伟大成就，但更重要的是在马德里，皇家马德里俱乐部应该站出来表达对那个人的爱戴。

——史蒂夫·麦克马纳曼

在2012年欧洲杯开始之前大约60分钟，维森特·德尔·博斯克掏出他的手机，开始以最古老的方式敲出一条短信息。他把手机平放在左手上，右手手指敲击键盘，他的手指就像一位工人那样粗糙，而键盘太小，难免令人烦躁，特别是历史的召唤就在眼前，局势紧张，他显得满腹心事。

当更衣室发出音乐的喧闹声，驱散了紧张情绪（“在我还是球员的时候，教练会要求保持安静，但现在，你应该听听他们播放的‘音乐’，连上帝都不乐意听。”），德尔·博斯克陷入了沉思，这一切是如何开始的，他欠了谁的债。一位17岁的男孩如此高大、清瘦，他的外号是“牙签”①，是如何在美丽的世界文化遗产城市萨拉曼卡被发现，并成名成才的，安东尼奥·马丁，通常被人叫作托内特（Toñete），就是他必须感谢的人。

在西班牙队成为第一个连夺三届大赛冠军的球队之前，主教练博斯克所做的最后一件事是向那位44年前在训练中启动这整个探险之旅的球探表达出感谢与友谊的小姿态。

---

① 译者注：Palillo。

托内特：*只是想想这事都会让我情绪激动。整个世界杯期间我们都会互发短信，但是当我收到这条短信时才意识到他应该在更衣室里，准备2012年欧洲杯决赛对阵意大利队的比赛。他希望感谢我所做的一切。他的短信真的只是分享了对于把他带到马德里，开始这一切的感激之情。我想：“这个男人怎么会突然有时间想到了我，而且是当他即将带领西班牙队历史性地与意大利队交战时。”在联合会杯决赛之前他再次这么做了！*

他的身体里拥有一颗如此强大的心脏，他太出类拔萃了。能够成为德尔·博斯克的朋友，带领他开始在马德里的生涯，这些事情对我来说要远远比彩票中奖还重要。

这是一个品性高贵男人的典型姿态，在2011年2月胡安·卡洛斯国王册封他为第一位德尔·博斯克侯爵很久之前，友谊、尊重、荣誉、高贵——这些概念对于德尔·博斯克而言，要比胜利、名誉或者财富重要得多。他希望赢球，有时候他会做出一些精明的决策，而不是退缩。然而，如果是因为在足坛工作而被迫牺牲一些他的最基本的价值观，他会立即退出。

德尔·博斯克是受到了父母的教育，在西班牙贫困的20世纪50年代，萨拉曼卡条件很有限，但那正是他后来所取得的成就和以何种方式成功的根本来源，“我想，我今天的一切都是那个童年的产物。”

当西班牙队在2010年世界杯输掉首战之后，遭到了暴风骤雨般的批评，很可能包围住更弱小的主教练们；当2011/2012赛季世纪大战引发的西班牙球员之间的战争几乎摧毁掉他在斗牛士军团所建立的一切。但德尔·博斯克的镇定、境界、慈悲和沉着让他平安度过了考验。

2003年，皇家马德里残酷地抛弃博斯克，这个作为球员和教练为俱乐部效力了35年的功勋人物，身心受到严重地打击，但他却并没有在媒体上发起反击，甚至没有发泄过任何痛苦和愤怒，那不是他的行事风格。他在公众场合说过的最辛辣的一句话是：“如果他们没有像那样把我踢走，我确定凭借我的阵容配备完全可以继续取得冠军。”

当博斯克深爱的儿子阿尔瓦罗也恳求他重新带上劳尔——他带皇马时的前锋去2010年世界杯时，德尔·博斯克两次都让小伙子平静下来，正如他优雅地处理了公众对于国家队重新召入劳尔的呼吁，他的前任路易斯·阿拉贡内斯将劳尔赶出国家队留下的伤疤，并未造成更大伤害。

足球对于这个温和的、有趣的、幽默的人来说是幸运的，如果不是一个法西斯独裁者或者秘密警察的反复无常，德尔·博斯克可能原本不会出生。

当他还在读小学时，年轻的维森特发现他的父亲是个激进、忠诚的反对剥削工人阶级的战士。据说，博斯克为此感到惊讶，那个严厉、遵守纪律的男人会来看自己儿子踢青年队比赛，但从未评论过儿子的足球发展，其实这也是一种真正的反抗。德尔·博斯克在萨拉曼卡的家是一个宣传民主、工人权利和在欧洲大多数国家都享有的基本自由的秘密据点。这些在当时西班牙的独裁统治下，很可能成为老博斯克突然失踪的直接原因。

直到老博斯克1975年去世，弗朗西斯科·佛朗哥政权仍未允许民主大选，那时依然憎恶自由或者左翼思想，压抑文化认同感——特别是在巴斯克人和加泰罗尼亚人之中——试图将西班牙封锁在西欧国家的价值观之外。佛朗哥反对者会遭到朋友和邻居的背叛，不论有没有正当理由，他们都会被监禁，饱受摧残。

德尔·博斯克得知在西班牙内战（1936年至1939年）期间，也就是在他出生10年前，费尔明·德尔·博斯克[①]曾经被一个邻居举报，未经审判就逮捕，之后在一个战俘营中被关押了3年。

佛朗哥在建立独裁统治的过程中，得到了纳粹德国的部分支持，在

① 译者注：Fermín del Bosque，博斯克的父亲。

整个西班牙发动了血雨腥风的屠杀。贫困、饥饿和疾病肆虐，数十万人死亡，那些在集中营和监狱的人遭受酷刑，或被处决。如果费尔明被谋杀，劳作或者饥饿至死，也不会有太多疑问，肯定不会有对正义的呼唤。

维森特·德尔·博斯克：*我的父亲就是我们所谓的“进步人士”，他在战争中被监禁就是因为这个。当我大约11岁或者12岁时，我发现他参与了接收和存储宣传单。这是爆炸性的东西。那时候家里的气氛会非常紧张。他收听地下电台，比如La Pirenaica（一家苏联共产党创立的电台，在佛朗哥时代会播出独立新闻和思考，开始在巴什科尔托斯坦，后来转移到布加勒斯特）和巴黎电台。你必须记住现实情况——我们生活在贫困之中，无法发出任何形式的抗议声音。今天，我有很多右翼的朋友，因为如今的社会有了更多容忍性。我们可以进行最坦诚的谈话，没有任何问题，而在那时候这是不可想象的事。我的父亲是非常有责任心、公平、简单，在某种程度上，我想说他是高尚的。他有很多好主意，但在许多问题上太过激进。他那一代人因此遭受了很多打击，特别是在一场战争中生存，之后需要忍耐残酷的战后生活。他是在厨房里，慢慢地告诉我们他的经历——那些对他而言具有标志性的事情。他是个正直的人。*

这是个健康的童年形成的过程，但他们没有钱，当然也没有浮华可言。和一些伟大的足球故事一样典型，年轻的维森特·德尔·博斯克跟着他最爱的大哥——和父亲一样叫费尔明，走街串巷去踢球，一直踢到天黑，维森特经常被安排去守门，因为他是孩子们之中最小的一个。

在德尔·博斯克生命的早期，西班牙的足球景观和如今相比截然不同。毕尔巴鄂竞技、马德里竞技和巴塞罗那是最强大的球队，皇家马德里当时受到战争的影响一直表现不佳（或者是因为变化莫测的冲突，或是因为他们反对佛朗哥），正处于在重建阶段。慢慢地，在唐·圣地亚哥·伯纳乌[1]的治理下，一旦伯纳乌主席开始签约或者发展，像阿尔弗雷多·迪斯蒂法诺（Alfredo di Stéfano）、亨托（Gento）、费伦茨·普斯卡什（Ferenc Puskás）、路易斯·莫洛尼（Luis Molowny）、何塞·圣马里亚（José Santamaría）、雷蒙德·科帕（Raymond Kopa）、阿曼西奥（Amancio）和伊格纳西奥·佐科（Ignacio Zoco）这样的足球巨星都被招入皇家马德里的麾下。对皇家马德里有利的因素是，足球大爆炸正好和电视在一些商店橱窗里出现的时间重合，一帮衣衫褴褛的孩子们会聚集在商店的电视机面前，德尔·博斯克和他的小伙伴们被第一个银河舰队时代（Galáctico era）深深迷住。

由于家里太贫穷，维森特和大哥费尔明甚至没钱去看父辈们看过的萨拉曼卡的比赛。男孩们只能等到比赛还剩10分钟大门打开的时候偷偷溜进去。远途去看皇家马德里、巴塞罗那或者毕尔巴鄂竞技是不可想象的事情。之后，颗粒状的黑白图像突然展现了身着白袍的球员面对铲球轻松起舞的镜头，皇家马德里首先征服了西班牙，之后是整个欧洲。迪斯蒂法诺、亨托和科帕等皇马巨星的表演令德尔·博斯克如痴如醉。

大多数崇拜博斯克教练作为的人们并没有看过他踢球。事实上，他身穿著名的白色球衣出场过400场以上，并没有像他在皇马所执教过的球员劳尔、罗纳尔多、古蒂和齐达内那样被广泛电视转播或者留存下来。

德尔·博斯克是一个技术出色、头球能力突出，知道何时插入禁区进球或者助攻的球员。他高大、优雅，速度不快，但能平静地理解什么时候该做什么事，看上去他永远不会草率行事，他把足球视为自己的朋友。他的风格就像特雷弗·布鲁金（Trevor Brooking），20世纪70年代到80年代初期的英格兰国脚，从现代球员的角度来看，介于塞尔吉奥·布斯克茨和古蒂之间的风格。

---

[1] 译者注：Don Santiago Bernabéu，皇马百年历史上最伟大的主席，伯纳乌球场以他的名字命名。

托内特深受皇马信任，准备帮助俱乐部挖掘一些球员，他们的名字将载入俱乐部的史册。他按照皇马青年发展部门负责人编辑的一本手册规则来工作，其中一个最重要的标准是："记得要区分一个好球员和一个对皇马合适的球员。"

那是一个他们在13年里6次夺得欧洲冠军杯的年代，让人感觉下一个冠军指日可待——但事实上却经历了30年的痛苦等待。而托内特即将赠送给皇家马德里的是未来将带领他们夺得接下来3座欧冠中2座奖杯的主教练。

托内特回忆当初费尔明·德尔·博斯克最终将儿子交到他手上，准备返回萨拉曼卡的时候，在他脸上有一种"好似心都碎了"的感觉。这个男人曾经因为坚持自由的信念，冒着巨大风险倡导民主和社会主义理想而被监禁，现在要将他的儿子交给了一个实际上被右翼权威人物专制统治的俱乐部。早在西班牙内战之前，圣地亚哥·伯纳乌就是"青年人民行动"组织的成员（Juventud Acción Popular），被锡德·洛在他的《天主教、战争和佛朗哥主义的基础》一书中形容为"穿制服的准军事部队"——准法西斯。皇家马德里无所不能的主席圣地亚哥·伯纳乌，也曾经在内战期间为佛朗哥的军队服役，当时他接受奥古斯汀·穆尼奥斯·格兰德斯将军（General Augustín Muñoz Grandes）的指挥，后者将在第二次世界大战期间指挥希特勒臭名昭著的蓝色师团入侵苏联。年轻的德尔·博斯克效力的对象，却反对并举起武器对抗他父亲所代表的一切。

在1968年激进的夏天，当"布拉格之春"导致华约军队入侵了捷克斯洛伐克，当巴黎街道上的自由主义者和无政府主义者给法国带来革命，当美国举行公民权利的抗议，贝尔法斯特发生骚乱和惩罚。在这个现代欧洲历史上最不稳定、最狂热的时刻，一位父亲被佛朗哥投入战俘营的年轻人，加入了或许是地球上最保守的足球俱乐部——皇家马德里。

这是一个关键时刻，所有的原则让他付出了代价，仍然存在风险，费尔明·德尔·博斯克希望他的家人宽容、民主，现在博斯克将这些想法投入了实践。44年之后，娴熟的谈判技巧让他给不和的巴塞罗那和皇马球员之间带来了和平，也帮助维森特·德尔·博斯克的球队在2012年欧洲杯上创造了历史，而不只是来自一本教练手册。他所持有的价值观让他成为了这个时期最合适的教练人选。

德尔·博斯克也继承了父亲为认定的正确事情而战斗到底的决心。作为一名年轻的皇马球员，他也是西班牙球员工会（AFE）的创始会员。西班牙球员工会诞生于1978年，当时非常富有争议，随着会员增加，存在着罢工和类似博斯曼转会的斗争。因为那时候，俱乐部通过合同约束可能控制一个球员的整个生涯。在那个阶段加入工会，至少对于你持续就业会是个不小的威胁，特别是在皇马。

安赫尔（Ángel），博斯克的前皇马队友，还记得当时的氛围："为皇马效力和作为工会的一员很不简单，但我们加入了，并不是为自己，因为我们处在小康水平，但对于那些身无分文的人来说，在他们的职业生涯或者结束之后只能在睡袋里过夜，我们要求引入一种社会保障形式。"

从1968年到1984年，当他退役时，德尔·博斯克已经5次夺得西甲冠军、4次捧得西班牙国王杯。他和一些白衣军团历史上最伟大的传奇球星共事过，包括何塞·安东尼奥·卡马乔（José Antonio Camacho）、桑蒂拉纳（Santillana）、华尼托（Juanito）、保罗·布莱特纳（Paul Breitner）、乌利·斯蒂埃莱克（Uli Stieleke）、冈特·内策尔（Gunter Netzer）。有些人或许比他待的时间更久，但是在他的黄金时期没有人能够比他地位更高。

他的对手是约翰·克鲁伊夫（Johan Cruyff）、迭戈·马拉多纳（Diego Maradona）、路易斯·阿拉贡内斯、弗朗茨·贝肯鲍尔（Franz Beckenbauer）、贾普·海因克斯（Jupp Heynckes）、乌利·赫内斯（Uli Hoeness）、凯文·基冈（Kevin Keegan）、格雷姆·索内斯（Graeme Souness）、盖德·穆勒（Gerd Muller）、约

翰·内斯肯斯（Johan Neeskens）、济科（Zico）、肯尼·达格利什（Kenny Dalglish）、阿兰·西蒙森（Allan Simonsen）、乌戈·桑切斯（Hugo Sánchez）和马里奥·肯佩斯（Mario Kempes）。

在他效力皇马的年代，主教练是米格尔·穆尼奥斯（Miguel Munoz）、路易斯·莫洛尼（Luis Molowny）和阿尔弗雷多·迪斯蒂法诺——五星传奇。

他拥有和过去40年足坛诸多最重要的足球明星并肩作战或者沙场交锋的直接职业经验。

他的球员生涯，只留下了一处致命伤：皇马没能拿下第7座欧冠冠军。在20世纪50年代到60年代，6夺欧洲冠军杯之后，大家都认为皇马将继续捧起奖杯，但焦虑一次又一次发生，最后是深深的遗憾。过了40年，皇马对于第7冠做出了一些史诗般、惊天动地的尝试，德尔·博斯克也是其中的一员，不论是作为球员还是教练。

我第一次看到他踢球是在1975年11月，当德比郡在欧冠第二轮抽签抽中皇马。两回合都是主队拿到4：1的胜利，但是在回到伯纳乌球场的比赛进入加时赛阶段，德尔·博斯克将球挑给了桑蒂拉纳，后者将球挑过了盯防者凌空抽射破门，就像是1996年欧洲杯上保罗·加斯科因（Paul Gascoigne）代表英格兰队对苏格兰队打进的那个技惊四座的进球。两场雷击般的比赛会让你用余生来爱足球，德尔·博斯克的球队6：5险胜，但是他们依然没能在半决赛中突破拜仁慕尼黑这关。

到了1979/1980赛季，欧洲冠军杯又一次向德尔·博斯克和皇马唱出了海妖之歌①——伯纳乌球场将主办本届欧洲冠军杯决赛。

比利·麦克尼尔（Billy McNeill）的凯尔特人在1/4决赛中几乎将终结皇马的梦想，但是这次对决也将成为德尔·博斯克的证明机会，虽然他年纪大了，仍然是个出色的球员。

凯尔特人首回合在狂热的凯尔特人公园观众面前2：0取胜，让这个

---

① 译者注：致命，却又无力抗拒的诱惑。

夜晚变得如此美妙。

在西班牙的首都，一片混乱，第二回合比赛变成了皇马历史上最经典的大逆转之一。

比赛前一晚，黑市票贩子被捕，被盗的和伪造的球票价值70万比塞塔[①]，超过10万球迷涌进了这座历史悠久的球场，当时比赛场地四周有围栏和窄小的灰色轨道。皇马的金库将因为这场比赛收入6000万比塞塔。

令人振奋的是，在主裁判卡罗利·帕洛塔刚刚吹响开场哨，德尔·博斯克突然从中线开始向门将彼得·拉奇福德的大门发起冲刺，最初的几秒钟，皇马希望通过长传找到高个子球员率先破门。

德尔·博斯克和劳里·坎宁安（Laurie Cunningham）之间漂亮的传递配合打进了皇马关键的第2球，英格兰人传中被桑蒂拉纳头球摆渡，乌利·斯蒂埃莱克将球打进。之后，比赛还剩4分钟时，安赫尔传中，华尼托打进了将苏格兰人淘汰出局的一球。

凯尔特人主教练麦克尼尔被裁判的判罚激怒，他认为这是球队输球的原因。尽管生气，但他对一位球员的赞誉是不言而喻的。

比利·麦克尼尔：*德尔·博斯克又一次脱颖而出。我很欣赏他在第一回合对我们的表现。他是我所见过的最出色的球员之一。*

戴维·普罗万，凯尔特人队一位高水平的边锋，如今是天空体育台一位雄辩和观点犀利的足球评论家，他回忆起皇家马德里6号球员那两场比赛的表现。

戴维·普罗万：*那时候电视上很少能够看到欧战比赛，这是我们第一次在电视上看到一些皇马球员，但德尔·博斯克出现在大比利（凯尔*

---

① 译者注：西班牙及安道尔在2002年欧元流通前所使用的法定货币。

特人主教练麦克尼尔）的赛前简介中。

那时候让来挑战我们的对手措手不及的、至今仍然发生奇效的，是球场的气氛，非常疯狂。那一晚我们做好了战斗准备，但我记得德尔·博斯克将球卸下来，带球走。真的是走！那是他给皇马队友的信号——我们在控制节奏，不是凯尔特人。

他的执教生涯一直不错，如此成功，掩盖了他曾经是一位多么出色的球员。他真正的才华就是自信，如今作为一位主教练依然具备这样的高水准。

不过到了1980年半决赛的次回合比赛，看上去皇马即将杀入决赛，有机会在他们的主场夺得“他们的”奖杯。凯文·基冈的汉堡队，还拥有费利克斯·马加特（Felix Magath）和霍斯特·赫鲁贝施（Horst Hrubesch），在马德里0：2败北，但在1980年4月23日的夜晚，在汉堡人民公园体育场，或许成为了德尔·博斯克球员生涯最不堪回首的痛苦回忆。

比赛仅仅打了17分钟，皇家马德里便以两球落后，不过劳里·坎宁安为他们扳回了一球，这也是个重要的客场进球，意味着汉堡必须再进两球才能晋级，但德国人却在上半场结束之前的5分钟内连下两城。更糟糕的是，在比赛还剩6分钟时，德尔·博斯克被红牌罚下，此后卡斯帕·梅梅林（Caspar Memering）为汉堡打进了第5球。红牌对于一个如此温和、自控能力强的人来说是个不太寻常的瞬间，他冲动地想揍凯文·基冈被红牌罚下。有一张表现博斯克沮丧情绪的照片，他坐在人民公园体育场跑道边缘的一个箱子上，肩膀上搭着一条毛毯，而在他的头部后面显示着巨大的电子记分牌，显示着4：1的比分。淘汰、耻辱、羞愧。

之后，博斯克又在皇家马德里待了3年，但这场比赛对他而言，意味着作为球员在皇家马德里冬天的开始。

因为自身伤病和新援加盟，接下来的一个赛季，在西班牙冠军一路打进欧冠八强的道路上，他没有发挥太多作用，对阵莫斯科斯巴达克，在苏联首都的0：0平局中他得到了5分钟的“纪念赛”时间，之后主场2：0的胜利他打了上半场。焦虑的伯纳乌球迷已经忘记了以前的英雄，半场时博斯克就离开了。

《国家报》比赛记者朱利安·加西亚·坎考写道：“伯纳乌球迷早在德尔·博斯克老迈之前就已经赶他走了。每次球队围绕他运转不良时，球迷都会将他视为替罪羊。”

维森特·德尔·博斯克（1981年）： *球迷需要认识到，如果我没有太多拿球时间，是因为我做了太多跑动去甩开我的盯防者。我很高大，很容易被发现，看上去我很慢。更重要的是，我更喜欢踢短传渗透的足球，而不是只要拿到球第一时间就往前开大脚。我在这里待了很多年，我猜想也许是球迷厌倦了你，但那是会改变的。西班牙公众对于一个球员的热情反反复复，今天他们反对你，明天或许就会以你为荣。*

当塞尔吉奥·布斯克茨和德尔·博斯克30年前几乎踢的是同样位置，在世界杯首战西班牙队输给瑞士队之后，他遭到狂轰滥炸，主教练的亲身经验让他十分同情自己的弟子，也因此无视了所有郁闷之后带来的噪音。布斯克茨就像是球员时代的德尔·博斯克，如果你是他的支持者而不是旁观者，你会更容易理解他所做的工作。

在2014年世界杯开始之前的循环中，哈维依然是德尔·博斯克的西班牙队的大脑，但随着年纪增长，他的速度和身体素质开始走下坡路。而他拥有一位对于类似过程十分清楚的主教练，会帮助一位伟大的球员处理微妙的形势。

1981年欧洲冠军杯决赛是德尔·博斯克作为球员的第一场也是最后一场冠军杯决赛。但令人遗憾的是这场比赛有些乏味，除非你是利物浦人，最重要的是一些数据——鲍勃·佩斯利成为第一位三夺欧冠冠军的主教练，这也是英格兰俱乐部连续第5次夺得欧冠，这也是利物浦的欧冠帽子戏法。阿兰·肯尼迪第8分钟的进球让德尔·博斯克只能带着未能征服欧洲的遗憾离开巴黎。至少是暂时。

参加了那场比赛的利物浦队的一位关键球员告诉我，德尔·博斯克的皇马对他们而言意味着什么。

格雷姆·索内斯：*几个月之前我刚回顾过那届决赛，因为杰米·雷德克纳普给我电话，告诉我电视上正在播放那届决赛。我意识到，自己已经是时隔这么久再看那场比赛。面对拥有德尔·博斯克这样优秀球员的对方中场，对我们是个噩梦，因为我们在训练中已经投入了现在流行的打法——全场紧逼和边后卫高位防守，因此我留在两名中后卫身前保护他们。我看到了很多如今巴塞罗那和西班牙队成功的核心因素。*

那些批评西班牙队赢球方式的人们根本不懂足球。我们在利物浦的巨大成功，就是源于从第一天开始我们就被教育，要控好球。不要去尝试非得把球穿过针眼，赢得球权，传球，如果必须的话，一次又一次开始，但要找准机会射门。这就是西班牙队今天做到了极致的事情。在我看来，德尔·博斯克的西班牙队，可以比肩1970年的巴西队，这是毫无疑问的。

德尔·博斯克已经成为了西班牙足球本质变化的一部分。在我和德尔·博斯克踢球的年代，西班牙足球充满了你厌恶的东西——肮脏的伎俩、踢人和拉拽球衣。非常令人鄙视和讨厌。但现在，它充满着质量、控制、技术和胜利，它是最具有吸引力的足球风格。这是个显著的变化，因为他们有一位很不错的负责人。

尽管受到了伤病困扰，但德尔·博斯克在他倒数第二个赛季仍有机会添加一枚欧洲冠军奖杯。不过，到最后却被称作了“五亚王赛季”（La temporada de cinco copas perdidas），这和巴塞罗那著名的五冠赛季[1]大部分时候是一个方向，但皇马却在1982/1983赛季输掉了5个“决赛”。

西甲之中，皇家马德里本有希望在赛季最后一天的赛程之前就赢得冠军，但他们在梅斯塔利亚球场0：1输给了瓦伦西亚，而哈维尔·克莱门特强悍的毕尔巴鄂竞技却在拉斯帕尔马斯赢得胜利后夺取冠军。

德尔·博斯克没有参加国王杯决赛输给迭戈·马拉多纳的巴塞罗那一战，也没有踢西班牙超级杯两回合1：4不敌皇家社会的比赛。

两回合的联赛杯决赛情况也没有更好。德尔·博斯克在伯纳乌主场2：2战平巴塞罗那一战中打进一球，但是3天之后做客诺坎普，加泰罗尼亚人2：1获得胜利。

最后的打击来自哥德堡，德尔·博斯克被排除在欧洲优胜者杯决赛阵容之外，皇家马德里1：2输给了（日后的曼联传奇主帅）亚历克斯·弗格森的阿伯丁。

德尔·博斯克的国家队生涯并没有能够取得与他的实力相匹配的出场数。在1978年世界杯之前遭受断腿厄运，葬送了他参加世界杯的机会。虽然他在大赛之前刚刚复出，但西班牙队主教练拉迪斯劳·库巴拉[2]没有带他去阿根廷。2013年2月，3：1击败乌拉圭之后，德尔·博斯克追平了库巴拉执教西班牙队的场次纪录——68场。他谈到匈牙利人时很客气，但他的执教数据非常有力。德尔·博斯克的68场执教纪录是57胜5平6负，打进170球，丢掉45球。西班牙队在德尔·博斯克踢球的年代，库巴拉的执教战绩是68场31胜21平16负。

德尔·博斯克为他的祖国出战的18场比赛至少带来了两大重要的好处。首先，他和安赫尔·马里亚·维拉分享中场位置，维拉将从1988年到如今担任西班牙足协主席，重新塑造西班牙足球的风格——他用德

---

① 译者注：temporada de cinco copas，1951/1952赛季巴塞罗那夺得西甲、国王杯、西班牙超级杯、欧洲拉丁杯、马蒂尼和罗西杯。

② 译者注：Ladislao Kubala，匈牙利人，巴塞罗那传奇前锋。

尔·博斯克取代路易斯·阿拉贡内斯执教国家队被视作是令人讨厌的任务。其次，德尔·博斯克的唯一一粒国家队进球，正是在他的家乡萨拉曼卡对阵塞浦路斯队时打进的。

德尔·博斯克最后一次代表皇家马德里踢正式比赛是在1983年的国王杯上，当时他们抽中的对手是巴萨竞技，也就是如今的巴萨B队。皇马五鹰（The Quinta del Buitre）包括布特拉格诺、曼诺洛·桑奇斯、米歇尔、马丁·巴斯克斯和米格尔·帕德萨，刚从皇家马德里青年队被提拔上一队①，而德尔·博斯克则敏锐地走向了另一条路。1984年，他准备开始执教皇家马德里的青训营卡斯蒂利亚（Castilla）。

德尔·博斯克一直在思考如何精确地组织比赛的节奏，如何从中场开始控制节奏向前推进，而不是第一次机会拿球就进攻。他很快就发现这些是他可以解释给其他人的原则。

具有讽刺意味的是，德尔·博斯克既是一位善于内部挖掘一些真正伟大的人才，也是唯一一位能够成功地执行弗洛伦蒂诺·佩雷斯的银河舰队哲学的皇马主教练。因为后者的成功而严重损害了前者，并不是他的错。

这一战略最初被称为“齐达内+帕文政策”（Zidanes y Pavones）：皇家马德里每年都会买一位超级巨星，但从理论上来说，也会从内部提拔本土培养的出色球员。可怜的老帕科·帕文，一位诚实却并不出色的中后卫，很不幸他的名字被借用到了佩雷斯的方案之中。但帕文们从未被给予蓬勃发展的时间或者鼓励。

这种放纵的行为不可避免地会令俱乐部生病，但是当宴会进入高潮之际会有一种了不起的足球狂欢，令人有种错觉，认为这是一种尖端的战略，让人看不到尽头。

然而，来自皇马青训体系的年轻种子们几乎立即就遭到对手的践

① 译者注：以“秃鹫”布特拉格诺为代表的这5名球员是皇马历史上青训最骄傲的作品，除去帕德萨，另外4人都是马德里人。

踏。在早期的那些令人眩晕的日子里，像罗伯托·索尔达多、胡安·马塔、博尔哈·巴莱罗、阿尔瓦罗·阿韦洛亚、阿尔瓦罗·内格雷多、胡安弗兰和哈维·加西亚这样的球员，并没有时间来找到感觉，开花结果。当时挡住他们上升通道的是路易斯·菲戈、齐达内、罗纳尔多和大卫·贝克汉姆，这也可以理解，但是到了迈克尔·欧文、伍德盖特、迪奥戈、加戈和巴普蒂斯塔等人的年代，小将们的出场时间变得更少。

由德尔·博斯克执教的银河舰队时代，渐渐变成了拉法布里卡[1]最贫瘠的年代，也因此而臭名昭著。从1999年中期伊克尔·卡西利亚斯涌现，到10年之后阿韦洛亚从利物浦回收，皇家马德里的一队再没有出现过能够留下的青训产品。在银河舰队揭幕之前，最后3个跻身一队的青训球员是劳尔、古蒂和卡西利亚斯——他们在个人足球风格成型的青少年发展时期都曾经得到了德尔·博斯克的极大帮助，当时博斯克是皇马青年队的教练。

主席、一队主教练和巨星们来来往往，但是德尔·博斯克却在不同位置上坚守，一直向球员们灌输正确的价值观，以“皇马的方式”教育，确保球员们带着智慧、技术、判断、诚实、勇敢和取胜的决心成长。

1999/2000赛季中期，约翰·托沙克[2]的皇家马德里位列联赛第8，在主教练和主席洛伦索·桑斯之间存在的长期酝酿的紧张关系——马德里德比战输给拉涅利和哈塞尔巴因克那支赛季最终降级的马德里竞技没有任何帮助——直接导致了威尔士人被解雇。从主席的角度来看这是一个可以施展权术、独断专行的时期，俱乐部新主席大选即将到来，一位富有的、活跃于政坛的实业家弗洛伦蒂诺·佩雷斯即将开始制造竞选活动的噪音。在桑斯看来，如果在5月或者6月能够任命一名大牌主教练会更加重要，比如阿尔塞纳·温格（Arsène Wenger）或者法比

① 译者注：La Fábrica，皇马青训系统。

② 译者注：John Toshack，威尔士人，作为主教练对皇马夺取1999/2000赛季欧冠冠军做出过贡献。

奥・卡佩罗（Fabio Capello），而不是试图在赛季中途去说服一位教练来接手一个大势已去的赛季。因此，他提拔了青年队主教练德尔・博斯克作为球队临时主教练。

但这个安静、小胡子的前皇家马德里中场很快就让桑斯不知所措了。因为他是如此成功，到了5月，俱乐部已经不需要一位巨星主教练了。从1999年11月到2000年5月，将为德尔・博斯克遭遇46年职业足球生涯以来最大的背叛打下基础，尽管在欧冠小组赛中两次4球惨败拜仁慕尼黑脚下，但是德尔・博斯克和托尼・格兰德让他的队员们确信他们能够夺得欧洲冠军杯。

维森特・德尔・博斯克（1999年）：*我希望激发球员们的竞争天性，没有太多的戏剧性或者虚假的友情，如今的足球世界看上去完全是关于形象和自我宣传，跟靴室的关系很小。让我们看看我们这支队伍是否能够带着一点点靴室的职业道德，而不是哗众取宠去夺得冠军。*①

1999年11月中旬，德尔・博斯克把后来西班牙队夺得2010年世界杯时的教练组中的大多数人叫到了一起。帕科・希门尼斯（Paco Jiménez）回来负责侦察敌情和潜在的转会签约。托尼・格兰德从青年队教练提拔为一队助理教练，之前在皇家马德里卡斯蒂利亚青训系统任职的哈维尔・米尼亚诺（Javier Miñano）担任一队体能教练。几个月前托沙克执教时的教练组成员，都已经一扫而空。

维森特・德尔・博斯克（1999年）：*这是我的决定，我认为这是至关重要的，这并不意味着我认为托沙克模式的价值不如我的。我只是*

---

① 译者注：bootroom，靴室传统来自上世纪七八十年代的利物浦，每每在训练和比赛结束后，利物浦教练组总会一起在挂球靴的房间里喝茶，谈论球队的比赛，讨论足球的发展。而后来几任主教练都出自靴室，这个传统一直被延续下来，成为了利物浦教练组集体智慧与传承的象征。

相信我们准备拐弯进入一个新的10年，一个新世纪，到了任命专家和有效合作者，并知道如何用人的正确时候了。

2012年圣诞节之前，我问德尔·博斯克是怎样为他的夺冠球队选择合适的训练地点和训练设施。

维森特·德尔·博斯克：*我的参数设置正是我需要的，我身边的技术团队都是出色的专家，负责各自的领域。我对他们和他们的能力很有信心。他们能够解决我们吃什么，在哪里住，训练场有多好的一切细节问题——如果我要介入队医或者球队宣传策略或者训练的酒店，那么我就无法正确地完成我的工作。我要让我的专家们知道我要的是什么，然后由他们来负责解决问题，如果球员都很高兴，那么他们也会开心，他们能够做到我希望他们做的工作。*

虽然这些表述之间相差了13年，但他们几乎是相同的哲学。在你身边任命最杰出的人才——之后让他们代表你去执行。回到1999年，德尔·博斯克的方式，他的战术变化，他在俱乐部的历史，他对米尼亚诺的使用，加上夺取另一座欧洲冠军杯的诱惑是巨大的影响，正如他的一位球员回顾所说。

史蒂夫·麦克马纳曼：*作为一个教练，他非常诚实，脚踏实地。他从不会摆架子，或者故作优雅。我们遭遇的局面算不上危机，但是我们有过困难的时候，因此他也会有看上去苦瓜脸的时候，那可不是个让人发笑的时刻。但大多数时间你可以准确地知道他的感觉。我最近看了一些我的老东家曼城对于罗伯托·曼奇尼的评论，人们在背后说了他不少坏话。但是没有一个人这样说过德尔·博斯克。不论好还是坏，一切都会当面说。他是那种不希望不断说自己球员的教练，只有当他有一些特*

别的东西想要说的时候。否则他会和他的教练组分享。显而易见的是，如果我们赢了，他对你的状态感到满意，只要你保持身体状态，你就可以继续首发。那会让人们感到高兴和积极进取。他给俱乐部的历史带来了巨大的意义，这是事实，当他离任时，给球队增加的连续性，俱乐部所有人都能够从中吸取力量。

除了赢得重要奖杯，在淘汰赛中展现出强大的晋级能力，甚至懂得如何人性化管理一队大牌球星，德尔·博斯克在皇家马德里所展现的一切素质，也正是他执教西班牙队成功的关键因素。在托沙克带领下，皇家马德里平均每场比赛接近丢2球，而当德尔·博斯克接手后到他们2000年5月24日夺得欧洲冠军杯，他们场均丢球降低到了1球。西甲和欧冠的38场比赛，他们保持了14场零封。而作为国家队主教练，他的球队在夺得2010年世界杯和2012年欧洲杯的道路上有7场淘汰赛没有丢球。

维森特·德尔·博斯克：*人们会放大比赛中的进攻一面，这很好，但如果你在一场比赛中在对手不断尝试创造进球机会时，能够从对手脚下25次或者30次抢下球权，那是同样重要的。*

伊克尔·卡西利亚斯，未来的西班牙队队长，如今被德尔·博斯克提拔取代了阿尔巴诺·比扎里成为皇家马德里的1号门将。在这位门将度过19岁生日的4天之后，他就在对瓦伦西亚的欧冠决赛中首发出场，这也是德尔·博斯克赢得两座欧冠奖杯中的第一座。

在德尔·博斯克带来的巨大尴尬下，主席桑斯选择在欧冠决赛的赛前新闻发布会上宣布主教练将“正式成为新主帅”“在某种形式上可以将余生留在皇家马德里”。

我当时正在凡尔赛那间华丽的特里亚农宫酒店参加这可笑的发布

会，艾森豪威尔将军和巴顿将军，马琳·黛德丽和伊莉莎白二世也曾下榻过这座酒店，如今见证了德尔·博斯克些微的愤怒，因为新闻发布会被一位哗众取宠的主席突然打断，桑斯走进来，占据了发布会中心并公开确认了德尔·博斯克的新合同，主教练担心这会让大家对欧冠决赛的焦点被破坏了。

维森特·德尔·博斯克（2000年）： *这是一个个人决定，我已经决定接受俱乐部的合同，但这是私下的。因此我还没有透露过任何信息。俱乐部判断是时候宣布这一消息，但是就我来看，这和赢得决赛相比是非常次要的事情。*

幸好皇家马德里的欧冠决赛赢得相当轻松，凭借费尔南多·莫伦特斯、史蒂夫·麦克马纳曼和劳尔的进球3：0完胜瓦伦西亚。在法国首都，西班牙人庆祝了带有他们噪音、颜色和风格的节日，是皇家马德里夺得第8座欧冠冠军的嘉年华。

维森特·德尔·博斯克： *这家俱乐部，就它的历史和传奇而言，总是有能力夺得欧洲冠军杯。这是我们的奖杯。足球会给你第二次机会，这是用荣誉擦掉近20年前在巴黎输给利物浦的痛苦记忆的美妙方式。*

就像在2010年世界杯和2012年欧洲杯之后，德尔·博斯克很快就从更衣室消失了，这让他的队员们的阴谋未遂，据费尔南多·雷东多（Fernando Redondo）后来透露，大家原本计划将他扔到浴缸里。这是球员们的胜利，是属于他们唱歌、喝酒庆祝的时刻。

史蒂夫·麦克马纳曼： *他躲起来真是令人吃惊，他真的不希望得*

到任何荣耀，特别是不希望影响球员在聚光灯下的光芒。他真的太谦虚了。

这也是德尔·博斯克如何播种了3年后背叛自己的种子。当弗洛伦蒂诺·佩雷斯在几个月内赢得了相当大部分的主席大选选票，成为俱乐部的新掌门，他出乎意料地坚持信任刚刚赢得了俱乐部第8座欧冠冠军，成为俱乐部传奇的主教练，后者的新合同很安全。两个人只有一个共同点，那就是对皇家马德里的感情。其他，不论是政治、哲学、战略、竞技、人文，他们的观点都是截然相反的。

佩雷斯令人不安的事实是，正在萨拉曼卡人不断赢得奖杯时——两个西甲、两个西班牙超级杯、一个丰田杯和另一座欧冠冠军——德尔·博斯克不应该被解雇。

不过他们之间的鸿沟在扩大。尽管在博斯克执教皇家马德里的倒数第二个赛季，他们在2002年欧冠半决赛世纪大战做客诺坎普一战2：0取胜，之后齐达内在汉普登公园令人惊叹的半凌空抽射破门帮助皇家马德里夺得了第9座欧洲冠军杯，但也充满了矛盾。《国家报》杂志的一篇文章详述了德尔·博斯克的父亲对于共和党、民主和反佛朗哥的政治思想，加上德尔·博斯克自己曾经的工会组织者的身份，完全与佩雷斯的政治主张相左。费尔南多·耶罗成为了代表球员们的一个响亮声音，经常出现在主席办公室里和俱乐部高层唱反调。

史蒂夫·麦克马纳曼：*那时候球员的权力不像你现在在英格兰看到的一样。当时认为更衣室里只有一个强有力的声音总是对球队更有利。在英格兰，或许会有一两个白痴去和主教练争吵，想看看他们个人能得到什么好处。但在德尔·博斯克治下不会发生这种事，耶罗是一号人物，之后是桑奇斯，再往后很可能是劳尔，但耶罗是球场内外的球员领袖，他是更衣室的喉舌，我确定弗洛伦蒂诺已经听到了太多关于他的*

事。2002/2003赛季的最后一场比赛是最后一根稻草。当时有些争议，俱乐部命令我们去大教堂和市政厅，因为市议会提出了这样的要求，但是他们拒绝让球员按照传统去给丰收女神雕像挂上皇马的夺冠围巾，因此更衣室决定取消一切活动。赛后在球场上的庆祝活动很低调，我们没有绕场一周向球迷表示感谢，不出所料引发了一片混乱。我们举行了球员会议，一直到凌晨3点才结束，大伙儿达成一致，我们不能成为议会的傀儡，不能因为主席命令我们就去做。之后，到6点，一切恢复了，又有疯狂的短信和各种“搜索队”出现，以确定球员们能够及时准备好，那是个无组织的阶段，我认为这部分在一定程度上导致了接下来所发生的事情。

5分钟的绕场一周，耶罗拒绝引领球员们回到球场上，德尔·博斯克给予了队员们自己做决定的自由——这也成为了董事会解雇球队最佳场上领袖和普斯卡什、亨托和迪斯蒂法诺时代以来皇家马德里最成功的主教练的原因。

接下来一晚，德尔·博斯克的妻子特里尼载着他前往伯纳乌，像她以为做的那样，让他去他的办公室取些报纸，和主席谈谈本月末即将到期的合同的续签问题。走到一半时，手机响了，是耶罗打来的。他被踢出了俱乐部。他没有得到原本许诺好的新合同。

“当心点，老板。”

“我怀疑几分钟之后我也会遭遇和你一样的待遇。”

主教练没有向妻子透露自己的怀疑，因此当博斯克回到车里告诉妻子，尽管3年半为俱乐部带来7座奖杯，他依然没能拿到续约合同时，她的反应和所有的皇马人一样惊讶。

维森特·德尔·博斯克（2003年）：*大约20天以来，我一直怀疑这事情会发生，我对我们的工作，我们的胜利非常自豪，也确定我并没*

有犯下什么重大过错。我和我的助手们对于我们留下的东西感到满意，现在我发现自己对于前面的一切充满了期待。

豪尔赫·巴尔达诺（皇家马德里体育总监，2003年）：*我们只是告诉球队，“维森特不会继续担任主教练”。我知道这是一个让普通人和更衣室觉得是一个耸人听闻的决定，但是那些管理俱乐部的人必须以他们的方式去管理。*

弗洛伦蒂诺·佩雷斯（2003年）：*皇家马德里需要拥有不用过时训练手册的教练。*

维森特·德尔·博斯克（2003年）：*我哭过了，我当然哭了，想起我在这家俱乐部待过的35年时间，我百感交集。*

失去了德尔·博斯克，皇家马德里更换了6位主教练，等待了4个赛季才赢得一座西班牙超级杯。之后的7年，皇家马德里都将继续“欧冠16郎”的命运。

史蒂夫·麦克马纳曼：*如果德尔·博斯克的团队，他的教练组，耶罗加上（克劳德）马克莱莱和莫伦特斯，他们没有被佩雷斯赶出俱乐部，如果他们能够留下，球队本可以赢得更多冠军。德尔·博斯克绝不应该受到如此对待。事情很快就开始恶化，急转直下，太不可思议了。西班牙的每一座城市都应该设立维森特·德尔·博斯克的塑像，因为他为那个国家所取得的伟大成就，但更重要的是在马德里，皇家马德里俱乐部应该站出来表达对那个人的爱戴。但是往往是最深爱俱乐部的那个人，他是俱乐部的心脏，却受到了最恶劣的对待。*

罗纳尔多：*德尔·博斯克是一位伟大的主教练，一位不可思议的人，他了解皇家马德里由内到外的一切，我和他一起的时光是我感觉最好的年代之一。他是执教那个更衣室的完美人选，充分发挥了我们球队的实力。*

德尔·博斯克之后带土耳其贝西克塔斯有些不幸，说得轻一点，他对于土耳其球员的以自我为中心、缺乏自律感到震惊——这来自一位刚执教过银河舰队的教练，这也导致了在他执教生涯里少见的几次大发雷霆。

维森特·德尔·博斯克：*我只能看着我的球员们像一群小王子一样大摇大摆。他们会坐在他们的房间里叫上一杯茶，或者面食——我和我的团队来自于一个顶级球星云集却依然表现得像普通人一样的俱乐部。而这些家伙已经习惯了被绝对的奴性对待。这是我无法容忍的。我十分明确地告诉他们，他们的行为举止像是明星球员，但这距离现实还相当遥远，请相信我。*

几年安静的生活之后，他已经习惯了和前队长耶罗一起共进中餐，喝几杯咖啡，直到耶罗被新近任命为西班牙足协的足球总监。

2007年冬天，德尔·博斯克接到了耶罗的电话，这次是到了足协考验后者专业能力的时候。耶罗需要准备2008年欧洲杯之后路易斯·阿拉贡内斯的替换人选，渐渐地，大家都明确了，不论输赢，足协和阿拉贡内斯都将分道扬镳。在2004年阿拉贡内斯就任西班牙队主帅之前，博斯克就曾经是这个位置的主要人选，他很享受得到耶罗的完全信任和尊重，德尔·博斯克的形象非常完美。

从那时开始到2008年7月，当德尔·博斯克的继任成为正式决定时，此时距离举国欢庆阿拉贡内斯的球队夺得欧洲杯冠军并不久，两个人之间产生了两极的对立——一个是皇家马德里的偶像，另一个是马德里竞技的英雄。阿拉贡内斯经常挑刺说足协对他缺乏尊重，他的工作未完成就已经给他找好了替代者，博斯克的身份是个公开的秘密，他是被前队员耶罗所挑选，而耶罗和阿拉贡内斯的关系一直不是很密切。

2008年欧洲杯后3个月，欧足联在维也纳举办了一个国家队主教练的论坛，德尔·博斯克作为西班牙队的新任主教练到场参加，阿拉贡内斯作为刚刚赢得欧洲冠军的主教练也来到现场。全欧洲最出色的教练们济济一堂，参加研讨会，共进午餐，出席发布会，进行思想与信息的分享。阿拉贡内斯和德尔·博斯克在耶罗的陪伴下，就像猫和狗一样无法共存，他们小心翼翼地徘徊在五星级酒店。如果一个人在酒吧里，另一个就会在会议室，如果一个出现在二楼，那么另一个就会下楼到前台，积怨不断积蓄。

有一种潜在的冲突在滋生，2010年世界杯期间，阿拉贡内斯不断以分析家的身份批评西班牙队需要一些会出力干粗活的蓝领才能小组出线。在夺得世界杯冠军之后，德尔·博斯克带着一座大力神金杯来与阿拉贡内斯的银杯抗衡，这算得上是复仇的机会。西班牙有一个以胡安·卡洛斯国王的儿子阿斯图里亚斯王子命名的年度奖项，介于爵位和诺贝尔奖之间。在所有其他类别的获奖者，包括瓦茨拉夫·哈维尔①、纳尔逊·曼德拉②、伍迪·艾伦③、安伯托·艾柯④、鲍勃·迪伦⑤、艾伯特·戈尔⑥。在体育圈里，玛蒂娜·纳芙拉蒂诺娃⑦、塞巴斯蒂

---

① 译者注：捷克作家。

② 译者注：已故前南非总统。

③ 译者注：好莱坞著名导演。

④ 译者注：意大利哲学家、历史学家、小说家。

⑤ 译者注：美国唱作人、摇滚歌手、民谣歌手、音乐家、诗人。

⑥ 译者注：美国政治家，前美国副总统。

⑦ 译者注：前网坛女皇，捷克人，1981年加入美国国籍。

安·科[①]、迈克尔·舒马赫[②]和卡尔·刘易斯[③]，都在授勋名单中。2010年，西班牙国家队以压倒性的优势赢得了阿斯图里亚王子奖。在同年10月的一个星期五晚上，各界社会名流、政治家、艺术家、科学家、作家和皇室家族齐聚在奥维多优雅的坎波阿莫剧院，下面这些是西班牙队主教练在参加颁奖典礼时的部分发言。

维森特·德尔·博斯克：*100多年来，足球已经是西班牙人日常生活的一部分，它是与数百万西班牙人的希望和梦想紧密联系在一起的。我们谈论足球的频率和强度，就好像足球是我们每一个家庭的一个成员。它无处不在，没有人会对足球漠不关心。因此，我们（的球队）既是特权地位的受益者，也背负着无法忽视的责任。我们承载着一种普遍现象的标准，要求你每一天都争取变得更好。我们是少数捍卫着体育最高水准的人，也是很多人跟随的榜样。今晚这支得到阿斯图里亚斯王子奖的球队，展现了职业足球中超越任何特定奖杯成功和其他物质利益的价值——这些球员是令我们所有人光荣的传统的合法继承人。*

他们的价值观，都是永恒的和决定性的，是努力、天赋、牺牲、纪律、团结和谦虚。这些赢得世界杯的人拥有真正的体育精神和荣誉。他们直到最后的决赛依然在捍卫那些价值——如果以其他任何方式，我们都不可能做到。西班牙队夺得世界杯冠军是对于这些价值的回报，但也是所有球员对我们足球的命题，我们对足球哲学的坚定信念是正确的，他们为之付出了一切。无论这一概念任何时候受到怀疑，我们都知道这是我们能够应付逆境和困难的唯一方式，如果你希望达到我们想做到的一切，它总会出现。

这支球队对于获得这一独特的成功、能够让数百万西班牙人自豪而

---

① 译者注：英国著名男子中跑运动员，2012年伦敦奥组委主席。

② 译者注：F1德国车王。

③ 译者注：美国田径巨星，短跑和跳远名将，1984年洛杉矶一人独得4枚田径金牌。

深深满意。这些谦逊、谦虚的球员们已经成为了和他们有能力踢出的全面足球一样强大的力量。

博斯克说完这些话之后，在一群充满崇拜的观众面前，被世界杯夺冠球员们左拥右簇，德尔·博斯克大步走向了费利佩王子，接受了颁奖，之后他突然走向了观众，他知道他想要找的人坐在哪里。平静的脸上带着亲切的微笑，他伸出手，优雅地请求路易斯·阿拉贡内斯——他的前任、批评者，有时候还是对手，走出观众席，和球队站在一起，接受整个剧院所有观众雷鸣般的掌声以及正在观看电视直播的数百万人的欣赏。

阿拉贡内斯显然吓了一跳，但就像他表现出的激动和荣幸，阿拉贡内斯大方地接受了邀请。观众们高举双臂表示认可，阿拉贡内斯、德尔·博斯克和所有2008年欧洲杯的冠军成员，加上夺得2010年南非世界杯的新人，此时此刻，他们不仅仅是站在他们人生的顶点，也是西班牙体育史的巅峰。

如果在天上的某处向下看，费尔明·德尔·博斯克——共和党人、民主的卫士、平等权利的牧师，相信人类皆为兄弟，年轻的维森特·德尔·博斯克的父亲，也会为儿子感到非常骄傲。真的。

第八章　南非指南

虽然维森特·德尔·博斯克上任以来赢得了所有的比赛，创造了西班牙队的历史新高，但他仍然是个新人。2009年南非联合会杯是他作为国家队主教练的第一届赛事，如果说这届比赛对于西班牙球迷和贪婪的西班牙媒体来说很重要，对于他的球员们的意义就远远没有这么大了。

他和队员们的联系很少，都是在世界杯预选赛之前的短短几天。那些比赛已经成功，但在这次的旅途中，主教练可以更仔细地观察他的球员们，而球员们也可以权衡下和路易斯·阿拉贡内斯的强有力控制相比，新主帅是否会有更大的回转余地。他们将在一起在旅途和训练营中去体验锦标赛的足球，淘汰赛不允许出现任何错误，2008欧洲杯夺冠是一次性的，还是斗牛士军团已经获得了胜利的习惯。

从一开始，西班牙似乎做错了什么，为了几块钱——好吧，是几十万欧元——西班牙足协同意在阿塞拜疆的巴库踢一场友谊赛，而距离西班牙队联合会杯首战在勒斯滕堡对阵新西兰队只有5天时间。对于经历了一个残酷赛季已经精疲力竭的球员们来说，这意味着他们需要在飞机上多跨越5000公里旅程，面对不必要的时差调整，巨大的温度变化。不论他们挣到了什么，这都是逻辑的错误。

是福不是祸，是祸躲不过。如果你离家5000公里，你尝试勉强踢一场赚钱的友谊赛（西班牙队6：0大胜对手），可不是什么好主意，有些事难免会出问题。事实就是如此。

西班牙队中一员——并不是一个球员——丢掉了护照，球队飞离巴库的航班被推迟到了凌晨3点。最后护照没有找到，而球员的睡眠被打乱了，工作人员被留下解决问题。这是个糟糕的开始。

15小时之后，经过从约翰内斯堡北上到勒斯滕堡的120公里车程折腾后，欧洲杯冠军们不论是身体还是精神上都被彻底打垮了。当地气温是30℃，要比在巴库时低一些。德尔·博斯克别无选择，只能取消第一堂训练课，尽管这堂课对于了解球员的各种肌肉问题和振作球员疲惫的精神很有价值。

西班牙队在小组赛阶段先后战胜了新西兰队、伊拉克队和东道主南非队，比赛场地有两个：勒斯滕堡和布隆方丹。那些承担了职责、代表德尔·博斯克策划这届赛事的人忽略了拥有一个良好计划、合理资源配置基地的价值，对于旅行来说这个基地是简单、快速和安全的。

西班牙队踢完在勒斯滕堡的第一场比赛之后，他们发现很难喜欢这个地方，从训练场穿越城市抵达他们预订的酒店需要20分钟车程，之后他们揭穿了布隆方丹的问题，在那里，训练场和自由州体育场比赛场地的表面没有处理好，草皮几乎没有浇水，硬且不平。在寒冷和潮湿的条件下，草皮的切割也非常糟糕。

在冬天，赛事组织者在一个远远没有达到世界最佳球队的五星级要求的草皮上安排了6天3场比赛。这样的场地也将限制西班牙队的风格，阻碍他们的速度和技术。一年之后，比赛场地的草皮也将成为西班牙队、国际足联和当地组委会的争论焦点。

这些障碍处在西班牙队赢得世界杯的挑战的核心位置，也让那些能够做到的成员成为最独家的组织。不过，训练场处在足协的管辖之内，他们可以组织他们的国家队获得这些大赛胜利的最佳机会。在回顾的过程中，从联合会杯到世界杯之间的同化和长期规划，西班牙队决定他们在南非的小组赛或者淘汰赛阶段都不挪窝。反而，他们希望模仿2008年将训练基地定在纽斯蒂夫特的成功，希望找到一个相对的中央场地，能够提供一流的训练中心，一个比联合会杯时他们所占用的布隆方丹酒店更隐蔽的地方，可以方便他们轻松地登陆自己的飞机。

他们最终选择了波切夫斯特鲁姆，一个帮助他们实现他们的特定品牌的大赛管理的基地，在那里球员们被允许拥有自由时间去熟悉周边环境，和住在附近的朋友、家人一起放松。

同样的，联合会杯也有一些积极的影响，对于准备世界杯起到了积极作用。

南非对于英超十分痴迷，甚至是一种赤裸裸的欲望。当巴塞罗那刚刚以柔软的风格夺得三冠王，但利物浦小分队，甚至超过了阿森纳的塞斯克·法布雷加斯是最吸引人的。

费尔南多·托雷斯遭到了热爱英国足球和英超球员的球迷的包围，阿尔瓦罗·阿韦洛亚说："在我看来，将这两届大赛放在南非举行是个好主意，这是将非洲足球带到世界上其他地方的一个伟大的方式。"

当德尔·博斯克的球员们被允许登上一辆敞篷大巴前往兰斯堡国家公园保护区探险时，尽管球队的医务人员对于当地寒冷气候的影响十分担心，因为当天早晨的气温在0℃左右，但球员们很喜欢去寻找和给那些狮子、老虎、水牛、大象和犀牛进行拍照。

这些是小音符，是温柔的进步，但对于所有参加联合会杯、下一个夏天将回到这个冲突的国家的球员们来说，却有着一种愉快、有趣的感觉。你可以直接追踪从2009年夏天到2010年夏天其他重要的事情。随着联合会杯开始，大卫·比利亚的进球帮助他成为劳尔之后的西班牙队历史射手榜第二位，他成为了皇家马德里正式报价的对象，巴塞罗那也想要他，他们发动了反击，但球员的价格对于诺坎普主席拉波尔塔来说有些太高了。瓦伦西亚确认他们已经收到了一份报价，比利亚承认他已经做出了决定，但是他会保持安静，把一切事情交给他的经纪人打理。与此同时，众所周知，皇家马德里也正准备以9400万欧元（8000万英镑）的世界纪录签约克里斯蒂亚诺·罗纳尔多[①]，弗洛伦蒂诺·佩雷斯有一个疯狂的重建计划，就在巴塞罗那夺得三冠王之前，佩雷斯评论比利亚转会皇家马德里"只是个时间问题"。

---

① 译者注：Cristiano Ronaldo，C罗。

在布隆方丹，就像个疯人院。所有人都想要比利亚表明态度。他会不会去皇家马德里？为什么迟迟没有结论？是不是转会巴塞罗那的机会劝阻了他加盟皇家马德里？所有人在不断猜测，甚至连球队其他成员也进入了媒体的视线。比利亚的瓦伦西亚队友是否愿意评论？巴萨和皇马的球员们是否愿意公开或者私下发表评论？劳尔·阿尔比奥尔也将从梅斯塔利亚转会伯纳乌，对于西班牙队而言没有什么消息是积极的，德尔·博斯克注意到了这些。

12个月之后，大卫·席尔瓦陷入了同样有利可图的转会风波，几乎是同样高调地从瓦伦西亚转会曼城，而他在世界杯期间的出场时间也受到了影响。主教练知道他不能要求他的球员们完全掌控他们的生活，但是在一届大赛期间进行一次重要转会，在德尔·博斯克手下肯定会付出比赛时间减少的沉重代价。比利亚告诉巴塞罗那，要么他们在2010年5月世界杯开幕之前签下他，把一切转会事宜搞定，要么他不会加盟巴萨。

2009年夏天，对于德尔·博斯克来说，另一个问题是需要千方百计确保让安德烈斯·伊涅斯塔参加世界杯。这位中场球员已经因为伤病错过了联合会杯，德尔·博斯克不知道到2010年5月时，伊涅斯塔的恢复是否还会存在严重问题，但他知道自己不想在缺少伊涅斯塔的情况下赢得一届大赛。在第一次前往南非期间，主教练承认他是多么想念这个因伤缺席的小精灵。

维森特·德尔·博斯克：*我们带着巴勃罗·埃尔南德斯一起去，因为我们需要一位技术高超，能够打右边路的球员。我们有卡索拉，但是他刚伤愈。不论如何，伊涅斯塔对于我们是如此重要，他的比赛已经达到了你想要他做什么就做什么的境界。你可以让他打左路，右路或者中路，对他而言没有区别。他是全能的球员。在球队的所有球员之中，一直存在一个层次的差异。*

当他们击败南非队，以1场的优势超过巴西队、法国队和澳大利亚队创造了15连胜的世界纪录时，他们已经追平了巴西队35场不败的世界纪录。

或许这并不是一届他们梦想的大赛，但从阿拉贡内斯到德尔·博斯克和球员们，一种胜利的习惯已经被成功灌输给了这支国家队。

哈维·阿隆索：*我们不要自欺欺人，这并不是世界杯，也不是欧洲杯，但这是一个有冠军的大赛，这才是重要的。我们希望赢。为明年的世界杯做好计划，能够提前了解关于东道主国家的所有信息是有非常积极意义的。*

但是在半决赛中美国队终结了西班牙队夺得这项赛事冠军的希望，他们2：0获胜，也结束了西班牙队的不败纪录，主教练和球员们已经开始暗示，这种不测事件是不无可能的。

维森特·德尔·博斯克：*我们花了最大努力才击败伊拉克队和南非队，因此我们承受不起在美国队的挑战面前自乱阵脚的代价。在面对所谓的较弱竞争对手时，我们必须努力工作，保持谦逊的风格，认为美国队不会给我们制造太多麻烦的假设是致命的。*

不少斗牛士军团成员经历过2008年6月在桑坦德主场遭到本国球迷嘘声伺候的耻辱待遇，那时的对手同样是美国队。

哈维：*我们是大热门，我们会比他们承受更大压力。我们必须接受这一局面。但这场比赛绝对不会轻松，也不可能会轻松。近些年美国队的进步非常积极，特别是他们的进攻实力已经大大提升。*

斗牛士军团在对阵伊拉克队和南非队时就未能找到最佳状态，必须指出一些球员的缺席（马科斯·塞纳、伊涅斯塔），而美国队建立了快速、压迫式、直接的足球打法。

美国队主教练鲍勃·布拉德利和他的球员们一起凭借着高效执行他们简单、明确的战术思路赢得了一场比赛。他们压缩和骚扰西班牙队中场，克林特·登普西和兰登·多诺万展现了他们如何以最高水准、聪明地利用最少的控球机会的巨大特点。随后的几年证明，西班牙队并不是经常输掉这类比赛，但是类似输球也有明显的预兆，比如一年之后在德班输给瑞士队，2011年在温布利被（英格兰队中场）兰帕德的进球打败。

西班牙队全场射门29次，赢得17个角球，但他们射正球门次数仅有8次，还犯下了一些可怕的失误。

鲍勃·布拉德利：*我们的比赛计划是给哈维制造压力，我的球员们在这上面获得了巨大成功。*

巴萨球员（哈维）在丢掉第二球、那个决定性进球的过程中被断球，但是卡普德维拉、伊克尔·卡西利亚斯、赫拉德·皮克和塞尔吉奥·拉莫斯都犯下了罕见的失误，让何塞·阿尔蒂多雷和登普西打进2球。西班牙队表现得真不够好。

在我跟踪这一代球员的过程中，发现不同的球员有着同样的情绪："如果我们不够犀利，如果我们不压迫，如果球场很糟糕，那么我们就变成了一支平庸的球队，我们是可以被打败的。"这场失利是他们自从2006年以来第一次输球，就是个证明。

对于这次体验获取了两个重要的结论。对德尔·博斯克而言，反映在他的战术决定上：他将前锋们留在前面，用额外的进攻型中场挤满球场，鼓励后防线更直接处理球和多打长传，允许皮克作为辅助中锋前插。回顾分析主教练的战术，就是对西班牙队基本原则的抛弃，这会让西班牙足球看上去很混乱，他学到了明确的教训：不论现状如何都要坚持自己的足球哲学。这是一个关于德尔·博斯克决策的关键因素，特别是在世界杯揭幕战输给瑞士队之后，他顶住了压力，并没有弃用布斯克茨。

第二条就是失败之后的迅速反应。西班牙队祝贺美国队通过他们的战术布置获得了胜利，也像平常取胜一样面对他们的媒体职责，但结束连胜还是会让球员们受伤。他们还得返回勒斯滕堡打一场棘手的比赛来决定三四名，对手是东道主南非队，他们原本可以放任自流地对待这场比赛。但是恰恰相反，德尔·博斯克从对美国队失利中吸取了教训，对他的首发阵容做出了4处换人，尽管媒体批评对阵美国队浪费了太多机会，但是费尔南多·托雷斯和大卫·比利亚两位前锋继续同时首发，他们又没能进球，但达尼·古伊萨和费尔南多·略伦特被换上场——用前锋替换前锋，球队阵型和战术没有改变。

尽管南非队在比赛还剩17分钟时以1：0领先，但是在比赛结束之前的1分钟之内，古伊萨梅开二度，重新建立了西班牙队的优势。卡特莱格·姆菲拉第94分钟打入了个人第2球，比赛被拖入加时赛，球员们身体极度疲惫，但是西班牙队感谢哈维·阿隆索打进了致胜一球，西班牙队很快就找回了胜利的凭证。

西班牙足协的足球总监在这届大赛之后做出了总结报告。

费尔南多·耶罗：*我们在这里没有魔法棒。体育就是关于胜利和失败。我们已经拿到了世界杯预选赛晋级需要的6场胜利，新教练一直保持着我们2008年欧洲杯之后的胜利轨道。像这样的一次经验可以加强团队和他们对于胜利的渴望。我为球员们感到悲哀，他们如此希望打进决赛与巴西队对话，但是他们已经知道如何接受失败，如何做出反应。团队平均年龄24岁，大多数人已经踢过不少国家队比赛，但我们最近几个赛季也提拔了8名U21国家队球员。之前，西班牙队每次参加大赛都被冠以热门称号，但我们不曾做过什么来证明这一标签。现在我们有了一个理由，我们不必逃避热门的标签，一年之后我们将重新回到这里，我们将为冠军而来。*

第九章　2010年世界杯

这不是战争。我们应与对手竞争，我们应通过拼抢争夺球权，但我们更应坚持我们所熟知的踢球方式，忠于我们自己的风格。

——博斯克

当吉列尔莫·戈麦斯–帕拉查机长（Captain Guillermo Gómez-Paratcha）驾驶的空中客车A340–600班机腾空飞向约翰内斯堡时，伊涅斯塔很清楚，能够搭上这趟去往南非的航班，他极其幸运。

这位西班牙中场，刚经历过这辈子最沮丧的一年。世界杯前13个月遭遇的一次大腿伤病，在这一年中4次发作。2009/2010赛季的最后1/3赛程，他平均每场比赛大概只能为巴塞罗那出场30分钟。基于这样的出场记录，大概99%的球员都不会被国家队主教练选入征战世界杯的最终大名单。

伊涅斯塔的情况早已为坊间所知，在西班牙国内，是否召他入队，甚至足以引发公开辩论。但常人所不知道的情况是——实际上，只有这趟航班上的少数教练组成员及球员知道——当时的伊涅斯塔，无论在精神还是心理层面，都已经遍体鳞伤。

当整个西班牙都在为他的及时复原祈祷时，一个疑问却已经长期令伊涅斯塔备感痛苦：他会不会即便身体复原，却深陷心灵受伤、自信丧失的泥潭中？

在手提行李中，伊涅斯塔带了一盘特殊的DVD。这张塑料光碟，最终会被证明是一个神奇的物件，会在世界杯开始后决定整个西班牙国家队的成败。只是，当时没人会预料到这一点。

一切都要追溯到巴黎，2005/2006赛季的欧冠决赛。故事的中心人物是两个荷兰人，时任巴萨主帅里杰卡尔德和中场球员范博梅尔（在世界杯故事结束之前，范博梅尔还会让伊涅斯塔痛苦一次）。在对阿森纳的欧冠决赛中，里杰卡尔德没有将创造型中场伊涅斯塔排进首发阵容，而是选择了破坏型中场范博梅尔。

法布雷加斯领军的枪手上半场1：0领先，伊涅斯塔下半场替补上场后，以极具创造力的表现帮助巴萨2：1逆转取胜。只是，伊涅斯塔虽然成为了欧洲冠军，却无法忘却没能首发的痛苦，他将其形容为“我这一生最糟糕的时刻”。

时间来到2009年5月，罗马，伊涅斯塔的下一次欧冠决赛，对手是曼联。决赛的10天前，伊涅斯塔在巴萨3：3平比利亚雷亚尔的联赛中遭遇大腿伤病，肌肉撕裂了2厘米。但即便巴黎的伤痛已经过去3年，伊涅斯塔这一次却无论如何也不愿意错过能在决赛踢满90分钟的机会，他要自己掌握自己的命运。

伊涅斯塔这时身体只恢复到了60%，大腿肌肉组织只靠着细小的纤维维系，这种维系是如此脆弱，以至于俱乐部队医对他下达了死命令：不许射门，避免更严重的肌肉损伤。

但那天晚上，伊涅斯塔却奉献了一场不顾后果的发挥，帮助巴萨2：0击败曼联，并终于抹除了曾在巴黎遭遇的，困扰了他3年之久的痛苦。只是罗马也带来了不一样的伤痛：真实的、更加危险的伤病。这一次伤病的多次后续发作，让他错过了2009/2010赛季的一大部分赛事，更侵蚀了他的自信。

2009年的暮夏，伊涅斯塔更遭遇了一次毁灭性的打击。他的好友达尼·哈尔克（Dani Jarque），在西班牙人队的季前训练营中突然心脏病发，倒地猝逝。伊涅斯塔和这位西班牙人队长在西班牙足协的梯队系统下一同长大，情同手足。哈尔克的突然去世，进一步加剧了伊涅斯塔的危机。他不仅对自己的身体和能力失去了信心，更遭遇了死亡和信念的考验。

伊涅斯塔：*我之前创造出来的伊涅斯塔的形象，是能够在场上踢出极高的水平。而突然之间没办法这样踢球的事实，让我的生活陷入阴霾。我甚至一度对自己失去了信心。我不再确信自己能像以前一样表现了，这让我很难受。*

我敢肯定，俱乐部之外的人没有意识到我的情况有多糟糕。

2009年12月和2010年3月，伊涅斯塔不得不两次休战，不过到4月中旬，他还是全力训练，试图尽快复出。但接下来发生的事简直是一场灾难，4月13日星期二，巴萨对国际米兰的欧冠半决赛首回合交锋7天前，西班牙队的南非世界杯首战2个月前，伊涅斯塔在训练中因一次射门再次拉伤了右大腿肌肉。甚至在被射门的力道带倒之前，他就已经痛到眼中含泪。队友们继续训练，伊涅斯塔则蹒跚着走向甘珀训练场的一角，队医们赶紧小跑过来检查他的伤势。他瘦小的身体已经快要被啜泣摧毁了。

“那一天（发生的事）几乎杀了我，摧毁了我的心灵。”他后来曾如此回忆道。

这个赛季的剩余时间里，伊涅斯塔只出场了4分钟正式比赛。他本就脆弱不已的自信，又一次到了崩溃的边缘。基于目前这种状态，他很可能无法出征世界杯。

世界杯后，西班牙队主帅博斯克强调过他当时有多么左右为难，“肌肉伤病会直接打击你的心理。理论上你的身体可能已经痊愈了，但你在心理上有没有痊愈才是根本。如果没有，那么这一伤病会继续困扰你，造成后续的伤害。”

西班牙队医奥斯卡·塞拉达（Óscar Celada）说得更深入：“在世界杯最终名单公布之前，安德烈斯（伊涅斯塔）是队内几位有着严重问题的球员之一，当时博斯克要做的决定非常重大。”

最终，把伊涅斯塔列入初选大名单，成了一场基于医学层面，而不是体能层面的赌博，但博斯克可以肯定的一点，是伊涅斯塔的入选将是一个极其重要的选择。

就这样，伊涅斯塔坐在巴尔德斯旁边，登上了去往南非的航班。从14年前进入诺坎普球场的第一天起，巴尔德斯就成为了他的好友和倾诉对象。

世界杯前最后一场热身赛，西班牙队6：0击败了波兰队，博斯克冒险让伊涅斯塔出场，结果他又一次让伤势恶化，这还不是他登机时随身携带的唯一问题——身体上他正在复原，心理上却没有。

起飞后，伊涅斯塔打了半个小时的盹，醒来后他打开手提行李，拿出笔记本电脑，开始看DVD，他想要从中汲取力量和灵感，以挽救他的这届世界杯。

而在他身边坐着的，是一群兴致高昂、活力四射的队友，拉莫斯旁边是纳瓦斯，哈维陪着普约尔，托雷斯和哈维·阿隆索分享一个双人座。

按下“播放”键时，伊涅斯塔看到的是埃米利·里卡特（Emili Ricart）制作的视频。作为巴塞罗那理疗师，里卡特负责着队内球星们的伤病复原。他习惯对疗伤进行全方位的考量，因为他知道，仅靠修复肌肉组织远远不够，如果伤病对球员的信心和心理也造成了影响的话，那身体的康复绝不等于整个治疗的完成。“伊涅斯塔的伤病已经严重到了这种程度——他感觉问题永远不会离他而去了，他越陷越深。”里卡特后来回忆道。

伊涅斯塔在视频中首先看到的是马内尔·埃斯蒂亚特（Manel Estiarte），瓜迪奥拉执教巴萨前两年的得力助手。这个片段取自他此前的职业生涯，作为“水球界的梅西”，埃斯蒂亚特曾经是这项西班牙流行运动中最伟大的球员之一。他领军的球队，在1992年巴塞罗那奥运会上错失了金牌。当时球队在决赛中对阵意大利，在常规时间还剩9秒钟时被追平了比分，最终加时赛失利。在家乡输掉这样一场决赛，对这位加泰罗尼亚巨星打击甚大，这个硬汉甚至流下了英雄泪。视频很快跳过了4年时间，在亚特兰大奥运会上，埃斯蒂亚特率队重整旗鼓，拿下了金牌。

接下来的片段，是西班牙F1赛车手费尔南多·阿隆索（Fernando Alonso）2003年在圣保罗英特拉格斯赛道上的撞车事故。当时阿隆索的赛车时速高达150英里，撞车后赛车几乎解体，阿隆索被担架抬下了赛道。但这位阿斯图里亚斯车手此后东山再起，在2005年拿到自己的第一个F1世界冠军头衔，也借此成为当时史上最年轻的世界冠军。在巴西的领奖台上，阿隆索疯狂庆祝，因为那里正是他两年前出车祸的地方。

之后是2009年澳大利亚网球公开赛，西班牙网球名将拉法·纳达尔（Rafa Nadal）在一场历时4个半小时、鏖战5盘的史诗级决赛中，击败瑞士天王罗杰·费德勒（Roger Federer），捧得个人首座硬地大满贯桂冠，甚至让瑞士天王赛后洒泪，没能完成输家的致辞。图像很快跳到4个月后，费德勒捧起法国网球公开赛奖杯，成为男子网球史上第6位全满贯获得者。

最后，是伊涅斯塔自己在2009年对比利亚雷亚尔那场联赛中的图像。当时他倒在地上，捂着大腿肌肉，他的面部表情表明了此次伤病的痛苦程度，以及可能造成的严重后果。

作为与此相对应的荣耀时刻，2008/2009赛季欧冠半决赛对切尔西的次回合，他的劲射将皮球送入切尔西球门右上死角，将巴萨送入决赛，之后他疯狂脱衣，跑向角旗庆祝。会不会有更多的进球庆祝，更多次地冲向角旗？伊涅斯塔或许可以期待这一幕在世界杯上重演。

——第1日

——2010年6月11日，波切夫斯特鲁姆[①]

南非的N12高速公路，是一条美丽与危险并存的路。

它从南海岸的乔治镇——法国队这届悲惨的世界杯，一部分时间就

---

① 译者注：Potchefstroom，南非西北省城镇，西北大学的大学城，位于约翰内斯堡西南120公里。

在这里度过——蜿蜒北上，穿过豪登省，途径约翰内斯堡到达威特班克市，之后还可以一路进入南非邻国斯威士兰。从索韦托镇[1]到西班牙队驻地波切夫斯特鲁姆之间的130公里，风景非常特别。

离开索韦托镇后，双行道的两侧就全是一望无际的灌木丛了。避免这灌木丛长成大面积丛林的最廉价方式，就是放一把火去烧。这里是南非高原海拔5000英尺以上的区域，从你呼吸稀薄空气时鼻腔和咽喉的刺痛感，就可以感觉到海拔效应了。再加上野地里一直燃烧的野火带来的烟尘，这一趟路途倒也挺有意思。

但是，烟尘四处飘散，火势转移也漫无目的，有时候甚至是“恶意”穿过高速公路，因此在很长时间里，都没办法快速行进。有时候挡风玻璃外的视野不足10英尺，橙色的火焰极其猛烈，让人几乎可以透过紧闭的车窗感觉到热力。我可从来没来过这样的地方。

比野火更可怕的，是有时候会有流氓站在人行天桥上，向穿行的车辆扔煤渣块。波切夫斯特鲁姆是个温和的、漂亮的袖珍城市，普库拉尼旅馆的热情招待，更让我们深感愉快。但这届赛事晚些时候，女店主胡安妮塔·德科克（Juanita De Kock）告诉我们，仅仅几个月前，她哥哥就是在约堡到波奇[2]的路上，因为不法之徒的这种行径而不幸去世。

以上种种事情，就是西班牙足协负责安排西班牙队出行及住宿的经理安东尼奥·利莫内斯（Antonio Limones）对波奇市长提出更高要求的原因。利莫内斯告诉非国大市长马菲特·马菲特（Maphetle Maphetle），虽然西班牙足协非常青睐西北大学（North Western University）性能极佳的体育中心，但是除非他们建设一条飞机跑道，西班牙队才会继英格兰和澳大利亚板球队之后，也选择波切夫斯特鲁姆作为驻地。从波奇往返中转中心约堡东北的奥利弗·坦博机场（Oliver

---

① 译者注：Soweto，位于约翰内斯堡西南24公里，是南非由于昔日种族隔离政策造成的最大黑人城镇。

② 译者注：Potch，当地人对波切夫斯特鲁姆的简略叫法。

Tambo Airport）的路上，西班牙的风险管理负责人们绝不想一而再再而三地依靠N12公路。

这一要求的重要性，在世界杯开战后尤其凸显了出来。西班牙队2：1击败智利队这场关键的小组赛后，凌晨2点30左右，有暴徒站在N12公路旁，朝载着媒体记者返回波奇的大巴扔石块。这些暴徒想要的是要么打伤司机，要么让大巴出车祸，这样他们就可以让大巴停下，然后上车抢劫。这一次，暴徒们打碎了钢化玻璃，不过由于玻璃的强度够高，他们没有伤到司机。但是试想，如果载着卡西利亚斯、哈维、伊涅斯塔和博斯克的大巴也有这样被袭击的危险，也就不难理解，西班牙足协为什么这么担心了。

最终马菲特市长花费了2600万兰特[1]，用于扩建当地原本半废弃的军用机场，让空客A340-600这样的大型客机也可以着陆，还建设了足够安全的跑道。就这样，波奇得到了西班牙队的入驻。

斗牛士军团降落在南非的土地上时，吉列尔莫·戈麦斯-帕拉查机长致辞送别他的乘客们："让南非颤抖吧，西班牙队驾到了！"

英国短跑名将林福德·克里斯蒂（Linford Christie）、马拉松运动员葆拉·拉德克利夫（Paula Radcliffe）、中长跑名将凯莉·霍姆斯（Kelly Holmes）都曾在西北大学接受训练。西班牙队抵达不久后，疲倦的球员们就坐在学生公寓外，沐浴着豪登省的冬日阳光，看着祖鲁族演员们身着传统服饰跳舞，拍打着长筒靴，发出呜呜声。有些球员肯定希望回到2008年欧洲杯的驻地蒂罗尔，重新感受那里的铜管乐队、羽毛帽、皮短裤和儿歌*Veo veo*。

午休过后，西班牙队开始了第一堂训练课，通过"抢圈"游戏舒展了筋骨，并且进行了逼抢训练，不过参加训练的只有22个人。

天色已晚，气温降低，树叶在微风轻拂下沙沙作响，穿过法尼·杜托伊特英式橄榄球场（Fanie du Toit rugby pitch），你可以看到伊涅斯

① 译者注：Rand，南非货币，2600万兰特约合170万英镑。

塔在慢跑，是的，他就是缺席了西班牙队训练的最后一人。陪同他的是乌戈·卡马雷罗（Hugo Camarero），负责跟进伊涅斯塔康复的西班牙队理疗师。

卡马雷罗估计，伊涅斯塔要想从对波兰一役遭遇的伤病中康复，还需要一个星期的时间。不过这会使他到6月16日还不能复出，也就将错过西班牙队的首轮小组赛，对阵希斯菲尔德率领的瑞士队。

不过，队医奥斯卡·塞拉达（Óscar Celada）告诉我们："伊涅斯塔想要复出参加对瑞士一役的欲望是如此强烈，我们可能会在他留力的情况下，试着让他出场。"他说得很明白，我们不需要密码破译机来解读他的深意。

与此同时……

国际足联表示，南非会举办一届"法拉利"般顶级的世界杯。看上去确实挺吸引人，因为东道主在揭幕战中战平了A组对手墨西哥队。不过这届赛事肯定需要重新"调音"，否则就全是"呜呜塞拉"[①]*的噪音了。*

——第2日

——2010年6月12日，波切夫斯特鲁姆

这一天安排了两场训练，西班牙队球员们已经恢复了好心情。他们从住处走出来，穿过室外泳池和一小块绿地，去更衣室。当他们穿过球员通道进入球场时，座椅上的媒体记者和狂喜的当地球迷，就躁动不安了。记者们挂在栅栏上叫着球员们的名字，希望得到对方的点头或者眼色，因为这或许就意味着有采访的机会；当地人叫唤着球员，则是希望能够得到签名。

---

① 译者注：vuvuzela，南非球迷特有的助威喇叭。

时值初冬，天空湛蓝，上午的阳光仍然非常强烈，草皮剪得又短又光滑，几乎可以在上面打台球了。足协技术总监耶罗告诉我：“能够拥有如此高质量的设施，实在是令人激动。这里的草皮棒极了。”哈维和哈维·阿隆索都曾强调过传球顺畅对西班牙队的重要性，如果传球时皮球能像冰壶在冰上滑行，那么第一脚触球和其后的快速出球，就能更具优势。

但他们不知道的是，尽管西北大学的运动部职员和当地组委会密切联络，讨论了诸如草皮铺设、保养、浇水、修剪等问题，这块新鲜的草皮还是差点就被不可抗因素冲走了。

西班牙队的训练场是新修建的，就在西北大学森韦斯板球场（Senwes cricket ground）北边，环绕着七块英式橄榄球场。但同时它也很靠近莫伊河岸（Mooi Rivier），莫伊河在南非荷兰语中是“美丽的河”的意思。

之前的草皮叫作基库尤草皮（kikuyu turf），是给英式橄榄球专用的，后来被适用于足球的草皮取代。新草皮是用黑麦草和一些欧洲草种混合种植，一开始长势非常好，但西班牙队抵达的4周前，暴雨来了。这是当地人记忆中多年来雨量最大、最持久的一次降水，暴涨的河水冲击着河岸，西班牙队定制的草皮即将被大水卷走了。

这时候，作为草皮项目负责人和当地组委会领导的安妮特·科姆布林克教授（Annette Kombrink）站了出来，征用了所有在军用机场铺设跑道的工人，他们被大巴接到西北大学，然后开始堆沙袋、挖深沟，做一切力所能及的事情来阻挡大水。就这样，水势被控制住了，渐渐地，雨也不下了。

当博斯克帐下的球员们在绿油油的草皮上全速冲刺、练习传中和射门、玩“抢圈”游戏、打分组对抗赛时，他们完全不知道为了保住这块训练场，避免其在最后时刻被破坏，人们付出了多大的努力。

与此同时……

阿根廷队主教练，曾在世界杯上靠“上帝之手”进球的马拉多纳，表达了希望本届赛事能够公平竞赛的愿望。或许是受他言论的影响，英格兰队门将罗伯特·格林注意力不集中，将美国队中场登普西毫无威胁的射门漏入身后的网窝。这使得英格兰队丢掉了杰拉德进球带来的领先优势，最终英格兰队主帅卡佩罗不得不接受首战1∶1的平局。

——第3日

——2010年6月13日，波切夫斯特鲁姆

西班牙队的每堂训练课，都有很多当地的黑人球迷前来观看。他们要是有车，就得软磨硬泡地通过几个哨卡；要是没车，就得徒步走来，只为看一眼欧洲冠军的风采。他们站在球场看台上，聚集成群，吟唱着茨瓦纳语[①]的词句。这就像是一场虽然无法听懂，但是快乐悦耳的合唱，而且每当有一个新的球员名字，像哈维、伊涅斯塔或托雷斯，出现在这合唱中，人们的语调和语速都会发生改变。在这个我们无法听懂的合唱中听到球员的名字，就像在陌生的面孔中见到了熟人，有一种非常有趣的感觉。

这一天是星期日，只有一堂训练课，球员们下午放假。因此当他们得到通知还要穿上全套训练服去学生公寓区的会议室报到时，他们都不太高兴。

这个会议室将成为博斯克带领球队走向终极胜利的堡垒，正是在这里，对手的情况被仔细分析。不过今天，球员们是来这里听裁判简报（referee briefing）——每支世界杯参赛球队在开始比赛之前，都要参加这样的简报会。裁判委员会委派来做简报的是阿根廷昔日名哨，4年前在柏林执法了世界杯决赛的奥拉西奥·埃利松多（Horacio Elizondo）。

① 译者注：Tswana，属班图语系，是南非高原以北使用的主要语言。

西班牙队所在的H小组是本届世界杯最后一个开始比赛的小组，意味着西班牙队是最后一支抵达的球队，他们还有点烦躁不安。本届赛事已经在火热进行中，偶尔会有些精彩的比赛，但是大部分比赛都偏向保守，进球太少了。在西班牙队开踢之前的14场比赛，场均进球只有1.6粒。葡萄牙队对科特迪瓦队一役，不仅没有进球产生，甚至只有3脚射门打在门框范围内；意大利队1：1平巴拉圭队的比赛，只有6脚射正；新西兰1：1打平斯洛伐克，双方总共也只有5脚射正。

奥拉西奥·埃利松多试图让每个球员都了解到，在这届赛事中，阻挡犯规会受到多么严厉的处罚，而主裁判在斟酌对禁区内手球犯规要不要判罚点球时，会如何考虑手球的故意成分。在一个小时的“进修课程”过后，阿根廷“教授”让“学生”们提问，卡西利亚斯、哈维·阿隆索和雷纳是最先提问的。

埃利松多可别想休息，他每回答完一个问题，立刻就有人提出新的问题。哈维在得到队长卡西利亚斯批准后，礼貌而坚定地请求埃利松多给国际足联带个口信。

“我们坐在这里花了一个小时听您解释判罚条例，但您回去之后可以告诉（国际足联主席）布拉特先生，因为国际足联没有给草皮浇足够的水，没有把草剪到足够短的程度，防守战术就更容易奏效了。如果他想要高质量的比赛，如果他想要足够的娱乐性，那就告诉他好好整理下球场。”

哈维说这句话时完全没有带上个人层面的敌意，只有激情，但这还是给这个下午的简报会画上了句点。

这时候电视上正放着比赛，博斯克的球员们也想去场地上跑跑，他们想要出门，却被我们堵住了。

国际足联要求我们给每个球员拍摄一个短镜头，让他们在绿光屏前摆几个造型。这样电视台就可以在节目中使用，当比赛中宣布出场名单时，每念到一个名字，球场大屏幕上也可以放出相应球员的图像来。

我对球员们三番五次强调，让他们在拍摄时不要戴手表或者首饰，门将们必须戴上手套。我还要跟他们确认穿的都是主场球衣。

等到即将开始正式拍摄的时候，普约尔是第一个拍的，感觉他有点坐立不安，好像等不及了。通常小朋友们是需要阅读说明书才能明白哪些事能做哪些事不能，然而我却发现普约尔准备拍摄时手腕上仍然戴着自创品牌（CP5）的手表，我没说什么，让他开拍。房间里其他人开始打赌，看谁会第一个出来纠正他，毕竟，他们可都是好莱坞级别的明星啊。

普约尔交叉双臂，走上前来，冷酷地朝着镜头看了一眼，然后他就准备要走了。突然，他意识到自己不应该戴表，现在得要重新拍一遍了。有那么一瞬间，时间几乎停滞了，不知道这位巴萨队长到底是会重新走一遍他那工会罢工游行式的步子，还是把我打翻然后出门。然而，这一紧张的局面很快被哄堂大笑和调侃声打破。普约尔可怜地笑了笑，然后一切就都走上正轨了，每个人都融入了拍摄之中。

这是第三门将维克托·巴尔德斯（Víctor Valdés）参加的第一届大赛，轮到他拍的时候，我帮他拿着手表。当他拍完，准备离开房间的时候，他意识到自己忘了拿回那块名贵的手表。于是停下脚步，回过头来，他想起来是我拿着表，所以向我伸出了手。

“在这儿呢，给你。”我说，“你是不是在想，我会偷了这手表？”

“可能吧。”他面无表情地回答。

几天之后，赛前在德班大球场（Durban stadium），我穿着国际足联的比赛日标准制服，那是一套在巴黎手工制作的西装，配着白衬衫和领带，并不像我日常的装束。

“这西装不错。”巴尔德斯轻轻地捶了下我的肩膀，打了声招呼，“是你偷的吗？”

与此同时……

4∶0，德国队一战就把澳大利亚队打昏了。袋鼠军团还失去了蒂姆·卡希尔，埃弗顿中场因为飞铲施魏因斯泰格被驱逐出场。卡希尔事后流下热泪说：“几个小时内，梦想成真，梦想破灭。”

——第4日

——2010年6月14日，波切夫斯特鲁姆

西班牙队的训练很辛苦，尤其是晚上的时候，黑漆漆的，有着冬天的寒冷。可能是从北半球到南半球的气候变化，让球员们的状态也进入了赛季冬歇期的模式。

不管是在分组对抗赛还是专项射门训练中，比利亚和托雷斯在射门方面都不在状态。反倒是马塔状态正佳，卡普德维拉也有几次劲射破门。普约尔在输掉一次分组对抗赛后，还踢了可移动式球门一脚。这可不是过度自信的迹象。

阿韦洛亚说："世界杯比赛经常以平局结束，因为这么多球队都害怕输球，而不想着进球，不想着用漂亮的方式赢球。但我们也没有演绎漂亮足球的责任，我们来这里也只想获得胜利。"

博斯克看上去倒是全神贯注。每堂训练课，西班牙队主帅都要求球员做得更好，他希望球员们思考得更快，被逼抢时传球更让人难以捉摸，在门前更加冷酷。

不过这并不是说他认为自满才是球队最大的敌人，毕竟瑞士队主帅希斯菲尔德也不是个好对付的对手。以往分别担任拜仁慕尼黑和皇家马德里主帅时，两人在2000年至2002年之间打了8场史诗级的欧冠比赛。1999/2000赛季的欧冠第二阶段小组赛，皇马两次被拜仁击败，期间丢了8球①。但这个赛季的半决赛中，皇马通过两回合精彩比赛将拜仁淘汰出局②。之后一年，轮到了希斯菲尔德在半决赛中复仇成功③。2002年的1/4决赛，博斯克又带领皇马踏过拜仁晋级④。

虽然瑞士队没有拜仁这种级别的球星，但在世界杯预选赛期间，他们平均每场比赛丢球少于1粒，友谊赛对阵意大利队也取得两连平。

---

① 译者注：皇马主场2：4，客场1：4，两回合总比分3：8。

② 译者注：主场2：0，客场1：2，两回合3：2晋级决赛并夺冠。

③ 译者注：拜仁客场1：0，主场2：1，两回合总比分3：1晋级决赛并夺冠。

④ 译者注：皇马客场1：2，主场2：0，两回合总比分3：2晋级半决赛并最终夺冠。

博斯克告诉我们："我认为球队现在还行，对自己的潜力颇为自信。我们需要这么一届赛事，因为在西班牙，每个人都说我们是一支非凡的球队，我们是最高的，最帅的……诸如此类的话。"

"在本届世界杯上，我们可以发现，球队之间的差距很小。除非我们表现出最佳状态，我们可能很难赢下第一场比赛。不过在西班牙，人们的情绪太高涨了，我们没办法让他们消停下来。"

与此同时……

那些丢了倒霉球的球队，开始指责阿迪达斯的世界杯用球"普天同庆"[①]了。有人拍到墨西哥队门将奥斯卡·佩雷斯在训练场上踢美式橄榄球，他希望借此判断"普天同庆"的诡异的飞行路径。

——第5日

——2010年6月15日，德班

欧洲冠军起兵东征了！在6月14日星期一，细雨绵绵的晚上，西班牙队抵达了德班沙卡国王机场（King Shaka Airport）。

媒体记者们大多随后在午夜抵达，我们有几个人住在球队下榻的酒店，其他人则分散着住进了德班大球场[②]周边的家庭旅馆。

早上一醒来，西班牙队的球员们就可以看到乌姆格尼河（Umgeni River）的优美景色，河口开向如今波涛汹涌的印度洋。但酒店却只有最基本的设施，前台职员也带着《活宝三人组》[③]的感觉，不过球员们要求不高，非常随和，只需要给他们食物，给他们床，让他们准时赶上比赛就行了。一切都挺好！

---

① 译者注：Jabulani，缘于班图语系中的祖鲁语。

② 译者注：Durban Stadium，又名摩西·马比达球场，Moses Mabhida Stadium。

③ 译者注：the Three Stooges，上世纪五六十年代风靡美国的喜剧。

明天，西班牙将迎来球队在世界杯决赛圈历史上的第50场比赛。他们只赢下了其中22场，并且从未突破世界杯1/4决赛的瓶颈。

斗牛士军团在南非打的上一场比赛，差不多是一年前的联合会杯，在半决赛中输给美国队。那也是博斯克2008年接任以来输掉的唯一一场正式比赛。当时他们在一块极其干燥的场地上，与一支水平有限，但是聪明、快速而且注重身体对抗的美国队展开了缠斗，而世界杯小组赛首轮对阵瑞士队，他们正好又将遭遇这样的挑战。

从酒店阳台就可以看到摩西·马比达球场，距离国王公园橄榄球场（Kings Park）也很近，国王公园是纳塔尔鲨鱼队的主场，也是1995年橄榄球世界杯半决赛场地之一。幸好组委会没有出于省钱的考虑，把它改造成足球场，谢天谢地！

西班牙队在下午的时候适应了下场地，发现草的长度比他们喜欢的长度更长，而且即便有下雨的征兆，他们还是希望比赛前和中场时，草皮能够得到充分的浇水。

博斯克让球员们伸展肢体，全速短跑，还打了一场分组对抗赛，之后就带队回到了河畔的酒店。技术团队则在早餐厅外的露台酒吧看了巴西队2：1击败朝鲜队的比赛。本届赛事迄今为止仍然不够精彩，虽然西班牙队来这里的首要目的是赢球，其次才是娱乐球迷，但整个世界还是在期待着博斯克的球队，期待欧洲冠军能够真正开启进球派对。

与此同时……

朝鲜队教练组在一次新闻发布会上被记者的提问搞得心烦意乱，因为记者问朝鲜领导人金正日在选择球队阵容时施加了多大的影响。在1：2输给巴西队的比赛中，志尹南打入一球，挽回了一些颜面，也避免了一场国际争端。

——第6日

——2010年6月16日，德班大球场，德班

西班牙vs瑞士

一！二！三！……赢！赢！赢！

这是个阳光明媚的星期三早上，开车10分钟就能抵达坐落在印度洋边的全新球场，在这里，西班牙队的本届世界杯征程将真正开启。不过到下午6点的时候，整个营地就被阴云笼罩了。

球员和教练组成员们登上球队大巴时，河畔酒店的前庭聚满了士兵、警察、保安和媒体记者。斗牛士军团计划了两条线路，最后一刻才选定了其中一条。球队的安全得到了严肃的对待。另有直升机盘桓在空中，对球队出征进行全程电视直播。

伊涅斯塔在前一天的最后一次训练中没有出现不良反应，因此首发也就可以确定了：卡西利亚斯；拉莫斯、皮克、普约尔、卡普德维拉；布斯克茨、哈维·阿隆索；大卫·席尔瓦、哈维、伊涅斯塔；比利亚，采用4-2-3-1阵型。在球队出发之前，博斯克宣布了这套首发阵容。

瑞士队的首发是：贝纳利奥；利希施泰纳、森德罗斯、格里希丁、齐格勒；巴内塔、因勒、胡格尔、热尔松·费尔南德斯；德迪约克；恩库福，是4-4-1-1阵型。

比赛结果将和2008年欧洲杯首战截然不同，主教练的赛前训话也会完全不一样。博斯克的训话非常克制，并不好斗，而且简洁明了，刚好用了69秒。

“伙计们，我们今天的任务是什么？”

“集中精力打好这场比赛！我希望你们当心这一点，当他们有任意球的时候，那些不排人墙的球员也要小心，别让他们打出战术配合，传出脚下球。所以比利亚和哈维，你们要当心，别让他们打出这种意外配合。”

“注意，这是一场重要的比赛，所以别吃红牌。如果有人被罚下场了，那么球队就会有问题了，他自己也会有问题！

“谁都别犯这种错误！安德烈斯（伊涅斯塔）和大卫（席尔瓦），你们要在边路保持警惕，一秒钟都别分心。”

“要专心控球，通过控球让球队阵型压上。让球动起来，塞尔吉奥（布斯克茨）和哈维，你们要互相保护对方的位置，尤其是你们之中的一个压上参与进攻的时候。如果皮克后排插上，你们也要保护他留下的空当。”

“最重要的，是要保护队友，要做到团队作战！”

之后他们在更衣室里围成了一圈，每个球员和教练组成员都高喊：“加油！”

最后，是他们的“经典曲目”。

一个声音喊：“一！二！三！”

大家一起喊：“赢！赢！赢！”

我的位置是在卡西利亚斯上半场比赛时把守的球门右后方20码，他的女友——电视台记者萨拉·卡波内罗①也在那里。就像我们的形象对比一样，比赛也呈现出了“美女与野兽”的风格。

西班牙队更有活力，也更开放，创造出了不少和门将一对一的机会，可惜哈维·阿隆索射中了横梁。皮克的射门机会更好，他得到了伊涅斯塔的妙传，在禁区内晃过瑞士中卫格里希丁的防守，右脚射向门将贝纳利奥的左侧，可惜瑞士门将用左膝挡出了皮球。

欧洲冠军全场尝试了24脚射门，其中8脚打在门框范围之内，制造了12次角球，犯规比瑞士队少了13次，而且没有领到1张黄牌（瑞士队则有4张），但最终的结果却是：西班牙队输了。

下半场开始6分钟后，瑞士队冲破了哈维·阿隆索和布斯克茨的中场双后腰关卡，巴萨中场布斯克茨更是连犯了两次关键错误。首先，他在争顶中没有争过瑞士前锋德迪约克（德迪约克后来还有一次射门将球

---

① 译者注：Sara Carbonero，西班牙体育记者，2009年起供职于西班牙电视五台。

偏出门柱，差点把比分变成2：0）；其次，布斯克茨没有及时跟上德迪约克，让后者可以自由突破。

普约尔冲上来试图堵住空缺，但另一名瑞士前锋恩库福得球后将球交还，德迪约克快速前插摆脱普约尔的防守，双中卫只剩下皮克孤立无援，德迪约克很快切入禁区，与卡西利亚斯形成了一对一。卡西快速倒地，试图用脚封堵德迪约克的射门，皮球被他挡到半空中，又击中德迪约克，再弹到高速回追的皮克身上，可是皮克在混战中倒地，皮球落到了热尔松·费尔南德斯身前，此前像是这波进攻看客的瑞士中场，轻松将球补射入空门。混乱中，德迪约克和卡西利亚斯的脚还都蹭到了皮克的脸，给这次混战又增添了一分荒谬感。

博斯克这场比赛使用的14名球员中，有6人是世界杯“初哥”，很明显，在这样的时刻，或许更重要的是丰富的经验和冷静的头脑。西班牙队在此后的比赛中还创造了一些机会，这一天，球队的整体表现令人信服，但在射门一项上却掉了链子。

当西班牙队迫切地想要进球时，托雷斯、纳瓦斯和佩德罗被派遣上阵，取代了布斯克茨、大卫·席尔瓦和另一个球员，这另一个球员，很不幸，是伊涅斯塔。虽然在西班牙队这难熬的一天中，伊涅斯塔其实是球队最具创造力、最有威胁的球员。

比赛还剩不到15分钟的时候，伊涅斯塔和瑞士后卫利希施泰纳拼抢，后者的身体优势就像是远洋客轮压过小划艇一样。伊涅斯塔不得不选择回避，让路放利希施泰纳通过，但他很快感觉到，自己大腿后侧肌肉出了问题。

赛后在球员通道内，近距离看到贝纳利奥（6英尺4英寸，约合1.93米）、胡格尔（6英尺3英寸，约合1.91米）、格里希丁（6英尺2英寸，约合1.88米）和德迪约克（6英尺3英寸，约合1.91米）脱下球衣和纳瓦斯、佩德罗、伊涅斯塔交换时，你会被瑞士球员的身材比例震惊。瑞士队本场比赛使用的14名球员中，只有1人身高不足6英尺（约合1.83米）。虽然我此前9年在西班牙所耳濡目染的意识，都是身体条件并非足球能力优劣的第一标准，但在这一刻我突然感觉，这些小个子球员不可能战胜那些“巨人”。虽然他们一辈子都在与“巨人”作战，而且伊涅斯塔经常被视为场上最佳，水平高出“巨人”们太多太多的球员。

博斯克大度而有力地和希斯菲尔德握了下手。回到更衣室，阿韦洛亚大叫：“这不是末日，赛事才刚开始呢！”

对于所有踢过足球比赛的人来说，西班牙队右后卫的这一番言论，听上去都像是更衣室里的陈词滥调，但是当整届赛事结束后回首，阵中大部分资深球员都会指出，阿韦洛亚的这番话触动了他们的神经。这是他们的第一个聚集点。

在德班，西班牙队身心俱伤，而在西班牙国内，已经有人磨刀霍霍了。前主帅阿拉贡内斯在接受电视台采访时说：“打赛事揭幕战的时候，你得要付出110%的努力。这场比赛让我感觉到，伙计们上场的时候觉得自己能轻松夺冠（他们太自满了）。”

西班牙0：1瑞士

西班牙队阵容：卡西利亚斯；拉莫斯、皮克、普约尔、卡普德维拉；布斯克茨（61’托雷斯）、哈维·阿隆索；大卫·席尔瓦（62’纳瓦斯）、哈维、伊涅斯塔（77’佩德罗）；比利亚

瑞士队阵容：贝纳利奥；利希施泰纳、森德罗斯（35’冯贝尔根）、格里希丁、齐格勒；巴内塔（90+2’埃吉曼）、因勒、胡格尔、热尔松·费尔南德斯；德迪约克（79’哈坎·雅金）；恩库福

进球：52’热尔松·费尔南德斯

与此同时……

这是东道主南非队的派对，然而0：3输给乌拉圭队之后，他们却想号啕大哭，尤其是门将库内还被罚下场。库内唯一可以安慰自己的，是他在场的时候球队只丢了一球。这场比赛的结果，让东道主彻底从杀进淘汰赛的美梦中惊醒过来。

——第7日

——2010年6月17日，波切夫斯特鲁姆

有些西班牙媒体，在晴空万里的时候还能保持立场的平衡，一旦遇到乌云密布，他们马上就歇斯底里了。此时不少媒体就要求博斯克弃用布斯克茨。这场失利是巴萨中场代表西班牙队的第14次出场，也仅仅是第4次正式比赛出场。突然之间，关于4-2-3-1阵型太过保守、双后腰组合太过注重保护后防而非创造机会的辩论又开始了。

即便在巴萨此前一个赛季夺得“三冠王”之后，也很少有外人知道，巴萨的队友们对布斯克茨有多么高的评价。队友们激赏他的果敢决策、位置感、断球功底和串联能力。

在国内，西班牙电视六台（La Sexta）发起了一项投票：“使用双后腰阵型，是否对西班牙队不利？请带着批评和建议致电我们——但要想在周一对阵洪都拉斯队之前找到解决办法，留给我们的时间不多了！”真是荒诞极了。

甚至跟队的媒体记者们信心动摇了。马德里体育报纸《阿斯报》（AS）在广播电台，比如，零波段电台（Onda）、科佩电台（Cope）、全国广播电台（RNE）、塞尔电台（SER），一些报纸，比如，《阿贝塞报》（*ABC*）、《加泰罗尼亚日报》（*El Periodico*）、《国家报》（*El Pais*）、《世界报》（*El Mundo*）、《真理报》（*La Razon*），电视台比如，国际经济电视台“足球视点”频道（Punto Pelota）、更多频道（Canal+）、电视四台（Cuatro）的记者之中进行了一次投票，在总共12位记者中，只有一位电台记者（全国广播电台）和一位电视记者（电视四台）认为博斯克应该坚持同样的阵型和人员。对于这支通过10连胜晋级世界杯决赛圈的球队来说，这可不是信心的体现。

这时，博斯克很聪明地召开了一次不在原定日程内的新闻发布会。媒体人们都希望通过此次新闻发布会得到新的报道视角，但除非能从博斯克嘴中套到积极的言论，否则他们还是会坚持否定的立场。

“我在这里不是想要和前任主帅（阿拉贡内斯）这样的权威进行辩

论，但我想要声明的一点，并不存在两个西班牙队——阿拉贡内斯的西班牙队和博斯克的西班牙队。这里只有一个西班牙队，我们都在朝着同样的方向努力。”

“在本届赛事中，没有任何其他球队的射门次数有我们这么多，正常情况下，我们本来应该能够进球，但这一天实在是太不走运了。”

博斯克的这一举动很不错，但他做了更好的事。他给球员们放了大半天的假，让他们可以去野生动物园看看传说中的非洲“五大神兽”：大象、狮子、猎豹、犀牛和野牛。就像这些珍稀动物一样，西班牙队的胜利也濒危了。

卡西这一天没有与队友同去，而是选择与女友萨拉·卡波内罗共度。2008年欧洲杯的“寿司帮”①，则去了莫伊河购物中心的开普敦海鲜市场。因为比赛中的失误备受舆论指摘心情郁闷的布斯克茨，则选择了独处。

基于战略上的考虑（让媒体得到新的报道素材，转移舆论火力），西班牙足协选择了开放整个训练基地，允许媒体造访，拍摄公寓区、餐厅、会议及录像分析室和娱乐设施，甚至让媒体进入板球俱乐部，球员们一般都是在那里看电视、玩电子游戏、飞镖、桌上足球和乒乓球。这可是极大的特权。

如果说你是个习惯住五星级酒店的百万富翁球员，那么在这里过一个月的话，条件未免太简朴了些。已经有一位法国政府部长用西班牙队住“学生公寓”做论据，批评多梅内克的法国队在开普敦海岸的住处太过奢侈了。博斯克的球员们甚至把自己的住处称作“修道院”（The Convent）。

新信息、新图像和博斯克的新言论，可以稍微转移西班牙国内媒体的注意力了，西班牙队因此暂时告别了那些写着“震惊！恐怖！”（Shock！Horror！）字样的头条标题。这一点公关小技巧，是由足协

① 译者注：以普约尔、伊涅斯塔和队中几位理疗师为核心的吃货小分队。

媒体关系负责人帕洛马·安托兰斯（Paloma Antoranz）掌控的，安托兰斯极其可靠、讨人喜欢，做法又极具前瞻性。他的这一点小技巧，只是为博斯克带领西班牙队登顶的一个公关层面的引子而已，不过这对于博斯克的重要性，却和阿拉贡内斯放弃劳尔是一个级别。

首发出战了对瑞士一役的球员，得到了一整天的休息时间。其他人则在晚上7点开始训练，不过还是有一个模范球员选择继续训练，那就是卡西利亚斯。卡西坚持参加了门将的全部训练项目，和两位替补巴尔德斯、雷纳一样努力。

“抢圈”、射门训练和分组对抗赛之后，球员们用了晚餐。饭后，博斯克和技术总监耶罗召集几名球员在板球俱乐部开会，这地方距离住宅区挺远，如果会谈中有人发言太过尖锐，也不会被外人看见。

此次会谈谨遵“查塔姆宫守则”①，即便与会者可以在会议室之外透露会议的议题，但是必须对细节保密，尤其是“谁说了什么”这一点必须保密。这就意味着，这次会谈无关身份等级，所有人的观点都是平等的，至少在这次会谈中，没有谁是权威。也不需要把不满藏在心里，话题没有禁忌。

虽然与会者名单有几种版本，我还是认可这个版本：博斯克、（助理教练）托尼·格兰德（Toni Grande）、耶罗、卡西利亚斯、哈维、雷纳、马切纳、托雷斯和哈维·阿隆索。可以肯定的一点，是球员们在会谈中统一表态，支持博斯克的风格理念和比赛计划，大家都认为，输给瑞士队只是一次事故而已。

博斯克也向球员们公开表示，他决不会调整阵型，不会屈从媒体的压力做出改变，也不会为失败寻找替罪羊。没有人会受到处罚，没有人会被弃用。

---

① 译者注：Chatham House Rule，即与会者可以自由使用在会议中获得的信息，但不得透露发言者及与之相关机构的身份，也不得透露任何其他与会者及其相关组织的身份。

耶罗告诉球员们，他从来没有在西班牙队营地里看到过如此和谐的场面，如此坚定的信念，他百分百相信，球队能够在这届赛事上取得伟大的成就。

博斯克在会谈的最后做了这样的总结性发言：“在输给瑞士队之前，我们就必须赢下之后6场比赛，才能赢得世界杯。现在，我们要想夺冠，仍然需要赢下这6场比赛。”

博斯克：*我们进行了一番热烈的讨论。我想要了解球员们的看法，虽然我知道我们应该对失利做出怎样的反应。我不能把任何一个球员单独拎出来，这一点很重要。在足球这项运动中，我们都会犯错，我们都会输球。如果输球后试图通过批评某个球员来补救，那我们会一直输下去。我们不会因为一场失利，就放弃使用我们一直以来的阵容和战术体系。要知道，正是靠着这套阵容打法，我们才走到今天。这次会议让每个人的头脑都重新清醒了，让球员们重新专心执行我的决定。我们还对打瑞士一役的几个细节进行了分析，希望从中吸取一些教训。球员们没有激烈的言语交锋，这让我有点没想到，但通过这次会谈，我已经很清楚接下来应该怎么办，并且坚信我们仍然可以赢下剩余6场比赛，夺得世界杯。*

与此同时……

曼联俱乐部官方宣布，英格兰中后卫费迪南德在训练中遭遇的伤病被确诊为膝盖韧带损伤，他不会去南非参加赛事。法国队在小组赛第二轮0：2输给墨西哥队之后，也基本确定要打道回府。不过有人比其他队友回去得更早——法国队前锋阿内尔卡和主帅多梅内克在训练中大吵了一架。

——第8日

——2010年6月18日，波切夫斯特鲁姆

这是南非高原上一个天空湛蓝的冬日，让人恍惚间想起英国最好的夏日。有几个球员，包括雷纳、布斯克茨、哈维·阿隆索和皮克，比我们其他人更早地见到了这一天的阳光。他们被批准可以在南非时间凌晨3点早起，聚在一起看卫星电视转播的NBA比赛，这是这个赛季NBA总决赛决定性的第7场，波士顿凯尔特人对阵洛杉矶湖人。

此前6场的比分是3：3，西班牙队球员们都为湖人队加油，因为在科比·布莱恩特之外，西班牙世界冠军保罗·加索尔是球队最有价值的球员。最终湖人队赢下了总冠军，西班牙球员们冒着凌晨的严寒看球的决定，也被证明是正确的。上午主力阵容重新加入训练的时候，每个人脚下似乎都装上了新的弹簧，兴致高昂。

训练仍然是例行的伸展运动，无休止的伸展运动；“抢圈”，无休止的“抢圈”。然后是队内训话和只许两次触球的分组对抗赛。还有一部分训练内容我到现在都没办法理解。有四个小球门按照指南针的四个方位摆放，很难说哪个球员是在哪个队中，不过最终都是要把皮球传进小门之中。我敢肯定，他们这么做就是想要迷惑观众！

每日例行新闻发布会在健身房后面的演讲厅举行。今天出席的球员是皮克和哈维·阿隆索，不过此前一天的会谈，已经为今天的发布会定下了基调。

皮克： *虽然我能够理解球迷们的失望，但是输给瑞士一役给我们整个战术体系带来批评，我认为这是极其可笑的。我们这场比赛踢得不错，只是没办法进球而已。相信我，我的那次射门机会本来很容易射进，如果进了，我敢保证，我们能再进两三个球。*

我们赢得了欧洲杯，我们一度35场比赛不败，我们赢下了每一场世界杯预选赛，带着夺冠热门的身份来到这里。通过这样一场比赛就得出我们的风格应该改变的结论，未免太愚蠢了一点。

至于那些批评双后腰和布斯克茨的谬论，我们击败阿根廷队的时候打的是同样的风格，那时候可没人说这话啊！当时每个人都把布斯（布斯克茨的昵称）捧到天上去了。人们总想找一个可以批评的对象，这种做法可真是可耻。

哈维·阿隆索： *所有之前没有批评过我和布斯克茨搭档，现在却大放厥词的人，只是基于一场比赛的结果来做机会主义的判断。*

这天晚上也有一堂训练课，有三件事尤其引人注意。第一，天气实在是太冷了，以至于现场观战的当地球迷全都穿戴整齐，帽子、滑雪服、围巾、手套，有的甚至围着毛毯。第二，虽然伊涅斯塔已经因伤确定无缘周一对洪都拉斯队的比赛，他至少小跑了一会儿，还做了伸展训练。第三，托雷斯在训练中开始找到射门状态，进了好几个球。

情况正在好转。球员们如果抬头往上看，就可以看到寒冷、氧气稀薄但缀满繁星的非洲夜空中，弥漫着他们呼吸的白气。

与此同时……

英格兰队0：0战平阿尔及利亚队后，鲁尼对着电视镜头批评了嘲笑球队的英格兰球迷，更有一名球迷设法进入英格兰更衣室，痛骂了三狮军团的国脚们。英格兰队的情况越来越糟糕了。德国队则被塞尔维亚队爆冷击败，克洛泽在开场37分钟就领到两张黄牌被罚下场。

——第9日

——2010年6月19日，波切夫斯特鲁姆

第二轮小组赛还有48小时就将开始，西班牙队将对手洪都拉斯队放到了显微镜下仔细观察。周六这天，西班牙队只有晚上一堂训练课，训练安排在晚上，部分原因是为了适应下周一的比赛，因为对洪都拉斯队是晚场比赛，球员们要适应一下这个时间段的温度。

上午11点的时候，所有人都聚集在会议及录像分析室。博斯克整理了手头关于洪都拉斯队的所有资料，他进行了一番精挑细选，分析了下要向球员们交代什么情况。他要向球员交代一些非常具体的细节，强调一些关键点，但也不能交代太多，以免球员们负担太重。

这可不是英剧《军情五处》的剧集，大量的数据不会凭空出现在屏幕上。这些信息需要经过大量的搜集、编辑和剪辑工作，最后被仔细剪辑成视频片段。这是一份极其费力但非常重要的工作，因此上周三西班牙队被瑞士队爆冷击败的时候，博斯克的两位老朋友和老同事——可怜的安东尼奥·费尔南德斯（Antonio Fernandez）和帕科·希门尼斯（Paco Jimenez）被塞进了一架空间和公用电话亭差不多大的小飞机，去往内尔斯普雷特（Nelsprit）观看洪都拉斯队的比赛。这支中北美球队最终以0：1败给了贝尔萨的智利队。

帕科·希门尼斯： *感觉我好像一辈子都在和维森特（博斯克）共事。我们20世纪70年代初就一起在卡斯特利翁（Castellon）踢球，他开始在皇马执教之后，我加入了他的教练组。之后（皇马主席）弗洛伦蒂诺想把我们都踢走，我们就一起去了贝西克塔斯。最后维森特加入了国家队，他先是叫哈维尔·米尼亚诺和托尼·格兰德加入教练组，然后就轮到我了。*

维森特和我在皇马赢得了那么多奖杯——丰田杯、两座欧冠奖杯，我们3年内总共赢得了7座冠军。

我的工作是做一名球探，尽可能收集与对手相关的信息。然后我会向球员们提供一份书面报告和视频资料，报告内容包罗万象，包括对手的踢球风格、战术体系和比赛战略，我会对他们在防线、中场和锋线的移动方式都进行仔细分析，还有对对方每个球员的分析。

在南非的时候，我有几次不得不乘坐双螺旋桨飞机，飞90分钟或2个小时，去1000公里外看一场比赛。这些飞机都非常小，有一次我到了机场，等到登机的时候发现，竟然没有梯子！我就问别人，我怎么上

飞机啊？人家告诉我，跳上机翼，从窗户爬进去！

这就是西班牙赢得了世界杯的方式。

球员们不仅得到了足够的信心，与此同时，他们还得到了很好的饮食。2008年欧洲杯的时候，被球员们戏称为“饥饿医生”（Doctor Hambre）的霍尔迪·坎德尔（Jordi Candel），更倾向控制球员们的饮食。现在，是塞拉达医生负责了，他的做法有点不一样。好吧，改变的不是一点点，比如现在有低脂希腊酸奶拌杏片了。

哈维尔·阿维苏（Javier Arbizú）给西班牙国家队做了20多年的厨师，虽然菜单的原料仍然被严格控制，但现在已经有更多菜式和做法了，一些沙拉的搭配选项更是无穷无尽。

2008年在奥地利的时候，雷纳、阿韦洛亚、德拉雷德和拉莫斯有时候会溜进酒店厨房偷点东西吃。不过经历过这么一届赛事后，每个球员都会减几公斤体重，不管他们多么想保持体型。

以下是进餐时刻表及饮食安排：

训练日

早餐（8：30-9：00）：鲜榨橙汁、咖啡配脱脂牛奶，蛋清煎蛋卷配干果/坚果，酸奶、吐司、火鸡冷盘、低脂奶酪组成的冷餐，四种新鲜水果。

午餐（13：30-14：00）：芦笋配金枪鱼的各种沙拉、水、水果、红酒（每4人分享1瓶）。主菜是意大利面、米饭、意大利千层饼、蔬菜奶油汤、鱼、牛肉或鸡肉。

点心（17：30）：水果沙拉。

晚餐（21：30-22：00）：各种沙拉、水、水果、红酒（每4人分享1瓶）。主菜是意大利面、米饭、意大利千层饼、蔬菜奶油汤、鱼或鸡肉。晚餐不允许吃红肉。

比赛日

早餐（8：30–9：00）：和训练日一致。

午餐（6月16日11：30–12：00、6月21日和25日13：30–14：00）：芦笋配金枪鱼的各种沙拉、水、水果、红酒（每4人分享1瓶）。主菜是意大利面、蔬菜奶油汤、土豆汤或鸡胸肉。

晚餐（6月16日21：30–22：00、6月21日和25日23：30–00：00）：水、水果、红酒（每4人分享1瓶）。主菜是生火腿、猪排、西班牙土豆鸡蛋饼、沙朗牛排或配四种酱的意大利面。

球员们的座位经常调整，不过分桌的选择不太变。比如，某一桌上会有哈维·阿隆索、拉莫斯、雷纳、卡西利亚斯、托雷斯、阿韦洛亚、阿尔比奥尔、纳瓦斯、马塔、马切纳和大卫·席尔瓦。另一桌则是哈维、伊涅斯塔、巴尔德斯、哈维·马丁内斯、卡普德维拉、法布雷加斯、皮克、普约尔、略伦特、比利亚、佩德罗和布斯克茨。另有一桌是教练组和体能教练们，还有一桌是队医和理疗师们。

供应红肉的时候，量也很小（每人不超过100克），任何菜都不会放糖，比赛日的菜则不会有洋葱。牛奶永远是脱脂的，营养师建议球员们选择鱼肉而不是其他肉类，他尤其要说服雷纳这么做。

赛事开始一年之前，阿维苏厨师就造访了南非的海鲜市场，他发现，这里有自己从业以来见过的最丰富、最美味的鱼类品种可供挑选。

与此同时……

在和法国队主帅多梅内克闹翻后，阿内尔卡被提前遣送回家。绰号“不高兴”（Le Sulk）的阿内尔卡摔门出去的时候，据说嘴里还嘟囔着反正他已经不想踢了，这是届无聊的世界杯之类的话。荷兰队则没有什么可抱怨的，橙衣军团1：0击败日本队之后，挺进了16强。

——第10日

——2010年6月20日，波切夫斯特鲁姆

伊涅斯塔可不是唯一带着祈祷来到南非的人。2008年欧洲杯决赛为西班牙队打入致胜球的托雷斯，也是经过了一番努力才来到了南非。

托雷斯的问题出现在伊涅斯塔受伤的前几天。作为一个土生土长的马德里人，托雷斯选择去巴塞罗那的孔达尔寻找解决办法。

托雷斯的右膝半月板出了问题，之前的第一次手术没有彻底解决问题，所以4月19日，西班牙最好的运动医学外科医生拉蒙・库加特（Dr Ramón Cugat）又给托雷斯做了次关节镜手术。

4月8日的时候，托雷斯在欧联杯1/4决赛中梅开二度，帮助利物浦4：1击败本菲卡，两回合总比分为5：3晋级——首回合卡多索对雷纳打入两粒点球，在这个世界杯故事中，仍然会有与点球有关的后续情节。托雷斯几乎是从比赛一开踢就感觉到膝盖疼痛，但他仍然坚持作战，最终帮助利物浦杀进了欧联杯半决赛。

4月12日，周一，托雷斯来到库加特医生的诊所做扫描检查。周五在英格兰的第二次扫描确诊了半月板损伤，如果托雷斯想要赶上南非世界杯的话，就必须立即进行手术。利物浦俱乐部同意库加特医生来主持托雷斯的手术，但当时冰岛火山连续爆发，释放出的大量火山灰导致航班停运，以至于托雷斯不得不临时改变计划，选择另一条路线。

托雷斯乘车从利物浦南下到达伦敦，然后乘坐欧洲之星列车到法国，再从法国坐车抵达加泰罗尼亚，周一一早到达库加特医生的诊所。

托雷斯：*从利物浦走陆路到加泰罗尼亚，这可真的是一趟难熬的旅程，但这是当时唯一的方式了。*

这趟旅程的整个过程，有点像是一场历险，至少我们在巴黎郊外停车睡了一会儿。周日晚上到达巴塞罗那的时候，我已经筋疲力尽了。

对本菲卡比赛的第2分钟，我的膝盖伤势就复发了，我带伤打完了这场比赛的剩余时间。如果只为西班牙队和世界杯着想的话，我早就会

请求下场了。但我当时想和利物浦一起杀进欧联杯决赛，那是我当时最优先考虑的事情。

我可不是要为托雷斯的英勇授予他一枚紫心勋章，但我确实认为，那些在这个问题上攻击他的人，应该理解他所做的选择。人们说他本该几个月之前就彻底处理好半月板问题；人们说他拿自己的膝盖为利物浦而不是西班牙队冒险；人们说他的选择代价太沉重了。但是，我认为人们应该理解他。

这一天还有一件有趣的事情，阿尔比奥尔跟我说，他想找出到底是哪家报纸的头版文章在造卡西利亚斯的谣。文章说，卡西之所以在对瑞士队的比赛中会丢球，是因为他女友萨拉·卡波内罗及其摄像师上半场就在卡西把守的球门右侧。但事实是，丢球发生在下半场。这家报纸是英国大报《泰晤士报》。

阿尔比奥尔：*这个报道是彻彻底底的垃圾，总有人想把卡西利亚斯拉进有关他女友是电视记者的愚蠢争论之中。他是个伟大的职业球员，他是我们的队长，是世界上最优秀的门将之一。我无法忍受自己听到这种有关他的荒谬言论。*

托雷斯：*那场糟糕的比赛，那么糟糕的一天，已经离我们远去，但是任何对手都可能让事情继续复杂化。去年联合会杯输给美国队之后，我们就意识到了这一点。对我们来说，最重要的是忠于我们自己的哲学和风格，而不是把自己逼疯，然后开始做出一些古怪的选择。*

我不知道（我是否已经准备好了出场），但我和队友们非常努力，我开始一点点忘掉伤病，在训练中赶上队友们的水平。现在要让主教练来决定（用不用我）了，不管他怎么决定，我都能接受。

托雷斯会得到出场机会，但是他已经远离了焦点，因为在另一个球员身上，有更伟大的事情正在发生。西班牙队理疗师劳尔·马丁内斯

（Raúl Martínez）从为伊涅斯塔制作DVD的巴萨理疗师埃米利·里卡特手中接过了接力棒，开始全权负责伊涅斯塔的康复。

小组赛首轮再度受伤后，伊涅斯塔承认他感觉“这糟糕的一年中缠着他的伤病幽灵又重新露面了”。因此在身体康复之外，马丁内斯也试图让伊涅斯塔在心理层面也重新复原。两人进行了长时间的对话，马丁内斯让伊涅斯塔重新乐观了起来。

不管是出于怎样的原因，伊涅斯塔身体内部的齿轮又重新咬合在了一起，伊涅斯塔告诉马丁内斯，虽然不会出战对洪都拉斯队的比赛，他的心情也会保持平静。H小组第二场小组赛开打前一晚，伊涅斯塔入睡时不再有自己的身体会让自己失望的恐惧了，相反，他坚信队友们会完成任务，击败洪都拉斯队。可以说，伊涅斯塔已经度过了最艰难的一段时期，他已经准备好在球场上释放自己的影响力了。

球队大巴在这一天中午的时候就上路了，球员们最终下榻在约翰内斯堡桑顿区[①]的五星级豪华酒店，但明天他们将在“彩虹之国”的著名英式橄榄球场——埃利斯公园比赛。

与此同时……

将阿内尔卡遣送回国的决定，让法国队主帅多梅内克被整个球队遗弃。法国国脚们拒绝参加一堂训练课，并且发表声明，表示了自己对法国足协的不满。多梅内克此后在闻讯前来的媒体面前，被迫公开读出了这份声明。

——第11日

——2010年6月21日，埃利斯公园球场（Ellis Park Stadium），约翰内斯堡

① 译者注：Sandton，约翰内斯堡富人区。

西班牙vs洪都拉斯

一！二！三！……赢！赢！赢！

这届世界杯结束整整一年之后，卡西利亚斯将承认："我这辈子都没有像在对洪都拉斯队的比赛中那样紧张过。"

博斯克对输给瑞士的首发阵容进行了两处人员调整。纳瓦斯获得了首发，他取代的是他在德班替换下场的球员，未来的曼城队友大卫·席尔瓦。伊涅斯塔因伤被迫休战，也让托雷斯回到了首发十一人之中，比利亚移师到左翼，让利物浦前锋扮演4-2-3-1阵型中的单中锋角色。最重要的是，博斯克对自己的原则、自己说过的话和自己手下的球员都保持了忠诚，没有替罪羊将受到惩罚。球员们都认识到了这一点。

开球之前，博斯克的态度没有泄露出他内心的紧张，球员们倒是很紧张。博斯克在更衣室里向球员们训话时，他们甚至没有紧紧围绕在他身旁，有一两个球员在踱着步子，有一只皮球在地上弹着。博斯克认为，他在前一天的训话中已经做好了工作，现在只需要静待更衣室里发生变化了。和他在德班的69秒讲话一样，他这一次也会强调一些比赛的关键点，不过这次会更简洁、更有针对性而且更明确。

博斯克：*来吧……今天我们要更加灵活。持球的伙计，不仅可以传球给他身边的人，还可以传给身后的人，身前的人。不仅是中场球员这样，后卫和前锋也要这样。*

谁都别抱有我们要屠杀对手、打进很多球的想法。我们这场比赛要做的就是赢球，不是别的，就是赢球。

所以做好防守工作就很重要了，我们在比赛中也要防守。

我不会要求你们今天比那天更努力，我只要求，这一次我们要更好地把握住门前的机会。

哈维·阿隆索做出呼吁："请大家用心，动脑！"（Corazones y cabezas por favor！）

然后球员们齐声高喊。

这场比赛最终只是一场2：0的胜利，其实西班牙队本来有机会赢一个6：0。比赛开打不久，洪都拉斯就逃过了两次点球判罚：一次是禁区内手球犯规，另一次是角球防守中从身后推倒拉莫斯。比利亚射中了横梁，托雷斯则制造了另外两次射门机会。

比利亚首开纪录的进球，是一粒精彩的世界波：皮克中场右路长传到左路边线内，“葫芦娃”[①]胸部停球，然后直捣黄龙。面对门多萨和阿马多·格瓦拉这两位高大的防守球员，比利亚就像是滑雪时通过旗门一般身姿灵动，他先是从门多萨身旁扣回皮球，然后转换角度，从两人中间高速通过，只留给两人一个红色的身影。到这时他已经带球突破了20码，但在门将右侧的禁区内，他仍然处于无人盯防的状态。另一名后卫奥斯曼·查韦斯试图上前阻挡，但在最后一刻还是跟不上比利亚的脚步。比利亚将球调整到身体右侧，左脚稳稳扎住根，然后身体全面展开，右脚射出一记漂亮的弧线球，皮球直飞入球门右上角。门将巴利亚达雷斯的指尖虽然碰到了一点皮球，但只是造成了一点点变向，完全没有办法将其阻挡在门外。

至于第二球，比利亚的跑动非常出色。当时球被分到右路的纳瓦斯脚下，每个人都朝着洪都拉斯队的球门跑去，就像是有一个巨人把整个球场都提起来，把球员们往洪都拉斯队的球门一侧倒过去，而比利亚却突然刹住了车，在他想要出现的位置站住了脚。纳瓦斯看到了他，从禁区右侧传了一个斜线球，比利亚左脚停球后迅速起右脚射门，皮球击中了查韦斯的膝盖，稍稍变线，但还是飞入了球门中路。

此后洪都拉斯左后卫埃萨吉雷在禁区内对纳瓦斯犯规，送出一个点球。但比利亚却罚丢了，错过上演帽子戏法的机会。后来，比利亚的父亲还打电话取笑了他一番。

---

① 译者注：El Guaje，阿斯图里亚斯语中的“男孩”，因为比利亚从小就身材矮小。而guaje在墨西哥式西班牙语里是“葫芦”，因此中国球迷给他起了个“葫芦娃”的绰号。

比利亚错失这粒进球，对他而言也有额外的意义。此役的两粒进球，已经让他在世界杯决赛圈阶段的进球达到5粒，追平了西班牙队的纪录保持者劳尔、耶罗、莫伦特斯和布特拉格诺。不仅如此，比利亚还追平了劳尔保持的西班牙队总进球历史纪录：44球。

在比赛结束之前，还有其他的戏剧性情节。法布雷加斯过掉门将推射空门，皮球却在入网前被查韦斯门线解围！拉莫斯的射门则将将偏出……不过最终2：0取胜的结果，已经意味着西班牙队初步逃出生天，他们的命运也已经基本掌握在自己手中了。

但西班牙队没有抓住比赛中的所有机会，因此球员们下场时，博斯克的脸色还是有点低沉。普约尔冲进更衣室之后，暴怒地脱下球衣扔向墙壁。他觉得球队浪费了一次重大的机会——如果第3轮小组赛西班牙队的进球不够多的话，他们很可能会就此错过凭借净胜球优势拿到小组第1的机会。毕竟智利第2轮在伊丽莎白港（Port Elizabeth）1：0击败瑞士队后，已经拿到了6分，西班牙最后一轮即便击败这支南美球队，也不过与其同分，需要比较净胜球才能分出排名的高下。因此，西班牙队虽然终于松了一口气，却也觉得自己错过了良机。

在赛后新闻发布会上，博斯克直言不讳：“我不认为这场比赛我们踢得很好。是的，我们创造了很多射门机会，我们本应该以更多的进球赢下这场比赛，但我不算完全开心，因为我们最后的射门又一次失去了准星。不仅如此，我还认为最后半小时里，我们的阵型太开放了，容易让对手有可趁之机。如果以这样的方式对阵智利队，我们可有的受的。”

西班牙2：0洪都拉斯

西班牙队阵容：卡西利亚斯；拉莫斯（77’阿韦洛亚）、皮克、普约尔、卡普德维拉；布斯克茨、哈维·阿隆索；纳瓦斯、哈维（66’法布雷加斯）、比利亚；托雷斯（70’马塔）

进球：17’，51’比利亚

洪都拉斯队阵容：巴利亚达雷斯；门多萨、奥斯曼·查韦斯、菲格罗亚、伊萨吉雷；威尔逊·帕拉西奥斯、阿马多·格瓦拉；图西奥斯（63’拉蒙·努涅斯）、瓦尔特·马丁内斯、埃斯皮诺萨（46’韦尔科姆）；大卫·苏亚索

与此同时……

法国国脚和主帅、足协总算迎来了不太彻底的停战，球员们重新回到了训练之中。而在开普敦，葡萄牙队7：0大胜朝鲜队；生于南非的马克·冈萨雷斯，则在家乡的土地上代表智利队打入唯一一粒进球，帮助球队1：0击败瑞士队。

——**第12日**

——2010年6月22日，波切夫斯特鲁姆

回到基地之后，博斯克还有话要说。在这个本该用来安静地思考下一步怎么做的早上，博斯克慷慨地对媒体发声了。这一次，出席新闻发布会的是所有那些没有购买电视转播版权，或者没办法每场比赛都得到入场证的西班牙媒体。像第一场比赛输球后一样造福媒体，这种做法再次显示出博斯克特别乐于助人的观念。本来，在这场胜利之后，他完全可以得到一点私人时间的。

当然，也有可能是博斯克听到了阿拉贡内斯尖锐的批评，他才继续这么做。“奥塔莱萨的智者”（阿拉贡内斯）赛后在半岛电视台节目中评论道：“继续像这样踢的话，他们在这届赛事走不远。我不太喜欢他们的表现，哈维完全不在最适合的位置上。”

“我们不能靠过去的成就为生。”这可能是博斯克说的话中，最像是反驳阿拉贡内斯的一句。不过私底下，他更愿意出于乐观的角度来看

待前任说的话，球员们也是这样。

整届赛事过后，有一两名参加过2008年欧洲杯的资深球员，透露说，他们曾经就阿拉贡内斯的发言进行了深入思考：他们没有被阿拉贡内斯的批评刺痛，而是选择对“智者”的话进行分析，他们也没有把阿拉贡内斯的话看得比博斯克的话更重要。哈维和托雷斯就认为，应该读出阿拉贡内斯的言外之意，而不是单纯从表面上看待他的批评，这样才是有益的态度。他们认为，智者大师是想从远处激励他们。不论他们的想法正确与否，能够抱有这样的态度，就已经很积极了。“积极的想法！”2008年欧洲杯时，阿拉贡内斯这位有点坏脾气的老人，就曾经这么对他们怒吼过。

与此同时，布斯克茨得到了主帅最有力的公开支持。博斯克对临时召集的这批记者表态：“如果说我能重新做个球员的话，我想要做一个像布斯克茨那样的球员。他在场上什么活都能干，不断为其他队员做好铺垫。他是个慷慨的球员，在防守端拼尽全力，而且他经常是在由守转攻过程中第一个发起进攻的球员。布斯克茨状态正佳的时候，我们的比赛会更加如行云流水，快速流畅。”博斯克在球员时代是个聪明优雅的中场天才，他能说出这样一番话，对布斯克茨显然是无上的赞美。

这次还是这样，所有首发打了对洪都拉斯一役的球员可以休息一个晚上。而卡西利亚斯也和之前一样，自愿和其他需要训练的球员一起努力。

虽然夜空黢黑，天气寒冷，看台上还是有一大群球迷在观战。而他们也不虚此行，因为训练课同样精彩。教练在训练中仍然强调犀利的攻防、快速的反应，之后又进行了射门训练和小场地的分组对抗赛。训练课尾声的分组对抗赛中，最引人注目的一点是伊涅斯塔打进3球，并且奉献了4次助攻。

似乎有什么事情正在发生。

与此同时……

东道主南非队小组出局，但他们是昂着头告别这届赛事的，因为他们在最后一轮小组赛中2：1击败了法国队。这一结果也让“高卢雄鸡”在A组中垫底，主教练多梅内克也就此下课。阿根廷队倒是对这种戏剧性情节没有兴趣，他们在最后一轮击败希腊队之后，全取9分，获得B组头名。

——第13日

——2010年6月23日，波切夫斯特鲁姆

在波奇，人们的生活和工作都遵循着明确的节奏，该工作的时候就好好工作，该生活的时候就好好生活。

妻子或者女朋友驻扎在附近的球员，得到了几个小时的探亲时间；6名球员（巴萨帮加上哈维·马丁内斯）则结队去了中心广场的意大利餐厅；托雷斯出门散了一下步，回来通过哨卡时，却发现自己的证件不知道丢哪儿了，这让他心惊胆战了好一会儿。执勤的士兵是南非队的球迷，他当然知道金童是谁，但他没有因此做出丝毫的让步，直到有足协的人从驻地大楼里出来，走到哨卡后才把托雷斯“解救”了回来。

与此同时，伊涅斯塔则到商业区的莫伊河购物中心，在音像商店的CD库藏中闲逛。他无忧无虑地购买着CD，心情已经重新平静了下来。

对球员们来说，这可能是非常放松的一天，但在西班牙国内，人们却仍然非常兴奋，或者说非常紧张。对洪都拉斯一役，是西班牙电视转播历史上观众人数第三多的足球比赛，仅次于2008年欧洲杯的决赛和半决赛。

拉莫斯因为肋骨受伤错过了训练；托雷斯参加了训练，至少身体没什么疼痛，但还没有到达最佳状态；伊涅斯塔恢复的进度加快了，他能赶上下一场比赛。

别忘了还有球员们对队友略显残忍的打趣。在周一的胜利中，皮克又一次意外挂彩，这一次是被对方后卫伊萨吉雷的球靴击中。之前对瑞士一役中丢球时，他的右眼角就已经受伤缝针。这一次，皮克添了三处小伤，集中在嘴和鼻子周围。训练之前我见到他了，他抱怨说自己感觉有点像“弗兰肯斯坦”[①]了。

到了球场上，他被队友们无情戏弄，反复打击。队友们拍他的后脑勺，踢他的屁股，残忍地嘲笑他。球队赢球了，小伙子们情绪正佳，皮克帅气的脸上挂了两次彩，正好给了他们找乐子的机会。这天晚上，他要被折磨死了。

训练结束后，球员们用了半小时晚餐，由于附近已经没有了媒体记者，球员们决定庆祝一下圣胡安仲夏节（San Juan）。

6月23日夏至当天，西班牙一直会举行盛大的节庆，传统方式是用焰火、篝火之类的来庆祝。不过由于西班牙队训练营所在地区天干物燥，容易出现火灾，因此放焰火不太可取，不过篝火还是可以的。球员和教练们在院子里的水泥地上做了个篝火，然后围着庆祝，火势小了一点的时候，有几个球员，包括马塔和卡普德维拉，甚至从篝火上跳过去，这也是传统。

实际上，整个过节的主意就是卡普德维拉提出来的。“圣胡安（San Juan）”在加泰罗尼亚语中是“圣霍安（San Joan）”，而卡普德维拉的名字就是霍安，也就是说，这一天是他同名的圣徒日。这是个重要的日子，也有理由借此让球员们聚在一起，提醒他们要想着家乡，要尊重传统，要团结在一起。可能读者可以看得出来，我很喜爱卡普德维拉这个球员。确实，他是个刚毅的球员，甚至有点疯，这是我给他的最高赞誉了。2008年欧洲杯时，他就想过圣胡安仲夏节，不过当时纽斯蒂夫特地区下着雨，所以他在自己房间里用一个金属制的废纸篓堆了些报纸，点燃了作为篝火，然后从上面跳过去。

---

① 译者注：Frankenstein，科学怪人，西方科幻经典形象。

这一天晚上晚些时候，球队又召开了一次板球俱乐部峰会，这次是耶罗召集的，与会球员包括哈维、卡西利亚斯、托雷斯、哈维·阿隆索和马切纳。博斯克希望通过这次会议消除队内的紧张情绪，他告诉球员们：“如果我们最终小组赛就被淘汰回家，我会承担一切责任和压力，别担心舆论会有怎样的反应，你们只需要带着微笑上场踢球。”

博斯克这么表态是出于善意，但有几个球员对此有不同看法。在会上，球员们都同意说如果小组赛就被淘汰，将是个巨大的灾难。不过这不是因为他们将招致多少辱骂，而是因为现在这支球队是西班牙历史上拥有过的最佳球队，却没有抓住机会。每个球员都发誓，他们决不会让这“黄金一代”被轻易浪费，任何情况下都不会。

经历过对瑞士队的失利，经历过围绕在伊涅斯塔和托雷斯身上的伤病与状态问题，经历过阿拉贡内斯的批评之后，西班牙队的状态开始回升了。

伊涅斯塔尤其显得更加开心，更加活跃。托雷斯虽然情况还在逐步改善，但改善确实在发生。

而从国际足联方面也可以了解到，比利亚不会因为停赛错过H小组对智利队的决定性战役。在埃利斯公园对阵洪都拉斯队的比赛半场结束前，伊萨吉雷故意踩踏了比利亚的脚趾，阿斯图里亚斯人还了洪都拉斯左后卫一巴掌，如果主裁判看到这一幕的话，很可能会直接将比利亚罚下，但当值的日本主裁判西村雄一既没有看到这一幕，也没有把这一事件补进赛后的裁判报告。因此此事可以就此结案。

“那是我的本能反应，这不是一件值得骄傲的事情，如果以后再被挑衅，我会尽量控制住自己。”比利亚表示。

被西班牙足协召入国家队第一天，西班牙球员们就被教导，被罚下场是一宗罪过：这是对队友的背叛，意味着另一个队友要接过你的场上职责，更可能意味着取胜的机会变小。“汝等不可被逐”因此成了球队的一大戒律。比利亚这次还算走运。

与此同时……

希腊队小组赛即遭淘汰后，主教练雷哈格尔辞职。英格兰队主帅卡佩罗则可以把这种决定推迟几天，因为三狮军团在惊险地1：0击败斯洛文尼亚队之后，以小组第二的身份出线。但这一结果，也让他们在1/8决赛中对上了德国队，后者在D组最后一轮击败加纳队，与拿到小组第二的“非洲黑星”一起出线。

——第14日

——2010年6月24日，波切夫斯特鲁姆

上午11点，所有球员都出现在波奇基地的训练场上，这可是一番奇怪的景象，因为这一天是赛事组织方所谓的“MD–1”（Match Day minus one day，比赛日前一天），而很多年来，“比赛日前夕”这个词汇本身就意味着诸多的问题：球员可能在这个时候出现营养失调、不耐症造成的腹泻以及肠道易激综合症。不过谢天谢地，现代医学昌明，很多症状都能得到解决。

斗牛士军团在驻地训练。因为比赛场地比勒陀利亚的洛夫特斯·韦尔斯费尔德球场（Loftus Versfeld stadium）刚举行完美国队对阿尔及利亚队的小组赛，组织方认为，如果两支球队今晚都在这里训练的话，场地情况会恶化，就不利于明天H组的决定性战役了。

训练课由伸展训练开始，然后当然是“抢圈”、全速短跑，最后是分组对抗赛。不过对抗赛每个半场只有15分钟，而且只是在球场3/4大小的场地上进行。中途博斯克把球员们召集起来，在中圈里面进行了简短的讲话。他强调了昨天晚上对智利队录像分析的重点，强调了自己想要在这场分组对抗赛，以及明天的比赛中看到什么样的理念。

由于去比勒陀利亚路途不远，这一次西班牙队选择冒险乘大巴经由N12公路过去。不过真实的原因在于，如果比赛结果对他们不利的话，他们接下来就应该直接坐大巴去奥利弗·坦博机场飞回马德里了，根本用不着再飞回波奇。

到了洛夫特斯·韦尔斯费尔德球场，他们感觉自己运气不错。草皮虽然留存着上一场比赛的伤痕——美国队在此获胜，从而力压英格兰队拿到了C组头名——但是既没有太过坚硬，也没有草太长的情况。这对于西班牙队而言，是两个利好消息。

博斯克这一次面对的媒体报道团尤其庞大，而且各国各地记者都有，把新闻发布会现场挤得满满当当。新来报道这场比赛的记者，可能会感觉这里秃鹫麇集，而西班牙队就是他们垂涎的腐肉。

这时，我抓住了拉莫斯，问他在上一场对洪都拉斯的比赛中被赋予了怎样的任务。那场比赛他没有100%遵守战术纪律，但是打得非常精彩，频频从右边路杀入危险区域，有三次差点进球，不过这似乎并不太像博斯克的命令。

“是的，我想要进球，并且将它献给某个（女）人，我承诺过她，这届世界杯会为她进一个球。四年前在德国我没有进过球，所以我承诺她会在这里进球，而且为她做一个特别的庆祝动作。希望我能实现诺言吧。”

不过拉莫斯其实是在虚张声势，就像是足球界的埃罗尔·弗林①。他在打洪都拉斯队的比赛中其实是打了止痛剂上场，每次冲入危险区域，他的肋部都会感觉到刺痛。

拉莫斯：*人们普遍认为我很渴望大场面，渴望那些压力巨大的比赛，这让我很高兴。对智利也会是一场充满激情的重大比赛，基于以往的经验，我们知道在家里会有很多人在观看这场比赛，他们都迫切希望我们有所表现。希望他们能感受到我为西班牙队踢球的自豪感，感受到我对于国家队战袍的热爱。我也想要展现出这一点。*

① 译者注：Errol Fly，澳大利亚男演员，以浪子豪客的性感形象著称。

与此同时……

意大利队王冠滑落——卫冕冠军在最后一轮小组赛中2：3输给了斯洛伐克队，最终在F组中垫底出局。塔塔·马蒂诺[①]执教的巴拉圭则在战平新西兰之后拿到头名。荷兰主帅范马尔韦克在击败喀麦隆之后，仍然批评球队的表现不够有连续性。喀麦隆主帅勒冈更加不开心，他赛后就宣布了辞职。

——第15日

——2010年6月25日，洛夫特斯·韦尔斯费尔德球场（Loftus Versfeld Stadium），比勒陀利亚

智利vs西班牙

一！二！三！……赢！赢！赢！

如果这是坏事的前兆的话，那么今晚肯定会是非常糟糕的一晚。比赛开场前90分钟，我的电话响个不停，西班牙队著名死忠球迷鼓王马诺洛（Manolo el del Bombo）被堵在了球场之外，一群懒洋洋的服务人员和糊涂的当地警察因为他带着那面著名的大鼓而拒绝放他进场。他只能打电话求我："朋友……朋友……帮帮我朋友……他们不放我进去。"

鼓王马诺洛是个像孩子一样的可爱男人，不过他可不是基思·穆恩[②]，他的一生都奉献在经营瓦伦西亚梅斯塔利亚球场外的酒吧，和跟随西班牙队去各地比赛上。他总是戴着他那巨大的黑色巴斯克软帽，带着他那面巨大的鼓，他自己一个人就是一支庞大的球迷军队。

他已经连续7届在现场观看世界杯了。这届赛事中，他穿着一件红黄相间的漂亮衣服，西班牙足协也非常照顾他。但现在他在球场外孤立

---

① 译者注：Tata Martino，马蒂诺在2006年到2011年期间执教巴拉圭国家队，2013年7月取代因病离职的蒂托·比拉诺瓦成为巴塞罗那主教练，2013/2014赛季结束后因成绩不佳黯然下课。

② 译者注：Keith Moon，英国摇滚乐队The Who的鼓手。

无援，困在大批的球迷之中，场外全乱套了。

最终，我们还是成功地把马诺洛带进了球场。我用一件在埃利斯公园球场拿到的南非橄榄球国家队训练服，贿赂了那个把马诺洛挡在门外的人，我想，南非橄榄球队或者埃利斯公园也不差这么一件衣服。

我敢打赌，西班牙国家队若见到鼓王，听到他那恐怖的鼓声，看到他率领球迷高唱，肯定会很高兴。因为赛前几个小时，每个西班牙国脚都要直面这场比赛对他们不利和世界杯之旅也许就此结束的担忧。他们都知道，作为欧洲冠军却没能小组出线，必然会被视为一场灾难。他们知道如果提前回去的话，整个国家都会暴怒地等着他们。但他们真正的担忧是辜负了自己。因为他们知道，自己本来是潜在的夺冠球队。比赛之前，到处都能感觉到忧虑。

一位资深球员（我需要在此隐去他的身份）在去往比赛的路上向另一个球员说："我已经吓到屁滚尿流了。"他的队友被震惊了。"从酒店到球场的路上，大巴上的沉默真是可怕极了。"博斯克事后如此回忆。

比利亚： *那场比赛之前的几个小时，是我加入国家队之后最紧张的时刻。*

皮克： *当时是那么安静，每个人都沉浸在自己的世界里面，想着如何才能帮助球队晋级。*

当球员们换衣服时，博斯克为了避免让自己的紧张情绪传染到他们，就去特别热身室待着了。之所以会有这么一个"特别热身室"，是因为洛夫特斯·韦尔斯费尔德球场本来是个英式橄榄球场，更衣室装得下11个足球运动员，却不一定装得下15个体格庞大的橄榄球球员。他在热身室里无精打采地徘徊着，还一脚把一只皮球踢走了。

哈维： *从每个人的脸上，你都可以看得出来，这一次大家都特别*

紧张。

不管球员们是知道自己还没有给身体里的汽缸点火，所以暂时表现得脆弱不堪，还是因为他们已经在内心中决定，无论如何今天他们都将不会像上届世界杯冠亚军意大利队和法国队一样带着耻辱提前回家。反正，等到他们出场热身，感受到了狂热的氛围，鼻腔被晚间寒冷的空气刺痛之后，他们就会彻底甩掉了身上的紧张情绪。

博斯克的训话非常之短，比一个醉酒的苏格兰人的火爆脾气还短。

博斯克：*我每天都这么说，但我今天尤其要强调，千万别犯错。在场上，我们要团结一致。如果有一名球员正在持球，必须有两个人来接应他。还有一点，很多很多人都在家里看着我们，他们视你们为榜样。上场为他们而战吧！*

13秒。但这已经够了，每个人都走过来围成一圈。

一个声音喊："一！二！三！"

大家一起喊："赢！赢！赢！"

博斯克的策略，是借着赛前热身的势头，把球员们的情绪调动起来，提醒他们，在足球之外还有一整个国家在期待着他们，他们要做好自己的事情。

博斯克先行出发去了球员通道，接下来的时间段留给了哈维和卡西利亚斯，他们发表了一番演讲，希望重新唤起48小时前在波切夫斯特鲁姆板球俱乐部峰会上的那种情绪。几位队内领袖希望球员们做好准备，神经别再敏感了。

博斯克：*不要想我们两年前赢得过什么，不要想能否带着荣誉回国，不要想是否带着笑容踢球。这一场比赛要么生要么死，这是我们职业生涯的终极一战，我们必须赢。*

不知道贝尔萨对他的智利队说了什么，我不太关心，当然，我也不太喜欢他们晚上的踢法。开场之后，他们表现得就像场上有14个球员。每当拉莫斯和卡普德维拉在边路突破时，智利队都会对他们进行双人包夹防守。如果西班牙将球转到中场球员脚下，那么持球球员还没时间抬头，就会面临两个人的铲抢拦截。不仅如此，智利队能非常快地组织起反击，对欧洲冠军来说，这是一场令他们窒息的比赛。

直到逃过禁赛、此役继续出场的比利亚，打入了一记美妙的世界波。

智利进攻核心豪尔赫·巴尔迪维亚才华天纵，但是处理球却很草率，哈维·阿隆索在本方半场没费什么劲就从他脚下断下皮球。另一名智利中场、此役代打中卫的梅德尔在传球给巴尔迪维亚之后就继续前插，等待后者将球传回给他，这就让智利后防洞开。阿隆索立即发现了空当，并给托雷斯送出了一记左路直传，金童和智利后卫哈拉拼速度，眼看就要取胜了，智利门将克劳迪奥·布拉沃决定出击帮助后卫。布拉沃冲出禁区右侧，飞身滑铲，将球解围。但刚好跑到左路的比利亚非常清楚他现在有什么样的机会了，球落到他身前，他立刻左脚施射，皮球划出一道40米的弧线，在小禁区线外颠了一下，然后贴着右侧门柱，飞入无人看防的网窝。

这是比利亚这一生最精彩的进球之一，用的是左脚。他左脚的球靴上写着他的两个孩子赛达和奥拉亚的名字，还有他的球衣号码7和西班牙国旗，以及标志着他和妻子帕特里夏婚姻的小标识。

13分钟后，智利队试图从左路突破，但传给哈拉的球太不精准了，伊涅斯塔趁机插上断球，并将其传给右路的托雷斯。托雷斯将球回交，伊涅斯塔这时移动到了中路，他看到比利亚在左路无人盯防，便很快将球交给了他。智利后卫们集体犯错，跟着球移动，但比利亚突破到禁区左路后，又将皮球给回中路，无人盯防的伊涅斯塔脚弓将球推入布拉沃把守大门的右下死角。然后，伊涅斯塔很罕见地激动地庆祝了这粒进球，他狂奔到角旗区，踢了角旗一脚。过去一年的伤痛，似乎也随着这一脚消散殆尽。

赛前去球场的大巴上，伊涅斯塔的身旁坐着好友巴尔德斯（当12岁的伊涅斯塔含泪来到巴塞罗那的青训营，总是担惊受怕时，巴尔德斯是第一个照顾他的人），伊涅斯塔对他预言："我今晚会进球，我会把进球献给你。"

当西班牙队球员在庆祝时，当值墨西哥主裁马尔科·罗德里格斯却在场地的另一边罚下了智利中场马尔科·埃斯特拉达。在这次进攻的过程中，托雷斯将球交还给伊涅斯塔之后就继续前插，准备去远门柱接应传中，然而埃斯特拉达却踩了一下托雷斯的脚跟，导致托雷斯身体直接失去控制，飞了出去。这次犯规非常隐蔽，看上去似乎是无心之失，而且当时托雷斯没有控球，且西班牙队这次进攻最终进球了。尽管如此，马尔科·罗德里格斯仍然不想改变自己的判罚，于是，他本届赛事掏出的第二张红牌，就此成立。

西班牙队2：0领先，而且对手已经只剩10人。因此下半场开场不到2分钟就丢了一粒折射进球，斗牛士军团实在是徒增烦恼。然而在比赛还剩15分钟的时候，智利队主帅贝尔萨却做手势告诉球员们："这就够了！"1：2落后时，贝尔萨告诉球员们开始防守，虽然接下来的比赛场面非常难看，但这正是他们的做法。在这段极其冗长的时间（博斯克后来称这是"本届赛事最平和的15分钟"）里，智利队不仅集体退缩在中线以后，甚至是退到了本方半场15码后。如果西班牙队不尝试进入对方半场的话，智利队甚至允许他们自由控球，多久都行。智利队就像是在拒绝比赛。

H组此前比赛的结果，意味着这时候与洪都拉斯队战成0：0的瑞士队，不仅要赢球，还需要净胜两球，才能反超智利队获得晋级资格。然而如果瑞士队打进一球，以1：0获胜，而智利队又丢第3球的话，那么智利队就将出局。这显然是更加危险而且更有可能出现的场面。因此贝尔萨会要求球员们开始退缩防守。

西班牙队队长卡西利亚斯告诉身前的后卫们，如果智利队不想越过中线的话，那么西班牙队将获得小组头名，于是两支球队临时达成一致，场面空前和谐。虽然这可以理解，但是两队的默契球却极其令人厌恶，瑞士队也就此无缘出线。

博斯克之前如此努力想要赢下这场本以为会势均力敌的比赛，并且拿下H组头名，因此他从来没有考虑过会有这样的场面。当他终于明白过来，贝尔萨的球队不想再好好踢球时，他转过身来问助教托尼·格兰德："他们在干吗？！"

格兰德之前就已经做完了算术，他告诉老朋友："保持这样的结果的话，他们就将晋级，所以他们不敢冒险再丢球了。"而在这15分钟的和谐场面之前，智利队的表现用博斯克的话来说，"就像是带着必死的信念在战斗"。

这场比赛带来了以下的结果：

1.西班牙队避开了巴西队，1/8决赛中，他们将在开普敦对阵葡萄牙队。

2.西班牙队是1986年世界杯以来，第一支小组赛中没有领到一张牌的球队。

3.比利亚成为了西班牙队在世界杯决赛圈中的历史最佳射手。

4.伊涅斯塔拿到了此役的全场最佳球员称号，打入了近两年来在西班牙队的第一粒进球。

5.最重要的是，皮克终于可以告诉大家，这是他本届赛事第一场赛后不用缝针的比赛。

但是当他们凌晨回到波奇时，却发现一台发电机坏了，因此中央暖气没有了，有几名球员不得不裹着棉衣睡下了。

不管怎样，西班牙队进入16强了。

智利1：2西班牙

智利队阵容：克劳迪奥·布拉沃；梅德尔、庞塞、哈拉；伊斯拉、马尔科·埃斯特拉达、比达尔；博塞茹；桑切斯（65'奥雷利亚纳）、

豪尔赫·巴尔迪维亚（46’ 帕拉德斯）、马克·冈萨雷斯（46’米利亚尔）

进球：47’米利亚尔

西班牙队阵容：卡西利亚斯；拉莫斯、皮克、普约尔、卡普德维拉；布斯克茨、哈维·阿隆索（73’哈维·马丁内斯）；伊涅斯塔、哈维、比利亚；托雷斯（55’法布雷加斯）

进球：24’比利亚，37’伊涅斯塔

与此同时……

最后一轮0：0战平葡萄牙队，对巴西队主帅邓加来说是一种侮辱，邓加指责葡萄牙队采取了消极战术。总共7张黄牌、多次铲断以及球迷终场时发出的嘘声，印证着邓加的批评是有道理的。

——第16日

——2010年6月26日，波切夫斯特鲁姆

波奇的本地人都像上天堂一般兴奋。西班牙队晋级了，因此媒体报道团也会留下，还要在这里多待一些日子，多花一些钱了。西北大学在全球范围内都获得了更大的认知度，商业区的购物中心更是成了足球好莱坞。

餐厅几乎人满为患，休息的西班牙队球星们几乎都聚集在这里。博斯克正和妻子特里妮及三个孩子维森特、杰玛、阿尔瓦罗一起吃饭，这时候他们看见哈维·阿隆索、托雷斯、阿尔比奥尔、马塔和拉莫斯一起走了进来。博斯克的孩子们坚持要和这些球星们合影，因为爸爸只是爸爸，而哈维·阿隆索——那可是阿隆索啊！

只有卡西利亚斯仍然放弃休息，坚持训练。

这一个晚上对三个边缘球员而言有着特殊的意义，其中两个对斗牛士军团本届赛事的征程将产生至关重要的影响。

训练对媒体开放，在训练赛中出现了一次轻微的身体对抗。费尔南多·略伦特（Fernando Llorente）倚在阿尔比奥尔身上，试图伸脚去够球，阿尔比奥尔在对抗中以最正常不过的方式倒地，然而鞋钉却卡在了草皮上，伤病出现了。阿尔比奥尔很快被担架抬下训练场，并被送往医院。作为国家队新兵的略伦特，看上去被震惊了。

训练赛结束后，更衣室后面临时搭建起了混合区，球员们要想去餐厅或住宅区，路上必须通过大约15米的媒体“关卡”。西班牙记者们非常想听听略伦特对这次事件的看法，等到他终于离开更衣室现身混合区的时候，人们发现他身边多了个“保镖”。雷纳用一只手勾着略伦特的肩膀，一直陪他走着。记者们集体要求采访略伦特，利物浦门将却给出了这样的回复：“伙计们，费尔南多（略伦特）还等着喝茶呢，而且我还要跟他打乒乓球，我得赢他，所以我们不能停步，抱歉。”

西班牙队这届赛事能够取得最终的胜利，心态是最重要的，而这，就是又一个鲜活的例子。

有说法传出来，说球员们得到了允诺，如果击败葡萄牙队，就能得到一个晚上的外出机会。在波奇，他们已经和家人、女友们有过会面，有些人还去CD店购物，去市中心吃了午饭。

但如果他们能晋级八强，他们就可以去市区里好好逛逛了。

与此同时……

国际足联宣布，为了帮助主裁判更好地处理场上的争议事件，他们计划为比赛增加两名站在球门后的底线裁判。不过1/8决赛的头两场比赛并没有需要用到底线裁判的地方——苏亚雷斯梅开二度，帮助乌拉圭队2：1击败韩国队，而吉安则是加纳队2：1击败美国队一役中的加时赛进球英雄。

——第17日

——2010年6月27日，波切夫斯特鲁姆

这一天最终变成了“普约尔日”。

2008年欧洲杯期间，巴萨队长就是队内赌金的掌管者。赛事开始之前，球员和教练们都付一份钱，赌各个小组的头名都是哪些球队，最佳射手会是谁，以及哪些球队在小组阶段就会被淘汰，最终赢家获得的款项可不会小。

普约尔绝对是一个称职的管理员，每天早上，球员们都会得到一份标注着前一天比分和进球者的影印纸，他们也就可以知道，自己在追逐终极大奖的路上排在什么位置。

进入淘汰赛阶段之后，两场比赛之间的间隔少多了，业余时间也就少了，因此这次竞赌就在小组赛结束后截止。最终的获奖者是马塔和皮克，两人将平分奖金。

更重要的是，有非常可信的流言称，普约尔和曾经与他在“世纪大战”中针锋相对，现在担任西班牙足协技术总监的耶罗进行了一番长谈。普约尔告诉耶罗，他想在世界杯结束后从国家队退役，因为这么多年为俱乐部和国家队效力，经历过起起伏伏，他的身体已经开始感觉无法适应更高的要求。不过这一退役想法暂时不会对外公布。耶罗和博斯克都请求他重新慎重考虑。

在去开普敦比赛之前48小时，训练中的所有迹象都表明，托雷斯已经逐渐用表现说服了博斯克，将在对葡萄牙队的比赛中得到首发机会。迄今为止，在本届世界杯上金童的一切都在步入正轨，虽然这届赛事其实开始得比他预期的复出日期要早两三个星期。

不论他走到哪里，他都得到了流行歌星一般的待遇。

本届赛事开始之前，南非队失去了他们的天才前锋本尼·麦卡锡[①]，因此整个国家的球迷们，似乎都把托雷斯当成了他们最喜爱的9

---

① 译者注：Benni McCarthy，南非前锋，南非国家队进球纪录保持者：32球。

号球员。女孩们想要触摸他的身体，警察们想要他的签名，保安们想和他合影，如果他在波切夫斯特鲁姆市区走动的话，正在休一个月假期的学生们会成群结队地跟着他，就像是海鸥跟着拖网渔船①。蔚为壮观。

在所有西班牙球员之中，托雷斯是最愿意把时间给球迷的。不管是早上还是晚上，不管是日间阳光炽烈，还是晚间气温降到0℃以下时，他都会驻留一会儿，给球迷们签名。在这期间，他的脸上一直都带着标志性的羞涩微笑。

“世界杯在南非举办，我得承认我感觉就像是在自己的国家一样。”他说，“事实上，我感觉亏欠着这里球迷的人情。就像我随利物浦去亚洲巡游时，亚洲有很多令人难以置信的球迷，他们离我踢球的地方远隔万水千山，却把你视为自己国家的前锋。这种感觉真是不同寻常。不仅如此，往往是那些最贫穷的人，最能够告诉你如何变得快乐。”

听起来有点荒唐，但是很多年轻的运动员，尤其是西班牙运动员，几乎不知道这里曾经发生过的反种族歧视斗争，他们甚至不知道种族隔离制度是什么。但托雷斯显然不一样。

“参加每一届大赛之前，我都会研究一下主办的国家。我之前就研究过南非，知道他们的一些历史、种族隔离制度和曼德拉领导的非洲人国民大会的抗争。我们必须向这个国家表示支持和尊重，他们正在远离那些不人道的犯罪行为。

“世界杯给非洲南部带来了融入世界不再做替罪羊的千载良机，所以我们有责任让这届赛事变得精彩，而且成功。

“对智利队的比赛很激烈，但是不够美丽，不像我在英格兰所习惯的那种美丽。我在近3个月的时间里打了3场比赛，总共踢了90分钟。你可以训练到自己满意的程度，但是训练永远都不会给你带来进球所需要的体能和犀利度。世界杯可不等人，但如果没有足够的比赛时间，我

① 译者注：前曼联和法国队著名前锋坎通纳有句名言：“海鸥跟着拖网渔船，是因为它们以为沙丁鱼会被扔进海里。”

没办法找到状态。”

坦白地说，托雷斯的这一番表态让博斯克陷入了左右为难的境地。

与此同时……

如果真的有底线裁判的话，他可能会看到兰帕德对德国队的远射已经过线，但是英格兰队这粒进球被德国队门将诺伊尔从门线内捞了出来，并且被裁判无视，一石激起千层浪，引发巨大的争议。不过德国人的表现却无话可说，托马斯·穆勒梅开二度，帮助德国队取得4：1的完胜。

——第18日

——2010年6月28日，开普敦

兜了一圈，西班牙队又迎来了伊比利亚半岛的邻国对手。6年之前，斗牛士军团在欧洲杯上赢得小组赛开门红，然而末轮他们不敌东道主葡萄牙后，却只能吞下小组赛折戟的苦果。那是一个极其丢脸的时刻。不过比复仇意义更重大的，是2004年的那场失利，让阿拉贡内斯之后接手球队，由此开启了一个胜利的周期。如果本届世界杯能将葡萄牙队淘汰出局，将意味着他们延续了上升的势头。

克里斯蒂亚诺·罗纳尔多（C罗），卡西利亚斯、哈维·阿隆索和拉莫斯的皇马俱乐部队友，是西班牙队的主要威胁。

皮克：*我刚去曼彻斯特（加盟曼联）的时候，罗纳尔多给了我很大的帮助。他说英语更多，不过我们之间也可以通过西班牙语交流。他是个非常了不起的人，我们互相支持。电视所塑造出来的他的形象是被曲解的，克里斯蒂亚诺（罗纳尔多）非常自信，他总是想要成为球场上的领袖，因此只能通过电视来了解他的人，会错误地认为他傲慢自大，其实他不是这样的。作为一个人，作为一个朋友，他都非常了不起。*

此前三次对阵C罗，皮克都获得了胜利，而且他领衔的防线没有丢掉一球——2009年的欧冠决赛，巴萨2：0击败了曼联；C罗以创当时世界纪录的天价转会费（8000万英镑）加盟皇马后，又在两场国家德比中输球。“最重要的是永远不要给他冲刺的空间和思考的时间，别对他犯规，别让他带球突破你。这样，他才不会是无法阻挡。”

葡萄牙队和西班牙队下榻的酒店之间相隔不到5分钟路程。C罗和队友们的住处是一家外墙爬着藤蔓植物、以美酒著称的酒店。西班牙住的仍然是那种常见的高楼，看上去，似乎他们只要有一个能睡觉、能洗热水澡、能在一起吃饭、东西不会被偷的地方就足够了。

两支球队下榻的酒店距离纽兰板球场（Newlands Cricket Ground）都不远，那是座漂亮的球场，主看台让我想起了毕尔巴鄂的圣马梅斯球场（San Mames）。滨海的开普敦气候湿润宜人，西班牙队尤其喜欢绿点球场①湿润而且剪得非常整齐的草皮。

与此同时……

在本届世界杯的首次首发中，荷兰队边锋罗本将斯洛伐克队的后防线折磨得死去活来，开场18分钟就打入了一记堪称完美的进球，他从边路切入到禁区前沿，左脚低射将球送入右下死角，为荷兰队首开纪录，最终橙衣军团2：1取胜晋级。荷兰队在1/4决赛中的对手，将是轻松淘汰智利队的巴西队。

——第19日

——2010年6月29日，绿点球场（Green Point Stadium），开普敦

西班牙vs葡萄牙，世界杯1/8决赛

一！二！三！……赢！赢！赢！

---

① 译者注：Green Point Stadium，又名开普敦球场，Cape Town Stadium。

我们的解读是正确的。距离在2008年欧洲杯决赛中打入致胜球整整2周年，托雷斯在世界杯上也得到了首发机会。来到南非之后，博斯克第一次延续了不变的首发阵容，相反，对手葡萄牙队整届赛事一直在变换先发11人，此役他们使用了4–3–3阵型，佩佩出任三中场之一，盾护身后的四人后卫线。

葡萄牙队的基本战略是与西班牙队纠缠中场，争取抓住反击机会，并且充分利用场地宽度，左后卫科恩特朗本届赛事的攻防表现尤其出色，传中给撞城槌阿尔梅达和领袖C罗，制造进球机会。

数据告诉我们，这场比赛很可能只是以1：0这样的比分结束。葡萄牙队已经19场不败，而且最近24场比赛有20场不丢球，如果能再胜一场，他们将创造队史不败纪录。西班牙队则赢下了最近31场比赛中的29场。

绿点球场并没有那种英式风格的球员通道，本来按照传统，两队在球员通道内要并排出阵，相反，通往球员通道的走廊是分开的，而且进场之前，两队球员都被电视台编导们留在原地拍摄。西班牙队球员们这时启用了一项策略——他们之前专门讨论过这项策略，来扰乱C罗的心志——C罗在西班牙队中的皇马队友们，以往在国家队交锋时，都会与他拥抱，或者跟他打声招呼，而这一次，皇马队友们完全没理会C罗，他们故意表现得非常冷酷，而且由于球场内部的特殊设计，他们相互之间也隔得很远。西班牙队球员们想要通过这样的方式让C罗更加烦躁不安，尤其是C罗本届赛事至今只打入1球（小组赛对朝鲜队）。

“武装起来！武装起来！捍卫疆土！保卫领海！”

“武装起来！武装起来！为祖国战斗吧！”

所有葡萄牙队球员都大声唱起了国歌《葡萄牙人》，除了C罗。

比赛开场后的前59秒，皮球都在西班牙球员脚下连续不断地传递，最后交到托雷斯脚下，金童差点就将球射入球门上角，葡萄牙门将爱德华多做出了一次极其精彩的扑救。而这只是他开场10分钟内3次扑救中的第一次而已。

葡萄牙队的还击很有意思。蒂亚戈的远射被挡到空中，卡西利亚斯得球之后正想调整步子，这时，阿尔梅达就像1950年代英式足球的遗民一样，将卡西和皮球一起撞进了球门。如果这一幕发生在1950年代的英格兰前锋洛夫特豪斯①身上，球肯定有效。

之后哈维·阿隆索犯规送出了一次距离球门40码的直接任意球机会，C罗时间终于到了。

像英式橄榄球名将琼尼·威尔金森（Jonny Wilkinson）一样，C罗是暴力射门的典范，这一次也不例外。他瞄准了卡西利亚斯把守的城门，思索了一下，然后就射门了。皮球像纸飞机一样，有着自己的生命，方向一直在发生变化，而且力道十足——如果打在你身上肯定会非常痛。卡西的应对做得很好，他双手从肚脐高度将球打向空中，皮克赶紧头球解围。

然而，下半场越打到后面，葡萄牙队的阵线就越往后退，博斯克决定继续挑战他们的防守。终于到了释放略伦特潜能的时机了。

布鲁诺·阿尔维斯和卡瓦略组成的葡萄牙队中卫搭档，本场比赛没有留给托雷斯太多机会，他们一直有机会带球压上，博斯克想要打破这样的局面。身高6英尺4英寸（约合1.93米）、体重14英石（约合89公斤）、技术也非常出色的略伦特，无疑是最佳人选。纳瓦拉人上场的时候，天空都感觉没那么高了。

从2008年欧洲杯以来，西班牙球员们就一直跟我说，“赛事是由板凳上的伙计们赢下来的”。首先，每个球员对于保持愉快、职业而且互相支持的队内气氛负有责任。其次，那些没有首发甚至不一定能够上场的球员，也必须在训练中竭尽全力，以确保主帅拥有最多的选择，并且让首发球员对自己的位置保持警觉。最后，也是最明显的作用，替补球员可以改变比赛局面。

在总共4场淘汰赛中，西班牙队有3场受益于替补球员的表现。

---

① 译者注：Nat Lofthouse，英格兰中锋，代表国家队33次出场打进30球。

当穿着全套训练服坐在板凳席上的略伦特被告知自己将替补上场时，比赛还有55分钟结束。等到第58分钟的时候，他终于正式上场，第59分钟57秒，拉莫斯在一次连续传递了15脚的传球后送出45度角传中，皮球落在了布鲁诺·阿尔维斯和卡瓦略之间，略伦特飞身鱼跃冲顶，迫使爱德华多做出了又一次关键扑救。

西班牙队终于察觉到了对方的弱点，嗅到了鲜血的气味。

略伦特总能够吸引到对方两名甚至三名球员的注意力，他又一次接应边路传中，头球将将偏出，他持球的时候，也能将葡萄牙队的阵型向后压迫，帮助西班牙队将阵型前提。

比利亚：*我这辈子从来没见过这么势不可挡的力量。他在最后半个小时的时间里，几乎把他们两个中卫都吃了，他把他俩吸引到自己身边，为我们的人创造出空间。这绝非易事，因为葡萄牙两个中卫都是大个子，在一对一的对抗中非常强悍，尤其是布鲁诺·阿尔维斯。*

当打破僵局的进球到来时，西班牙队应该感谢略伦特给葡萄牙队防守体系造成了巨大的破坏。这次进攻由皮克发起，巴萨中卫在中线附近送出了一记精妙绝伦的40码长传，交到了左路的比利亚脚下。比利亚推进一段距离后将球横传给哈维，哈维再给右路的哈维·阿隆索，后者给伊涅斯塔送出了一记大胆的直传。伊涅斯塔这时正在禁区边缘的重重包围之中，但他还是将球交给了略伦特。略伦特身边1米半的区域内，围着6名葡萄牙队防守球员，这一幕真是有些滑稽，卡瓦略试图伸腿将球解围，但他解围出的皮球直接落回了伊涅斯塔脚下。这时甚至葡萄牙队右后卫里卡多·科斯塔也被吸引到略伦特身边，伊涅斯塔看到身处禁区左路的比利亚处于完全无人盯防的状态，他送出了一记斜传，哈维此时正在传球路线上。

哈维：*我当时看了安德烈斯（伊涅斯塔）一眼，我就知道，我身后*

肯定有另一名球员，那才是他的传球对象。所以我根本没停球，“半触球”将球轻轻磕到后面。

这种“半触球”（half-touch football），哈维和队友们从还是巴萨的拉玛西亚青训营里的孩子时，就已经学到了。西班牙传奇边锋，曾经做过克鲁伊夫助教，也执教过巴萨的沙利·雷克萨奇（Charly Rexach），在他希望皮球运转得更快时，就经常向这些年轻的学徒们大喊：“使用‘半触球’！”

比利亚：*我本来想用右脚射门，因为一开始我感觉皮球会落到我的右脚下，但哈维的触球让皮球滚得更远，落到我的左脚上了。*

伊涅斯塔传球时，比利亚是不越位的。但哈维轻轻磕球的时候，比利亚越不越位就非常难说了——电视转播画面显示，他越位了几厘米，但边裁没有举旗。

本场比赛表现极其英勇的葡萄牙队门将爱德华多，又一次用膝盖挡出了比利亚的第一次射门，但爱德华多的膝盖可能太软了，皮球反弹回了比利亚身前，“葫芦娃”将球补射入球门上角，这一次，他用的是右脚。

比利亚冲向了角旗庆祝，在伊涅斯塔之后第二个冲向他庆祝的是替补门将雷纳，“葫芦娃”的好朋友。每场比赛之前，比利亚都会亲吻一下雷纳的光头，就像是1998年世界杯上，法国队中卫布兰克亲吻门将巴特斯的光头一样。好运气也是一样的。

进球之后发生的一个小事件，表明葡萄牙队的防线已经到了崩溃的边缘。卡瓦略在防守时从身后拉住了略伦特，防止他摆脱，卡瓦略用的力道是如此之大，略伦特的球衣都被扯破了。这是一次应该判罚点球的事件，但是卡瓦略逃过了一劫。略伦特不得不到场边更换了一件秋衣，在很短的时间内，西班牙队不得不以10人对抗葡萄牙队的11人。

略伦特在场边更换球衣并不顺利，西班牙队的球衣有些紧身，略伦特的体格又是如此健硕，差点让人以为得要请外科医生用上手术刀和麻醉剂，才能把球衣脱下来。要换上的球衣的尺码又太小了，人们给他涂了点黄油润滑，又用上了撬棍，才把衣服套在了他身上，他总算可以回到场上继续战斗了。

爱德华多之后做出了本场比赛最精彩的扑救，这一次进攻的威胁又来自非常活跃的拉莫斯。比赛常规时间的最后一分钟，里卡多·科斯塔肘击卡普德维拉，被红牌罚下。而在比赛还没结束的时候，阿根廷籍主裁判埃克托·巴尔达西（Hector Baldassi）就小跑到哈维身边，向他索要球衣。

C罗全场比赛都无所作为，因为西班牙队球员，尤其是卡普德维拉，成功地防住了他。

卡普德维拉：*这可能是我为西班牙队打的最佳比赛。他们（葡萄牙队）有一支非常出色的球队。那一天，球队每个人，包括助理教练，都跟我说这可能是我一生中最精彩的比赛。*

托雷斯在比赛中下场有点早，他可能会有点失望，但比赛结束后，他还是表现得很愉快。他找到略伦特，给了这位替换他下场的前锋一个大大的拥抱，这尤其能说明问题。

葡萄牙队门将爱德华多则坐在草皮上失声痛哭，谁都无法让他止住泪水。毕竟他在这场比赛中表现得非常精彩，最终却只能忍受失利的痛苦。这时，卡西利亚斯走过去安慰了一下他，卡西是他此役的直接对手，所以这一举动倒也正常，但是根本没有出场的雷纳也去安慰了他，这就显得非常善良了。

终场哨响的时候，我站在球员通道入口，准备在场边对博斯克进行电视采访，如果卡西利亚斯的女友萨拉·卡波内罗没有及时从比赛时的位置到这里来的话，再对卡西进行采访。

葡萄牙队球员们下场时，输球带来的痛苦显而易见。有些球员落泪了，一个球员踢墙发泄，还有一个则以最大的音量咒骂着。

西班牙1：0葡萄牙

西班牙队阵容：卡西利亚斯；拉莫斯、皮克、普约尔、卡普德维拉；布斯克茨、哈维·阿隆索（90+3’马切纳）；伊涅斯塔、哈维、比利亚（88’佩德罗）；托雷斯（58’略伦特）

进球：63’比利亚

葡萄牙队阵容：爱德华多；里卡多·科斯塔、卡瓦略、布鲁诺·阿尔维斯、科恩特朗；蒂亚戈、佩佩（72’佩德罗·门德斯）、梅雷莱斯；西芒（72’列德松）、阿尔梅达（58’达尼）、C.罗纳尔多

与此同时……

巴拉圭队和日本队打出了一场并无太多亮点的0：0平局，本届世界杯因此迎来了第一场点球决胜。驹野友一射出的点球击中横梁，巴拉圭队最后一个主罚的卡多索则冷静命中，将这支南美球队送入下一阶段的淘汰赛。他们即将面对的对手西班牙队看到了这一幕吗？

——第20日

——2010年6月30日，波切夫斯特鲁姆

这一天第一件重要的事情，就是上午11点从开普敦飞回波切夫斯特鲁姆时，无人缺席航班。没人带伤上飞机，没有追逐着他们的警察和狗仔队，没有人带着打架造成的黑眼眶，没有人被警察关起来。

西班牙队在绿点球场完成任务之后，所有人都返回了南方太阳酒店（Southern Sun hotel）。足协有人建议跟队的记者们晚上可以去哪家酒吧（街角的一间古巴人开的酒吧），我们都听从了他的意见。

博斯克的球员们被要求赶上早上9点开往机场的大巴，除此之外，

他们可以干法律允许的一切事情。有些人去喝啤酒了，有些人去赌场玩了，有些人去看了女朋友或者准女友，有些人凌晨2点才回去睡觉，有些人则更晚。记者们的航班是早上8点回约翰内斯堡，这就意味着我们5点半就必须从酒店出发。当时，有一两个西班牙队的准世界杯冠军球员刚刚赶回酒店。我们友好地打了招呼，有些球员甚至从空荡荡的早餐厅那一边朝我们大喊，他们都很有幽默感，看起来很开心，因为我们要这么痛苦地早起赶飞机，而他们才刚刚庆祝完胜利呢。

回到波奇之后，所有球员一直到晚上7点都可以休息，训练已经恢复了，不过只有三个球员：替补门将巴尔德斯、雷纳和此前受伤的阿尔比奥尔，这三个人都没有得到比赛时间。雷纳这会儿正在训练场拐角处接受球队赞助商阿迪达斯的采访。阿迪达斯总能让足协和球员都对他们的工作感到满意，他们想借用我们在西北大学阅览室搭建的演播室。也正是在这个时候，我第一次接触到了略伦特。

略伦特和阿迪达斯有合同，这会儿正要与他们做一个采访。阿迪达斯的工作人员在准备采访时，略伦特问我为什么有这么奇怪的口音，他认为我的口音听起来像前利物浦前锋、爱尔兰国脚迈克尔·罗宾逊（Michael Robinson），罗宾逊曾经效力过他儿时支持的球队奥萨苏纳。于是我和他谈论了凯尔特民族和西班牙的渊源，以及西班牙北部地区和我家乡苏格兰的关系。之后就到他采访的时间了。不过在本书中，我还会向您讲述有关略伦特家庭关系的故事。

西班牙语里面有一个词语叫“口头讨论的秘密”（Un secreto a voces），也就是公开的秘密的意思。而大卫·席尔瓦以3300万欧元的转会费从瓦伦西亚加盟曼城，就是一个公开的秘密。今天这一消息得到了官方的确认，这也让瓦伦西亚在这个转会窗口中靠卖人获得了7300万欧元的收入[①]。在波奇，不会有人认为席尔瓦的转会没有影响到博斯克对他的使用，因为从输给瑞士队的比赛后，席尔瓦就再也没有得到上场时间了。

---

① 译者注：另一个人为加盟巴萨的比利亚，转会费是4000万欧元。

——第21日

——*2010年7月1日，波切夫斯特鲁姆*

这天早上又要看电影了，不过这场“电影”可没有爆米花。现在球队的注意力都集中在巴拉圭队身上，西班牙队的视频编辑巴勃罗·佩尼亚（Pablo Peña）这些天都忙于把镜头剪辑好，以配合帕科·希门尼斯（Paco Jiménez）和安东尼奥·费尔南德斯（Antonio Fernández）带回来的分析报告，两个人之前刚去侦察过巴拉圭队点球击败日本队的比赛。

西班牙队的球员们在对葡萄牙队的比赛中表现得非常放松，相比较从H小组突围的过程，他们在淘汰赛中反而没有感到紧张。在他们看来，这场比赛中他们展现出了最优秀、最流畅、最具攻击性的发挥。国际足联的比赛技术报告也证实了这一点：西班牙队共计射门19次，其中10脚射正。

视频表明，巴拉圭队喜欢在前场紧逼对手，并且喜欢把自己的三条线压得非常紧密。看上去，与他们的比赛，跟对智利一役中遭遇的情况会差不多，不过这一次，肯定不会有对手主动竖起白旗的15分钟。

空闲时，球员们会在“修道院”阅读，交换DVD看，打乒乓球，玩宾果、纸牌、飞行棋以及所有你能想象的电脑游戏。有时候，在游戏中还会赌钱。哈维偶尔会参与进来，不过相比较其他球员，他会更多地观看他们刚踢过的比赛，一遍一遍地反复看。他对足球简直着迷，他更希望通过分析比赛细节，汲取到能够帮助自己和球队的东西，以帮助球队突破令人窒息的密集防守阵型。

有迹象表明，西班牙队不会死守他们的4-2-3-1阵型。作为双后腰之一的哈维·阿隆索，会得到压上10到15米的自由，搭档布斯克茨会在身后保护他；伊涅斯塔则会从右边锋的位置上内切，与哈维、哈维·阿隆索组成进攻三叉戟，为托雷斯和比利亚寻找传球的机会；后两人，才是最终极的进攻箭头。

这还是西班牙媒体之前大举批评过的双后腰战术吗？从训练中你可

以看得出来仍然是。但由于队内有14名球员来自西班牙足协的梯队体系，因此球队阵型在4-2-3-1与4-3-3之间的切换，就像汽车在第三档和第四档之间切换一样自如。

不过在伊涅斯塔受伤缺席，或者对手想要祭出杀伤性战术的时候，哈维就要承担更重要的职责了。不管阵型是什么，他的位置都和他在巴萨时略有不同，而且他也不是持球最多的人，队友传球给他时，他多半是在背对球门或者半转身。他被要求像伊涅斯塔那样踢球，去同样的区域，在有限的时间内寻找传球空间，而不是通过控制传球的走向来创造机会。在对葡萄牙队的比赛中，哈维获得了全场最佳球员的嘉奖，但舆论还是普遍认为，他能表现得更好，而且他看上去有点烦躁，也有点不开心。

“甚至老板（主教练）也问我情况怎么样，”他承认，“人们认为我有点焦虑，但我其实只是太过认真而已。”

在之前一年里打破纪录，成为在六项赛事（西甲联赛、国王杯、欧冠、西班牙超级杯、欧洲超级杯、世俱杯）中全部进球的唯一球员的佩德罗，即将得到更多的上场时间。他在训练中不知疲倦，他和纳瓦斯都有绝对速度，不仅如此，他在射门方面的威胁比纳瓦斯更大。他此前没有在正式比赛中为西班牙队上过场，但这一等待即将到头了。

佩德罗： *对手们都知道哈维和伊涅斯塔的踢法，他们也知道这两个人对我们的风格起着多么重大的作用，因此他们每场比赛都会对这两个人严加看防。对哈维尤其如此，他们总是对他进行极其具有侵略性的贴身紧逼，想要扼杀他的威胁。但我认为，他们两个人在对葡萄牙队的比赛中都激发出了球队的火力，他们真是棒极了。*

哈维： *我们要认真对待巴拉圭队。他们跑起来像狼一样迅捷，他们总是压迫对手，他们团结一致，即便个人才华不如智利队，风格却是一样，甚至更强。这场比赛肯定又会非常难打。*

——第22日

——2010年7月2日，波切夫斯特鲁姆

昨晚的训练课刚结束，这天早上又要进行赛前训练，这一次是略伦特在训练中斩获了大量进球。而且略伦特的表现也没有让马塔失色，马塔虽然在这届赛事中不会得到太多的上场时间，但在训练中，他却是进球最多的球员。

当西班牙队在开普敦对阵葡萄牙队时，波奇的温度降到了零下11℃，之后又下雨了。虽然草皮被盖上了，但一夜下来，还是结冻了。白天冰化了，又下雨了，不过训练场的草皮至少剪得很好，埃利斯公园球场的草皮仍然无法和它相提并论。12天前西班牙队在那里击败过洪都拉斯队，之后又在那里打过两场比赛，最近一场是5天前巴西队3：0击败智利队。1/4决赛中，西班牙队又要回到这里。但突然的降温以及暴雨，让埃利斯公园很难赶上国际足联的比赛标准。

另一个很难应付这天气骤变的，是61岁的曼努埃尔·卡塞雷斯·阿特塞罗（Manuel Cáceres Artesero），也就是江湖人称“鼓王马诺洛”的西班牙队死忠球迷。他患上了肺炎，西班牙队队医建议他赶紧回国，尽快离开这里的寒冷气候，以利于康复。马诺洛已经接近退休年龄了，而且他的身体确实非常不舒服，于是他很快赶回了家。对巴拉圭队的这场比赛，将是马诺洛从1982年世界杯（这是他，也是我现场观战的第一届世界杯）以来错过的第一场西班牙队的比赛。这个可爱怪人的南非征程以这样的方式结束，实在是有点让人悲伤。

埃利斯公园球场很多地方都破破烂烂的。我在球场内和博斯克碰面，他正在等待出席新闻发布会，然后我就发现通道上方有一块地方有电线垂了下来，他们拿一块硬纸板挡住了天花板上的洞，而且灯也不全都是好的。

新闻发布会前，我在一个很小的演播室内对博斯克进行了简短的采访。之后我们靠着走廊的墙聊天，等着法布雷加斯和皮克出席的漫长的新闻发布会结束。

博斯克告诉我："塞斯克（法布雷加斯）对我很生气，当然他确实有理由生气。"他之后向我强调了在板凳席上同时拥有年轻球员和有经验的老将是多么重要，这让他有了幸福的烦恼，尤其每个替补球员都为上场做好了准备，而且他们上场之后的表现，也足以让他们在下一场比赛中首发。

博斯克之后考起了我，问我知不知道种族隔离制度是什么样的情况。他在佛朗哥将军独裁时期长大，当时西班牙也不是言论自由、信息公开的地方。被问及这样的问题，我有点惊讶，我和他提起了南非朋友们跟我讲过的故事，告诉他种族隔离制度实行前后的生活是什么样子。

过了一会儿，我们还是在聊天耗时间，我成功地把话题转移到足球上，并且是按照我的习惯，转移到1983年，正是在那一年，我所支持的球队阿伯丁在瑞典哥德堡击败了博斯克的皇马，赢得欧洲优胜者杯。我问博斯克，那一年的5月11日他在哪里。

他说不知道，我告诉他的时候，他被逗乐了。那场决赛中，博斯克没能出场，迪斯蒂法诺率领的皇马，最终1：2输给了阿伯丁，那也是皇马一个失望赛季的又一个注脚——那个赛季中，皇马在决赛或者赛季最后一天中总共输掉了5座奖杯。

"我效力的那支球队中，你能数出几个人的名字来？"他又考我了。

我流利地说出了7个名字，这时候，新闻发布会厅的门开了，法布雷加斯和皮克走了出来。"你们俩，过来，"博斯克对他们喊道，"过来和一个真正懂球的人聊聊。"这是我这届世界杯感觉挺不错的一个瞬间。

在演播室里，法布雷加斯奉献了一次有思想的访谈。每家购买了世界杯版权的电视台都能使用这段访谈。开始采访的时候，我建议尝试一点新的做法，让皮克来采访他的好朋友。

"我之前这么做过，结果搞砸了，还是算了，谢谢。"

皮克拒绝了，但我开始采访法布雷加斯的时候却犯了个愚蠢的错误，那就是让皮克继续留在演播室里。我完全忘了无人监督的皮克，在空闲下来的时候是个多么危险的生物，结果皮克在访谈中搞破坏了，让我和法布雷加斯完全成了这次访谈的受害者。

皮克在访谈进行过程中犯下的“罪行”是如此之重，以至于出于品味的考虑，没人会将这段访谈播放出来。

与此同时……

巴西队遭遇了2009年10月以来的第一场失利。这一失利带来的伤口可能要好长一段时间才能痊愈，因为巴西队是率先取得进球的球队，罗比尼奥第10分钟就首开纪录，但斯内德下半场梅开二度逆转比分。更让他们深感受挫的是，后腰梅洛还因为蹬踏罗本被红牌罚下。

——第23日

——2010年7月3日，埃利斯公园球场，约翰内斯堡

巴拉圭vs西班牙，世界杯1/4决赛

一！二！三！……赢！赢！赢！

巴拉圭队对西班牙队这场比赛中，两位门将胡斯托·比利亚尔和卡西利亚斯都是各自球队的队长。他们一开场就面对面对决上了，开哨前猜硬币，反面，卡西猜赢了，他让出了率先开球的权利，不过他可以挑边，他选择了之前在这座球场打洪都拉斯队时的进攻方向。

巴拉圭队踢得很像智利队，不过比智利队更加兴奋。每个西班牙队的球员身边似乎都围着三个穿着红白间条衫的巴拉圭队球员。欧洲冠军不仅没能打出自己的进攻，对巴拉圭队的长传进攻和定位球还很不适应，半场结束前，西班牙队甚至差点被攻破城门。巴拉圭前锋内尔松·巴尔德斯禁区内接应右路长传，停球射门入网，但边裁举旗示意越位，因为传球过程中，另一名前锋卡多索试图触球，虽然他没有碰到皮球，但是已经参与了进攻，因此被判越位。如果卡多索没有跳起来试图接球的话，不越位的巴尔德斯得球之后射门，就将让西班牙队真正处于落后的境地了。

雷纳是个对细节极其痴迷的人，这在一定程度上要感谢同样执着细节的西班牙名帅，此前在利物浦执教过雷纳的贝尼特斯会通过DVD研究一个个前锋，尤其是他们在一对一时的射门特点和点球主罚习惯。

世界杯之前的赛季中，卡多索效力的本菲卡，正是被雷纳、托雷斯效力的利物浦淘汰出了欧联杯1/4决赛。不过首回合交手的时候，卡多索射入了两记点球，每次都是射向了雷纳把守的球门左侧。有过这样的经历，再加上看过了DVD上的视频集锦，雷纳赛前就提醒了卡西利亚斯，告诉他如果巴拉圭队得到点球机会，或者比赛打到点球大战，那么卡多索的默认动作是射向他自己的右侧，也就是门将的左侧。

巴拉圭队在第56分钟时得到了本队第一个角球，就那么一瞬间皮克打盹了，让卡多索摆脱了防守，为了防止他得球射门，皮克拉倒了卡多索，点球。

哈维后来透露了他当时的想法："如果他们打进这球，我们差不多就要出局了。"

比利亚当时的想法则是："伊克尔（卡西利亚斯）会扑救这个球。当他扑掉的时候，我要准备好（反击）。"

不过卡西利亚斯面对点球时可不是一个人在战斗，雷纳从替补席起身，激动地跳着，试图吸引到卡西的注意力，他朝着卡西喊："记住（赛前我跟你说的）！"

之后，就像两年前在维也纳一样，雷纳让卡西自己应对点球了。

卡西利亚斯，哈维口中的"鬼牌"球员，此时脑子里正在考虑着各种可能性。

巴拉圭队在上一场比赛中通过点球大战淘汰了日本队，卡多索将球射向了自己的左侧，门将虽然扑对了方向但是没有挡出皮球。但卡多索习惯的方式是射向自己的右侧，也就是门将的左侧。

卡多索肯定知道我看过他对日本队的点球，所以他会换个方向。但他可能已经忘了，雷纳在之前的赛季中已经经历过他的两次点球考验。

“我要扑向我的左侧。”

卡西确实是这么做的，他也做对了，成功将球揽入怀中。当他将球扔回场内，发动反攻的时候，雷纳在场边向他鼓起了掌，而他也双手指向雷纳：你的提示真棒。

这时候比利亚也准备好了。西班牙队很快将进攻推进到对方半场，并且为比利亚送出了一记妙传，比利亚摆脱了阿尔卡拉斯的防守突入禁区，后者手脚并用将比利亚放倒，同样是点球！哈维·阿隆索稳稳地将球罚入，但是危地马拉籍主裁判卡洛斯·巴特雷斯（Carlos Alberto Batres González）甚至根本没有看球网，而是盯着禁区线。有三个球员在阿隆索射门瞬间时进入了禁区，但巴特雷斯认定跑得最深入的是西班牙球员法布雷加斯。

赛前，巴拉圭队传奇门将奇拉维特就曾经如此评价过巴特雷斯：“他是危地马拉足球历史上最糟糕的裁判，他得到执法这场1/4决赛的机会，真是件可耻的事情。”

当西班牙队球员们纷纷跳上兴高采烈的阿隆索背上时，主裁判巴特雷斯都吹响了哨声。阿隆索必须重新主罚一次点球。

这一次，射门的那一瞬间阿隆索就知道自己射得不行，射出皮球后他往前跳了一下，仿佛整个身体都在嘶喊：“哦不！”这时甚至门将比利亚尔还没有倒向自己的左侧，将球扑出。这一次，法布雷加斯没再提前进入禁区，但他却是第一个反应过来冲去补射的人。他成功得球，比利亚尔将他扑倒，但是，裁判没有再判点球。

如果你去牛津英语词典里找一下“点球”这个词的词条，你会发现有如下这个解释：法布雷加斯，2010年世界杯西班牙队对巴拉圭队第63分钟。但是这次似乎有什么东西迷了巴特雷斯的眼，他可能看到了一个交响乐团，两辆迷你库柏车（Mini Cooper），一包企鹅牌饼干和一匹马，但他就是没看见比利亚尔扑倒了法布雷加斯。

20分钟后，伊涅斯塔施展魔法催眠了巴拉圭队的后防。他突破了两名防守球员，又将另外两个人吸引到他身边，当他在进入禁区的那一刻却选择将球回传时，你甚至可以在巴拉圭人迷惑的头顶上看到巨大的问号：他要干什么？伊涅斯塔的球传给了无人盯防的佩德罗，这是一次一对一直面门将的机会。

经历过本届赛事的一切事件，经历过西班牙队任何一届世界杯都无法突破1/4决赛瓶颈的漫长历史之后，所有的西班牙人都知道，尽管现在比分是0：0，佩德罗也必须将球打进，否则他们一定会输球。或者是因为一粒点球，或者是因为一粒越位进球，或者是因为点球大战失利，或者是因为一条狗跑进球场，把球盘带进了卡西利亚斯把守的球门。这就是西班牙队在世界杯上会遭遇的魔咒。

他们想起了1994年世界杯，意大利队后卫毛罗·塔索蒂（Mauro Tassotti）肘击路易斯·恩里克（Luis Enrique），西班牙队最终1：2被淘汰；他们想起了1998年世界杯，尼日利亚中场加尔巴·拉瓦尔（Garba Lawal）的远射越过西班牙队门将安东尼·苏比萨雷塔（Andoni Zubizarreta）的指尖入网，西班牙折戟小组赛；他们想起了2002年世界杯，埃及籍主裁判贾迈勒·甘杜尔（Gamal Al-Ghandour）判莫伦特斯的头球进球无效，因为他认定华金的传中已经出界，西班牙队因此含冤被韩国队淘汰。

佩德罗必须进球。

但是佩德罗射中了远门柱。

等一等！皮球反弹回到了本届赛事迄今的最佳射手，2008年欧洲杯金靴，西班牙队史上最高产前锋比利亚的脚下。

3000万西班牙人终于可以解脱般地呼出一口气，暂停他们的咒骂，等着下一幕。

比利亚舒展身体，沉着地用右脚背内侧踢出一记刁钻的射门，皮球仍然顽固地飞向了门柱，这一次是另一根门柱，撞柱反弹后，皮球仍然倔强地徘徊在门线上。

24小时之前，在波切夫斯特鲁姆的法尼·杜托伊特英式橄榄球场

（Fanie du Toit rugby ground）中央，比利亚拿着同样一个皮球坐在我面前接受采访。他看着球上印着的字样：*“普天同庆”、开球、2010年6月3日、巴拉圭VS西班牙、埃利斯公园球场、约翰内斯堡*，然后把它举向摄像机。

我请他向西班牙国内的球迷们说几句话，他说：“上一场比赛我打进了致胜球，明天，我希望把这个皮球射进球门，帮助我们挺进世界杯半决赛。”

皮球击中了因为佩德罗刚才那次射门而仍然在震动的门柱，终于弹过了门线——西班牙队的1/4决赛霉运终于被杀死、被埋葬，永远告别了。

再见塔索蒂，再见拉瓦尔，再见甘杜尔。

西班牙队将迎来球队历史上的第一次世界杯半决赛。后来，卡西利亚斯在场边采访中告诉他的女友萨拉：“我感觉到了那么多的紧张情绪，那么重大的责任，但对于球队付出的努力，我很高兴。尤其是那些没有上场的球员，那些上场时间更少的球员。最重要的还有雷纳，他是个天才。他告诉了我（卡多索的）点球会飞向哪一边，（扑出点球）我只是为我的队友们做了应该做的事而已。”

博斯克：*控球的时候我们不太舒服，因为他们的战术限制了我们最擅长的打法。但我们的态度无可指摘，总体来说，虽然我们踢得没有那么好，我们还是应该得到一场胜利。因为比利亚现在的进球状态实在是太出色了。我们之所以能够这么踢球，也要归功于西班牙足球长期坚持这样踢球。*

西班牙队这个晚上都会在桑顿区度过。博斯克又批准球员们可以夜不归宿。

卡西利亚斯和女友萨拉逃离了一直围绕着他们的聚光灯，去寻找二人世界了。至于其他人，只要第二天早上10点能赶上回波奇的飞机，这个晚上随便他们玩了。

这个时代已经见证了西班牙人对足球规则的颠覆。他们用小个子球员对抗身材和力量都强过他们的对手；他们无视所谓百万富翁球员就该在大赛中享受五星级服务的理念，只让球员们住进了学生公寓；他们让球员们两次得到与妻子、女友共享二人世界的休闲时间，球队因此与小报丑闻绝缘；每一次去市中心庆祝胜利的时候，他们都是集体出行。这一切都要归功于他们从小就所处的体系，在这一体系中，他们被教导要有纪律和尊重，这一切要归功于他们克服了个人的自负，归功于他们知道如何控球，如何传球。

之前又有谁能预见到呢?

巴拉圭0：1西班牙

巴拉圭队阵容：胡斯托・比利亚尔；达里奥・贝隆、阿尔卡拉斯、保罗・达席尔瓦、梅雷尔；比克托・卡塞雷斯（84’巴里奥斯）、霍纳坦・桑塔纳、埃德加・巴雷托（64’恩里克・韦拉）、里韦罗斯；内尔松・巴尔德斯（72’圣克鲁斯）、卡多索

西班牙队阵容：卡西利亚斯；拉莫斯、皮克、普约尔（84’马切纳）、卡普德维拉；布斯克茨、哈维・阿隆索（75’佩德罗）；伊涅斯塔、哈维、比利亚；托雷斯（56’法布雷加斯）

进球：83’比利亚

与此同时……

阿根廷队在1/4决赛中输给德国队，对马拉多纳就是一场灾难。赛前他在球员通道内反复向球员们吼道：“我们要在场上用行动说话！”然而真到了比赛中，阿根廷队却沉默了，他们的战术全然出错，德国队4：0轻松取胜。打到最后，马拉多纳和梅西都眼中含泪。

——第24日

——2010年7月4日，波切夫斯特鲁姆

距离世界杯半决赛还有3天

比赛日次日早上，大部分球员总是处于宿醉一般的松懈状态。普约尔在对巴拉圭队的比赛中因为一次封堵射门，被球狠狠地打到了脸上；这一下打得实在是太重了，以至于他的眼睛一时间无法完全视物。法布雷加斯肩膀受伤，需要接受X光扫描。拉莫斯被对手球靴踢到了头，不得不缝针。至于托雷斯，直觉告诉他，他又会被拿出首发阵容了。事实上，他知道博斯克会这么做。

托雷斯：*在一届赛事中总会遭遇有好有坏的情况，我永远不会认为不首发是太大的问题。*

在这些遇到麻烦的球员之外，伊涅斯塔却已经从几个星期前备感痛苦的球员变成了本届赛事迄今的最佳球员。输给瑞士队的比赛，他是西班牙队黑暗中的一束光芒，创造了球队最好的机会。对智利队，他制造了比利亚的进球，然后打入了一记天鹅绒般丝滑的进球，帮助西班牙队赢得了H小组头名。他的突破和传球，制造了比利亚对葡萄牙队的致胜球。当巴拉圭队在西班牙队面前抵抗了83分钟后，又是他舞蹈般突破三次拦截，传球给佩德罗，后者射门中柱弹回，比利亚射门再中柱，终于破门。

比利亚：*伊涅斯塔是个天才。*

哈维：*他是西班牙队内的最佳球员，毋庸置疑，而且他领先别人太多了。他这个赛季经历了那么多的磨难，我们看到他受苦也都很不忍心。他是个谦恭、安静、伟大的职业球员，他通过努力不断升华。能与他一起踢球，真是件快乐的事。*

回到基地，一切又回到最初的安排。打了前一晚比赛的球员得到了休息机会，但卡西利亚斯仍然参加了训练。夜间的训练课基本是围绕激烈的分组对抗赛进行，这些内部比赛主要的目的，是让那些出场时间更少的球员能够保持犀利，维持快速思考和传球的习惯，并且让他们感觉到，属于自己的时间即将会来到。

对佩德罗来说，确实如此。

——第25日

——2010年7月5日，波切夫斯特鲁姆

距离世界杯半决赛还有2天

这些球员在世界杯上走得越远，他们就越发无拘无束。如今他们的情绪更加轻松了，这可能与下一个对手是德国队有关系。西班牙队球员们非常欣赏这一代德国球员，因为勒夫的球队想要通过自己的打法赢球，他们想要控制比赛，以此击败对手，而不是消极地等待对手犯错，并因此得利。

考虑到德国队在本届赛事上的表现，这个对手应该很可怕，“日耳曼战车”在对澳大利亚队、英格兰队和有着梅西的阿根廷队的比赛中全部打进4球，3场比赛就录得12球进账，攻击力强悍。不过本届比赛打到这个阶段，西班牙队会乐意对阵任何对手，只要对手不是压缩场上空间、热衷犯规战术的壮汉型球队。

当然，西班牙队能在波切夫斯特鲁姆充分享受生活乐趣，也与一条叫保罗的章鱼有关，西班牙语叫Pulpo Paul。

本届赛事早些时候，英格兰队就已经领教到了这条章鱼的“神谕之力”。保罗虽然出生于英格兰的韦茅斯-波特兰港，但“移民”德国后，已经成为了奥伯豪森水族馆的明星，在1/8决赛的英德大战前，它认定德国队将击败英格兰队，结果神准。

人们是这样来得知章鱼保罗带来的神谕的：饲养员将它放进一个水

箱，其中有两个塑料盒，里面各装着一块食物，每个盒子上装饰着两支交锋球队的国旗，然后看它选择哪个盒子中的食物，来判断哪支球队将获胜。全世界的电视台都非常喜欢它。

章鱼保罗在2008年欧洲杯上就已经初试牛刀，判断对了德国队6场比赛中4场的胜负。但本届赛事迄今，它的表现更上一层楼，它已经预测对了德国队每一场比赛的胜负，甚至包括小组赛爆冷输给塞尔维亚队。半决赛之前，保罗将自己的票投给了西班牙队，幸好他不知道西班牙队中有普约尔领衔的寿司帮。

寿司帮的成员之一，理疗师劳尔·马丁内斯在本届赛事中已经做好了自己的工作，那就是帮寿司帮另一成员伊涅斯塔调理好了肌肉和心理。很快，马丁内斯就将帮助普约尔制造神迹了。

——第26日

——2010年7月6日，德班

距离世界杯半决赛还有1天

2001年10月，由于库尔特·亚拉与阿拉贡内斯是朋友，后来他为西班牙队提供了2008年欧洲杯的基地，正是从这个基地出发，西班牙赢得了欧洲杯，他辞去了蒂罗尔因斯布鲁克队主帅职务，然后接手了汉堡队，他在因斯布鲁克连续赢得了两座奥地利甲级联赛冠军。接替亚拉的，是一个身材修长、头发黝黑，有点像1962年滚石乐队壮大之前的基思·理查兹[①]的德国人，他的名字是约阿希姆·“约吉”·勒夫（Joachim ‘Jogi’ Low）。

亚拉为西班牙队提供的地处纽斯蒂夫特地区的训练基地，曾经帮助阿拉贡内斯开启了一场革命，这场无法阻挡的革命以2008年欧洲杯决赛击败勒夫的德国队，达到了第一个高潮。如今，这场革命的浪潮又将

① 译者注：Keith Richards，英国乐队“滚石”（the Rolling Stones）吉他手。

欧洲冠军一路带到了德班的世界杯半决赛现场。而仅仅3周之前，他们还在这里阴沟翻船，输给了瑞士队，差点就失去在淘汰赛中再次碰上勒夫这支华丽的德国队的机会了。

勒夫在做决定的时候，大胆得令人敬佩。除去他的教练组成员之外，本届赛事之前，没有人认为应该带上波多尔斯基和克洛泽去南非，甚至认为他俩没啥用处。德国传奇名宿冈特·内策尔就说，这两个人近几个月在科隆和拜仁慕尼黑的表现都堪称“恶劣”。然而，这两个人却真的起到作用了。

最后一堂训练课，我在球场内采访卡西利亚斯时，他告诉我，他担心“德国人正在建设一支能够统治足坛10年的球队”。

哈维·阿隆索、比利亚、哈维和佩德罗也对西班牙各家媒体表达了同样的态度：他们喜欢德国队的踢球方式；他们尊重德国队，并且认为德国队是他们本届赛事剩余球队中的最佳对手。

比同辈教练更加睿智而且潇洒的勒夫，带到南非的球队是一套（除去36岁的门将布特之外）平均年龄刚过24岁的班底。布特本届赛事没有得到出场机会，如果不是因为一场悲剧的话，他本来也不应该出现在最终名单中。

2009年的11月，我的朋友龙尼·伦[1]给我打来一个电话，他当时悲痛欲绝，因为他一个极其亲近的朋友，汉诺威门将、德国国门罗伯特·恩克那天自杀身亡。如果您没有读过龙尼·伦随后写出的那本关于抑郁症和他好友之死的《过于短暂的一生》（*A Life Too Short*，又译为“门将之死”）书，建议您读一下。

如果没有这场悲剧的话，恩克本来应该成为德国队的世界杯门将。世界杯之前的那个赛季，阿德勒在德甲联赛中受伤，因此勒夫启用了诺伊尔。如今，这位24岁的沙尔克04门将，已经成为了本届赛事的一颗玥星，而且他看上去拥有成为世界第一门将的潜质。

---

① 译者注：Ronnie Reng，德国体育记者。

勒夫的另一个绝妙高招，是对托马斯·穆勒的选取和使用。这个小伙子身材颀长、柔韧性出色、速度飞快，而且在场上总是全力以赴，总是带着巨大的乐趣踢球，看上去，他也会出人头地。不过德国队1/4决赛屠杀阿根廷队的比赛中，乌兹别克斯坦籍主裁伊尔马托夫对穆勒出示了一张黄牌，主裁认定他手球犯规，但其实这次判罚有些过于严厉。不管怎样，穆勒都因为累积黄牌缺席了这场半决赛，对西班牙队来说，这无疑又是运气的表现了，与他们在往届世界杯上的厄运形成了鲜明的反差。至少在足球层面，你可以这么说。

德国人住进了最好的酒店，也就是西班牙队之前住过的河畔酒店（Riverside），我们记者也随他们一起住了进去。而这一次西班牙队选择的是各方面条件差得多的普罗蒂亚酒店（Protea hotel），这地方不仅比河畔酒店距离球场更远，而且也没那么安全。球队去海滩上散步的时候，佩德罗和布斯克茨留在房间里的大约2000欧元，就被偷走了。

随便问问在德班的任何一个西班牙记者，他们都会告诉你，这场半决赛只有一个人选会让博斯克左右为难，那就是到底让不让托雷斯首发，这是个大问题。

除法布雷加斯之外的所有球员都参加了训练，他在前一天晚上的训练中因为一次身体对抗右腿受伤，去医院扫描，幸好检查结果显示，只是严重的挫伤，没有伤到骨头。

没有记者注意到，普约尔在结束训练后走向了理疗师劳尔·马丁内斯，说："我感觉非常痛，我可能没办法打上明天的比赛了。我感觉身体每天都越来越疼了，尤其是训练的时候，我觉得这就是到头了。我们要告诉主教练，我不适合出战德国队。"

普约尔告诉马丁内斯，他的问题出在髋部和大腿上端之间的臀肌上，但疼痛感却是从大腿侧面到右膝之间传来。

如果普约尔告诉你他没办法继续比赛的话，那问题肯定是很严重了，因为他是个非常勇敢的人，不到万不得已绝对不会放弃。然而马丁内斯却这么回复他："我能搞定。在我看一眼这问题，搞定这问题之前，为什么要告诉主教练呢？”

然后他就开始忙了。

第二天早上之前，他们进行了好几个小时的痛苦治疗。突然，普约尔就能更加自如地活动了。再加上巴萨队长极其适应带着伤痛继续作战，他能赶上对德国队的比赛了。寿司帮拯救了西班牙队。

与此同时……

范布隆克霍斯特以一记惊人的世界波，让荷兰人再次看到了夺取世界杯冠军的希望。这位橙衣左后卫30码外远射首开纪录，开启了一场对乌拉圭队的3：2胜利。罗本打入了荷兰队本场的第3球，他在本届赛事上的影响力也越来越重要了。

——第27日

——2010年7月7日，德班大球场，德班

德国vs西班牙，世界杯半决赛

一！二！三！……赢！赢！赢！

1月第1天，2月第2天，

3月第3天，4月第4天，

5月第5天，6月第6天

7月第7天，是圣费尔明节！

更衣室里大家唱的歌没变，不过今天是圣费尔明节①，而这首歌，在西班牙长大的每个人小时候都学过。

---

① 译者注：San Fermin，西班牙纳瓦拉自治区首府潘普洛纳市的传统节日，为纪念圣徒圣费尔明而设，节日期间有奔牛活动，故又称“奔牛节”。

每年的这一天，在西班牙的潘普洛纳市都会举行举世闻名的奔牛活动。早上大概8点的时候，人们会燃放一支冲天炮，标志着活动开始，参加活动的人们立刻在铺着鹅卵石的“奔牛之路”上狂奔，因为身后有愤怒的公牛在追赶他们。

西班牙队的厨师哈维尔·阿维苏、两位球员哈维·马丁内斯和略伦特都来自潘普洛纳所在的纳瓦拉自治区，今天他们都随身带上了红色的颈巾。博斯克不是纳瓦拉人，他来自美丽的萨拉曼卡大学城，不过他已经去世的父亲和哥哥名字都是费尔明，因此这个节日对他而言一直非常特殊。这一整天，他都在想着父亲和哥哥，这也启发了他今天的赛后讲话。

今天潘普洛纳因为奔牛活动非常混乱，而德班沙卡国王国际机场也是一样。西班牙国内有一家旅行社推出了一款套餐，包含一张比赛日当天抵达德班的夜间航班机票，一个可供白天休息的酒店房间，一张比赛球票，以及一张赛后立刻返程的机票，总价2000欧元，商务舱3500欧元。有很多球迷购买了这个套餐。

其中一个是西班牙队的老熟人鼓王马诺洛，在家疗养肺炎仅仅3天后，他就违反医嘱回来了，这位61岁的铁杆球迷认定，西班牙队不会在他缺阵的情况下夺冠。他一落地，就在警察的护送下抵达球场，差一点他就赶不上比赛了。

但他显然属于比较幸运的一批人。这一天还有许多私人飞机载着超级要人、超级明星和超级富豪来到这里，其中包括西班牙王后索菲娅、南非总统雅各布·祖马、好莱坞影星莱昂纳多·迪卡普里奥和名媛帕丽斯·希尔顿。不少私人飞机降落在停机位上就拒绝离开了，而这些停机位本来是预留给原定的国内国际航班的。有些本来应该从开普敦和约翰内斯堡飞到德班以赶上半决赛的航班，甚至都没有起飞，因为沙卡国王机场实在是太混乱了。

南非机场公司（ACSA）负责德班机场运营的业务经理滕巴·马塞科解释，这些私人飞机本来应该在其乘客下机之后就转去60公里外的老德班国际机场停放，但很多飞行员却拒绝这么做。

“我并不是要指责那些贵宾们，制造问题的是那些飞行员们。”他愁眉苦脸地表示道。

有差不多2000人没有赶上这场比赛，但鼓王马诺洛赶上了，普约尔也赶上了。

作为2008年维也纳那场欧洲杯决赛的失利者，施魏因斯泰格承认“那场比赛后，你肯定会有一种想要复仇的感觉”，但是，他今天没办法复仇。

这场半决赛注定将成为一场经典战役。德国队主帅勒夫和博斯克一样，非常相信侦察敌方信息、进行周到备战的重要性。不过博斯克也没有像勒夫一样，在上轮德国队打阿根廷队前，准备了一份多达100页的对手资料，最终他们4：0击溃了阿根廷队。德国队方面，与西班牙队的帕科・希门尼斯和安东尼奥・费尔南德斯职务差不多的人物是乌尔斯・西根塔勒（Urs Siegenthaler），不仅如此，他还有一大群帮手——科隆体育大学的56名学生，帮他分析“德国战车”每个对手的录像，拆解每个对手球员的优势和缺陷、失误和习惯、速度和力量。

当博斯克做出执教生涯中最重大的决定之一，也就是如托雷斯自己预测的那样将他放上板凳席时，勒夫要开启的档案就是佩德罗的了。博斯克做出这一人员调整有多方面的原因：巴萨边锋在过去的一年中表现极其出色；他速度飞快；他是个斗士；他比二选一的竞争对手纳瓦斯进球更多；他不仅能阻挡德国左后卫拉姆的攻势，更能通过在这条边路发动攻击，将拉姆压制在后方。

真正上场的时候，佩德罗踢得完全没有压力，就像是在学校的操场上随便踢野球一样。他在进攻端非常活跃，总能吸引两三名身穿白色战袍的德国队球员的防守；他还为比利亚制造了一次与诺伊尔一对一的机会；他为哈维・阿隆索传了不少球，还差点射中门框范围内。博斯克说话不太喜欢夸张，但最终赢得世界杯冠军之后，他会说佩德罗在半决赛中的表现堪称“惊人”。

虽然针对西班牙队做了极为周到的准备，德国队在实战中还是很难得到机会制造威胁，半场比分0：0。经验告诉我们，直到看门人关掉球场灯光回家之前，德国队都很难被击败，因为他们的意志力实在太强了，能够战斗到最后。然而，这一次命运女神似乎也参与了进来：上半场结束之前，拉莫斯在禁区外踢了厄齐尔的脚后跟，这是一次明显犯规，匈牙利籍主裁判考绍伊却没有判给德国队任意球。实际上，这次犯规无限接近禁区线，在某些场合下，有的裁判甚至会给点球。

赛前球队训话之前，球员们要通过更衣室墙壁上挂着的战术板来研究对手的战术，这时雷纳询问普约尔一次跑位是怎么做到的。那是一年多以前巴萨客场6：2击败皇马的比赛，普约尔通过任意球配合头球得分。普约尔就用白板上的小磁贴，向雷纳演示了这次配合是如何实现预计想法的。

普约尔赛前还以为，自己这场比赛只能因伤坐在看台上观战了，然而在德班大球场打到半场时，这位加泰罗尼亚后卫已经注意到了德国队的防守漏洞。德国队采用了区域防守的理念，因此他在定位球配合中也可以几乎毫无阻碍地杀进其禁区。西班牙队在上半场打过几次战术角球配合，其中一次找到了卡普德维拉，但还没有机会落到普约尔头上。相反，巴萨队长还浪费了伊涅斯塔送到他嘴边的一次好机会，鱼跃冲顶偏出。

半场结束离场之前，巴萨队长就抓着哈维的肩膀，告诉他下半场的定位球应该怎么做。而一年前在伯纳乌屠杀皇马，为普约尔送出任意球助攻的，正是哈维。

“让我们再用一次那场6：2的战术吧。我会跟拉莫斯、卡普德维拉和比利亚都说下，你只需要把球送到点球点交给我，看看他们怎么应付。”

诺伊尔把守的城门受到了西班牙队雨点般的攻击，佩德罗的射门让他做出了全场最佳扑救，不过克罗斯也逼迫卡西利亚斯飞身扑救。之后主裁的一次判罚，让两队的点球争议扯平了，这回是波多尔斯基在禁区内放倒了拉莫斯，主裁没有任何表示。

比赛还有17分钟结束的时候，伊涅斯塔赢得了一次左侧角球机会。我当时正在运输通道的入口处，和角旗在一条线上。哈维走过去放好皮球，正准备开角球的时候，我意识到有个小个子老太太在问我话，她没有穿标准制服，在我没注意的情况下突然出现在我身边。她实在是太娇小了，我得稍稍弯下腰才能听到她的问话。

"比赛踢得怎么样？"

"非常紧张，非常有意思，"我回复她，"我们只需要……"

说话的时候我抬头看了眼，哈维在这四五秒钟期间调整了下，然后将球精准地送到了普约尔想要的位置。

普约尔，这位经常受伤却悍勇无比的加泰罗尼亚斗士，之前在波奇为我们拍了一个电视宣传片。当时他坐着，面无表情地俯视摄像机镜头，手里拿着一个英式橄榄球。

"他们告诉我，这是个橄榄球的国度。我根本不懂英式橄榄球。"

他将这枚椭圆形的橄榄球扔到右手边的镜头之外，然后有人从左手边扔给他一个足球，他接住了。

"但是，我真的懂足球。"

现在，他证明了这一点。

比利亚在门线上干扰诺伊尔，有那么一瞬间，德国门将似乎把注意力全都集中在用双手猛烈地推开比利亚上，现在诺伊尔已经没有用拳出击将球打出去的可能性了。

另有三名西班牙球员各司其职，让对应的盯防球员抽不开身来：拉莫斯去左路，与克洛泽纠缠在一起；皮克基本逗留在点球点附近；卡普德维拉则去右路。皮球划出一道弧线朝着皮克飞去，然而正当防守他的德国中场赫迪拉准备起跳的时候，一个黑影却笼罩了禁区。普约尔从两个人头顶飞过，以迈克尔·乔丹的方式腾空，将皮球顶进了诺伊尔把守的球门。这是我这辈子所见过最出色、最有力的头球。

在运输通道这边，我刚对小老太太说完那句话："我们只需要一粒进球。"然而我却发现，在西班牙队球员们疯狂庆祝这粒进球的时候，这位仙女般的老太太却不见了。普约尔的肩膀上架着四位队友，他抽出右手的拳头，紧紧攥着，表情就像是在说：别为这粒进球大惊小怪……现在回去继续战斗吧。

国际足联赛后将全场最佳球员的奖项给了哈维。开赛以来，H组第一场小组赛对瑞士队的全场最佳是伊涅斯塔；比利亚是第二场对洪都拉斯队的得奖者；最后一场对智利队，伊涅斯塔又是全场最佳；对葡萄牙队的1/8决赛轮到哈维获誉；1/4决赛对巴拉圭队，伊涅斯塔完成这一奖项的帽子戏法；如今对德国队，又轮到哈维梅开二度了。伊涅斯塔、哈维、伊涅斯塔、哈维……某种模式似乎成形了。

如果不是第81分钟错失良机的话，可能佩德罗才是全场最佳。当时卡普德维拉从本方半场发动反击，哈维在中场送出一记极具穿透性的斜传，将球送到右翼的佩德罗脚下，佩德罗带球狂奔直向球门而去，德国队最后一名后卫阿尔内·弗里德里希紧追不舍。佩德罗可以选择射门，他已经可以看得到诺伊尔的眼神了，但他也可以传给托雷斯，替补上阵的金童这时在左路处于无人盯防的状态，如果传给托雷斯，这将必然是一个进球。然而佩德罗却选择切向弗里德里希防守的内侧，结果德国后卫勾了一下佩德罗的脚踝，让他立足不稳，回追的克罗斯赶紧将球断走，机会没了。

“我犯了个错误。”佩德罗后来承认了这一点，往后，他会改变自己的风格，变成一个更冷静、更早选择低射的射手。“我当时实在是太自信了，以至于根本没看见托雷斯。”

“幸好我们赢球了。因为即便我很喜欢佩德罗，我当时也想要杀了他。”托雷斯后来如此回忆道。

终场哨响后，西班牙队球员们在球场上乱成一团地庆祝，回到更衣室里他们也继续欢庆。而进球功臣普约尔则立刻躺上了按摩台，继续接受劳尔·马丁内斯的理疗。毕竟，还有一场重要的比赛要打。

回到更衣室之前，两队的主教练都在赛后新闻发布会上发表了一些惊人之语。

勒夫：*对阵西班牙队的时候，一旦丢球，你就很难重新将球控制回自己脚下。是的，他们绝对是世界足坛最强的球队，他们会赢得这届世界杯。2008年，他们以一种绚丽的方式赢得了欧洲杯，绝对令人信服。但过去这两年，他们进化了，他们现在的踢球方式简直像是全自动化操作。这支球队有特别的控制力，能够支配你，控制你，简直不可思议。他们的球员都是足球大师。*

作为世界杯半决赛失利方的主帅，勒夫的慷慨陈词着实不寻常。之后他还私下特意去向哈维表示祝贺，感谢哈维的场上表现，他还告诉哈维，这支西班牙队是他这辈子见过的最佳球队。不过勒夫的这种豁达做法，并没有抢过博斯克的风头。

作为一个政治活动家的儿子（博斯克的父亲在佛朗哥独裁政府统治时期，冒着生命危险为民主和工人权利而斗争），作为西班牙球员工会（AFE）的建立者之一，作为被弗洛伦蒂诺·佩雷斯解雇的主帅，博斯克曾经被皇马俱乐部主席视为低声下气、墨守陈规的守旧派——弗洛伦蒂诺解雇他时的说法，是想要寻找一位打法更加“现代”、气质与皇马更加“合拍”的教练。而如今，博斯克终于重新证明了自己。

博斯克：*西班牙这些年发生了巨大的变化。现在我们重新回到了地球村的大家庭，重新回到了欧洲共同体之中，我们国家正在发生各种好事，体育就是其中之一。西班牙现在有这么多伟大的运动员，有这么多伟大的足球运动员，真的让我感觉特别荣幸，这是我们大展宏图的时刻。我们等待了太长的时间，如今的成功终于姗姗来迟。我想要感谢所有在俱乐部青训系统中工作的不那么出名的人们，我想要感谢所有的前国脚，以及在我之前的国家队主帅。我们代表祖国作战，有义务竭尽全力做到最好。现在我们首先要感谢所有那些曾为国家队尽职尽责的人，他们之中，有些人甚至是默默无闻地做出了贡献，但他们的贡献最终帮助我们今晚闪耀球场。不过我们不会因为晋级而陷入盲目乐观之中，我*

们是球员，我们还有一座奖杯要赢。现在，我们要克制自己，不能有我们突然就优秀得不得了的想法。

因为开新闻发布会的缘故，博斯克没能及时回到更衣室迎接著名男高音歌唱家普拉西多·多明戈（Placido Domingo）的造访。那时，多明戈突然闯进了更衣室，跟球员们一起唱起了《西班牙万岁》，不过结尾不是“西班牙拜托”，而是“西班牙冠军”。

不过博斯克还是刚好赶上了颇具戏剧性的一幕。西班牙国王胡安·卡洛斯一世因病没有来现场看球，但索菲娅王后赶上了，并且在赛后来到了更衣室。很明显她很久没有看球了，很久没有进入过更衣室了。

如同一个没有大人陪同的少女，王后直接走向了淋浴室。她走过走廊，一转过墙角，就与这支所向披靡的球队直接面对面了，她愣了一下才恍然大悟，然后自己走到了浴室。

当时并没有司仪之类的人在场，她开始向球员们鼓掌……球员们也只能立刻鼓掌回应。在热烈鼓掌的间隙中，卡普德维拉在角落里像疯狂跳起“大河之舞”一样，穿上了裤子。索菲娅王后和每个人一一握手，有几个球员像是变身皇家特使一样，拼命把散落在地上的球鞋、水瓶、绷带之类的东西踢开，免得王后被绊倒，否则，就可能要出“外交事件”了。更可能成为“外交事件”的是接下来的一幕，普约尔突然意识到他身上少了点什么，于是赶在王后讲话之前，狂奔进更衣室。他当时身上只裹了一块毛巾，很快他就成为了队友们嘲笑的对象，他们大喊：“普伊（Puyi，普约尔昵称）！普伊！普伊！”卡普德维拉又一次跳舞般赶紧穿上衣服。

王后的讲话很简短：“小伙子们，干得真棒！再接再厉，完成最后的任务！”之后她还搞了个乌龙，把足协官员、前皇家社会俱乐部主席路易斯·乌兰加（Luis Uranga）误认为是博斯克，幸好博斯克这时候刚好赶到，向她鞠躬，并请她周日再去足球城球场观看世界杯决赛。

德国0：1西班牙

德国队阵容：诺伊尔；拉姆、阿尔内·弗里德里希、默特萨克、热罗姆·博阿滕（52'扬森）；赫迪拉（81'马里奥·戈麦斯）、施魏因斯泰格；特罗霍夫斯基（62'克罗斯）、厄齐尔、波多尔斯基；克洛泽

西班牙队阵容：卡西利亚斯；拉莫斯、皮克、普约尔、卡普德维拉；布斯克茨、哈维·阿隆索（90+3'马切纳）；伊涅斯塔、哈维、佩德罗（86'大卫·席尔瓦）；比利亚（81'托雷斯）

进球：73'普约尔

——第28日

——2010年7月8日，波切夫斯特鲁姆

距离世界杯决赛还有3天

哈维和普约尔，他们都是从孩童时就在巴塞罗那的拉玛西亚青训体系中成才，这一体系的建立者是荷兰人约翰·克鲁伊夫。在成长过程中，两个人生命中最伟大的时刻都要感谢另一个荷兰人罗纳德·科曼，正是他1992年在温布利大球场的进球，给巴萨带来了队史上的第一座欧冠奖杯。两个人的职业生涯处子秀机会同样又都来自一个荷兰人，时任巴萨主帅的范加尔。令他们无缘那支巴萨主力阵容的也是荷兰人，菲利普·科库、弗兰克和罗纳德·德波尔兄弟。他们在10年前一起迎来西班牙国家队处子秀，对手是荷兰队。他们赢得自己的第一座欧冠奖杯时，巴萨的时任教练又是一个荷兰人，里杰卡尔德。

在荷兰队已经晋级决赛的情况下，是谁将西班牙队带向决赛场地足球城球场？哈维开出角球，普约尔洲际导弹一般的头球破门。现在，他们二人就坐在西北大学的体育馆大厅，回答记者们的问题。

新闻发布会现场人满为患，各路媒体的记者们操着20多种语言，这一次，不再是只裹着一条毛巾的普约尔，感觉自己像是在主持御前会议。

他会现在就宣布本届赛事结束之后从国家队退役吗？显然不会。

虽然，对德国队一役前的训练场上，他曾经有过这样的念头。

记者们的注意力全都集中在他身上，他不是很喜欢这种感觉，不过之后有人提及他半裸着出现在王后面前的事，新闻发布会的现场气氛就改善很多了。普约尔说：“这是她第一次来到我们更衣室。如果我当时不是只裹着一条毛巾，我会单膝跪地觐见她。”

他继续坦承，虽然“未来将一片美好”，他仍然还需要在决赛后与博斯克和耶罗聊聊，才会确定自己是否退役。至于现在，他说道：“我不想让对德国队的破门成为本队历史上最为意义重大的进球，我希望周日能有一个队友能够超过我，打进更重要的球。”

哈维在操控话语方面，就像他操控皮球一样自信。

“我发誓，开角球时，在我的球靴碰到皮球的一瞬间，我就知道这会是一粒进球了。不知怎么，我就是知道。踢完后，我抬起头看到了普伊，我想，‘千万别错过这次传球啊，这会是一粒进球’。”

更好的言论是1974年世界杯决赛时，从荷兰队手里抢过冠军，令其夺冠的最初梦想破灭的德国名宿弗朗茨·贝肯鲍尔。在约翰内斯堡参加某次广告宣传活动时，“足球皇帝”很坦然地承认：“西班牙队就是更出色。我们能让比分不扩大，已经做得很出色了，西班牙队本来有机会进更多球。现在，我非常肯定他们能夺冠。”

结束新闻发布会之后，普约尔在老朋友路·马丁（Lu Martín）的陪伴下放松了下，马丁是西班牙国内最具魅力、最精通足球，但有时又有点古怪的记者。普约尔向他透露：“我踢球风格的最重要改变，在于我越分析比赛，就越愿意依靠智慧踢球，而不是简单地靠勇气和身体。在比赛中，我会更注意控制场上空间，而不是跟着球跑。以前基本上是球在哪里，我就跟去哪里。我在场上仍然会拼尽全力，因为我认为自己应该参与到比赛的一切环节中去，但我在场上会更多地去思考怎么去踢了。”

他在场上也会更多地享受足球了。

“无论是在俱乐部还是国家队，有皮克在，就总是有大的笑声，能有他在身边真是件好事。我们经常开玩笑，我从他身上也学到了很多。在维也纳赢得欧洲杯冠军之后，我就有了一种解放的感觉。当时从我个人层面来说，我刚度过了非常糟糕的一年，我开始意识到，虽然我们作为职业球员，踢球目的就是要赢球，但我们也要能够享受自我，享受比赛。从此之后，我抛弃了我的焦虑感。在体育运动之中，你可以输球，这没关系，但我认为，我们不应该背弃我们的原则，我们应该忠于自己的踢球方式，忠于自己的足球理念——我们想要踢出漂亮的球，并且赢球。”

晚上的时候波奇变得非常喧闹，毕竟现在训练基地可不是只有100个人，而是有2000人。本地球迷仍然用毛毯、围巾、手套、滑雪服、风帽全副武装自己，记者团队也不仅来自西班牙了，他们来自世界各地：日本、中国、美国、澳大利亚、法国、英格兰、墨西哥、阿根廷、德国，以及东道主南非。

训练课很短，目的是让替补球员们热身保持状态，甩掉紧张情绪。卡西利亚斯当然仍然在继续训练，而且在结束后将自己训练服的上衣给了一个幸运的球迷。托雷斯仍然在签名、签名、签名。几名球员还玩了个小游戏，从中线射门，比谁射中横梁的次数多，巴尔德斯是大赢家，他4次射中，遥遥领先其他球员。

西班牙队球员们脚下的金属钉踩在两个看台之间的走廊上，发出了咔哒咔哒的声音，也意味着训练结束，球员们要去用餐了，而我们在波奇的日子，也快到头了。

——第29日

——2010年7月9日，波切夫斯特鲁姆

距离世界杯决赛还有2天

丹麦国家队主教练莫滕·奥尔森（Morten Olsen）的言论颇有预见

性。在与荷兰队的世界杯决赛之前，所有人，包括西班牙队球员自己，都在谈论荷兰和西班牙两国足球的发展得益于约翰·克鲁伊夫和里努斯·米歇尔斯①的足球理念。舆论非常期待能有一场极其开放的决赛，因为以罗本、斯内德和范德法特为代表的荷兰队，肯定不仅希望能击败斗牛士军团，还希望能完成技术性击倒。

曾经在1997/1998赛季带领阿贾克斯获得荷甲联赛和荷兰杯双冠王的奥尔森，却不同意这种看法。他说："如果1/4决赛中巴西队击败了荷兰队，而不是相反，荷兰队回家之后估计会被国民屠杀。不是因为他们提前出局回家，而是因为他们堪称灾难的战术打法。"

他说到点子上了。

最近西班牙队在训练基地的训练课很有意思。其中一项训练是让一名门将和一名后卫防守三名从中线开始带球推进的进攻球员。这一训练对进攻三人组是个考验，他们需要充分利用3对1的优势，击败这名后卫进球，这可以检验出他们是否足够聪明，在场上做的决定是否出色；这一训练对后卫球员也是个考验，他需要对出现在哪个场上空间做出选择，他要在正确的时间做出正确的移动，这就需要他能够进行短距离冲刺；门将当然也要经受考验，就是如何与后卫交流，如果后卫被突破的话如何封堵对方射门角度。有一段时间是雷纳和卡普德维拉联手对阵不同的进攻组合。人们早就非常了解卡普德维拉的年龄、速度和能力，他已经33岁了，虽然身材保持得非常好，但是近几个赛季，他已经没有速度上的优势了。一开始，人们还以为这项训练对他来说会太过残酷了，然而他却展现出敏捷的足球思维、精准的站位技巧和与雷纳默契的沟通能力。反倒是进攻球员们虽然坐拥人数优势，却发现极难进球。

一开始，有荷兰媒体指出，由速度飞快的罗本去突击卡普德维拉，两个人的对抗可能会成为决赛的胜负手。然而从西班牙左后卫身上，你

---

① 译者注：Rinus Michels，荷兰名帅，曾执教阿贾克斯和荷兰队，是克鲁伊夫的恩师，他推行的全攻全守足球是荷兰队标志性的打法，也被誉为"全能足球之父"。

却会发现情况或许不是这样。

在波奇基地的最后一堂训练课结束后，基地里的媒体又乱成了一团。出现在新闻发布会现场的，是在半决赛中没有一次犯规，却冻结了德国队中场核心厄齐尔的布斯克茨，陪他一起出席的，是“黄金一代”最早的顶梁柱之一马切纳，他在国家队的最早辉煌还要追溯到1999年的U20世青赛夺冠。如今他已经在成年队创造了一项纪录——他出场的连续53场比赛，西班牙队保持不败，这使得他在这项数据上超越了1950年代伟大的巴西边锋加林查。

新闻发布会现场有一位墨西哥电视台的女记者，她非常有个性，问题总是很轻快，有时候甚至有点可笑。这一次，她要问最终极的问题了。

“卡洛斯（马切纳），‘章鱼保罗’在这届世界杯的表现真是棒极了，它预测对了每一场比赛的胜利者，现在‘章鱼保罗’说西班牙队会赢得决赛，你怎么看？”

马切纳停顿了下，斜眼看了一下那位记者，然后转向了一边。台下的座椅发出了吱吱嘎嘎的声音，因为各国记者们都稍稍往前凑了凑，想听听他深思熟虑之后极具洞察力的回答。

马切纳也往前凑了凑，对着麦克风，面无表情地说了句：“好吧，它……只是一只章鱼而已！”记者们集体绝倒。

在这时候，那些得到了周六足球城赛前新闻发布会以及周日决赛现场采访机会的记者，都对此秘而不宣。那些没有得到采访机会的人，都想从朋友、同事那里偷到机会，甚至还可能有更恶劣的做法。皮克救了我一命，他偷偷地溜进了我们的演播室，跟我们谈论了巴塞罗那、克鲁伊夫、荷兰、“全能足球”、西班牙以及世界杯决赛。

采访结束后，他对我说：“格拉汉姆，完美吧？”

这似乎是一个征召，一切都将变得完美。

——第30日

——*2010年7月10日，约翰内斯堡*

距离世界杯决赛还有1天

上午11点15分，西班牙队车身上写着“希望是我道路，胜利是我运命”（Ilusión es mi caminc，victoria mi destino）口号的豪华现代大巴，最后一次驶出了西北大学的校门，目的地是约翰内斯堡。过去的30天中，进入这一基地的机会非常珍贵。看训练、参加新闻发布会、一对一专访、拍摄电视镜头、私下进行对话，等等。总之，报道斗牛士军团的机会都很珍贵，而且独家。

大巴转弯离开之后，这里突然之间又变回了普通的校园。餐厅、酒吧、板球场，这些地方曾经是西班牙队计划夺取世界杯的基地，一分钟以前这里还被全副武装的士兵把守着，现在却成了人人都可以漫步的地方。不再有军队，不再需要证件，没有了哈维，没有了卡西利亚斯，没有了博斯克。曾被施展在这里的魔法已经消失了，但为这届世界杯妥善选择的基地，已经给了西班牙队夺冠的优势。质量极高的训练场，安静平和的当地环境，“一星级”学生公寓，哪一支豪门国家队会这么做?

我们已经知道，N12是一条总会发生令人震惊事情的高速公路，但即将发生的一件事情，是完全没有料想到的。我们正去往桑顿区的达芬奇酒店，我们记者将和西班牙队一起住进这家酒店，结果半路上我接到了国际足联电视部门负责人的电话，他对于我们迄今的工作表示满意，但他现在要交给我的是一个更大的挑战。他已经给西班牙足协发过传真，以官方身份询问，如果他们赢球夺冠的话是否可以让我们进入西班牙队更衣室拍摄，在球队大巴去往机场的时候，也随车进行拍摄。

“你能否找到西班牙足协主席安赫尔·马里亚·维拉（Angel Maria Villar），劝说他接受？谢谢。”

下午2点的时候，我在达芬奇酒店的酒吧里记笔记，与两位西班牙记者路·马丁和《马卡报》名记桑蒂·塞古罗拉（Santi Segurola）闲聊。突然之间维拉出现了，而且他被马丁和塞古罗拉吸引了过来，因为他很喜欢这两个人。桑蒂是英国足球历史的狂热爱好者，我们当时聊了弗格森执教阿伯丁时期的事情，以及查理·库克（Charlie Cooke，苏格兰国脚）、肯尼·达格利什（Kenny Dalglish，利物浦“国王”）和乔治·贝斯特（George Best，北爱尔兰传奇边锋）。

维拉很放松，点了一瓶啤酒，不久，我们谈论的对象就变成了其他几位苏格兰足球名宿——比利·布雷姆纳（Billy Bremner）、戴夫·麦凯（Dave Mackay）、吉姆·巴克斯特（Jim Baxter），以及维拉自己，因为西班牙队1975年第一次在汉普登公园球场击败苏格兰队时，维拉正是球队中的一员。

大家闲聊很开心，但我也不得不干正事了。“主席先生，如果西班牙队明天赢球夺冠的话，我的老板希望我能将我们的摄像师带进更衣室，并且登上大巴，拍摄球队带着奖杯去机场的旅程。请问可以吗？”

主席先生停顿了一下，说：“再说吧。”

维拉同意和耶罗、博斯克以及（如果必要的话）一两名球员谈谈。他要求我们周日早上在球队的早餐厅碰面，到时候他会告诉我决定是什么。

在足球城球场，我偶然撞见范布隆克霍斯特，他效力巴萨时，是一个友好而且有趣的球员。

“进球真漂亮。”我为他在荷兰队击败乌拉圭队的半决赛中攻入的世界波，向他表示了祝贺。

“我的球靴里还藏着另一粒进球呢。”他许诺自己将在决赛中进球，而且这也会是他最后一场国家队比赛，“我要面对着哈维、普约尔这样的好朋友进球。”他笑道。

我当时不知道的是，西班牙队在球场中的时候，爱情的火花正在空气中绽放。“拉丁天后”夏奇拉来球场试音排练，因为她明天要在闭幕式上扮演一个重要的角色——演唱本届世界杯主题曲《非洲时刻》（*Waka Waka*）。这些天，这首歌在这里到处播放。世界杯前在巴塞罗那拍摄这首歌的录像时，她见到了皮克——明天对皮克而言也是非常重要的日子——两人就对上眼了。几个月之内，他们将成为情侣，并且在未来成为小男孩米兰·皮克的父母。

比利亚则乐于在这时候逗留一下，与我们谈谈他的进球背后的努力。

“我从小接受的教育主要来自我爸爸，他要我知道只依靠先天的天赋是不够的，你得付出极大的努力。现在，我如果在场上做我自己的对手的话，我都不会乐意。每当我在西甲或者欧洲赛场和我的朋友交手，他们都会说盯防我实在是巨大的痛苦，他们最后都会又累又慌。我喜欢听他们这么说。”

和很多队友一样，比利亚的家人也在城里。他的妻子和两个女儿明天晚上会在足球城球场现场观战。他会担心失利吗？会担心失利将给那些来现场看球，对他们表示支持的人造成伤害吗？

“如果他们在场，我决不会让他们看到一场失利，我会确保球队赢下比赛。”

我告诉他，西班牙队在开普敦的1/8决赛击败葡萄牙队之后，我在球员通道内看到葡萄牙国脚们悲痛欲绝的情形。

“我从来没有在球场上哭过。不管是小时候，还是做了职业球员之后。如果万事都要有开头的话，那么我希望明天可以为胜利流下喜悦的泪水。”

现阶段，各种与决赛有关的观点、言论、分析就像是空中的五彩纸屑一样斑斓，但大家希望看到的，其实还是硬新闻。比如，托雷斯会回到首发吗？斯内德身体恢复了吗？

不过实际上，这场世界杯决赛有着无数的深度故事可以挖掘，完全不需要小报的流言飞语来为它预热。

这场决赛被称为“克鲁伊夫决赛”。克鲁伊夫在20世纪70年代帮助米歇尔斯执教的荷兰队变得成功而且魅力非凡，在巴塞罗那踢球和执教期间，他更是彻底改变了俱乐部的精神面貌。他所建立的拉玛西亚青训体系，为现役西班牙队输送了哈维、伊涅斯塔、普约尔、巴尔德斯以及之后的布斯克茨、佩德罗、皮克等国脚。

本届赛事早些时候，我曾经和哈维谈论过很多年前在尼日利亚赢得U20世青赛冠军的事情，以及他身上的“克鲁伊夫DNA”，每个巴萨青训学徒身上都带有这种基因。

“我是个浪漫主义者，在这一点上我很像克鲁伊夫。我认为我们在为保护足球的灵魂而战斗。这也是我所知道的踢球的唯一方式。”

在西班牙队输给瑞士队之后，克鲁伊夫立刻站出来表示斗牛士军团将赢得冠军，他是少有的做出了这种预测的人。在决赛之前他表示：“之前几届世界杯得主，踢的比赛实在是难看。他们的看法都差不多，那就是如果让球队大部分球员留在本方半场，他们就能更加确保安全，只需要等待对手犯错。我最近看了巴西队、法国队、意大利队和英格兰队的比赛，结果全都没什么特别的。然而在对德国队的比赛中，西班牙队却在场上踢得非常开心，要知道这可是世界杯半决赛啊。”

“我会和一些西班牙朋友一起看这场比赛，我的观点是：不管哪支球队最终赢球，我都不会输（指荷兰队赢球，则是其祖国的胜利；西班牙队赢球，则是其理念的胜利）。”

更加令人震惊的是罗纳德·德波尔的言论。罗纳德·德波尔也曾在诺坎普球场效力，他的弟弟弗兰克如今是荷兰队助理教练，他承认：“在这届赛事开始之前，我以为荷兰队能打出漂亮的比赛。然而现在我却根本不享受看他们比赛的过程，因为他们的比赛实在是无法令人兴奋。”

西班牙媒体对罗本和斯内德非常感兴趣，因为这两个人都在2009年被弗洛伦蒂诺·佩雷斯赶出了皇马，却在刚过去的赛季中分别随拜仁慕尼黑和国际米兰夺得冠军。现在，他们都出现在了世界杯决赛赛场。

我却对范博梅尔和伊涅斯塔更感兴趣。

仅仅几年之前，时任巴萨俱乐部副主席的罗塞尔曾经劝说董事会，说巴萨也应该学习斯科拉里的巴西和穆里尼奥的切尔西，以力量和速度为基础建设球队，因为这样似乎更容易赢球。时任巴萨主帅里杰卡尔德虽然在球员时代也是个技术型天才，但身体条件也极其出色，他觉得自己很难完全信任身体单薄的伊涅斯塔，因此在2006年欧冠决赛中，他没有将伊涅斯塔排进首发阵容，而是选择了更为强壮的同胞范博梅尔。那个历史性的时刻，为伊涅斯塔开启了一个史诗般的故事，现在，他要面对面迎战范博梅尔了，故事即将迎来尾声。

与此同时……

德国队凭借着极具活力和侵略性的风格，在本届赛事中取得了不小的成功，在季军战中，这样的风格仍然效果明显，最终，德国队3：2击败乌拉圭队，获得了季军。托马斯·穆勒的进球，让他的总进球达到5粒，最终他凭借助攻次数的优势赢得了本届世界杯的金靴。乌拉圭前锋弗兰也在这场比赛中打入了个人第5球，最终他获得了本届赛事的金球奖，也就是最佳球员奖项。

——第31日

——2010年7月11日，足球城球场（Soccer City），约翰内斯堡

荷兰vs西班牙，世界杯决赛

一！二！三！……赢！赢！赢！

就着玉米片和咖啡，我和西班牙足协主席维拉达成了协议。虽然博斯克和球员们都对我们的赛后拍摄计划没什么意见，耶罗却不喜欢摄像机进入更衣室，他尤其坚决反对有人拍摄球队乘坐大巴去往机场的过程。不过维拉本人也非常喜欢我们的拍摄计划，因此我们达成了折衷处理的协议。赛前的整个下午，我们都可以待在更衣室拍摄，也让球员们可以适应我们的镜头。如果西班牙队赢球的话，我们也可以在他们全都回到更衣室5分钟后进去拍摄。

但是，我们不能登上冠军大巴。

下午1点，我们从达芬奇酒店出发，前面是两辆满载球衣等装备的货车，以及我们的“临时演员”托尼·格拉（Toni Guerra）。托尼是西班牙队的三个球衣管理员之一（另外两个人是达米安·加西亚

Damián García和华金·雷塔莫萨Joaquín Retamosa），每次西班牙队3000公斤的装备要像武器一样被转移到哪里，托尼都要负起责任。

从约翰内斯堡经由索韦托去球场的路上，我们的摄像师亚当·戈尔德芬奇坐在车头那里，屁股固定在挡风玻璃上，这样才能以最佳的角度拍到托尼。而我当时在和托尼谈论他的工作，了解他在世界杯决赛开始前要负责的事情。

进入球场后，球衣管理员三人组开始工作了。每个衣柜上都标着一张图片，上面有对应球员的球衣、号码及姓名。管理员们布置衣柜的规则，是谁都不能选择自己坐哪里，或者自己想要坐在谁身边，而只能按号码来。1号卡西利亚斯的位置在战术板的左侧，从他开始顺推，号码越来越大，直到最后一个人，23号雷纳。管理员们会在每个座位上整齐地放好球衣、训练服、球鞋和夹趾拖鞋。

更衣室里还有一个单独的“靴室”，用来放置球鞋。里面放了上百双鞋，各种形制、各种型号、各种颜色的都有，有些已经用旧了，有些还是全新的，不过都已经检查过，可以使用，而且擦好了。博斯克甚至还有一个属于自己的小办公室。

更衣室里已经装配好了战术板，放上了水果拼盘，烧水器也插上电源了，可以烧水泡茶或咖啡。啤酒和香槟也已经准备好了，不过是秘密地藏在一个角落里，毕竟要为胜利后的庆功做好准备，但也要小心走霉运。

说到霉运，西班牙在决赛中被指定为客队，因此要穿上客场的蓝色球衣。

我们花了大约90分钟陪着球衣管理员们，边看边拍他们为比赛做着的例行准备。这时候，有人敲门了，是一个国际足联官员。

“如果赢球的话，赛后你们有换衣服的计划吗？”

做一切事情都要得到批准。因为那些砸下大笔资金的赞助商们，都不想看到夺冠队突然穿上印着竞争对手标志的衣服。国际足联在这方面查得非常严。

球衣从主场换成客场，确实给阿迪达斯和西班牙足协带来了一个问题。他们准备在纪念版球衣的队徽上方绣一颗星，代表赢得一座世界杯。一开始准备的球衣是蓝色的，因为西班牙这场是穿蓝色队服，胸口上有一颗金星。然而球员们想要把颜色换成红色，这是他们热爱的传统主色调。阿迪达斯方面连夜赶工，终于准备好了新版球衣，然而有些迷信的球员们却不想在赛前看到这些球衣。阿迪达斯还准备了一些纪念T恤，这样球员们拿下冠军之后就可以穿上。

国际足联的官员研究过一切装备之后，批准这所有的装备可以使用。托尼、达米安和华金的工作终于做完了。现在，要看球员们的了。

23位西班牙国脚这时正在大巴上，朝着足球城球场进发。这个巨大的球场，外墙上泛着铜色的织纹，形状则像是一个巨大的侧放着的轮胎。

大巴里面又一次像图书馆一样安静。很多球员一路上都在互相用黑莓手机发信息，而不是直接说话或者大声呼唤。整个车程中，他们互相发了大量的短信。一开始没人想这么做，但是很自然地，每个人都这么做了。不管方式和程度怎样，大战之前的紧张情绪，对每个球员都造成了影响。不过这一次，大巴里弥漫的安静并不是因为球员们感到恐惧，而是因为不少球员在想着自己的祖国，想着他们的表现会给身在祖国的人们带来怎样的感受。

拉莫斯：*我想要为西班牙所有的普通人扮演好旗手的角色。他们正直可靠，勤勉努力。在西班牙队比赛的日子里，他们会带着额外的热情工作，然后赶紧回家坐在客厅的沙发上，或者与朋友们一起去酒吧，看我们赢球。*

球员们都处于沉思状态：“接下来会发生什么？我准备好了吗？我们能赢球吗？”在沉思中，他们大多都想到了家人、妻子、女友和逝去的朋友们。

纳瓦斯和拉莫斯准备了特别的内衣，他们准备在夺冠后向昔日队友安东尼奥·普埃尔塔（Antonio Puerta）表示纪念。2007年，普埃尔塔在一场比赛中因心脏病突发去世，年仅22岁。2008年欧洲杯夺冠的时候，拉莫斯也曾在颁奖仪式上这么做了，因为普埃尔塔是他的朋友，两个人曾在塞维利亚和西班牙国家队梯队体系中并肩作战。

略伦特则对伊涅斯塔说，自己会帮他草拟献给达尼·哈尔克（Dani Jarque）的纪念词，然后写在伊涅斯塔的内衣上。2009年，哈尔克在训练营中因心脏病突发去世，年仅26岁。这位西班牙后卫，在U21国青队曾经与伊涅斯塔做过队友，两个人是挚友。

比赛时间到了，博斯克并没有发表一番激动人心、热忱爱国、与自己性格不符的宏篇大论。

博斯克：*伙计们，你们不是要上战场的士兵。这是一场足球比赛，不是战争。我们应该与对手竞争，我们应该通过拼抢争夺球权，但我们更应该坚持我们所熟知的踢球方式，忠于我们自己的风格。我们要保持谦恭、团结一致，勇敢点，打好开局，争取赢下比赛，这才是最重要的。*

别被对手诱骗做蠢事。我们这场比赛会输球的唯一原因，只能是我们放弃了我们信奉的理念。为了你们自己好好踢这场比赛吧！这是你们职业生涯中最重要的时刻，但如果你们要想为别人踢这场比赛的话，那就想想在西班牙祈祷着你们能赢球的孩子们吧。让我们把他们想要的冠军送给他们。

这一次，西班牙队的首发11人感觉球场的球员通道宽阔而漫长，而且有点混乱。他们待在那里，紧张地等待出场，等待的时间比他们想象的要长一些。远远地，他们能看到大力神杯摆在球场边，是的，那座令人着迷的金杯。

两支球队的每名球员身旁都牵着一位球童。皮克身边的那一位比他还急，将他从沉思中拉出来，然后拉着他往前走。

列队出场之前，他们在更衣室里的电视上看到，卫冕冠军意大利队的前队长法比奥·卡纳瓦罗护送金杯抵达球场，然后将它放在场边的基座上。

“谁都别碰它！”队友们盯着金杯看的时候，卡西利亚斯喊道，“谁都别碰奖杯！”

赛前，荷兰前国脚西多夫在BBC发表了自己对比赛的看法，他的观点就是很流行的那一种：“我认为这场比赛的关键是罗本对卡普德维拉。”

罗本（赛前）： *我宁愿赢一场难看的比赛，也不想输掉一场精彩的比赛。毕竟，我们打的可是一场世界杯决赛。从现在开始，你怎么踢已经不重要了。我们会从进攻端就开始防守，我们队里没人会认为自己很特殊，以至于不愿去干脏活和累活。*

比赛刚开始不久，荷兰队门将斯特克伦堡就做出了一次精彩扑救，没让拉莫斯头球得分。这只是斯特克伦堡这个晚上精彩发挥的开始而已。之后，荷兰队杀伤对手的比赛计划暴露无遗。比赛鏖战正急的时候，他们已经遭到了全世界的谴责，电视转播媒体批评他们，普通球迷也在社交媒体上批评他们。

荷兰队球员似乎是真的想把西班牙队球员踢出球场，英国籍主裁判霍华德·韦伯（Howard Webb）尽全力试图压制荷兰球员的做法，然而他也会犯错误。毫不夸张地说，上半场的时候，范博梅尔、德容和斯内德都应该被红牌罚下：范博梅尔从身后将伊涅斯塔铲倒；斯内德的鞋钉则直接蹬到了布斯克茨膝盖上；德容更是丑陋地使出了一记功夫飞腿，右脚直接踹在了哈维·阿隆索的胸口上。

德容对阿隆索使出杀招，以及荷兰球员杀伤性的犯规，让我想起了周五下午在波奇对皮克的采访。皮克当时谈到了在加泰罗尼亚联队的事情，当时克鲁伊夫是联队的主教练（2009—2013）。谈到克鲁伊夫的时候，我们说到了“优雅”这个词，确实，20世纪70年代时，克鲁伊夫的优雅是让我对国际足球着迷的最早的原因。

皮克：*优雅可以体现在方方面面，比如，你的穿着、举止、踢球方式……如果你天性中就有优雅的因子，那么你踢球的时候就会显露出来。优雅的球员不仅仅是更出色的球员，他们还是人们想要看到的球员。做优雅的球员，比那些难缠的家伙好多了。他们总想使出肮脏的铲断，总是在犯规。*

技术统计显示，荷兰队总共有29次犯规，西班牙19次，荷兰队领到9张黄牌1张红牌，西班牙则是5张黄牌。西班牙其中一张是给的伊涅斯塔，因为他脱下球衣，展示内衣上的字样纪念哈尔克。

西班牙队此前的6场比赛中，总共也才出现过19张黄牌，其中只有3张给了西班牙队。荷兰队却以纪律最差球队的身份结束了本届赛事——他们的犯规数、黄牌数是任何对手的两倍之多。

赛后，两国足球的教父克鲁伊夫写了一篇专栏，言辞批评了他所看到的场面。

克鲁伊夫：*决赛的前几天，有人问我："穆里尼奥的国际米兰（2009/2010赛季）将巴塞罗那淘汰出了欧冠半决赛，我们（荷兰队）能像他们一样踢吗？"*

我说不，因为我认为荷兰队球员不敢这么做，也不会彻底放弃自己的风格。我之所以会这么说，是因为虽然现在的荷兰队缺少以前那样真正伟大的球员，但他们的踢球风格还是一以贯之的。我错了。

是的，他们没有将11个球员都站在球门线上防守，但差一点就是了。他们不想要控球，不仅如此，他们还踢得很脏，他们本来应该很早就被罚下去两个人，只剩9人作战，因为他们有两次丑陋的犯规，丑陋得让我看球都觉得脏了眼睛！

我对于自己想法错了并不觉得痛心，我所痛心的是荷兰队为了赢得

冠军，居然选择了这样一条丑陋的道路。他们的踢法丑陋、粗暴、低级，几乎不值得看，而且很少有地面传递的元素。他们所做的一切，都是想扰乱西班牙队的打法。如果这就是你想要的，那么也好，但是……他们最终也输了。

比赛晚些时候，伊涅斯塔在与哈维做二过一配合时被海廷加拉倒了，荷兰中卫领到第二张黄牌被罚下。普约尔本来也应该被罚下，因为他在罗本突破时背后铲倒了荷兰边锋。罗本是个巨大的威胁，但卡普德维拉出色地防住了他，而且卡普德维拉这时候还是一瘸一拐的。

卡普德维拉： *你知道那天晚上我的脚踝处于什么状态吗？范佩西开场不久就铲倒了我，裁判给了他一张黄牌，但当时情况实在是太严重了，我感觉下半场没办法继续上场了。脚踝那里已经肿得像是一个网球。中场休息的时候，我甚至不得不躺下来，因为实在是太痛了。队医给我进行了治疗，用绷带将脚踝绑紧，我是逼迫自己战斗到了最后一刻。在一场普通的比赛中，你要是受了那样的伤，肯定会选择放弃，但那一天情况不一样。*

半场的时候，西多夫就已经预言，很多荷兰前国脚在未来几天中会感觉非常尴尬（因为以前他们的风格可不是这样丑陋），尤其是克鲁伊夫。“荷兰队的战术只剩下侵略性了。他们有很多次犯规，没有吃到太多红牌实在是幸运。西班牙队开局踢得非常好，15分钟后，荷兰队就改变了战术，接下来我们看到的，就全是犯规了。”

海廷加近距离封堵出了比利亚的射门，他的这次封堵简直是奇迹一般，本来比利亚的劲射似乎是必然能进球的。

在常规比赛时间还剩20分钟的时候，出现了一个令人心悸的时刻。斯内德在倒地之前送出一记传球，皮球穿过普约尔和皮克之间的空当，落到罗本脚下，罗本飞速地从中路突破，现在只剩他和前皇马队友卡西利亚斯一对一了。西班牙队长一开始往前跑了几步，然后又往回撤了一点，看上去似乎有点迷茫。但是在他的门将教练何塞·曼努埃尔·奥乔托雷纳看来，他只是在做调整而已。突然之间，他就变得冷血起来。

罗本继续带球突进，他找准时机，而且判断对了卡西利亚斯的扑救方向——作为一个左脚球员，卡西在五五开的情况下，会稍微倾向于扑向身体的左侧。然而卡西利亚斯在倒地时伸出了右脚，充分展开了身体，罗本射出的皮球击中了卡西的右脚尖，然后弹出了球门右侧。这是我所见过的最佳扑救。

在比赛还剩7分钟的时候，罗本又接到了队友的头球摆渡，利用速度强行突破。普约尔试图把他拉住，甚至想把他拉倒，罗本却仍然完成了突破，并且想将球盘过卡西利亚斯射空门。然而卡西准确地判断到了他的意图，扑向了他的脚下，荷兰队本场比赛第二好的机会，就此付诸东流。

拉莫斯则错失了一次头球机会。此后法布雷加斯也出现在了绝佳的射门位置，但斯特克伦堡伸脚挡出皮球，做出了一次几乎与卡西利亚斯差不多精彩的扑救。

故事已经越来越接近高潮部分了，然而故事的头号主角却差点离场了。

伊涅斯塔在世界杯揭幕之前，曾经以为自己赶不上这届赛事了。来到这里之后，伤病也差点让他没机会上场。现在赛事打到这个阶段，他继续踢球的机会却差点在最后一刻被断送。这是因为，几乎能算脾气最好的伊涅斯塔也罕见地失控了。

范博梅尔一直在犯规，这一次拼抢时他根本没有冲球去，鞋钉直接招呼到了伊涅斯塔的脚踝上。主裁没有判罚犯规，重新开球后，伊涅斯塔起身用膝盖顶了范博梅尔的大腿，把他放倒。

伊涅斯塔：_我当时被对方犯规了80分钟。主裁判如果做出其他的选择的话，他可能会把我直接罚下。在足球之中，总是会有这种事发生。_

韦伯找伊涅斯塔说了几句，但也仅此而已。在当天晚上到处有犯规的大背景下，韦伯做出这一决定也说得通。这一决定最终改变了伊涅斯塔的一生，以及足球的历史。

哈维：*他们已经在压力面前自乱阵脚了，我们可以在加时赛击败他们。*

我们当时正在场边拍摄，法布雷加斯和托雷斯就在我们前面热身。法布雷加斯像公牛一样兴奋，他已经准备好了出场。还在边线外的时候，他就已经在骚扰边裁，向韦伯发表高谈阔论了。他不断地在跑上跑下，然后终于上场了。

托雷斯被留在了原地，他觉得自己可能已经没有上场机会了，因此看上去非常凄凉。然而突然之间，他被派上了场，要知道，他总能在决赛中进球。

哈维：*我很害怕打到点球大战的想法。他们想要这样的结果，在10人应战的情况下坚持到点球大战，这对他们来说已经是小小的胜利了。*

皮克：*你会开始想象该怎么踢点球了，因为在世界杯决赛中踢点球，你肯定需要非常强大的精神力量。一旦你开始考虑你这粒点球的意义有多大时，你的腿就会开始哆嗦了。一旦开始哆嗦，你就停不下来了。*

西班牙队没有让比赛耗到点球大战。在加时赛还剩最后4分钟的时候，纳瓦斯从右边后卫的位置上开始启动，扣过一名荷兰队球员后，他沿着右边路狂飙突进，杀过中线后将球传给中路的伊涅斯塔，后者短传交给法布雷加斯，他将球交还纳瓦斯，后者再传左路的托雷斯。金童看到伊涅斯塔这时候已经插上到了禁区右侧，想给他传一记过顶球，但是托雷斯这次传球的力道稍微小了一点。

海廷加被逐下场后，范德法特回撤顶替了他的中卫位置，他试图解围，但是没能踢远，皮球落在了荷兰队禁区前沿。法布雷加斯恰好在这个位置，他立刻停球然后朝禁区内送出短传，伊涅斯塔等球落地弹起，立刻起右脚劲射破门。范德法特本来应该在中场盯防伊涅斯塔，但他却在防线上顶替海廷加的位置，而海廷加为什么会下场？正是因为对伊涅斯塔犯规。是的，在这个进球的过程中，伊涅斯塔的名字一次又一次地出现。

伊涅斯塔： *那一刻，皮球和我，我们仿佛是独立于这个世界的存在。我什么都听不见。我感觉整个球场都陷入了沉寂之中。我等待着牛顿的万有引力定律生效，等待引力让皮球落下，而我出脚触球的那一刻，我就知道这球能进了，我就是知道。一切都是为了等这一刻。我知道应该如何掌控射门角度，我知道应该将球射向哪里，我要尽全力射穿斯特克伦堡的防守，不让他有时间做出反应。*

这时候在伊涅斯塔的家乡丰特阿尔维利亚，他的父亲何塞·安东尼奥正独自在家观看比赛。他的恐飞症实在是太强烈了，以至于2008年欧洲杯决赛的时候，他是从巴塞罗那坐火车去的维也纳，他因此经常错过儿子的重大比赛。通常这种时候，他习惯一个人安静地看比赛。儿子进球的那一刻，何塞·安东尼奥立刻关掉了电视。他实在是无法忍受最后几分钟的紧张情绪了。

与此同时，伊涅斯塔的母亲玛丽亚·弗朗西斯卡·卢汉（María Francisca Luján）也在备受紧张情绪的煎熬。她当时在镇子中心的卢汉酒吧看球，伊涅斯塔的祖父经营这家酒吧长达35年。退休之后，他将多年攒下的有关孙子的剪报，贴满了酒吧的墙壁，将酒吧变成了一个特别的档案室。这天晚上，卢汉酒吧就像西班牙大多数酒吧一样，被人群填满了。玛丽亚·弗朗西斯卡实在是太紧张了，她不得不出去呼吸一下新鲜空气，儿子打入那粒极富历史意义的进球的时候，她还在酒吧外面。

她错过了伊涅斯塔冲向左侧角旗的瞬间，那一刻，伊涅斯塔就像是在斯坦福桥绝杀切尔西一样庆祝——从西班牙去南非的航班上，他在那张DVD上面也看到了这一刻。

之后，伊涅斯塔脱下了球衣，向全世界展示他内衣上写的文字："达尼·哈尔克，永远与我们同在。"然后，他就被赶上来庆祝的队友淹没了。赛事结束后很久，伊涅斯塔才承认，在那个时刻，只要韦伯允许，他想在疯狂的人堆里多庆祝一会儿，庆祝得越久越好，因为这样就能多消耗一点时间。

在球场的另一端，卡西利亚斯张开双手狂奔，就像是想要跑出足够起飞的速度。迸发的情感压倒了汹涌的肾上腺素，他最后跪倒在球场上，再也止不住泪水。

博斯克则独自一人站在塑胶教练席旁，一动不动，就像是一个工作了一天，只等着巴士把他接回萨拉曼卡家的普通男人。这实在是一个太过疯狂的晚上，以至于直到韦伯吹响终场哨的时候，博斯克才彻底放松下来。现在比赛还没有结束，他开始敦促大家停止庆祝，冷静下来，小心对手！

4分钟之后，终场哨终于响了。

丰特阿尔维利亚的天空中绽放开了庆祝的焰火，直到这一刻，何塞·安东尼奥·伊涅斯塔才确信，儿子已经为西班牙队赢得了世界杯。

球场上，有人不敢相信冠军已经到手，有人落泪，有人拥抱，有人去看台上寻找朋友和亲人。不过一会儿之后，他们就穿上了事先准备好的新版球衣，传统的红色，队徽上绣了一颗金色的星，表明西班牙队赢得了一座世界杯。

托雷斯在比赛最后时刻因为腹股沟拉伤，几乎是被抬下了场，登台领奖的时候，他在队友们的帮助下才蹒跚着走上台阶。这时候国际足联主席布拉特将大力神杯颁给了卡西利亚斯，西班牙队长亲吻金杯之后将其高高举起，身后绽放出金色的彩纸。

西班牙球员们欢呼雀跃，纵情歌唱，在球场内展示金杯。足球城是他们的，这一刻已成永恒。在更衣室的接待区内，更多频道（Canal+）的现场记者胡安马·卡斯塔尼奥（Juanma Castaño）又习惯性地喝醉了，比利亚和哈维还让他将金杯拿在手中，感受下奖杯的重量。不过更衣室暂时还是私密空间，球员们三三两两地结伴回来。直到有人给我们使眼色，我和摄像师亚当·戈尔德芬奇才进入更衣室，成为仅有的两批能够现场见证冠军更衣室的外人之一。

另一个外人是西班牙网球巨星拉法·纳达尔，他甚至比刚赢下决赛后筋疲力尽的球员们还更兴奋、更激动。纳达尔拿到网球赛冠军之后，总是习惯用假装咬奖牌的方式庆祝，现在他和几个世界冠军合影的时候，那几位都模仿他的方式，咬起了自己的奖牌。

男高音歌唱家普拉西多·多明戈又来了。我请他来给大家来几个高音C，不过他这次没唱，因为现场实在是欢快到接近狂乱了。之后气氛稍微冷静了一点，因为索菲娅王后如约再次造访更衣室。这一次，她的儿子阿斯图里亚斯王子费利佩，和记者出身的王储妃莱蒂齐娅也都来了。

球衣管理员给我递了一杯啤酒，佩德罗似乎把我误认成韦伯了，他笑着对我说："谢谢你做的一切。"然后给了我一个友好的拥抱。这个月里发生的事情实在是太奇怪了。

拉莫斯说了声"请原谅"就出去了。过去几天，他一直在和前皇马队友罗本、斯内德和范德法特发短信。这个晚上，荷兰队抛弃了自己的足球风格，结果仍然是输球的一方，着实有些残酷，因此拉莫斯要去向他的朋友表示慰问。与之相对应的，巴萨传奇，现任荷兰队助教的科库，则找出了前队友伊涅斯塔、普约尔、哈维和巴尔德斯，向他们表示祝贺："更棒的球队赢了。"

日后球员们回看这天晚上的庆祝照片时，他们肯定会发现博斯克没怎么在更衣室捧杯庆祝。因为主教练还有别的事情要忙，他把普约尔叫到了一边说："你不能现在就退役，你至少要达到出场100次的里程碑。”博斯克的这一表态动摇了普约尔的想法，让他想要收回退役决定。

接下来几天中，博斯克将迎来一些黄金时刻，并且因为自己的成就获得嘉奖。但现在，他却离开了欢庆的现场，自顾自去找家人了，他乐于让小伙子们自己在更衣室里轻松地庆祝。

不久之后，皮克出现了。他仍然穿着球鞋、短裤和运动背心，手中则拿着从急救箱里找到的小剪刀，他走下球员通道去了球场内。几分钟后他又回来了，非常伤心地问一个赛事官员："球网哪去了？球网哪去了？"

官员们对皮克的问题很不感兴趣，甚至没有出于基本的礼貌回答他。这时候皮克向我解释，他想要剪一块球网留作纪念，但他去的时候已经太晚了，球网被搬走了。我决定帮他实现这一愿望，与他一起四处询问。在一个很精明的担任球场志愿者的小孩帮助下，我们在足球场球场下面四处穿行。

人人都想从皮克身上得到点什么。这个小志愿者也不例外，他要皮克承诺他，如果找到球网的话，就送给他一件西班牙队球衣。然而这个小孩对球场的了解也很有限，他竟然把我们带向了车辆通道，皮克气得差点把他生吞活剥了。之后我们又误闯进一个房间，有人正在里面清点卖食物、点心和比赛指南的收入。最后，我们求保安把我们放进球场负责人的办公室。

"是的，"有一个管理员说，"球网在这儿。"

"不行，"另一个管理员说，"你不能剪球网，几厘米都不行。不过，既然你被我们逮到了，我们能跟你合影吗？你能给我们签名吗？"

要知道他们现在可是在和一个身高6英尺3英寸（约合1.91米）的世界冠军在打交道，而且他越来越生气了。在和那个不帮他搞定球网，却索要合影的管理员拍完照后，皮克转身用西班牙语对我说："我把他打翻，我们抢了球网就跑吧！"我的一部分意识被震惊了，另一部分则认为他是在开玩笑。幸好，球场负责人终于来了，还有几个赛事官员。最终皮克收获了他心心念念的球网纪念品。

球员们准备离开足球城球场的时候，我们终于逮到了机会对他们提问。

“卡西利亚斯，世界冠军这个头衔听起来怎么样？”

卡西利亚斯：*听起来棒极了。就像是我所有的努力，我父母所有的支持都获得了回报。就像是西班牙全国各地千百万人都会庆祝。对我来说，这就够棒了。*

直到现在，终场哨响一个小时后，我仍然不敢相信我们夺冠了。我想我们中任何一个人都没有真正意识到我们到底取得了多大的成就。我们心中填满了幸福感，在一个星期、一个月甚至一年之中，我们都不用想这对于我们意味着什么（因为感到幸福快乐就够了）。这就像是一个美梦，一个美妙得不真切的梦。我们在这里的所有人之所以能够完成这个梦想，是因为我们从孩提时就不断努力，也是因为4年之前（在阿拉贡内斯带领下），西班牙队完成了风格上的彻底转变。当时的决定，是成年队要依靠这一代在U16、U19、U20等青少年级别赛事中夺得冠军的球员，现在，这一决定终于结出了硕果。

比赛中的情况？当只有我面对罗本的时候，那一刻……简直像是永远。那一刻，我脑中翻腾了太多的事情。幸好在这个像是猜硬币定生死的时刻，我猜对了硬币的正反面，罗本的射门没有进网，我们仍然活着。现在你说“卡西利亚斯，世界冠军”的时候，我仍然感觉不可思议，仍然感觉难以置信。我难以想象现在西班牙国内是什么样子。我们国家的这一代年轻人运气真好，看到了国家队成为世界冠军。我真希望我小时候也能有这样的机会。不过，这也让我有机会成为第一个捧起世界杯冠军的西班牙队长，这同样是极好的运气。

慢慢地，红色的潮水退却了。西班牙球员们要赶去机场了，媒体等候在球队大巴周围，法布雷加斯就在接受采访时盛赞打进史诗般进球的伊涅斯塔，伊涅斯塔走了过来，拉着他的手臂把他拽走："说够了吧，上车。"

这时候，西尔维娅·多施内罗娃（Silvia Dorschnerova）安静地缓慢地穿过人群走上大巴，她穿着精美的足协制服，右手拿着一个公文包。西尔维娅是足协的赛事代表，她聪慧精明、做事有条不紊、考虑十足周到，还会多国语言。她负责与赛事组织方和裁判联络沟通，精熟规章制度，由她保管这座将被手手相传并将出现在成千上百张照片中的金杯，将它带上飞机，无疑再合适不过了。这趟航班的目的地是马德里，明天，那里将有热烈的欢迎仪式。

西班牙队的队员们将乘坐敞篷大巴，进行奖杯巡展，将有几百万人走上街道，庆祝将士们的归来，最后还有一次夺冠庆典。庆典将变成雷纳的个人秀，他站在台上，站在眼神中透露着崇拜的民众面前，拿着麦克风介绍了每一位球员和教练组成员。当然，是以他的独特方式介绍每一个队友（他打趣了每一个队友）。总的来说，这一天还不算糟糕。

荷兰0：1西班牙（加时）

荷兰队阵容：斯特克伦博格；范德维尔、海廷加、马泰森、范布隆克霍斯特（105’布拉夫海德）；范博梅尔、德容（99’范德法特）；罗本、斯内德、库伊特（71’埃利亚）；范佩西

西班牙队阵容：卡西利亚斯；拉莫斯、皮克、普约尔、卡普德维拉；布斯克茨、哈维·阿隆索（87’法布雷加斯）；伊涅斯塔、哈维、佩德罗（60’纳瓦斯）；比利亚（106’托雷斯）

进球：116’伊涅斯塔

在巴塞罗那的家中，伊涅斯塔有一个珍藏着他职业生涯金色回忆的宝库：奖牌、球衣、球鞋、照片、剪报。但其中最宝贵的纪念品，无疑是他射入那粒帮助他们夺得世界杯时穿着的国家队球衣。

距离他上一次整理这个小小的个人博物馆，已经有一段时间了，当

他把这件球衣放入藏品之中的时候，他发现了另一件球衣，是9年之前的球衣。

2000年，伊涅斯塔和托雷斯一起在国家队梯队中完成处子秀，帮助西班牙队击败了比利时队。一年后的夏天，他们以U16欧青赛冠军的身份出征特立尼达和多巴哥，争夺U17世界杯。他们是赛事夺冠热门，然而却没能在一个有着阿曼、布基纳法索这样弱队的小组中出线。在这届糟糕的赛事结束后，伊涅斯塔和托雷斯分手时互换了球衣，并且互相写上了寄语。

在足球城球场，托雷斯策动的那次进攻，最终以伊涅斯塔打进致胜球为西班牙队夺得世界杯结束。这么多年过去了，如今，两个人都加冕了世界冠军。

伊涅斯塔展开了托雷斯当年送给他的那件9号球衣，上面托雷斯用记号笔留下的字迹仍然清晰可见："别担心，属于我们的世界杯还没有到呢。"

而如今，它刚刚到了。

第十章　关于赢得大赛你想知道的一切

——卡杜纳[1]，尼日利亚

——*1999年4月17日*

不知道有什么东西在房间的角落里搞破坏，哈维被吵得睡不着。

不是“蟑螂军团”在闹，这里的蟑螂虽然大得像溜冰鞋，但它们的脚在斑斑点点的油布上制造的声音更小。哈维对它们实在是太熟悉了，甚至给不同的“蟑螂军团”取了不同的名字。

可能是老鼠。如果真的是老鼠的话，那要想赶走它，就得进行一番殊死的争斗。

哈维决定冒险，掀开陈旧变味而且充斥着跳蚤的被单，下床与藏在那黑暗角落里的“恶魔”战斗，但他还是不知道自己能不能指望得上加布里（Gabri）的帮助。队友加布里和他睡在一张床上，因为这间破旧的旅店甚至没有足够的房间供西班牙U20国家队使用。哈维想起来，队医好像要求过加布里搬去另一个房间睡，以免在对加纳队的1/4决赛前从哈维这里染到病。但哈维发烧的温度实在是太高了，也可能产生了幻觉。

虽然哈维烧得头脑都有点不清醒了，但他知道，这里的情况太过火了，他要对主帅发动“兵变”。

西班牙U20国家队出征U20世界杯之前，西班牙驻尼日利亚大使差

---

① 译者注：Kaduna，尼日利亚中北部重镇，卡杜纳州首府，是工商业、金融、交通中心。

点就告诉他们别去了。在一次很不愉快的会议中，他向西班牙足协、青年国脚（还包括卡西利亚斯、马切纳、巴勃罗·奥拜斯Pablo Orbaíz、巴勃罗·科纳戈Pablo Couñago和丹尼·阿兰苏维亚Dani Aranzubía）和他们极度担心的父母们列举了去尼日利亚一路上可能遇到的问题，比如，枪战、宗教不宽容、腐败、疟疾、极差的卫生条件和超过40℃的高温。

经过一番争论后，他们还是出征了。

抵达卡拉巴尔市[①]，入住第一间旅店后，还没等到对阵（阵中有罗纳尔迪尼奥）巴西队，有些事情就已经让西班牙队球员们开始考虑放弃这届赛事，直接回家了。

卡西利亚斯：*我们到那里的第一天，看到旅店的糟糕条件就已经有点沮丧了，房间太小，还要两个人挤一张床。不仅如此，当天街上就发生了一场浩大的枪战，就在旅店前台外面！当地人眼睛都没眨，看上去习以为常，只有我们被吓到了！旅店里的人告诉我们这是家常便饭，我们唯一要做的就是别离开旅店。*

2：0击败巴西队，像是给西班牙队打了一剂肾上腺素。他们再接再厉，战平赞比亚队，击败洪都拉斯队，以小组头名晋级，之后又在1/8决赛中淘汰了美国队。然后他们就来到了卡杜纳，准备1/4决赛。

虽然在场上展现出的超凡发挥以及一系列的进步，表明伊纳基·赛斯执教的西班牙队已经成为了赛事夺冠热门——如果夺冠，他们将赢得西班牙各级别国家队赛事中的第一座世界冠军——然而，球队里的苦恼情绪一直都在滋长。

对这些孩子来说，他们都已经适应了正常的生活环境。他们有过去

---

① 译者注：Calabar，尼日利亚东南部克罗斯河畔城市，是克罗斯河州首府，卡拉巴尔河流交错纵横，农、牧业发达，是尼日利亚东南部著名的粮食生产基地。

外地打比赛的经历，但却从未经历过这种第三世界的环境，未曾这么远离过家乡。而且在这里，西班牙球员们几乎不可能与远在家乡非常担心他们的父母和朋友联系。旅店的电话想都别想，队里也没人有可以用的移动电话（足协的人也不例外），只有偶尔来报道西班牙队的少数国际媒体记者有老式的卫星电话，是以前只在战场上使用的那种。中场球员赫拉德受伤了，不得不被送回了家，但球队通过电报发送的更换球员的请求，却从来没有得到过回音。

伊纳基·赛斯：*说到我们遭遇的问题，我真是不知道从哪里开口。把赫拉德送回家的时候，我们请求换（大卫）阿甘索（David Aganzo）来顶替他。问题在于，我们根本没有得到回信，完全不知道他会不会来，直到他出现在旅店门口我们才知道。在这里，要想和西班牙国内联系，实在是太困难了。*

卧室里到处是蜥蜴、壁虎之类的生物；球员们不得不头对脚睡在一张床上，因为旅店里没有足够的双人房；被单似乎会自己移动，因为里面的小虫子实在是太多了，这些昆虫也让他们染上各种各样的小病；有人看到，旅店里的厨师在煎锅上煎蛋时，是用手直接翻那些蛋；球员们要求厨师做点面条作为补救，结果端上来的却是烧糊了的面条。还有传言说，荷兰籍裁判扬·韦赫雷夫（Jan Wegereef）因为染上疟疾，不得不住进医院。

一切忍耐，都在卡杜纳到头了。

伊纳基·赛斯：*哈维在球场上是个天生的领袖，他总能为队友树立榜样，总能指挥队友，鼓励队友战斗。他是挑选队长时显而易见的选择（虽然奥拜斯更加年长，也是场上队长，但哈维是球队的三人领导核心之一，这样的领导架构在西班牙很常见）。我永远都忘不了那天，他和另外两名队长来见我。*

我们当时住在一个特别破旧的旅店，小伙子们不得不两个人共用一张床，到处有蜥蜴壁虎之类的东西，餐厅就靠着厨房，厨房墙上挂着一大堆坑坑洼洼而且脏兮兮的锅子。

因为这里的条件实在是太糟糕了，哈维染上了病，最终掉了几公斤的体重。这几位队长坐下来，很直接地告诉我，球员们再也受不了了，他们想要回家。

这时候发生的事情以及做出的决定，似乎隐隐约约在为西班牙夺得2010年世界杯奠定基础。

赛斯听完了球员们的要求，然后与他们达成了协议。首先，他提醒他们，有15到20名队友被留在了西班牙国内，他们中的大多数人也完全有资格来到尼日利亚，如果给他们来这里为国征战的机会，他们宁愿切掉一根手指。

“你们怎么能让他们失望？”

然后，他向他们强调，在这里经历的一切都不是真实的，他希望让他们感觉，这届赛事只是一场梦幻泡影。赛事终究会结束，他们终究会回到家，而回到家之后他们会发现，他们确实也发现了，整个西班牙都会为他们在这届赛事中的丰功伟绩而着迷。西班牙电视二台在国内转播了他们的比赛（当然，是在东道主尼日利亚转播方没有遭遇停电的时候），观众接近500万人。这对他们中的很多人来说，都是一个决定整个职业生涯的时刻。

最后，赛斯告诉他们，为了继续比赛，他个人也做出了巨大的牺牲，忍受了巨大的痛苦。

第一场打完巴西队的比赛后不久，西班牙大使馆就通知赛斯，他的母亲去世了。但他认为，自己更重要的职责是留在非洲，继续带领这支天才球队完成命运交付给他们的任务。

伊纳基·赛斯：*从西班牙出发之前，我母亲的病情就非常非常严重*

了，事实上已经离去世不远了，至少从精神层面上是这样。我已经和她做过了最后告别。所以当她在赛事中途去世的时候，我决定不回国参加葬礼。小伙子们都知道我身上发生了什么事，我知道他们都非常欣赏我为了留下来陪伴他们而做出的牺牲。

他们达成的协议是这样的：哈维和奥拜斯回去说服球员们打好对加纳队的比赛，1/4决赛之后的那个早上，会进行一次高层会议，决定以后怎么办。几位队长理解了赛斯的做法，他们相信他能说到做到。

不仅如此，赛斯还激发起了他们的战斗本能。两年之前，加纳队在U17世界杯中击败了哈维、卡西利亚斯领衔的西班牙队。事实上，西班牙队在青年级别的比赛中从来就没有击败过加纳队。“如果你们想要回家，”他告诉他们，“那也别给人留下你们害怕加纳队的印象。”

球员们的态度改变了。卡西利亚斯获得了本届赛事第二次出场机会，赛斯看到了加纳队在此前比赛中展现出来的反击速度和一对一的能力，他认为卡西最合适应付这种对手。

西班牙队在比赛中掌控了局面，但最后一分钟丢了一个古怪的球，比分被扳成1：1后，比赛进入了点球大战。双方互射点球一直打到第9轮，卡西终于扑出了乔治·布莱的射门，这是本场点球大战的第18粒点球，这也意味着西班牙队杀进了半决赛。

西班牙足协的理疗师卡洛斯·洛伦萨纳（Carlos Lorenzana）在对加纳队的比赛前抵达，他对球员们说了非常重要的一番话。“整个西班牙都为你们取得的成绩狂喜不已。”他告诉球员们，“最糟糕的时刻已经过去了，别让整个国家失望。”他还转告说他们的爸妈都不希望看到他们认输。这也证明了胡萝卜政策才是最有效的，不是大棒政策。

赛斯通过谈判，让球队换了一家旅店，足协工作人员则用队旗和钥匙圈贿赂了新的厨师，这样球员们吃到的食物质量就有了很大的提高。西班牙队在半决赛中3：1击败了马里队，之后4月23日的时候，他们在西班牙大使馆庆祝了赛斯的生日。生活似乎又好了起来。

球队在决赛中4：0横扫日本队，成为西班牙各级别国字号第一支世界冠军球队。在写这书的时候，只有2010年在南非夺取世界杯的成年队取得了相同的成就。

西班牙队在连夺三届大赛冠军的过程中展示出了超强的心态，而1999年的U20世界杯，就是一切的源头。如果说成年队日后成为了一条大河，那么这一支国青队就是上游的涓涓细流。足协在1999年的赛事中意识到，提前为住处和车旅做好计划非常关键（尤其是在非洲）。之后他们在这方面做得非常出色，无论是在纽斯蒂夫特地区（2008年欧洲杯）、波切夫斯特鲁姆（2010年世界杯）还是格涅维诺（2012年欧洲杯）扎营，他们最终都取得了胜利。而日后的成功，都要归功于此前在尼日利亚的苦难经历。

在1999年那支球队中，哈维、卡西利亚斯和马切纳最后都在2008年欧洲杯的维也纳决赛中上场，最终捧起了冠军奖杯。2010年世界杯在德班进行的半决赛，他们也都在场，这三个从尼日利亚毕业的小伙子，最终再次在非洲征服了足球世界。

1999年的那届赛事，让小伙子们之间建立了深厚的情谊，卡西利亚斯和哈维是博斯克治下球队队长的重要人选，马切纳则出席了2010年世界杯首战输给瑞士队后（在波奇的板球场举行的）的危机会议。

尼日利亚不仅教会了这三名球员适应环境的必要性，更向他们展示了适应环境后所能得到的奖赏，这也让他们在未来更加谦逊，这成了他们在日后训练中的基础。

卡西利亚斯：*虽然国际足联将这届赛事的举办权交给了处于那种状态中的尼日利亚，这一做法对我们来说很不合逻辑，但直到到了那里，我们才意识到真正的贫穷是什么样子。我看到人们为了一点点食物就大打出手，现在每当我吃东西的时候，我都会为自己拥有的一切感恩。我亲眼见到，而不是通过报道了解到人们挨饿，从那以后，我再也不抱怨自己的运气如何了。*

伊纳基·赛斯： *现在回过头来看，那一批球员的力量和勇气都非常突出。他们在一个陌生的国度，在极其艰难的环境中成功应付了一切，并且取得了最终的胜利。这成为了西班牙球员未来继续成功的模板。*

西班牙队后来之所以能够在维也纳、约翰内斯堡足球城和基辅连夺三届大赛冠军，当然不仅仅是因为他们1999年曾经在尼日利亚有过那样的经历，但从那届赛事上学到的东西，对西班牙足球此后的发展产生了巨大的影响。

之后的一年，斗牛士军团在悉尼奥运会上拿到了男足银牌。赛斯告诉我："在国奥队中拥有哈维这样经历过尼日利亚世青赛的球员，实在是好极了。他一直在说悉尼的一切多么好，因为，'你应该看看卡杜纳那里的旅店有多么脏乱差'。他说的经历，对于我们最终杀进奥运会决赛，起到了神奇的作用。"

2010年在波切夫斯特鲁姆，这些世界最佳球员、百万富翁们住进了最普通的学生公寓，里面只有一张单人床，地板上没有铺地毯，墙上的小电热器只有两根管，中央暖气很不稳定，电视屏幕只有16英寸，浴室也很小。这些待遇似乎让这些沉溺于成功，甚至被成功软化了的球员们重新振作了起来。

2012年在格涅维诺，米斯特拉尔酒店情况完全不一样，非常漂亮，而且服务水准很高，但它却是孤零零地坐落在训练营旁，周边都是农村。

在这两届大赛中，我都在思考一个问题，为什么西班牙队从来没有受到无聊厌倦、焦躁不安、过度兴奋的情绪和不当行为的侵害，因为很多其他国家队在这样的环境中都会出现这种情况。

最重要的解释，是西班牙球员们非常享受他们的日常训练（有时候还是一天两练），他们极富专业精神（相比于夺冠的喜悦，这种不快显然不值一提），而且非常喜欢待在一起。

我亲眼看到过球员们的家人之间是多么亲密；我看到过球员们一起

去城里逛街；一起在下榻的酒店喝啤酒；我看到这些超级巨星们是如何接受这些略显艰苦朴素的住处。这么些年来，很多国家队都无法管理好球队在大赛期间的举止，例子不计其数，球员们总是与以下词汇联系在一起：醉酒、狗仔队、警察、违反宵禁、与喜爱透露其隐私的女性勾搭在一起。然而这些很多对手都没办法处理好的球队规章制度，如今却成为了西班牙队夺冠DNA的核心元素。

博斯克：*不管比赛结果如何，让球员们出去走走，清醒一下头脑，都是有很大益处的。压力的影响不容轻视，而在这种性质的大赛中，压力会显得尤其巨大。喝杯啤酒聊聊天，放松放松压力，我认为是非常明智的做法。你需要从大赛中抽离出来，暂时停下手中的工作。*

信任他们也很重要，在这方面我向来很宽大仁慈。如果有一个球员偶然背叛了我的信任，或者犯了个错误，那也不会是世界末日，那也不意味着别人会跟着他去做。

2010年世界杯冠军队中，有4位成员——哈维、马切纳、普约尔和卡普德维拉在2000年悉尼奥运会上赢得了银牌（卡西利亚斯当时为了能够尽早在皇马立足，没有参加这届赛事）。13年后，在西班牙人的圣阿德里亚训练场，卡普德维拉向我回忆了当年的经历。

卡普德维拉：*去悉尼是我这辈子最美好的经历。去那之前，我对那里的印象只有电视里面看到的东西，但你知道在那里发生的最好的事情是什么吗？我们互相进行了深入的了解，建立了坚实的友谊。这可真是棒极了，我们一起出门观光，一起去看袋鼠，我们一直都是团队出行，一路上基本不谈足球。*

我们先是去了阿德莱德，然后是墨尔本，最后是悉尼。我们一开始住在悉尼市中心的一家酒店，那里只有我们住，所以我们可以四处走动。现在回想起来，我才意识到那是多么美好的一段经历。经历过这

样一段时期，你也会得到成长，我们这批球员都在悉尼建立了深厚的情谊。

伊纳基·赛斯：*在尼日利亚，我们基本被孤立在旅店里面。外面有警察驻扎，他们不让我们出门，以免出事。*

而在澳大利亚，情况就很不一样了。当时效力瓦伦西亚的托尼·贝拉马桑（Toni Velamazan），他是一个很不错的小伙子，也是我们的队长之一，他（紧张得发抖、口吃）过来请示我，能不能批准球员们夜间出去玩。

我告诉他，如果（在1/4决赛中）击败意大利队的话，他们就都可以出去玩，而且宵禁时间也可以由他来决定。当然，他们赢了，托尼告诉我，他们想要出去玩到早上5点。结果他们大多数2点或3点就回到了酒店，最晚回来的也才3点半。不过他们确实应该出去休息下，这一点很重要。

在西班牙训练了10天，然后在澳大利亚待20天，他们离家的时间都挺长的，在这期间，紧张的情绪会慢慢滋长，球员们也可能会出现一些争吵。对这种情况的处理，是教练工作中的重要环节，而且这是个很重要的任务。你要照顾好这些球员，与他们交涉。如果你能稍微妥协一点，他们就会很感激你这么做。

西班牙队之所以能够赢下这些大赛，当然主要是因为他们有最优秀的球员，但我们也有过那么多伟大的球队没能夺冠的历史。在现在这个时代里，几位杰出的西班牙教练和一位足协主席，一起引导着这些伟大的球员，与他们交涉，赋予他们特殊的权力。他们知道如何调和球员与工作环境之间的矛盾，他们知道如何创造一种大赛所需要的心态，这种心态在其他球队，比如英格兰队看来，几乎是一种神话中的概念。

允许球员夜不归宿；允许他们见妻子（或女友）和孩子（2012年欧洲杯决赛后，更衣室里都是孩子，简直像是托儿所）；让他们一起出门购物；让他们去寿司餐厅用餐。就像卡普德维拉跟我强调的，当球队没有赢球的时候，这些特权其实就是对球队另一种方式的批评（可以让球员们反省自己）。

与此同时，这些政策也成为了球员们对抗压力和厌烦情绪的有力武器。在这样的环境中，20多个球员们能够一起塑造出一种必胜的信念。而以往，这种环境总会让他们感到困惑。

在连夺三届大赛冠军之前，西班牙队在2004年欧洲杯和2006年世界杯上都品尝到了失败的滋味，托雷斯当时就是球队中的一员。他当然最了解更衣室里面的气氛什么时候发生了变化，发生了怎样的变化，造成了怎样的影响。

托雷斯： *路易斯（阿拉贡内斯）一直强调，我们要不惜一切代价避免陷入厌烦情绪之中。在他看来，厌烦情绪最会让人感到疲倦。在这方面，足协做得一直很好，安排的营地总是能让我们感到些许自由。我们可以去乡间漫步，远离足球几个小时，在波兰时也是一样。这些规章制度意味着我们可以放松下来、互相串门、出去喝杯咖啡、打打台球或者电子游戏。住在远离闹市的小村庄里面，当地人可能不会对足球太感兴趣，如果你出门散步的话，他们也不会来干扰你。*

卧室只是你晚上躺下来睡觉的地方，因此一般来说，这间卧室到底怎么样其实没有太大关系。重要的是白天的时候与队友们一起过。训练过后你可以看见球员们端着咖啡或者啤酒聚在一起。重要的是你要享受这样的生活，别烦恼自己还要在这里度过多少天，或者到底要怎么过。

我们的家人都被安置在附近的酒店，训练结束后我们可以去和他们待在一起，与妻子孩子待上几个小时。我认为这样的做法一点都不奇怪，那些不这么做的球队，才有点古怪。

只要你信任队中的球员，知道他们不会占你便宜，那就不会有问题。这套管理办法显示出了对球队的信任，因此我们要做的，就是别

越界做错事。如果我们被要求晚上10点前回来的话，没有人会拖到11点。你肯定不想（因为错过原定航班）坐下一趟航班回家吧。

路易斯（阿拉贡内斯）和维森特（博斯克）都非常信任我们，虽然路易斯可能更加警惕一点。我想一开始要他们放松规章制度肯定很难，但我们赢得了他们的信任，从来没有出现问题。

卡索拉：*在整个漫长的赛事中，互相交流非常重要。那些在一些特殊话题上持不同观点的人同时分享他们的看法，这才是健康的交流方式。每场比赛结束之后，我们都会在某个人的房间里喝点咖啡，仔细分析比赛，“老板（主帅）应该这么做”或者“你不应该那样跑动”。我们会就一些最小的细节进行反复的争辩，谈话、倾听不同观点、听队长训话，这就是我们之所以成功的原因之一。甚至在中场休息的时候，我们也会进行这样的讨论。*

普伊（普约尔）、伊克尔（卡西利亚斯）和哈维会指出球队做得不够好的地方。在大赛中，分享这种细节，是最好不过的事情。在大赛中，你就像是要参加战斗，但你如何参战，这就是关键，我们似乎拥有这种关键的心态。

托雷斯：*球队内部的友谊也体现在我们家人之间的友谊上。大赛期间有一天放假的话，如果我问妻子“午餐打算怎么吃？”她会说“我给桑蒂（卡索拉）的妻子打个电话问问吧”，或者是其他任何人。*

我们都喜欢在一起联谊，我们喜欢彼此的陪伴。我们都没有以自我为中心，这是我们作为一支球队，作为一个团队成功的秘诀。一般在一支球队中你要应付的是15种自我意识，而在我们这儿，似乎总共只有一个。

我们都知道球队在欧洲和世界足坛中的地位，但不会有人无理地对待任何一个队友，我们都是互相帮助。

西班牙队的大赛纪录表明，除去队中的天才球员，他们还有一整套的大赛管理办法，这套办法经过实战的检验，确实行之有效。

1997年到2013年间，从U16到U21年龄段，总共有43届欧足联下辖的欧洲青年赛事，西班牙队赢下了其中的14座冠军，另有6次拿到亚军。这是一项了不起的纪录。

在同一个时间段内，从U17到U20年龄段的16届国际足联下辖的世界青年赛事中，西班牙拿到了1次冠军、3次亚军和1次季军。

这些青年队赛事加上成年队赢下的三届大赛，西班牙队总共打了45场淘汰赛，其中有19次点球大战，西班牙队赢下了其中的14次。

这些纪录是西班牙足球正确做法的最佳证明。过去的20年间，西班牙足协一直在教育球员们要能一起生活、一起出门；要能齐心协力战胜厌倦情绪、忍受艰苦条件；要把家人带在身边；要能克制俱乐部和地区间的敌视心态；要能击败对手，赢下点球大战。

如果这还不算优秀的大赛心态，那么我想知道，还有什么可以算。

第十一章　2012年欧洲杯

开赛之前，我们便认为自己会成为冠军。事实上，夺冠是我们唯一能做的事。

——费尔南多·托雷斯

事实证明，在西班牙队问鼎2012年欧洲杯的道路上，他们要战胜的不仅是意大利队、爱尔兰队、克罗地亚队、法国队和葡萄牙队等对手，穆里尼奥也是他们的敌人。

从2006年年底以来，西班牙队逐步成为一支无敌之师，45场正式比赛只负2场。这样出色的战绩使球员之间，无论是主力还是替补，形成了强大的团队精神。预选赛期间，即便是在某些客场菜地一般的糟糕场地上，全体将士也会戮力同心，将对手击垮。大赛期间，在全队共同生活的6周时间里，每个人都有着共同的目标和信念。突然之间，这样一份团结受到了西班牙足坛一股新势力的威胁。

自穆里尼奥成为皇马主帅的那一天起，直至2012年欧洲杯打响，皇马和巴塞罗那进行了11场世纪大战①。这些比赛共产生了82张黄牌和9张红牌，穆里尼奥本人也曾被裁判请上看台。11场世纪大战中，巴萨球员31次受领黄牌，2人被直接红牌罚下。皇马球员则被记名51次，5次直接被红牌逐出场，另有2次累计2张黄牌下场。是的，世纪大战从不是彬彬有礼、温文尔雅的较量。然而，穆里尼奥执掌皇马期间，西甲双雄间的较量前所未有的激烈甚至肮脏，日复一日地制造全国性的争

① 译者注：Clásicos，西班牙形容皇马与巴萨这对夙敌之战的特殊名词。

论。这一切都腐蚀着西班牙队的团结。

当与巴萨交手时，穆里尼奥会宣称，裁判在故意刁难皇马。他一次次指责巴萨的球员是“演技派”，他最初是在执教切尔西时提出这个理论的，当时德尔奥尔诺踢中梅西大腿，但穆帅认定梅西是在演戏。

不可否认，在穆里尼奥任下，皇马屡献杰作。2011年国王杯决赛，他们有着一流的表现；2011/2012赛季的西甲，他们凭借高人一筹的实力和对胜利的渴望勇夺冠军。然而，穆里尼奥无法接受皇马和巴萨的西班牙国脚之间的友谊，他信奉并鼓励“不惜一切代价去赢”的理念，这让两队国脚之间的关系出现了裂痕。穆里尼奥则要求球员对他言听计从。于是，两队之间的关系愈发紧张，双方球员开始出现一些严重伤害国家队团结的言行。

在此期间，博斯克的态度也在悄然发生变化。起初，性格温和的他相信国家队的团结牢不可破；后来，他对两强冲突对国家队更衣室潜在的影响表示关切；最终，他选择了强硬路线，任何将敌对行为带到国家队的球员都将被除名。

穆里尼奥的第一场世纪大战中，巴萨以5：0的比分痛击皇马。拉莫斯因为对梅西的严重犯规吃到红牌，在双方球员的对峙中，拉莫斯一掌推在普约尔脸部，后者应声倒地。拉莫斯和皮克也发生肢体冲突，虽被队友拉开，但二人都摆明了“完事咱再算账”的姿态。而在拉莫斯离场时，哈维走上前去与其理论，又被他一掌推中面门。说起来，这些都不是罪无可恕的行为，但如果他们共同披上西班牙队战袍时也带着这样的情绪，将会非常危险。就在4个月前，他们刚刚赢得世界杯冠军，享受着西班牙民众的顶礼膜拜。

2011年4月国王杯决赛时，两队之间的关系更加紧张。阿韦洛亚和比利亚相撞倒地，虽然裁判没有判罚犯规，但阿韦洛亚起身时，一脚踩中了比利亚的小腿。皇马后卫不仅若无其事毫无歉意，反而和拉莫斯各拉住比利亚一条胳膊将其从地上拽起，似乎是在暗示后者纯属演戏。

随后，哈维和卡西利亚斯面对面发生了争吵。接下来，布斯克茨又向哈维·阿隆索的膝盖亮了鞋底……

几天之后，两队又在欧冠半决赛狭路相逢。那同样是两场充满侵略性和争议的较量。佩佩脚踢阿尔维斯被红牌罚下，引来穆里尼奥那一系列著名的“为什么”。穆帅声称，巴萨对联合国儿童基金会的支持或许帮助他们得到了裁判的优待。而在次回合比赛中，伊瓜因的进球被裁判误判为无效，再次激起了皇马的怒火，当然，这次发飙是合情合理的。

当年夏天，西班牙队在前往北美和中美巡演前，卡西利亚斯承认：“当我和哈维见面时，我俩会聊一聊。即便我们会骂对方两句，也不会有问题。我相信，我们并不需要进行什么‘和谈’。在一场与巴萨的比赛中，我头脑发热的时候，用手背拍着自己的脸，表达着我对他们的看法（意指‘你们要不要这么厚脸皮！’），这样做是不对的。但我已经认识到并承认了自己的错误。”

随后发生的事情改变了一切。2011年8月的西班牙超级杯，皇马和巴萨首回合在马德里战成2：2。诺坎普的次回合，双方均有出色发挥。梅西完场前精彩的进球帮助巴萨3：2获胜。但补时阶段，马塞洛双腿离地飞铲法布雷加斯，被红牌罚下。那个危险动作导致双方球员包围了两个当事人，替补席上一干人等也全部一拥而上。比利亚和厄齐尔都在冲突中吃到了红牌。更令人难忘的一幕是，人群中，穆里尼奥从后方悄悄走来，懦夫般地用手指戳了蒂托·比拉诺瓦的眼睛。而事态平息之前，哈维和卡西利亚斯又一次面对面地互相指责起来。

终场哨响后，身为皇马和西班牙队双料队长的卡西利亚斯在场内接受了采访。关于马塞洛的那个飞铲，当时卡西利亚斯离事发地点足有半个球场远，但对于这个他并未看清的动作，他采取了穆里尼奥式的态度。

“总会有那么一个铲球，让巴萨球员主动立扑在地。”卡西利亚斯这是在指责法布雷加斯，那个助攻了伊涅斯塔的世界杯决赛致胜球，让卡西利亚斯有机会捧起大力神杯的国家队队友。此时距离世界杯决赛不过相隔一年而已。

在诺坎普，穆里尼奥为自己手戳比拉诺瓦眼睛的动作辩护道：“足球是男人的运动。”

皮克则说：“我认为，造成这种局面不是皇马球员的原因。我们在皇马的主场6：2赢过他们，但那场比赛没有这种事发生。我和皇马球员是老对手了，他们都是非常好的人。我认为，应该指责的不是他们，问题只在于，他们听命一个试图摧毁西班牙足球的家伙。现在，他们指责加泰罗尼亚人是造成此种局面的罪人，但真正的罪人是那个掌控皇马的人。当我们在国家队聚首时，我们将保持开诚布公，确保球队一如既往地强大，确保队内氛围一如既往地融洽。”

卡西利亚斯的弟弟乌纳伊（Unai）是个巴萨死忠。他在家里通过电视观看了本场比赛，在慢镜头辅助下对事情了解得一清二楚。他无法赞同哥哥对红牌事件的论断，他明确无误地告诉哥哥：“你错了。”

事后，卡西利亚斯本人也通过电视观看了马塞洛剪刀腿飞铲法布雷加斯的动作。随即，他联系了普约尔和哈维，承认自己发表了错误的言论，并请求他们向法布雷加斯转达自己的歉意。卡西利亚斯表示：“事情不能再这样继续下去，我们必须解决这个问题。”对于德比中出现的一系列丑陋场景，这样的姿态和话语是弥合裂痕的最好方式。

卡西利亚斯表现出了一个正直、成熟的西班牙国脚的姿态。很多人认为，这正是他与穆里尼奥的关系每况愈下，直至最终被剥夺首发资格的原因之一。2013年9月，西班牙队主帅博斯克在谈到队长的处境时，也支持了这一观点，“卡西利亚斯为恢复巴萨和皇马之间的和谐做出了努力，并为此付出了代价。当国家队处在困境之时，卡西利亚斯为维护良好的球队氛围，为确保巴萨和皇马球员能同心协力，以使我们拿下2012年欧洲杯冠军尽了自己的一份力。但是，有的人对这样的做法并不欢迎，卡西利亚斯恢复和平的努力却害了他自己。我认为，每个人都应该持这样的立场——西班牙队的利益高于或至少等同于任何西班牙俱乐部的利益。”

在2013年最终离开马德里时，穆里尼奥宣称，自己很后悔没有在2011/2012赛季伊始便签入迭戈·洛佩斯以取代卡西利亚斯。然而，那个赛季，皇马是联赛冠军，欧冠也只是点球大战失利才未能闯入决赛。卡西利亚斯在全部38场联赛中只丢了32球，而12场欧冠更是只有8个失球。这样的数据，让穆里尼奥的言论看上去是那么可笑。

穆里尼奥为皇马和巴萨的西班牙国脚之间，划了一条泾渭分明的界线。跨过这条界线，拿出有尊严的表现，是西班牙队问鼎2012年欧洲杯的重要一步。然而，接下来的一个赛季中，卡西利亚斯却遭受了莫大的痛苦和不幸。

当初，阿拉贡内斯将劳尔排除在国家队之外，老帅此举是为了能在自己认为正确的方向上更好地领导这个集体。如果比较一下阿拉贡内斯的做法，与穆里尼奥对卡西利亚斯的处理方式，那么，不论是动机，还是最终的效果，葡萄牙人都没有可取之处。

2011年西班牙超级杯结束几天之后，作为西班牙队中最随和的球员之一，卡索拉发表了自己的看法，他认为情势“已经到了极限”，他说道：“尽管大家非常想避免影响彼此间的关系，但这种事确实已经开始让关系不那么和谐了。我们这些局外人能做的，就是希望事情能尽快得到解决，能达成某种妥协。这是所有人的期待。”

其实，2011年9月，便已有迹象表明，西班牙队的波兰和乌克兰之旅，或许将度过一个阳光明媚的夏天。

超级杯后仅过半个月，西班牙队在瑞士圣加仑（St Gallen）的一场友谊赛中，一度0：2落后智利队，但最终3：2逆转取胜。比赛最后时刻，比达尔和伊涅斯塔之间发生了冲突。伊涅斯塔一反常态地与对手面对面顶起牛来。

电光火石之间，伊涅斯塔被穷凶极恶的对手包围起来。阿韦洛亚立刻上来为伊涅斯塔出头，皇马与巴萨之间的隔阂在这一刻出现缓和。布斯克茨前来帮助自己俱乐部的队友，但卡西利亚斯也从板凳上起身冲向事发地点。拉莫斯则如疾驰的列车一般杀将过来，把对方球员菲利佩·西摩（Felipe Seymour）撞翻在地。

博斯克：*阿韦洛亚是那种很少因自己的足球技艺得到认可的球员。但是，他无时无刻不在付出自己的全部，他是个伟大的斗士。人们对皇马和巴萨世纪大战中发生的一切念念不忘，但阿韦洛亚每次比赛甚至训练中都是如此。他无从知晓会是哈维还是哈维·阿隆索出现在自己身前，但他身前的队友总可以放手进攻。他是个非常好的人，和其他人一样，人们对他或许会有误解。然而，他为国家队做的贡献足够说明问题。你可以喜欢他或不喜欢他，但他总能提供国家队所需要的东西。*

终于，巴塞罗那和皇家马德里开始并肩战斗。他们已为欧洲杯征程做好准备。

——第1日

——2012月6月5日，波兰，格涅维诺（Gniewino）

每个人都有过这样的经历，在即将登上旅途时，心里却犯起嘀咕：“我肯定忘带了什么东西。”那么，对领导这支世界冠军的统帅而言，确定出征格但斯克（Gdansk）的阵容时，产生类似的感觉实在再正常不过了。当西班牙队的空客A321航班在午后时分起飞，机舱里缺少了两个关键人物：后卫普约尔和前锋比利亚。这两员大将总共为国家队出场181次之多，在俱乐部和国家队舞台都拿过欧洲冠军、世界冠军。西班牙队2010年的世界杯夺冠之旅，全队8粒进球，此二人贡献了6个。以这样的方式开启欧洲杯卫冕征途，实在不是好消息。

最先退出出征名单的是普约尔，他在赛季倒数第2场比赛与西班牙人队的德比战中膝盖受伤，随即宣布将连续第2个夏天进行手术。普约尔给卡西利亚斯和博斯克都打去电话，证实了这一消息。队长卡西利亚斯承认：“普约尔的缺阵，令我们损失了一员大将，同时也失去了一个好战友。他与全队都相处融洽，他是团队里的重要一员，他总能给年轻球员有益的帮助。失去他，真是非常糟糕。”

而比利亚宣布退出，则意味着西班牙队失去了历史最佳射手，这足以令很多人唱衰斗牛士军团的前景。比利亚是预选赛的队内射手王，在主场与苏格兰队的比赛中，他打破了劳尔的西班牙队进球纪录。然而，世界杯半决赛中胫骨骨折的重伤，使他无缘出征欧洲杯，而且这次受伤最终也毁掉了其巴萨生涯的最后18个月。

起初，人们还相信比利亚能够进入2012年欧洲杯名单，但随着大赛的临近，诺坎普的医疗组却对前景愈发悲观。

实际上，比利亚恢复训练的时间还算及时，但他逐渐意识到自己的体能和状态都够不上大赛的要求。尽管博斯克希望等他到最后一刻，甚至愿意用小组赛阶段的赛事帮助这位前锋找到感觉，但比利亚仍在5月21日，也就是名单宣布前6天，找到博斯克宣布与伤病抗争的失败。

出征欧洲杯的航班上，共有140名乘客，包括工作人员、管理人员、媒体人士以及著名球迷鼓王马诺洛（Manolo el del Bombo）。但是，那23个最重要的座位，属于那些志在开创大赛三连冠先河的球员们。

2010年世界杯的阵容与2008年欧洲杯相比，调整了7名球员。但这一回，南非出征将士中只有4人没有入选本次名单，普约尔、比利亚、马切纳和卡普德维拉的位置，分别被胡安弗兰（Juanfran）、霍尔迪·阿尔巴（Jordi Alba）、桑蒂·卡索拉（入选过2008年阵容）和阿尔瓦罗·内格雷多（Álvaro Negredo）取代。

目的地格但斯克。这座波罗的海沿岸的波兰城市，是世界闻名的"团结工会"发祥地[①]。团结工会的缔造者之一莱赫·瓦文萨（Lech Walesa）的勇气和执着，是这个国家从军事管制迈向民主的重要原因。

那段波兰历史，发生在哈维、卡西利亚斯、比利亚、普约尔和马切纳

① 译者注：Solidarność，团结工会是波兰的工会联盟，于1980年创立于格但斯克的造船厂，由莱赫·瓦文萨所领导。1980年代组织了波兰国内从天主教徒至反共左翼人士结合为一股强大的反共主义社会运动，并主张非暴力的反抗模式。

这代球员出生的时候。而西班牙自身，也曾在那个时期经历过军事政变。

在2012年欧洲杯上，这批团结而充满才华的球员，首先将不是在顿涅茨克（Donetsk）、利沃夫（Lviv）、波兹南（Poznan）、华沙（Warsaw）、基辅（Kiev）或弗罗茨瓦夫（Wroclaw）亮相，他们的舞台属于一个享誉国际、见证过民主胜利的城市，这里的历史是在这样的座右铭激励下谱写：团结，牢不可破。

在瓦文萨机场的停机坪上，西班牙将士们看上去神情轻松。他们身着灰色波克斯菲尔西装和白色衬衫，打着深蓝色领带，胸前口袋上方镶嵌着一颗金星和西班牙王室徽章。卡西利亚斯在一群显要人物中间发现了一个坐轮椅的孩子，他离开队伍，找到了这个孩子。虽然存在语言障碍，但卡西利亚斯拍了拍孩子的肩，轻抚着他的头发。小朋友很开心，因为他见到了世界冠军的队长。

从机场朝西北沿海方向驶去，经过一个多小时的车程便到了西班牙队的大本营格涅维诺。夜幕落下，西班牙队抵达驻地，球员们就餐后进行了短暂的休整，随后便是欢迎仪式。

西班牙足协对大本营的选择似乎有些奇怪。这是一个欠发达的乡村地区，街头的杂货店简陋不堪，而且这个地方冷得出奇。当地民众穿着运动套装，面色红润，态度友好，他们对这个平静的世外桃源即将发生的变化有些不知所措，但依然热情地欢迎西班牙队的到来。穿着传统服装的孩子们载歌载舞，其中一个姑娘要向一位西班牙国脚送上象征着好运的礼物。略伦特在队伍中很是突出，高高的个子，一头显眼的金发，满脸和蔼可亲，他被误认为球队领袖，成了接受礼物的人选。他伸出双手，接过了一块巨大的咸面包。不过，这个夏天，西班牙球员想吃的是庆祝胜利的蛋糕。

外界有些人依然怀疑，皇马与巴萨球员之间的裂痕是否已经弥合。法国Canal+电视台对哈维长达一小时的专访，选在了一个敏感的时机播出，采访内容加剧了人们的猜测。这段录播采访本应在西班牙队进驻波兰后播放，但球队的航班从马德里巴拉哈斯机场（Barajas）起飞后，Canal+电视台便向所有媒体发布了采访片段：

哈维： *我们（巴萨）在他们（皇马）夺冠时，向他们表示了祝贺，这终归只是竞技上的争夺。不论是他们赢得联赛冠军，还是在梅斯塔利亚（Mestalla）夺取国王杯冠军时，我们都对他们非常尊重。尽管如此，在我们夺冠时，我没有感到他们也对我们表现出这份尊重。这完全是我自己的感觉，纯属个人观点。*

西班牙队刚刚抵达欧洲杯战场，西甲双雄之间的裂痕再次威胁着球队的团结。

——第2日

——2012年6月6日，波兰，格涅维诺

这个赛季，西班牙国脚在俱乐部和国家队的人均上场时间超过4000分钟，有些人则打了5000多分钟的比赛，卡西利亚斯更是逼近6000分钟大关。

普约尔的缺阵，意味着皮克和拉莫斯肯定会组成中卫搭档。然而，拉莫斯本赛季出场5375分钟，而皮克则由于伤病困扰，以及瓜迪奥拉在本赛季比之前几年更多地将其置于板凳，只打了3239分钟比赛，两人出场时间的差距相当于23个整场。

他们都需要在场上找到最佳状态。他们应该接受同等强度的训练，但是，一个赛季下来，两人承受的体能负荷明显存在区别，这样做可取吗？可行吗？

有一些球员，包括内格雷多、阿尔巴、阿尔比奥尔、雷纳、纳瓦斯以及皇马国脚——本赛季的最后一场正式比赛在几周前便已打完。然而，来自切尔西、毕尔巴鄂、马德里竞技和巴塞罗那的国脚，则一路打到国内杯赛决赛或欧战决赛，抑或两者皆有。

如何让队里的每一名球员都达到最佳体能状态，这个任务落在了哈维尔·米尼亚诺（Javier Minano）肩头。几年来，这位西班牙队体能教练走访了包括切尔西、利物浦、曼城、阿森纳和曼联在内的每一家相关俱乐部，大量收集了西班牙国脚整个赛季期间训练情况的翔实资料，了解了国家队针对具体球员应否以及如何保持特殊的训练计划。

整个欧洲杯期间，西班牙队体能训练的三大原则是：

1.全体球员99%的体能训练都在有球状态下进行。

2.具体球员在整个赛季中保持体能和良好状态的方式，在西班牙队尽最大可能予以延续。

3.一切体能训练都应避免乏味无趣——体能训练必须卓有成效又富有趣味性。

哈维尔·米尼亚诺： *让我感到不可思议的是，这些球员在各自俱乐部都能一直战斗到赛季尾声，为奖杯或欧战资格而全力出击。5月到国家队报到时，他们已经身心俱疲，但很快他们都主动调整了心态，攒足了劲为西班牙队奉献全部。最终，这个集体不止是实力强大，他们最宝贵的品质是团结，是他们以最大的友谊和紧张感共同生活、战斗的能力。*

格涅维诺没有波切夫斯特鲁姆（Potchefstroom）那样明媚的阳光和地方特色，也没有纽斯蒂夫特（Neustift）那如画的风景和乡土魅力，但在某种意义上说，这正是西班牙队选择在这里扎营的原因所在。这里的训练场不仅有着超一流的硬件水准，而且距离球队下榻的米斯特拉尔酒店（Mistral）仅需步行90秒。走下酒店的台阶，穿过跑道，球队就可以开始干活儿了。

这个训练营设施齐全，包括附属训练场、更衣室、健身馆，酒店里还有SPA。同时，训练营周围还有专门设计的围挡，上面写有一些励志口号：

夺冠靠的不是历史，而是谦卑。（La historia no te hace campeón，la humildad sí.）

赢球靠的不是历史，而是拼搏。（La historia no gane partidos，el esfuerzo sí.）

进球靠的不是历史，而是才华。（La historia no marca goles，el talento sí.）

西班牙队今天进行了两次训练。上午是恢复性练习，进行了较长时间的抢圈和全场一脚传球，以及拉伸训练。随后，就是小型分队对抗，球员们需要将球盘带进球门才算进球。门将卡西利亚斯、巴尔德斯和雷纳则在接受门将教练奥乔托雷纳（Ochotorena）的单独训练。率先出来面对媒体的，是哈维·马丁内斯（Javi Martínez）、巴尔德斯（巴萨）和阿韦洛亚（皇马）。从第一天起，西班牙队就在日常训练中将皇马和巴萨的纷争抛到脑后。

阿韦洛亚：*我认为，压力不会成为我们的问题。我们来到这里，目标就是冠军。会让我们的征程变得更加困难的地方在于，其他球队与我们交手时，会带着200%的动力，因为我们是欧洲冠军、世界冠军。他们已经很透彻地研究过我们，知道应该怎么对付我们。其他球队总是能在与我们的比赛中发挥出最高水准，这一点要比应对压力更困难。但从另一个角度来说，我们已经夺得了欧洲杯和世界杯冠军，也许，事实上，我们确实是承受着压力的球队。*

对于哈维在电视采访中那段似乎极具爆炸性的言论，阿韦洛亚并不觉得有什么大不了："幸运的是，我们很清楚如何区分俱乐部和国家队。如果队里存在什么分歧，那么我们就会去解决。"

球队晚上的训练着眼于两个目标：充分进行有球训练，让球员们保持愉快的心情；同时，要让训练富有乐趣。

球队安排了非门将球员镇守大门（略伦特、托雷斯和马丁内斯），进行了大量的任意球训练，球员们互相开着玩笑，我们可以在博斯克脸上看到满意的微笑，显然，目前的工作进展让他非常开心。

——第3日

——2012年6月7日，波兰，格涅维诺

在远离西班牙的寒冷的波罗的海沿岸，清晨醒来，我们得知了54岁的马诺洛·普雷西亚多（Manolo Preciado）与世长辞的消息。这是一个风趣、正直、充满活力的足球人，但他的人生却充满悲剧。普雷西亚多刚刚接过比利亚雷亚尔的帅印，便突然辞世。西班牙足球这些年已经经历了太多这样的悲痛。安东尼奥·普埃尔塔（Antonio Puerta）、达尼·哈尔克（Dani Jarque），如今则是普雷西亚多。这届欧洲杯的晚些时候，还会有这样的噩耗传来。

今天上午没有安排训练，因为这一天要进行裁判工作讲解。曾执法过2002年世界杯决赛的意大利光头裁判皮耶路易吉·科利纳（Pierluigi Collina）将代表欧足联来访。和2010年世界杯期间阿根廷裁判埃利松多（Elizondo）扮演的角色类似，科利纳将给球员们开一次简短的讨论会，以确保他们了解对规则最新的阐释。在这届欧洲杯结束时，欧足联有理由认为这样的讲解是卓有成效的，本届赛事比2008年欧洲杯的犯规数量减少了231次，下降20%之多。场均只有不到4张黄牌。揭幕战之后的所有比赛中，只出现过1张红牌。这样的讲解，看似是小事，其实有着很重要的作用。

意大利人科利纳依然保持着运动员一般的身板，他身着便装上衣和牛仔裤，脚踏白色跑鞋。这一天离西班牙队与意大利队的首场比赛还有3天。通过一张一张幻灯片的展示，科利纳对每一项细则都解释得一清二楚。不过，一位出席讨论会的人士事后对我说，科利纳在解释直接红牌的犯规时，选择的幻灯片很有意思。

科利纳为西班牙队球员展示了在伯纳乌进行的欧冠半决赛上，佩佩亮鞋钉蹬踏阿尔维斯的动作："这是不是一张直接红牌呢？"

哈维答道："必须是！"卡西利亚斯则提出了相反的意见。还有其他一些人也参与到争论之中，声音越来越大。坐在角落里的博斯克只是温和地笑着。无疑，他看到了球员们天生的好胜精神。不过，这并非穆里尼奥导演的国家德比肥皂剧破坏国家队和谐的重演。当然，意大利人科利纳大可以举出任何其他例子，来讨论危险铲球。他面对的是西班牙队国脚，这个赛季发生了那么多的事情，他选择的这张图片颇值得玩味。

争论仍在继续。"好了，先生们，你们有一个月的时间来争论这件事。"科利纳开着玩笑，继续进行讲解。他告诉球员们，这样的动作够得上直接红牌的处罚，本届欧洲杯便将采取这样的标准。接下来，科利纳展示了佩佩那次导致红牌的铲球之后，巴塞罗那球员包围主裁判，以寻求皇马后卫遭受处罚的图片。科利纳对球员们说，这样的行为将被黄牌警告。球员们之间的辩论仍未停歇，科利纳则补充道："像这样冲裁判慷慨陈词的做法，根本不会奏效。"

西班牙国脚们立即停止了对佩佩铲球事件的辩论，齐齐发出嘘声："拉倒吧！裁判当然会受到球员的影响！"

"好吧，那也许是在业余比赛中。"科利纳结结巴巴的反驳又引来一阵嘘声。

阿拉贡内斯曾告诉这批球员，足球需要你具备街头智慧，他命令球员不仅要知道主裁判的教名，对助理裁判也要如此。和其他每一支争夺重要锦标的球队一样，西班牙队也相信，如果对裁判反复进行适度的施压，那么，对于那些可判可不判、模棱两可的情形，你迟早会得到有利于自己的判罚。

一个局外人勾起的可能影响西班牙队团结的国家德比话题，立刻被抛到脑后。此时，这里的23个人不是皇马、巴塞罗那、马德里竞技、切尔西或塞维利亚的球员，他们是西班牙队的球员。

晚上，球队进行了封闭训练。训练开始前，大家在中圈围成一圈。这里的多数人都曾与普雷西亚多执教的球队打过比赛，一两个人曾在普雷西亚多手下踢球，博斯克当年则经常在场上与他过招。这个时刻，西班牙全队为普雷西亚多默哀。

——第4日

——2012年6月8日，波兰，格涅维诺

尽管曾在2008年欧洲杯1/4决赛点球淘汰意大利队，西班牙队对蓝衫军团的感觉，仍与吸血鬼对大蒜的感觉无异。两队曾在2011年8月的一场友谊赛中交锋，意大利队2：1获胜。斗牛士军团对周日的首场小组赛颇有些紧张。

现在，博斯克在训练中正采取各种手法为球员们加压，以使他们能以最佳水准进行思考、跑动、传球和逼抢。意大利人是防守大师，但与此同时，主教练普兰德利还把他们变成了一支极具威胁的进攻型球队，因此博斯克要求球员们要进行高强度的紧逼。

很奇怪的一点，也是两国足球文化不同的一点在于，意大利队陷入了比西班牙国家德比的争斗要严重得多的危机。意大利足球界和司法界对于假球丑闻的调查始于2011年6月。2012年5月，33场比赛遭到了调查，19人遭到逮捕，涉案比赛和人员的名单进一步拉长。后卫克里希托在训练营遭到警方讯问后，被国家队除名。

普兰德利对意大利总理蒙蒂表示："如果你告诉我们，为了足球的利益着想，我们不该参加欧洲杯，那么我对此不会有意见。我相信，有些事情要比参加比赛来得更重要。"

对其他任何国家来说，这样的事情便等同于为夺冠希望敲响了丧钟。但他们是意大利队。尽管这样的丑闻非常严重，对意大利队却不会产生负面影响，就像2006年的"电话门"事件，当时尤文图斯被剥夺两届意甲冠军头衔、球队降入意乙，还与拉齐奥和佛罗伦萨一道被中止参加欧战的资格。然而，一个多月后，意大利队却在柏林成为世界杯冠军。

皮克： *就在你觉得意大利队深陷麻烦的时候，其实才是他们最恐怖的时候。我相信，他们将是一个非常艰苦的首战对手，而且，我认为他们将为夺冠一路战斗到底。不过，我还是喜欢我们热门的身份，这表明人们对我们非常尊重，表明我们拥有非常强大的实力，我喜欢这样的压力。2008年之前，每当西班牙队进入淘汰赛，他们就总是为了不输而比赛。自从4年前淘汰意大利队，我们便总是为了赢而比赛。事实上，只要我们发挥出最佳水准，我们就将获得这届比赛的冠军。*

在被问到与很可能与自己成为中卫搭档的拉莫斯的关系时，皮克说："外界夸大了很多事。我和拉莫斯的关系非常好。能够成为这支西班牙队的一员，能够与拉莫斯并肩作战，我感到非常骄傲。"

而球队训练带给我们的信息则是：佩德罗被安排在翼卫位置，阿尔巴与哈维共处一侧，伊涅斯塔愈发从容不迫，内格雷多则仍未破门。

在这个阶段，多数观察家已经基本可以猜出博斯克的首发阵容：门将卡西利亚斯，4名后卫是阿韦洛亚、拉莫斯、皮克和阿尔巴，哈维、布斯克茨和哈维·阿隆索将构成中场铁三角，唯一的疑问是哪两名球员与伊涅斯塔组成锋线三人组。席尔瓦、略伦特、内格雷多、佩德罗、托雷斯，人们对这些名字的反复变换，就像学校操场上孩子们交换球星卡一般。不过，几乎没有人提到法布雷加斯的名字。

与此同时……

本赛季，阿尔沙文被阿森纳租给了圣彼得堡泽尼特。"沙皇"回归西方世界的视野后立刻有惊人的表现，在弗罗茨瓦夫，他帮助俄罗斯队打得捷克队几无还手之力，最终4：1首战告捷。

——第5日

——2012年6月9日，波兰，格涅维诺

分组形势对西班牙队来说还算比较有利，他们在C组的全部3场比赛（对手是意大利队、爱尔兰队和克罗地亚队）都是在同一座球场进行。如此一来，城市码头的格但斯克帆船酒店也将有幸一次次迎接世界冠军的到来。

周五的第一个任务，就是乘大巴从格涅维诺开赴格但斯克。球员们很想知道自己会和哪些球员住在相邻客房，和以前一样，安东尼奥·利莫内斯（Antonio Limones）将为球员们解答这些问题。

在安排房间时，利莫内斯并不会征询球队的意见，不过，西班牙队这些年征战世界各地，房间安排早已形成规律。拉莫斯将和纳瓦斯成为邻居；伊涅斯塔的芳邻是巴尔德斯；哈维的隔壁是布斯克茨；托雷斯、马塔和哈维·阿隆索的房间挨在一起。

当晚，西班牙队向欧足联递交了正式的投诉信，对格但斯克竞技场的草皮条件表示了不满。西班牙队希望草皮要进行修剪和两次浇水。而在这段小插曲之前，队内继续释放出和平的信号。

在球场出席新闻发布会的，是大卫·席尔瓦、世界杯决赛攻入致胜球的伊涅斯塔以及世界冠军队长卡西利亚斯。国际媒体肯定会对这个出席阵容感到惊喜。

卡西利亚斯：*如果这次欧洲杯是在2011年进行，巴塞罗那和皇马之间的局势就会成为问题。并非我们两队的球员处不来，而是两支球队不断发生着利益冲突。但现在回过头来看，我们都可以一笑置之。那个时候，双方的关系确实十分紧张，但我相信，当一个人犯了错误时，你必须要着重看到积极的一面。如今，一切都很好，我们已经翻过了那一页，我们的注意力都集中于帮助国家队取得成功。*

国家队主帅博斯克并不担心皇马和巴萨之间的矛盾会影响西班牙队

的夺冠大计。出征欧洲杯之前，博斯克在向西班牙奥委会发表讲话时，表达了对其他问题的担忧。

博斯克： *最困难的事情，是在你已经品尝夺冠喜悦后继续赢下去。你不可避免地要面临这批球员的进取心有所降低的危险。更衣室和训练场上保持健康的氛围非常关键。一支球队的纪律要建立在规则和尊重的基础上。我个人并不赞成命令式的管理或对球员过度的控制。我们有“好孩子”的名声，但我可以告诉你，事情并非总是如此。然而，如果任何人认为西班牙队管理松散，那么他们肯定是错误的。有些人说：“不要太软弱，否则你会被欺负死；但也不要太严厉，否则你会被整死。”而我领导球队的原则是，战术是可以传授和学习的，风格则是与生俱来的。*

与此同时……

世界杯亚军荷兰队在小组赛首战表现疲软，不敌丹麦队。德国队则有着强势的开局，不过帮助他们击败葡萄牙队的功臣却令人意外，马里奥·戈麦斯在大赛上进球了！要知道，这名前锋在2008年欧洲杯和2010年世界杯表现出的糟糕射术可是一度成为人们的笑柄。

——第6日

——2012年6月10日，波兰，格但斯克

西班牙vs意大利——欧洲杯C组

一！二！三！……赢！赢！赢！

格但斯克是一座美丽的城市，每天有大量廉价航空公司的航班在这里起降。如今正值夏日旅游旺季，这里还有欧洲杯盛会正在上演。大量意大利和西班牙球迷涌入格但斯克，聚集在河边的老城区，离西班牙队的酒店只有几百米的距离。

曾经，在长达90年时间里，意大利队碰到西班牙队基本就是一个“我来，我见，我征服”的故事。西班牙队通过点球大战才走出这个怪圈，他们现在依然需要证明自己有能力在90分钟内击败意大利人。

博斯克宣布的首发阵容让人有些意外，他没有选择内格雷多和托雷斯，而是让法布雷加斯出现在中锋位置。

博斯克非常精明。去年8月，在巴里与意大利队的友谊赛中，西班牙1：2败北，对于与托雷斯和略伦特的较量，意大利后卫得心应手。

今天，意大利队后卫巴尔扎利因伤无法出场，这几乎肯定意味着德罗西将从中前卫撤到防线，成为三中卫中的一员。博斯克认为，意大利人将非常乐于凭借身体优势压制托雷斯或内格雷多。同时，在他看来，尽管德罗西是一名出色的球员，但对付一个梅西式的假9号，他恐怕会遇到些麻烦。这种假9号角色会撤得靠后一些，使后卫处于进退两难的境地：是应该跟住他，还是应该在后面站住位置，准备防守对方的跑动路线?

西班牙队的首发阵容是：卡西利亚斯；阿韦洛亚、皮克、拉莫斯、阿尔巴；哈维、布斯克茨、哈维·阿隆索；席尔瓦、法布雷加斯、伊涅斯塔。

意大利队的阵型是3-5-2，试图在中场形成兵力优势，并通过翼卫压迫西班牙队的边路选手。他们的阵容如下：布冯；博努奇、德罗西、基耶利尼；马乔、马尔基西奥、皮尔洛、莫塔、贾凯里尼；卡萨诺、巴洛特利。

这是一场精彩的比赛。双方共有28次射门，其中15次射正目标。

比赛的前50分钟，意大利队明显表现更好。普兰德利的球队进攻流畅，球员们充满信心。西班牙队好似一部有点生锈的机器。哈维不断地要求阿韦洛亚主动出击，帮助压制贾凯里尼在边路的活动。哈维本人则已经疲于应付两队中前卫3对3的战斗。

皮尔洛、卡萨诺和马尔基西奥不断威胁着西班牙队的大门。卡萨诺从心脏手术中康复了过来，4月底才重返球场，但很快就有出色表现。

意大利队浪费了两次可以首开纪录的机会，就在主裁判考绍伊（Viktor Kassai）即将吹响上半场结束的哨声之时，原巴萨大将莫塔大力冲顶，被卡西利亚斯奋力扑出。

下半时刚刚开始，基耶利尼一记长传，巴洛特利全力狂追。拉莫斯在巴洛特利压迫下没有选择将球解围出界外，而是很勉强地试图回传卡西利亚斯。巴洛特利将球断走，拉莫斯则滑倒在边线处。意大利人在无人防守的情况下向球门突进。皮克赶回到禁区，既想逼近巴洛特利，又试图拦截他给卡萨诺的传球路线——如果巴洛特利送出好球，卡萨诺便有机会轻松破门。然而，就在巴洛特利准备射门的时候，拉莫斯已经杀了回来，将球破坏出底线。这是一次意义深远的起死回生。普兰德利非常恼火，很快就用迪纳塔莱替下了曼城前锋。

德罗西带球向前交给马乔。卡萨诺在西班牙后场的右路牵制住了阿韦洛亚，所以只能由哈维来上前逼抢马乔，这使皮尔洛身前出现了20米左右的空当。皮尔洛在意大利半场得球，布斯克茨站位很靠后，无法及时上抢，当他扑向皮尔洛时，后者一个变线绝尘而去。此时迪纳塔莱启动前插，皮尔洛左脚送出了一记美妙的直塞，皮球从皮克身边穿过，乌迪内斯前锋接球形成单刀。迪纳塔莱以充分舒展的动作，将球从卡西利亚斯左手边射向了唯一可行的角度。2008年欧洲杯两队在1/4决赛遭遇时，迪纳塔莱在加时赛曾有绝佳机会被卡西利亚斯化解，点球大战中的射门也被卡西利亚斯扑出。等了4年，迪纳塔莱完成了复仇。

然而，西班牙队仅用3分钟便扳平了比分。在此之前，法布雷加斯只起到一些不错的过渡衔接作用，除了他最忠诚的球迷，没人会说派他打前锋是个好主意。1月之后，他在巴塞罗那便再无进球，而7周前欧冠半决赛输给切尔西以来，受到大腿伤病困扰的他只打了25分钟正式比赛。而现在，重担却落在了他的肩头。

博斯克义无反顾地选择信任法布雷加斯。这粒进球就像是博斯克设计好的一样。他的战术意图得到了完美的实现。席尔瓦暂时占据了假9号的位置，法布雷加斯后撤了一些，而且来到了右路活动。

哈维喂球给伊涅斯塔，遭到博努奇和马尔基西奥包夹的他，停球处理得恰到好处，吸引了意大利人的上抢。席尔瓦此时就在6码之外等球，他把伊涅斯塔的传球放到自己身体左侧，基耶利尼被他带了出来，席尔瓦随即转身，用左脚外脚背送出致命一传。

这是一串连锁反应。当你推倒第一张多米诺骨牌，就会有第二张跟着躺倒，然后每张牌都会依次倒下。当意大利人犯了第一个错误，他们的防线就一层一层地被击破了。德罗西和博努奇扑向了伊涅斯塔那边，这样基耶利尼就必须要跟住席尔瓦。贾凯里尼意识到法布雷加斯和席尔瓦发生位置互换时已经迟了一步，他扑向加泰罗尼亚人的位置，但已来不及了。席尔瓦送出妙传，法布雷加斯高速前插，在点球点附近，左脚攻破了布冯的十指关。

比赛的最后25分钟变得开放起来，西班牙队和多数时候一样，依然保存着大量体能，因此他们占据着60%的控球。替补上场的纳瓦斯送出传球，另一名替补球员托雷斯形成单刀，但布冯凭借强壮的身体将球化解。随后，哈维的直传再次为托雷斯创造了机会，后者横拨闪开基耶利尼，面对出击的布冯挑射攻门，但皮球擦着网顶呼啸而过。

比赛结束后，西班牙队的愤怒爆发了。对于对手，西班牙球员充满尊重和认可，但草皮质量让他们非常恼火。

法布雷加斯：*草皮质量非常糟糕。2012年的今天不该发生这样的事情。草皮很干，非常需要浇水。*

哈维：*这样的场地不利于我们这种风格的球队发挥，真是太糟糕了。*

伊涅斯塔（欧足联官方当场最佳球员）：*得到当场最佳奖项真是苦乐参半，因为我们没能以一场胜利结束第一场比赛。场地条件不是我们*

未能获胜的借口，但这种草皮对我们而言是灾难性的，草皮太干燥了，影响了我们快速传球的能力。

皮尔洛：*开赛前我就对哈维说，草剪得不够短，而且非常干燥，这严重阻碍了球员们快速传球。考虑到西班牙队的风格比我们更讲究技术，这当然对他们更为不利。*

切萨雷·普兰德利（Cesare Prandelli，意大利队主教练）：*昨天，我并不清楚本场比赛会遇到什么样的情况，但我仍然保持微笑，因为这是一项美妙的运动，我认为我们有时候应该抱一种轻松些的态度。进球后这么快被对方扳平，我感到有些失望。虽然我们是在与世界冠军比赛，但我们进球后，本应该给他们制造更大的困难才对。*

西班牙队怒气冲冲地离开了球场，他们对比赛主办方最基本的园艺技术很是不满。西班牙人开始怀疑，3场比赛都在格但斯克举行，对自己究竟是不是一件有利的事情。

西班牙1：1意大利

西班牙队阵容：卡西利亚斯；阿韦洛亚、皮克、拉莫斯、阿尔巴；哈维、布斯克茨、哈维·阿隆索；席尔瓦（65’纳瓦斯）、法布雷加斯（74’托雷斯）、伊涅斯塔

进球：64’法布雷加斯

意大利队阵容：布冯；博努奇、德罗西、基耶利尼；马乔、贾凯里尼、马尔基西奥、皮尔洛、莫塔（89’诺切里诺）；卡萨诺（65’乔温科）、巴洛特利（56’迪纳塔莱）

进球：60’迪纳塔莱

与此同时

爱尔兰队的球迷成为欧洲杯好声音，与克罗地亚的小组赛首轮比赛中，爱尔兰球迷营造了热烈的球场氛围，只可惜他们的球队输掉了比赛。爱尔兰队开场3分钟便先丢一球，圣莱杰虽一度扳平比分，但克罗地亚下半时连入2球取得了胜利。爱尔兰队的表现与看台上的球迷实在不太合拍。

——第7日

——2012年6月11日，波兰，格涅维诺

比赛当晚以及次日上午，西班牙队给球员们放假，他们可以去与亲朋会面，与女友或妻子团聚，当然，如果他们愿意的话，去找算命先生、投资银行或人生导师聊聊，也没人拦着。

格但斯克帆船酒店富丽堂皇，这里与格涅维诺的农田、奶牛和刺骨的寒风好像有着几光年的距离，但同时，这里也是一个美妙的“观光区”。夏奇拉和卡西利亚斯的女友萨拉在此出没，狗仔队、电视台新闻记者和围观群众是肯定少不了的。

夏奇拉是皮克的女友，她特地从洛杉矶赶到了这里。欧洲杯第一阶段比赛期间，她将在格但斯克的录音棚录制唱片。她已在波兰的海尔半岛（Hel Peninsula）海岸租了一套别墅，从那里坐汽艇或直升机，她可以很快赶到格但斯克。

球迷向他们提出了合影或签名的请求，记者们则乞求他们“简单聊两句”。这就是上午的假期，这就是昨天艰苦比赛的“奖赏”，博斯克本来是想让球员放松一下的。不过，他们显得很耐心。他们停下脚步，微笑着，挥笔签名，当然，他们也会寻找借口，然后离开。

其他球员，比如法布雷加斯，今天则保持着低调。昨天比赛后，他便立刻与祖父母亚历克斯和伊莎贝尔（Alex and Isabel）外出共进晚餐。对队里很多球员来说，一年大部分时间都是把足球放在第一位，与家人团聚的机会非常宝贵。

晚上，西班牙队回到米斯特拉尔酒店，重新投入到了工作中。昨天首发的球员今晚继续休息，但卡西利亚斯回到了训练场上。博斯克安排了几场高强度分组对抗，以使那些没打比赛的球员保持亢奋的状态。

不过，博斯克和体能教练米尼亚诺都认为，这批球员正处于他们在赛季这个阶段所见过的最疲惫、最为劳累过度的状态。他们必须不惜一切代价避免让球员们过分疲劳。

与此同时

2年前，法国队在南非闹出内讧，如今，他们重新团结起来，在D组取得了第一个积分。他们不太走运的地方在于，英格兰队也拧成了一股绳。首战后，英法都排在身为东道主之一的乌克兰队身后。舍甫琴科宝刀不老，独中两元带领球队2：1击败瑞典队。

——第8日

——2012年6月12日，波兰，格涅维诺

球员的疲劳问题，并不是唯一令博斯克担心的事情。

在球队下榻的酒店，我找到了主教练博斯克，他愿意坐下来跟我喝杯咖啡简单聊聊。这是博斯克第一次对我谈到，在这支球队里宣布谁将成为替补是件多么微妙的事情："这些球员在俱乐部甚至根本不知道替补席在哪里。"

普雷西亚多去世的消息传来时，我正和博斯克在一起。博斯克很悲伤，陷入了沉思，事实上，他自己这份工作的压力无需多言。20世纪70年代末到80年代初，博斯克在皇马踢球，比他年长6岁的普雷西亚多则为桑坦德效力，两人在场上多次交手。博斯克解释道，这份工作意味着巨大的责任，他已经看到国家队的胜利对整个国家非比寻常的意义，西班牙全国都渴盼国家队再次赢得奖杯，而且不止要赢，还要赢得漂亮，这给他带来非常大的压力。

博斯克是一个平静如水的人，这样的人在足球界并不少见，但在连续捧起奖杯的赢家中，很少有人是这样的性格。而且，每天早上，他都会阅读文字媒体关于国家队的报道，而他绝大多数的同行都不会去关注记者们的说法，或者至少是声称从不关注。博斯克与一两个记者是要好的朋友，每天都会读六七家媒体的报道。在有些敏感的情形下，99%的教练会拒绝采访，但博斯克仍会与电台电视台的记者畅谈一番。

今天，他即将从新闻中读到的消息充分表明，在此前两届大赛连续夺冠后，外界对西班牙队的期望值仍有增无减。

普约尔在推特上发表了对意大利队一役的看法："这是本届杯赛迄今为止最精彩的一场比赛。如果有关方面赛前能给草皮浇水，比赛还会更精彩。我对西班牙队充满信心。伊涅斯塔太棒了！"

洛朗·布兰克（法国队主帅）：*意大利队的表现很好，而且防守能力很强，但西班牙队依然创造出了那么多机会，在我眼中他们仍是夺冠头号热门。*

然而，让普约尔和布兰克始料不及的是，与意大利队的比赛后，西班牙报纸专栏作家和众多记者都要求停止使用假9号战术，双后腰战术必须摒弃，拉莫斯必须移镇右后卫，西班牙队接下来必须要有更好的表现。西班牙媒体无视意大利队的表现有多好（穆里尼奥为半岛电视台评球时都说，以这样的状态，意大利队有能力打入决赛），也无视在比赛最后一段时间西班牙队是表现更好的一方，对拉莫斯和皮克这对中卫组合的良好运转，他们同样视而不见。

于是，在新闻发布会上，布斯克茨开始反击了。

布斯克茨：*外界在分析西班牙队表现时，总是缺乏耐心。我们不是战平了一个弱队，而是战平了一支非常强大的意大利队。然而，这年头*

只要我们没能取胜，有些人就总有一个“但是”等着我们。世界杯期间的舆论环境就是如此。至于场地问题，这不是借口。在这种场地上踢球，你总是需要两次触球才能把球控稳，这拖慢了技术型球队的进攻节奏，这让球迷无法欣赏到球员最佳的发挥，同时也对防守型球队更为有利。

与此同时

本届欧洲杯的金靴之争，最终出现了6名世界一流前锋并列首位的奇观。俄罗斯队的扎戈耶夫在1：1战平波兰队的比赛中，攻入了他在这届赛事的第3球，暂时领跑射手榜。

——第9日

——2012年6月13日，波兰，格涅维诺

历史上，有过一些伟大球队试图连续3届世界杯及洲际大赛夺冠，但因为各种“病毒”的困扰，他们都未能成功。现在，西班牙队也遇到了相似的问题。

媒体制造的压力超过以往任何时候；西班牙队也有普约尔和比利亚这样的关键球员或老队员因伤无法出征；球员们每年夏天都无法得到充足的休息，他们的疲惫显露无遗；每一个对手都会竭尽全力击败王者之师，西班牙国脚们对此早有心理准备；而早已赢得盆满钵满，开始步入职业生涯后期的超级巨星，有时则会问自己一个问题：我真的还需要再为这座冠军而努力吗？

我们不妨先来看看国际足球的第一品牌——巴西队。1958年和1962年连续两届世界杯，他们难寻敌手，以激动人心的足球蝉联锦标。但1959年美洲杯，他们1：4惨败头号死敌阿根廷队，又0：3不敌最终冠军乌拉圭队，无缘称雄这项洲际赛事。如果1959年能捧起美洲杯，巴西便将先于西班牙完成大赛帽子戏法。

1997年和1999年，巴西队蝉联美洲杯，但1998年世界杯决赛的失利，让他们再次失去三连冠的机会。

2002年巴西队夺得世界杯后，他们又在2004年问鼎美洲杯，2年后他们出征德国世界杯，体重超标的罗纳尔多支撑着他们的锋线，最终桑巴军团在1/4决赛被老化的法国队淘汰。说到法国队，他们在1998年本土世界杯称雄，2000年又以激动人心的方式揽得欧洲杯。然而，2002年出征韩日世界杯时，他们饱受伤病和疲劳的困扰，球队的态度又带着几分自负，主教练也昏招迭出。结果，这支世界杯、欧洲杯双料冠军队在A组垫底出局，而且3战未进一球。

那么，德国队又怎么样呢？舍恩（Helmut Schon）统率的那支伟大的西德队曾在1972年欧洲杯夺冠，紧接着又在1974年本土世界杯抡元，1976年的南斯拉夫，他们闯入了欧洲杯决赛，对手是捷克斯洛伐克。三连冠近在咫尺。比赛拖入点球大战，捷克斯洛伐克4：3领先，再进1球便可击碎西德人的三连冠美梦。帕年卡（Panenka）主罚这记关键的点球，他佯装要大力射门，结果却射出“勺子”点球骗过了传奇门将塞普·迈尔（Sepp Maier）。这种大胆的点球踢法，最终也被以帕年卡的名字命名。

三个伟大的足球国家都未能实现三连冠壮举，而进一步的分析则表明，西班牙队面临的挑战要更加艰巨。西德1972年欧洲杯封王，1976年欧洲杯又闯入决赛，但两届赛事的总比赛数量，甚至还少于博斯克要在2012年欧洲杯一届赛事的任务。1972年，舍恩的球队在比利时只打了2场比赛便成为欧洲杯冠军，4年后南斯拉夫的决赛圈，同样一上来便是半决赛。

2008年欧洲杯，西班牙队经过6场比赛的鏖战捧起奖杯，而且球员们之前经历的一个漫长而艰苦的赛季，远非20世纪50年代至70年代的球员相对轻松的负担可比。西班牙想在本届赛事卫冕，等待他们的又是6场比赛。

巴西队取得的1997年和1999年的美洲杯冠军，倒是都经历了6场比赛的考验。然而，1959年的美洲杯只经历了4场较量，前后两届世界杯夺冠，则各仅有6场比赛。巴西队冲击三连冠的征程也要简单一些，何况他们还没有成功。

1974年世界杯夺得冠军的西德队，只打了一场淘汰赛，也就是最终决赛。之前，他们经历的是两个阶段的小组赛，这样的赛制更容易掌控，也降低了弱队爆冷的可能。如果德国人能在1976年决赛点球击败捷克斯洛伐克，他们就会成为首个冲击三连冠成功的国家，但即便那样，他们三届赛事一共也只打了11场比赛，其中7场是在本土进行。当然，他们还是失败了。

巴西队曾在1958年至1962年期间逼近三连冠伟业，可惜1959年美洲杯只获得季军，但三届赛事相加不过16场比赛，结果他们在美洲杯被两个最大劲敌7破城池，自己则只有1个进球。

相比之下，西班牙队的三连冠征途，面临的是19场比赛，战事分布在4个国家。他们已经成为了第一支在欧洲之外夺取世界杯的欧洲球队，同时，他们一直以来还面对着比以往数量更多、能量更大的媒体压力，而在2012年欧洲杯，他们还要在缺少队史头号射手的情况下完成卫冕任务。

法国队在世纪之交若能完成三连冠，将参加20场比赛，因为它面临的是2届世界杯和1届欧洲杯，与西班牙队正相反。然而，打完16场比赛时，他们便已经崩溃了。

尽管国家队面临如此沉重的负担，西班牙国内的媒体却对国家队处理问题的方式很不满意。媒体对博斯克基本的战术理念一直缺乏信任，他们几乎要求每场比赛都要以3球优势取胜。

今天，博斯克教练将得到两个人的支援：一是法布雷加斯搬出了他的前任阿拉贡内斯的观点，二是爱尔兰队主帅乔瓦尼·特拉帕托尼（Giovanni Trapattoni），后者并不反对为格但斯克草皮浇水的主张，他不指望借助草皮情况来缩小本队与西班牙队的技术差距。

法布雷加斯：*阿拉贡内斯一直对我说，我过多专注于为队友助攻了，这使我错过了自己进球的机会。他清楚地看到，我有能力突破对方防线，自己破门得分。他告诉我，说到底进球才是最重要的事情。他对我强调，没有人会记得一个进球的配合过程都有哪些人参与其中，但每个人都会记住进球者是谁。他说得很对。曾经，我更喜欢为队友创造进球，但一旦你发现自己进球是多爽的一种感觉，你就希望每场比赛都能进球，没有比这更美好的事情。*

特拉帕托尼：*我已经看了天气预报，明天看来是要下雨了。所以，如果西班牙队希望草皮湿润一些，他们可以如愿了。不过，这对我们来说不是什么问题，因为在爱尔兰或英格兰，我们已经非常习惯在浇过水的草皮上比赛。事实上，即便明天不下雨，我也会要求场地管理员为草皮浇水。*

为了保护球场草皮状况，西班牙队当天是在格涅维诺进行训练，然后在格但斯克帆船酒店过夜。佩德罗再次被放在了翼卫位置，而不是锋线。尽管从边锋改打边卫的胡安弗兰为马德里竞技本赛季夺取欧联杯立有殊功，但他在国家队的经验不如佩德罗，得分能力和速度也都逊色于这名巴萨球员。

在与意大利队的比赛中，阿韦洛亚和阿尔巴都吃到了黄牌，如果再次被裁判记名，便将面临停赛。博斯克未雨绸缪，准备在需要的时候，让多面手佩德罗取代两名主力边卫中的任意一人。在今天的训练中，球队着重演练从中场发动进攻，二过一配合后向中路球员输送传中。拉莫斯、皮克、哈维·阿隆索、马丁内斯、托雷斯、法布雷加斯、内格雷多和略伦特轮番充当接球分向边路的角色，或者是到禁区内接应传中的角色。阿尔巴、阿韦洛亚、佩德罗、纳瓦斯和席尔瓦则充当边路球员。训练中的一个高光时刻，是内格雷多剪刀腿凌空抽射，攻破了雷纳的大门。这记射门势大力沉，技惊四座。不过，这足够打动博斯克吗？博斯克会把内格雷多的名字写进首发阵容吗?

与此同时……

德国队已经一只脚迈进八强。马里奥·戈麦斯的梅开二度让荷兰队走到了被淘汰的边缘。4年前，戈麦斯浪费的机会足够剪辑成一段搞笑视频，如今，他却参与到了金靴的争夺之中。

——第10日

——2012年6月14日，波兰，格但斯克

西班牙vs爱尔兰——欧洲杯C组

一！二！三！……赢！赢！赢！

比赛开始仅3分49秒，人们便看清了两件事。其一，当草皮状况利于快速传球时，西班牙队的进攻绝对上了一个档次。其二，博斯克优先选择托雷斯在锋线首发，而不是内格雷多，是个正确的决定。这段时间里，西班牙队的进攻节奏三倍于首场与意大利的比赛。皮球在草皮上的滚动非常流畅，球员们需要的触球次数减少了，他们进球了。布斯克茨中场向前输送，哈维跑回接应，基思·安德鲁斯做出了一个糟糕的决定，他试图拦截这次传球，哈维施展了肯尼·达格利什式的背身护球本领，不停球直接将这次传球敲给了队友。草皮的湿润使皮球快速来到伊涅斯塔脚下，他第一脚触球将球停稳，第二脚触球晃开了格伦·惠兰的逼抢，第三脚触球便向大卫·席尔瓦送出了精准的直塞，皮球刚好从后卫圣莱杰和史蒂芬·沃德之间穿过。邓恩铲球破坏，使席尔瓦没有机会完成射门。就在邓恩试图起身解围时，托雷斯从这名高大后卫身边呼啸而过，抢走了皮球。随后，托雷斯又晃过沃德，一脚劲射从门将吉文的头顶飞入网窝。

开场不到4分钟，草皮状况的改善便使西班牙队的快速传球打乱了爱尔兰队的战术部署。

接下来的比赛中，爱尔兰队面对实力远胜自己的对手，踢得非常聪明，且富有组织性，然而，席尔瓦的进球还是彻底终结了悬念。伊涅斯塔的射门被吉文扑出，皮球落到席尔瓦脚下。他身前有3名爱尔兰后卫外加一名门将，他们在封堵席尔瓦的射门空间。席尔瓦假动作晃开后卫，变换了射门角度，随即一脚四两拨千斤的推射从左侧立柱旁边滚入大门。

第三球得益于西班牙队的逼抢。爱尔兰一度阻止了伊涅斯塔的推进，但皮球来到麦吉迪脚下时，他注意力不够集中，席尔瓦机警地断下皮球直传托雷斯，后者单刀完成梅开二度。

第四球来自角球。在希门尼斯对爱尔兰队的考察报告中，他指出，这支球队往往在比赛最后15分钟体能下降，身体和头脑的反应速度就都跟不上了，至少在防守中如此。他在报告中敦促球队，在最后15分钟得到界外球、任意球和角球时，要快速将球发出。比赛来到第83分钟，席尔瓦没有等常规的角球主罚者哈维上前，便将低平球送入禁区，替补上场的法布雷加斯及时插上，第一脚触球趟过了保罗·格林，随即一脚劲射从安德鲁斯和吉文之间钻入大门。

爱尔兰队球迷的歌声赢得了全世界的赞扬，但罗伊·基恩对此抱怨道："我们不要总是以会唱歌的面貌示人好吗？"然而，终场哨响后仍在继续的《阿萨瑞原野》歌声①，的确给对手们留下了深刻的印象。那一晚，皮克的明星女友夏奇拉也对他们从不停歇的歌声惊叹不已，皮克打电话给他的朋友——西班牙《国家报》记者路易斯·马丁（Luis Martín）。皮克知道，路易斯很了解不列颠足球文化，他想知道爱尔兰球迷究竟在唱什么歌曲。皮克和他的女友都从没听过这样的歌声，没见过如此坚持不懈的引吭高歌，而且还是面对一场0：4的失利。路易斯

① 译者注：*The Fields of Athenry*，是一首爱尔兰的民谣，讲述的是1845—1850年爱尔兰大饥荒期间，一个名叫迈克尔的小说人物，为了解决饥饿偷窃食物而被流放到澳大利亚的故事。这首歌的传唱度极高，在爱尔兰球迷之间广泛流传。1990年，爱尔兰国家队征战世界杯，球迷们就用这首歌为爱尔兰队加油助威。

给我打来电话讨教，我把我所知道的情况告诉了他，皮克小两口可以上YouTube查个究竟。爱尔兰队出局了，他们再一次没能敌过对手杰出的表现，但他们也再一次赢得了“歌咏比赛”。

伊涅斯塔： *我们从头至尾都占据着优势。我们发挥出了自己的优势，我们的传切迅速而准确，将带着美妙的状态面对与克罗地亚队的比赛。草皮的湿润对我们帮助很大，雨水让皮球能够更快速地运行。当初那些对我们的话听不进去或不以为然的人，现在可以看到，我们前几天的抱怨并不是在打平意大利队后寻找借口。场地的情况对我们的表现确实有着很大影响。*

特拉帕托尼： *西班牙队已经形成了极大的技术优势，这使他们在比赛中都不用过分消耗体能。他们每个人都能参与到配合中来，传球很少失误。而且，他们的多数球员都是来自西班牙两家最大的俱乐部，这也是他们的一大优势。意大利队当初赢得世界杯时，队里有六七个，甚至九个球员是来自尤文图斯，球员们闭着眼睛都知道该怎么配合，相互间非常默契，跟今天的西班牙球员一样。*

托雷斯（欧足联官方当场最佳球员）： *我们渴望进球，弥补了上一场进球不够多的遗憾。我很高兴得到了上场机会，这套战术效果非常好，但这并不意味着下一场比赛还会这么踢。主教练可能会选择一个完全不同的布阵，那么也许会由其他球员来完成进球。我们队里有23名球员，夺冠靠的是团队精神。*

西班牙4：0爱尔兰

西班牙队阵容： 卡西利亚斯；阿韦洛亚、拉莫斯、皮克、阿尔巴；哈维、布斯克茨、哈维·阿隆索（65’马丁内斯）；席尔瓦、托雷斯（74’法布雷加斯）、伊涅斯塔（80’卡索拉）

进球：4’，70’托雷斯、49’席尔瓦、83’法布雷加斯

爱尔兰队阵容：吉文；奥谢、圣莱杰、邓恩、沃德；达夫（76’麦克林）、安德鲁斯、惠兰（80’格林）、麦吉迪；考克斯（46’沃尔特斯）、基恩

与此同时……

皮尔洛的任意球越过人墙，钻入网窝。之后，曼朱基奇的进球为克罗地亚队挣回1分，他目前也以3球并列射手榜首位。

——第11日

——2012年6月15日，波兰，格但斯克

意大利队和克罗地亚队战成平局，意味着西班牙队只要最后一轮战胜比利奇的球队，便将以小组头名身份晋级。事实上，在末轮2场比赛可能出现的结果中，共有6种情形可以确保西班牙队出线，但一个有趣的局面则使阴谋论甚嚣尘上，那就是如果西班牙队和克罗地亚队2：2战平，意大利队便必然出局。

意大利队阵营的声音似乎表达着这样的逻辑："毫无疑问，如果换作我们，肯定踢成2：2！"

与此同时，尽管受到狗仔队的干扰，西班牙队球员们仍尽最大可能享受着放松的一刻。夏奇拉依然是关注的焦点，而那些把孩子也带到波兰的球员，则不希望出现在公众的视野中。很多人干脆选择留守码头的宾馆，等到大巴出发时直接随队返回格涅维诺。其他一些球员则前往海边，训练基地向北25分钟车程便是。

名气相对较低的阿尔巴，是队里鲜有的不会被狗仔队滋扰的球员之一。这一天的假期对他来说是极佳的轻松时刻。本赛季，他在瓦伦西亚有着杰出的表现，尤其是欧联杯1/4决赛与阿尔克马尔一役，先后担任边锋和内锋的他，打出了一场经典的比赛。这样一个出色的赛季，似

乎意味着他在梅斯塔利亚球场的时光即将结束。阿尔巴是巴塞罗那拉玛西亚青训的产品，他技术出色，速度快，当年打过梅西的位置——二前锋，假9号，内切型边锋。他的偶像一直是1992年巴萨梦之队中让人捉摸不定的保加利亚前锋赫里斯托·斯托伊奇科夫（Hristo Stoichkov）。然而，即便是享有盛誉的巴萨青训营也有犯错的时候。阿尔巴被告知，他这个年龄组的竞争过于激烈，然后，巴萨便选择与他解约。

年轻的阿尔巴有着超强的自信和比赛欲望。巴塞罗那当地小球队科内拉（UE Cornella）位于西班牙人队的新球场附近，这支球队想要阿尔巴，后者便投奔而去。在那里，他得到了瓦伦西亚青训体系的注意，来到梅斯塔利亚后，伤病导致他从左边锋转型为左后卫，在有着勇敢进攻思维的主教练乌奈·埃梅里（Unai Emery）指导下，阿尔巴成长为西班牙版的阿尔维斯，那个巴塞罗那的助攻型边卫。

2012之夏，巴萨希望买回阿尔巴。阿尔巴处于一个微妙的处境，因为博斯克在训练后将他拉到一边，对他讲了一个令人吃惊的预言。阿尔巴于2009年底在瓦伦西亚上演处子秀，后来曾租借效力于塔拉戈纳（Gimn à stic de Tarragona）。本届欧洲杯开赛前5个月，他才在西班牙队迎来第一次首发。然而，博斯克却告诉这位23岁小伙儿："你可以成为本届欧洲杯的最佳球员，不止是西班牙队内最佳，而是赛会最佳。"

博斯克的判断，不止是基于阿尔巴在赛季末段的出色状态，还有对手们对付西班牙队的方式。多数球队都会试图逼抢、骚扰，立足于防守，然后试图打西班牙的反击。他们会包夹防守伊涅斯塔和哈维，他们会试图阻止西班牙中卫向前输送，还会试图让西班牙中锋尽可能远离球门。西班牙队的锋线球员不再是短跑健将，对手们会愈发倾向于高位逼抢。博斯克告诉阿尔巴："你的速度，以及一对一过人的能力和得分能力（在巴萨被当作斯托伊奇科夫式的前锋培养），会使你成为我们的秘密武器。"

博斯克要求阿尔巴突破越位陷阱，从后排启动，接应中场传球。他希望对手能畏惧阿尔巴超群的速度，继而将队形回收一些，这样便可减轻西班牙队中场的压力。然而，如果巴萨试图重新签入阿尔巴一事迁延不决，导致阿尔巴注意力分散，便将大大扰乱博斯克的计划，对阿尔巴本人也很可能有着破坏性的影响，毕竟佩德罗在训练中司职类似的进攻型边卫角色有着一流的表现。

像这样的休息日，使阿尔巴的团队有机会向他解释转会巴萨一事的最新进展，继而达成协议，明确未来，以避免影响他在欧洲杯上的表现。

今天，巴萨还宣布蒂托·比拉诺瓦（Tito Vilanova）成为他们的新任主帅。现在，他们希望搞定阿尔巴的转会。转会费的问题很重要，但转会以怎样的方式操作同样重要。大卫·席尔瓦加盟曼城是一次成功的转会，他得到了更高的工资，球技也进一步提高，成为世界级球员，还拿到了英超冠军。然而，2年前他的转会操作方式，大大影响了他在世界杯的出场机会。这是阿尔巴必须要汲取的教训。

与此同时……

赛前，法国国歌便被雷声中断，大雨导致法国队与乌克兰队的比赛停摆了58分钟。每一分钟的过去，都让人们愈加担心比赛遭到腰斩。但最终法国队在比赛恢复进行后2：0取胜，占据小组头名。英格兰队则凭借韦尔贝克的致胜球，3：2击败瑞典队。

——第12日

——2012年6月16日，波兰，格但斯克

享受了休息日之后，今天一些球员提前15分钟来到训练场玩耍一番。他们先秀秀花活儿，颠颠球，然后射起了任意球。几位门将都聪明得很，没有这么早出来，而依次客串门将的球员中，要属拉莫斯的超人式扑救最拉风。

皮克一会儿在狂追别人，要对人家施以“体罚”；一会儿又在被人追，人家要对他打击报复。这些场景与学校操场上会发生的事情无异。

场上这些小伙子们在转会市场上的身价好像比学校里的孩子们高一点，但他们对足球的爱是一样的。

训练正式开始后，进行的就是追逐练习。球员们分入不同的小组，训练目的是加强球员间的协调能力，考验他们的速度和判断。皮球被踢到球员之间，他们要以闪电般的速度进行思考和行动。

佩德罗的射门感觉很好，普通射门和凌空射门都一次次直入上角。他看上去活力四射。

伊涅斯塔在场上主导全局的能力越来越突出。在小型对抗中，最重要的事情就是找到几厘米的空间送出传球，伊涅斯塔在这方面的能力是绝对的老大。

皮克看上去体能状态不错，心情很好，很放松，这与他这个糟糕的赛季中的状态截然不同。此前，人们对他的疑问已不止是能否与拉莫斯和谐相处，组成中卫搭档，人们甚至怀疑，他已经不再享受足球的乐趣。他与瓜迪奥拉之间的关系如何不是重点，最令人担忧的事情在于，他本赛季在重要比赛的出场次数，是他从曼联重返巴萨以来最少的。

训练中，他和拉莫斯总是分在一组，组成中卫搭档，阿尔比奥尔和马丁内斯在另一组中配对。你可以听到，拉莫斯和皮克在处理各种防守问题时所进行的对话越来越短，几乎只有一个音节。如果是餐桌上出现这种情况，会是个糟糕的现象。但在训练场上，这会让博斯克像中了彩票一样开心。一个人移动，另一个人就明白对方要做什么。两个人之间相互信任，不再需要太多语言来形成默契：只需要最低限度的沟通，他们就知道该怎么做。

更可喜的现象是，布斯克茨在场上非常活跃，无处不在，好像这是春季的第一天。他对与爱尔兰队比赛中遭受的腿伤进行了扫描，检查结果很不错。说他是队中不可替代的球员恐怕有些夸张，但博斯克和队友们都非常看重他的作用。有关双后腰的讨论可以结束了。西班牙在场上有两名后腰，布斯克茨和哈维·阿隆索，但现在的阵型是4–3–3，加泰罗尼亚人经常充当唯一一名防守中场，教练鼓励哈维·阿隆索应多上前助攻，可能的话，甚至要抵达可以射门的区域。

与此同时

8天前，捷克人被俄罗斯队打得满地找牙，如今，伊拉切克（Jiracek）的进球帮助他们击败波兰队，晋级1/4决赛，波兰队宣告出局。同样要回家的还有俄罗斯队，0∶1输给希腊后，俄罗斯队与希腊队同分，但相互间胜负关系处于劣势惨遭淘汰。

——第13日

——2012年6月17日，波兰，格但斯克

2008年欧洲杯时，第3场小组赛成为了替补球员的表演时间。前2轮6分进账后，塞尔吉奥·加西亚（Sergio Garcia）、鲁文·德拉雷德（Rubén de la Red）、费尔南多·纳瓦罗和雷纳在第3场比赛都打满了全场。而在世界杯上，西班牙队小组出线形势一度相当凶险，博斯克无法冒险，队内出场顺位在15名以下的球员都无缘出场。

2008年欧洲杯2∶1击败希腊队一役，德拉雷德和纳瓦罗的90分钟出场，使他们超过了2010年世界杯期间哈维·马丁内斯（42分钟）和马塔（20分钟）的全部比赛时间。那时，马塔刚刚随切尔西获得欧冠冠军，马丁内斯则刚刚帮助毕尔巴鄂打入了欧联杯和国王杯决赛（之后不久他便以4000万欧元的价格加盟拜仁慕尼黑）。然而，在西班牙队，他们却很难捞到太多出场机会。

球队的不和谐、一些球员出场时间过少、嫉妒、厌倦以及部分球员生锈的状态，正是一些伟大球队无法实现三连冠伟业的原因。接受媒体采访时，博斯克开始重复之前跟我聊天时说过的一句话，“这些球员在俱乐部甚至不知道替补席在哪”。为了在队内找到正确的平衡，他必须解决这个难题。

2008年欧洲杯，6场比赛共540分钟时间，哈维·阿隆索只打了151

分钟。事后看来，这真是有些不可思议，但这是由于阿拉贡内斯对塞纳非常器重，这也表明，在西班牙足球的黄金时代，管理这样一支国家队是多么的困难。法布雷加斯贵为阿森纳队长，在2008年欧洲杯6场比赛中只有2场首发，参加了305分钟比赛。而世界杯上，他从未进入主力阵容，630分钟比赛只踢了126分钟。

眼下，还无法判断略伦特的比赛时间会是怎样的曲线。在世界杯与葡萄牙队的比赛中，他替补出场半个小时的精彩表现改变了西班牙队的命运，这虽然帮他赢得了冠军奖牌，但他在那届赛事中却再无出场，本届欧洲杯目前也仍未亮相。南非和波兰/乌克兰两届赛事，迄今810分钟比赛，略伦特有且只有那32分钟。

博斯克清楚，虽然与克罗地亚队的比赛很重要，而且有可能非常难打，现在仍很有必要计划好，当比赛已经打开胜利局面以及对手开始疲劳的时候，该给哪些球员一定的出场机会。目前为止，只有15名球员有过出场记录：除了以法布雷加斯突前的主力11人之外，就是托雷斯、卡索拉、纳瓦斯和马丁内斯露过面。略伦特、内格雷多、佩德罗和马塔都还不曾出场。

博斯克会冒险进行任何激进的人员调整吗？过去两天的训练中，阿尔巴的膝盖一直绑着绷带，但他的训练强度丝毫未予打折，表明这只是保护性的措施。

阿尔瓦罗·内格雷多：*主教练拥有3名特点各异的前锋。托雷斯速度很快，机动性很强，所以在门前最后区域非常有威胁。略伦特有身高优势，身体很强壮，当对手不允许我们打出通常的风格时，他能提供我们平时不会使用的踢法，但非常有效。至于我本人，我总是试图与队友配合，在正确的时间出现在正确的地点，我正努力让教练看到我的长处。*

卢卡·莫德里奇（Luka Modrić，克罗地亚队中场）：*我完全相*

信，西班牙队会占据70%左右的控球，我们整场比赛恐怕只有10分钟时间能让皮球在自己脚下。

费尔南多·托雷斯：*那些说我们会追求2：2平局，好让意大利队出局的人，实在是对我们的职业素养缺乏最基本的尊重。*

切萨雷·普兰德利（Cesare Prandelli，意大利队主教练）：*西班牙队会以全取三分为目标，我们绝不应该总是以阴谋论的眼光看问题。*

与此同时……

荷兰队在B组遭受三连败。C.罗纳尔多梅开二度，葡萄牙队2：1击败橙衣军团进入八强。德国队以相同比分获胜，丹麦队无缘前2名。德国队是唯一以全胜战绩从小组出线的球队。

——第14日

——2012年6月18日，波兰，格但斯克

克罗地亚vs西班牙——欧洲杯C组

一！二！三！……赢！赢！赢！

希门尼斯就像是博斯克的望远镜，他能看到遥远的地方发生的事情。分组抽签揭晓后，他研究了西班牙C组对手的每一场比赛。西班牙队对爱尔兰队所攻入的第4粒进球，灵感便正是来源于他的侦察工作。

在对克罗地亚队简单的讲解中，他强调了对方前锋曼朱基奇火爆的状态。西班牙队必须在门前30米区域阻止对手轻易传中，不能送出愚蠢的任意球。希门尼斯还补充说，莫德里奇的位置会比在托特纳姆热刺时收得靠后一些，与布斯克茨在西班牙队的位置差不多。区别在于，莫德里奇会通过向禁区边缘的跑动，来摆脱盯防自己的球员。希门尼斯的结论是，出战比利奇的球队，必须打起十二分精神，他们既有意大利人的灵性和技术，又有爱尔兰队的拼劲和强硬。比赛的过程正是如此。

西班牙队保留了击败爱尔兰队一役的首发阵容。阵型是4-3-3：卡西利亚斯；阿韦洛亚、皮克、拉莫斯、阿尔巴；哈维、布斯克茨、哈维·阿隆索；席尔瓦、托雷斯、伊涅斯塔。

克罗地亚队则稍稍有些出人意料，他们拿掉了锋线上的耶拉维奇，布重兵于中场，锋线只留曼朱基奇一人突前。

克罗地亚的踢法很聪明，他们富有组织性，逼抢也很凶。他们经常被迫追着球跑，但他们并不在意。西班牙队未能创造出太多得分机会，比利奇的球队在拿球时信心越来越足。当西班牙有一两次攻势因失误而终止时，他们便会感到本队球迷的压力。意大利队在波兹南与爱尔兰队的比赛中，卡萨诺进球了。这改变了本组的形势。克罗地亚队现在必须力争取胜。卡西利亚斯做出了一些关键扑救：莫德里奇右脚内旋传中找到拉基蒂奇，后者的头球攻门被卡西利亚斯扑出；佩里希奇接曼朱基奇传球后的凌空抽射，也被卡西利亚斯化解。

克罗地亚队奋力求胜，给了西班牙队更多的施展空间，他们占据着控球优势，全场14次射门有10次射正，比对手高出7次。更关键的是，西班牙队有一脚射门转化成了进球。

尽管一旦被对手偷袭得手就很可能会小组出局，但这支西班牙队很善于在比赛最后时刻利用对手的疲惫打开空间，将皮球送入网窝。本届杯赛，他们已经在第70分钟和第83分钟进过球，此番，他们的进球诞生于第88分钟。博斯克等的就是克罗地亚人精疲力尽的那一刻，他也拥有能完成这样任务的替补球员。纳瓦斯在第60分钟时替补出场，13分钟后法布雷加斯也被派遣上阵。这个时候，克罗地亚队一些核心球员已经开始跑不动了。

哈维·阿隆索和法布雷加斯的联系起到了作用。皇马球员在中线处有着很大空间，法布雷加斯则经常跑到克罗地亚队中场和防线之间的巨大空当。第一次出现这种情形时，法布雷加斯给伊涅斯塔送出好球，但门将普莱蒂科萨扑出了后者的射门。很快，又是一次完全相同的配合。

哈维·阿隆索拿球无人逼抢，他轻松将球送给法布雷加斯，后者同样面临一片开阔地带。他右脚挑传打穿了克罗地亚防线，伊涅斯塔胸部停球后轻松横传，纳瓦斯反越位成功，空阔的球门摆在他的眼前，他完成了一粒简单的进球。西班牙队取得小组第一，克罗地亚队出局，主帅比利奇即将前往莫斯科火车头执教。

那粒进球，纳瓦斯在空门近在咫尺的情况下依然大力将球射入网底。后来，他向我解释道："那是一种压力的彻底释放，我出于本能将球轰入了大门。"

赛后，西班牙队球员们没有拥抱，没有庆祝，没有振臂高呼，也很少露出微笑。对他们来说，比赛才打到这个阶段，胜利算不了什么，他们的任务是夺取冠军。

斯拉文·比利奇（Slaven Bilić，克罗地亚队主教练）：*"我们赛前做出了部署。我们是在与依然对奖杯如饥似渴的世界冠军和欧洲冠军比赛，我们努力在化解他们的进攻。上半时，我们屯兵后场，等着他们来攻，那个阶段我们并不急于进攻。我们给西班牙队制造了很大的麻烦，我们今晚本有机会取胜的，只是差了一点点。我赛前对出线很有信心，但跟西班牙队比赛并不轻松，他们有着非常高的战术素养。"*

博斯克：*未能发挥出最佳水准却依然取得胜利，会带给你信心。克罗地亚队很好地封堵了进攻空间，给我们制造了一些麻烦。这是一场艰苦的胜利，但我们有17次射门，对方则只有8次。我们的角球数量和控球率也都占优。他们的反击很有威胁，但我觉得我们无疑是表现更好的一方。当然，我们今晚对第一脚触球处理得不够好，这拖慢了比赛的节奏。*

西班牙队已经打入1/4决赛，根据明晚的赛果，他们的对手将从法国队或英格兰队之间产生。

克罗地亚0：1西班牙

克罗地亚队阵容：普莱蒂科萨；维达（66’耶拉维奇）、乔尔卢卡、席尔登费尔德、斯特里尼奇；斯尔纳、拉基蒂奇、武科耶维奇（81’爱德华多）、莫德里奇、普拉尼奇（66’佩里希奇）；曼朱基奇

西班牙队阵容：卡西利亚斯；阿韦洛亚、拉莫斯、皮克、阿尔巴；哈维（89’内格雷多）、布斯克茨、哈维·阿隆索；席尔瓦（73’法布雷加斯）、托雷斯（60’纳瓦斯）、伊涅斯塔

进球：88’纳瓦斯

与此同时……

尽管皮尔洛在中场的调度极具大师风范，意大利队的出线过程仍显得手忙脚乱。他们一直等到最后一分钟，才由巴洛特利打入第2球，继而确保了C组第二的位置。

——第15日

——2012年6月19日，波兰，格涅维诺

击败克罗地亚队后，西班牙队当晚并未放假，球队没有在豪华的帆船酒店停留，也不再容许狗仔队的干扰，他们直接赶回了米斯特拉尔酒店（Hotel Mistral）那里的训练营。这是教练组和球员之间达成的协议。西班牙队球员每次在宾馆外出现，都会引来球迷、游客、记者和狗仔队的包围。博斯克希望球员们能远离喧嚣，在安静的氛围中休息一下。而比赛第二天上午，他则要进行一次战术训练。与克罗地亚队比赛后，博斯克曾表示：“我们自己给自己打了几个结。”他要利用训练解决这些问题。

伊涅斯塔（欧足联官方当场最佳球员）：*我们有些疲劳。这是一场艰苦而复杂的比赛，在一定程度上是我们自己造成的。我们一直在想：*

“现在这个比分够吗？我们出线了吗？他们如果进球会怎么样？”而且，克罗地亚确实很出色。他们传球很快，制造出了可以让他们赢球的机会。我们经受了一次很艰苦的考验，我们遇到了一些麻烦。但这很正常。

昨晚，西班牙记者在格但斯克竞技场颇具敌意的提问，让博斯克心情很差，今天凌晨2点，他还走进米斯特拉尔酒店的简报室，将整场比赛重新看了一遍。他有些愤怒了。

这几天，西班牙足协主席维拉刚刚说服博斯克续约到了2014年世界杯之后。博斯克的整个团队都续签了合同，只有准备退休的希门尼斯例外。在这个节骨眼上，博斯克的警觉性会有所提高，足协给了他更有保障的执教环境，但他要确保工作中不能有丝毫放松和锈钝。

本来，这一天，博斯克要么可以给全队放假，要么可以专注准备下一场比赛。然而，他却腾出时间来直面外界的批评。他一次又一次被问到一些愚蠢而富有挑衅性的问题，这些问题往往大同小异，只是措辞略有区别。

博斯克有两句经典的话。他谈到了“悲观主义的氛围”，然后他又说道：“在西班牙这个足球国度，也许我们从饥荒到富足走得有点太快了。我觉得，人们已经没有能力去认识到比赛的艰巨性，事情明明进展顺利之时，他们也熟视无睹。”在我看来，这番话很准确地概括了一些西班牙媒体的习性。

博斯克：*昨晚，我将整场比赛又看了一遍。现在，我跟那些说我们踢得很烂的人有着非常不同的见解。是的，克罗地亚队制造出了一些威胁，但总体而言，我们干得不错。我们没有取得压倒性的优势，所以我们总是面临着对方创造机会并破门得分的威胁。人们不必认同我的工作，我接受这一点。人们很关切‘这比赛是不是踢得太悬了’或‘拉基蒂奇是不是差一点就进球了’之类的问题。但我们表现好的地方也是*

很重要的。克罗地亚创造出了一次好机会，并不意味着他们就占据着优势——醒醒吧！

任何批评，只要是有建设性的，只要不是头脑发热的产物，我们都可以接受。在这里，我想请求球迷们保持冷静。每个人都觉得自己比教练更懂球，但我认为到目前为止我们的表现相当不错。

欧洲杯开赛至今，西班牙队是控球率最高、在对方半场控球时间最多的球队。同时，西班牙队传球次数最多，进球最多（6球），射门次数最高（61次，场均超过20次），丢球最少（1球），被射门次数最低（场均6次）。而断球次数，则只有已经被淘汰的俄罗斯队比西班牙队更高。博斯克的批评者们太罔顾事实了。

D组比赛中，瑞典队击败了法国队，乌克兰队则输给了霍奇森的英格兰队。这样一来，斗牛士军团的对手将不是三狮军团，他们将与历史上屡屡战胜自己的法国队争夺四强席位。

2006年世界杯，法国队凭借街头智慧将西班牙队淘汰出局。6年过去了，阿拉贡内斯已经给西班牙队的比赛风格和心态带来巨大转变，复仇的时候到了。

与此同时

瑞典队虽然出局，但伊布拉希莫维奇并不准备一声不响地回家。他潇洒的腾空扫射攻破了法国门将洛里斯的城池，伤停补时阶段塞巴斯蒂安·拉尔森又锦上添花，最终瑞典队2：0击败法国队。

——第16日

——2012年6月20日，波兰，格涅维诺

博斯克对西班牙媒体小发了一通脾气。而赫苏斯·纳瓦斯（Jesús Navas）则正在做3年前还根本不可能发生的事情。

这位安达卢西亚边锋16岁便为塞维利亚一线队上演了处子秀，随后西班牙国青队将他召入队中。然而，一旦离开家乡，他便容易受到偶发而强烈的思乡症困扰。西班牙国字号球队很认可他的才华，2005年U20世青赛本该是属于他的舞台，可惜他终究无法克制自己的焦虑心情。他有着出色的技术和无尽的体力，能为球队奉献大把的助攻，而且随着时间推移愈发成熟，但阿拉贡内斯执政期间，国家队始终没有垂青他。

2009年11月的一天，在塞维利亚的皮斯胡安球场，我亲眼见证了纳瓦斯的进球帮助球队在欧冠比赛中1：1战平斯图加特。当时的流言说，纳瓦斯已经足够成熟，可以入选国家队了。人们对他的思乡症采取了不少办法，但毫无疑问，欧冠赛事中短暂、适度的出国经验，对他克制内心焦虑有着不小的帮助。纳瓦斯明确表示，他已经准备好接受挑战，虽然他无法预测结果会是怎样，但他真切渴望得到为国效力的机会。

塞维利亚新闻官赫苏斯·戈麦斯（Jesús Gómez）先生为我讲解了事情的经过。

赫苏斯·戈麦斯：*俱乐部确实采用了一些运动心理学的方法来解决这个问题，因为他们非常希望纳瓦斯能够最大限度地施展自己的才华。当然，最终起到最大作用的，是他对足球炽烈的热爱。他是个很简单的人，能从比赛和训练中获得莫大的乐趣。到头来，他扭转局面的意愿，加之塞维利亚同龄人的支持，使他愈加确信自己有能力完成以前做不到的事情。而在去年，他步入婚姻殿堂也着实加强了他的自信。*

纳瓦斯在国家队有着不错的进展。世界杯决赛上，他是第一个被派上场的替补。2012年欧洲杯首场比赛，他又是第一个离开板凳的球员，出场后为托雷斯创造了一次黄金机会。在C组与克罗地亚队的关键一役中，他再次第一个替补上阵，并攻入全场唯一一球。

赫苏斯·纳瓦斯或许并没有“凌波微步”的能力，但西班牙全队中，他是最接近能做到这一点的人。他有着闪电般的速度，以至于南非世界杯期间，他曾与队友打赌，自己可以从夜间覆盖在室外泳池上面的帆布上跑过而不会掉入水中。那块帆布只是松松垮垮地搭着，没有扯紧。只有一个非常轻盈、跑得又特别快的人才能想到去尝试这种事。很多队友赌他不可能成功，赫苏斯·纳瓦斯收了他们的钱。随后，他没有沾到一滴水，跨过了泳池。难怪他会和耶稣（Jesus）同名。

球队恢复了赛后推迟的休息时间。球员们没有窝在格但斯克的酒店里，也没有试图避开狗仔队。他们要么前往米斯特拉尔酒店媒体中心里隐藏的私人保龄球馆，要么与家人一道开赴沿海度假胜地索波特（Sopot），那里恰好还是爱尔兰队的大本营。

——第17日

——2012年6月21日，波兰，格但斯克

今天是西班牙队最后一次在这里训练，博斯克主要进行了传中训练：右路是纳瓦斯和胡安弗兰起球，左路则是阿尔巴、马塔和佩德罗。托雷斯、哈维·阿隆索、略伦特、马丁内斯、内格雷多、布斯克茨、拉莫斯和皮克是主要的中路抢点球员。尽管迄今没打上比赛肯定让略伦特感到痛苦，但训练中他还是攻入两记势大力沉的头槌。

希门尼斯通过现场观战或看录像的方式，研究了法国队的每一场小组赛，他注意到，法国队的3个失球都是来自传中，最终被顶进1个头球，打进1个凌空，还有1球是皮球击中横梁后补射入网。而与西班牙队交手时，后防中坚梅克斯还将停赛，这将进一步削弱法国队对两翼传中的防守能力。

随着球队进入淘汰赛，点球也成为一个要关注的问题。今天训练课结束后，留下来的人，包括博斯克和几位教练组成员都亲眼目睹了卡西利亚斯和雷纳之间的点球车轮战。两位门将各罚10个点球，由对方守门。卡西利亚斯的左脚射门功夫相当了得，跟顶尖豪门的常规点球手没什么区别。至于雷纳，更是强到离谱。球门的四个死角，他各种进；他既能挑射戏耍卡西利亚斯，也能怒射挂网；他会让皮球像溜冰场上的一块肥皂那样滑入大门；他也会助跑时停顿一下，然后将皮球射向卡西利亚斯扑救方向相反的一侧。两人一共20脚射门后，比分战成了9：9。接下来，两人用“突然死亡法”又罚了10个球，卡西利亚斯失手了，雷纳胜利了，又一次。雷纳单膝跪地，做弓箭手式庆祝，为这场技术和心理的单挑划上句号。在雷纳热爱的马德里竞技，这是基科标志性的庆祝动作。

球队即将出征乌克兰顿涅茨克。对西班牙足协来说，支付球员、教练组、工作人员、球队负责人员和赞助商人士的食宿、车旅等费用，平均每天要花掉6.6万欧元。可以说，这是三连冠征途中最便宜的一届大赛。

以这个成本而论，纳瓦斯对克罗地亚队的进球便支付了8天的开销，那是一粒价值50万欧元的进球。对于2012年欧洲杯，欧足联的总奖金额是1.96亿欧元，比4年前的1.84亿有所提高。每支入围决赛圈的球队首先获得800万出线奖金，小组赛阶段每场胜利可得到100万奖金，平局则为50万。1/4决赛获胜的奖金是200万，半决赛300万，决赛750万。也就是说，西班牙队目前已经获得了1050万欧元的奖金，1/4决赛击败法国便可增至1250万，如果最终打赢基辅的决赛，总奖金额将高达2300万欧元。

今晚，我们的小团队找了一家普通的比萨店就餐。与我们相隔两个桌子便是几个西班牙人。我认出了其中一人是丘斯·略伦特（Chus Llorente）——费尔南多·略伦特的哥哥。和我们一样，他们也在品尝波兰比萨的同时，观看着电视上葡萄牙队与捷克队的比赛。

我跟丘斯简单打了个招呼，他同时也是略伦特的经纪人，相隔几年的两次转会窗中，他先后尝试过将弟弟带到热刺和利物浦。此时，他正和父母在一起用餐。我对略伦特的母亲说，他养了两个好儿子，还与她分享了世界杯决赛之夜她更出名的那个儿子的趣事。

当时，我走出足球城体育场的通道，正准备坐在自己的位置上，突然，一个宽厚的臂膀搂住了我的肩，他正是费尔南多·略伦特（Fernando Llorente）。我们以前见过一面，但只是很简短的交谈。此时，他正在前往替补席，准备迎接足坛最重要的一场比赛。不过，他的心情相当轻松，很有兴致跟我聊天："怎么样？等不及比赛开始了吧？"我对这样的氛围很是吃惊。

略伦特妈妈说道："我很高兴听到这些。我一直对两个儿子说，足球生涯一眨眼就会结束，但得体的举止、家人和朋友是应该伴随你终身的。"

与此同时……

完场前11分钟，克里斯蒂亚诺·罗纳尔多（C罗）接穆蒂尼奥传中，头球攻破了捷克队大门。这是葡萄牙队长本届杯赛第2次为本队直接带来3分的表演。至此，他也已经有3球进账。葡萄牙队正等待着西班牙队这场1/4决赛的胜者。

——第18日

——2012年6月22日，乌克兰，顿涅茨克

在即将开始本书的写作时，我与阿尔伯特·费雷尔（Albert Ferrer）聊起了西班牙足球的大跃进。费雷尔是巴萨梦之队成员，赢得过欧冠、优胜者杯和国王杯冠军，曾5次夺得西甲冠军。同时，他还在切尔西拿过足总杯冠军，随西班牙队摘取过奥运会金牌。

我们聊到了如何应对风险的话题，西班牙队正是凭借这方面的能力，使那些瞬间就可能发生战局变化的微妙时刻最终都朝着对自己有利的方向发展。

费雷尔认为，这里有两个关键因素。首先是控球的哲学。费雷尔坚持认为，西班牙队的控球，是为了进球，为了创造机会、消耗对手体能、最终取得胜利，而不是一种单纯的防守机制。而且，西班牙队在得到对比赛控制权的同时，也掌控了那些不可预测的因素，而以往的大赛中他们正是一次次被这种意外因素坑害。

他的分析非常有趣："控球，聪明地利用皮球，富有成效地利用皮球，那么，在统计学上，那些糟糕的事情，比如，各种形式和不同程度的失误、糟糕的运气、糟糕的选择、裁判的误判便有更大可能不会降临到你的头上。"

其次，尽管他这代球员也很成功，但费雷尔相信，眼下是西班牙足球历史上世界级球员数量最多的时期。他认为，一个真正的世界级球员，需要有丰富的经验、坚定的意志品质、高超的智慧和过人的胆识。西班牙一直不缺乏天才球员，但此前一直缺乏足够强大的精神属性，使他们能够进入大赛的决赛。

在欧洲杯征程的第18日，伊涅斯塔发表了与费雷尔观点类似的分析。

伊涅斯塔： *在赛事的这个阶段，各队之间的实力都差不多，能赢球的，是那种有2次机会就至少能把握住1次的球队。*

这番话隐含的含义，指出了效率的重要性，道出了昔日的西班牙队与现在这支球队之间的区别。有效率地去比赛，而且你的比赛看上去很美，感觉很棒，这或许就能为你博得赞赏的目光。西班牙队以前的踢法也很讲究技术，重视进攻，很华丽，但在大赛中却不够有效。

如果你不够有效率，那么你就永远无法实现你的目标。

这个时代的西班牙足球，找到了获取最重要结果的驱动力，而不是只做那些自然而然、华而不实的事情。

效率的提高和错误的减少，在对法国队的比赛中似乎将显得格外重要。西班牙队还从不曾在大赛中击败法国队。

而在法国队那边，他们正在检讨0：2输给瑞典队一役中欠缺斗志的表现。

布兰克： *赢球的时候，不好的东西也会被抹去。而输球的时候，你的血液都会沸腾。我承认，与瑞典队比赛之后，更衣室的气氛十分紧张。大家普遍感觉，不是每个人都付出了100%的努力。想打赢这种比赛，你必须倾尽全力。那种愤怒，是你需要几次冲凉才能浇灭的。这样的事情，不止需要教练组去进行分析，也需要球员自己好好讨论一下。*

对于内部冲突的讨论，对西班牙球员而言已是历史。皇马系和巴萨系之间的矛盾已成过去。

拉莫斯： *任何人如果仍在谈论国家队内部的危机，那就大错特错了。我们在俱乐部赛季中捍卫的事情是一码事，为国家队而战则是另一码事。队内没有裂痕，国家队的目标就是夺取冠军。*

布斯克茨： *我们已经忘记了那些事。事情都解决了，现在我们团结一致，为了共同的目标而战。我们捍卫的是同一面旗帜，过去的事情我们都已经抛到脑后了。*

今天是2008年欧洲杯1/4决赛点球获胜的4周年纪念日。那一天的英雄队长卡西利亚斯相信，那是改变西班牙队气质的一天。

卡西利亚斯： *那真是美好的回忆。那一天我们得到了解放，你感觉已经卸去了肩头的压力。这样的经历使我们走上了连续夺冠的道路。如果我们没有闯过意大利队那一关，我们之后所取得的成就都不会存在。*

与此同时……

希腊队对实用主义战术的调整，使他们的防线不再那么顽强。德国队狂入4球晋级半决赛。萨马拉斯曾短暂扳平比分，他的球队在最后时刻还赢得了一个点球。

——第19日

——2012年6月23日，乌克兰，顿涅茨克，顿巴斯竞技场（Donbass Arena）

法国vs西班牙——欧洲杯1/4决赛

一！二！三！……赢！赢！赢！

圣经告诉我们：赏赐的是耶和华，收取的也是耶和华。欧洲杯告诉我们：赏赐的是布兰克，收取的也是布兰克。

赛前，法国队主帅布兰克表示："任何喜欢足球的人，都肯定喜欢西班牙队的踢法。过去4年里，西班牙队创造了一些特殊的东西。看他们踢球，是一种乐趣，是一份恩赐。"

布兰克向西班牙队抛来了花束，但在场上，他给西班牙人准备的是带刺的花。他放弃了进攻打法，右路他没有使用右前卫纳斯里或梅内，而是派上雷韦埃和德比希两名右后卫包办这一侧走廊。本届比赛期间，纳斯里和梅内司职右路都有过进球，本・阿尔法也打过这一位置。然而，布兰克此役选择了极其保守的战术。上述三位颇具威胁的进攻手都被留在了板凳上。这样的消极打法，就是为了盯死阿尔巴和伊涅斯塔，而不是用曼城边锋纳斯里这样能够制造威胁的速度型选手，将西班牙左路球员压制回他们的半场。

锋线上，法国队也有麻烦。本泽马尽管本赛季在皇马表现出色，但欧洲杯上他迄今仍未开斋。

博斯克则将法布雷加斯再次放入了首发阵容。后者在训练中状态火爆，打进2球，而托雷斯在与克罗地亚队一役的表现显然对博斯克来说不够有说服力。

这是一个闷热的夜晚。西班牙队3场小组赛都在波兰进行，此役则已转战乌克兰。这不止像是换了个国家，简直像是来到了另一个大洲。波兰的波罗的海地区阴冷多风，总是细雨绵绵。顿涅茨克则像个蒸笼一样。这将是对西班牙队体能的严峻考验。

布兰克用了63分钟才意识到自己排兵布阵的错误。开场不久，克利希对法布雷加斯的犯规没有被判罚点球，法国队逃过一劫。但失球还是随后到来。被西班牙队打开缺口的，正是布兰克试图加以双保险的区域。

伊涅斯塔在前两届大赛都是赛会最佳球员，他是最能突破对方严密防区的球员。哈维中场传球，伊涅斯塔斜线跑动突向对方右路防区，吸引了卡巴耶上前紧逼。阿尔巴在边路接应，伊涅斯塔的传球巧妙地从德比希和雷韦埃之间撕开一道缺口，接下来便是德比希和阿尔巴之间的短跑比赛。法国人试图以犯规来破坏这次进攻，但未能得逞，跌倒在地。

阿尔巴保持了身体的平衡，脚下调整一下后看到了远门柱正高速包抄的哈维·阿隆索。阿尔巴传中的落点恰到好处，皇马中场头球攻入远角。这是哈维·阿隆索在国家队的第100场比赛，希门尼斯赛前的敌情分析又一次灵验。

西班牙全场共5次射正目标，而法国队只有1次。但是，在布兰克用梅内和纳斯里替下德比希和马卢达之后的15分钟里，法国队一度看到了希望，控球以55%对45%占优，这对于与西班牙队比赛的球队来说是非常罕见的。

博斯克没有选择加固防线，而是派上了训练中状态火爆的佩德罗，之后又遣上托雷斯和卡索拉。于是，接下来的故事和已经一次次上演过的大戏没什么区别。

法国队踢得很松散，西班牙队有很大的空间可以利用，而他们的替补又是如此锐利、快速、充满表现欲望。

哈维将一名后卫从防线引了出来，随即传球给布斯克茨，后者又喂球给卡索拉。卡索拉转身后向禁区内的佩德罗送出致命一传。巴萨边锋球停得很好，他踩单车过掉拉米，随后被雷韦埃踢倒。哈维·阿隆索主罚这个点球，洛里斯扑向了右侧，但皮球射向了左侧。西班牙队晋级了。

蓝衣军团（Les Bleus）将在猛烈的批评声中回到法国。

《巴黎人报》（*Le Parisien*）：法国队完全没有能力与对手抗衡，他们从未给西班牙队制造过麻烦。

《队报》（*L' Equipe*）：蓝衣军团没有发挥出必要的技术水准和创造力，来打乱冷酷无情的世界冠军的节奏。

《世界报》（*Le Monde*）：国家队只能灰溜溜地回到法国。

《法国足球》（*France Football*）：一场可耻的失利。

拉米： *我们与世界上最强大的球队进行了一场比赛，输掉了。我们无能为力。我们防守做得不错，他们有三四次机会，把握住了其中两次，绝对顶尖水准。*

拉米的分析倒是呼应了伊涅斯塔赛前有关效率的那番讲话。

哈维·阿隆索（欧足联官方当场最佳球员）： *人们对我们的表现应该可以满意了。我们付出了全部努力，全队表现得非常棒。虽然我们并没有把每一次绝佳机会都转化为进球，但我们完全控制着比赛。在效力国家队的第100场比赛中，我打入2球，这感觉太爽了。那些批评家，我对他们说的并不在意，因为我们球员知道怎样才能打赢比赛。有些人错误地认为夺冠应该只是个走过场，这太愚蠢了。*

哈维·阿隆索步入了西班牙队百场殿堂，在他身前有卡西利亚斯（135场）、苏比萨雷塔（126场）、哈维（113场）和劳尔（102场）。世界足坛还有几百名球员实现过这个成就，在百场俱乐部中，现在胜率最高的是哈维·阿隆索（78%）、哈维（76%）和卡西利亚斯（73%）。这份榜单上排名最靠前的非西班牙人是齐达内（69%）。西班牙队的数据显然是无与伦比的。

卡西利亚斯（谈哈维·阿隆索百场）： *我相信这是西班牙足球的一件大事。放在几年前，这还是不可想象的。那时只有苏比萨雷塔一个人出场超过百次。随后，劳尔实现了这个成就，接下来是我。现在，包括*

哈维、普约尔、哈维·阿隆索、托雷斯和拉莫斯在内的这一批球员，都已经在国家队效力了很长时间。他们都已经达到或接近百场。拉莫斯还这么年轻就已经打了很多比赛，只要他想，他在国家队便前途无量。如果他好好照料自己，保持进取心，他或许会成为西班牙足球历史上为国家队出场次数最多的球员。

博斯克：*我们派上了3名前锋——伊涅斯塔、法布雷加斯和席尔瓦，但我们需要全队每一个人的帮助。人们在谈论哈维·阿隆索和布斯克茨，但我认为他们并不是那么侧重防守的球员，他们进攻也很强，都是非常杰出的球员。在比赛最后阶段，法国队缺乏足够的力量，但他们还是决定不再一味防守，我们整个集体必须对此做出正确的回应。我们最后阶段也有些疲劳了，但这很正常。*

西班牙2：0法国

西班牙队阵容：卡西利亚斯；阿韦洛亚、拉莫斯、皮克、阿尔巴；哈维、布斯克茨、哈维·阿隆索；席尔瓦（65’佩德罗）、法布雷加斯（67’托雷斯）、伊涅斯塔（84’卡索拉）

进球：19’、90’（点球）哈维·阿隆索

法国队阵容：洛里斯；雷韦埃、拉米、科斯谢尔尼、克利希；姆维拉（79’吉鲁）、德比希（64’梅内）、卡巴耶、马卢达（64’纳斯里）、里贝里；本泽马

——第20日

——2012年6月24日，波兰，格涅维诺

西班牙队非常疲惫。顿涅茨克不仅气温很高，湿度也在80%左右，球员们挥汗如雨。一整个赛季下来，他们双腿和头脑的疲惫不容忽视。

但是，他们还是照常接受采访，接受欧足联药检，然后从顿巴斯竞

技场（Donbass Arena）开赴机场，等待着登上航班，然后在2个半小时的飞行后返回格但斯克。从飞机着陆到全体球员登上大巴，又用了半个小时。在凌晨的时候，从机场返回米斯特拉尔酒店，有1小时10分钟的车程。球队抵达驻地时，时钟已经指向凌晨5点。今天，是全队的休息日，他们或是回到格但斯克市内，或是前往索波特（Sopot），与待在那里的亲朋团聚。此时，已经是下午时分，离下一次从波兰开赴顿涅茨克的2000公里旅游，只有不到48小时了。

也许，球员们付出的辛劳与追随他们的球迷所要忍耐的成本高昂的舟车劳顿还无法同日而语，但是，如此反复奔波，确实会消磨每一个球员的状态和意志。

半决赛仍将在顿涅茨克的顿巴斯竞技场进行，球员们知道，这场比赛之前的日程安排已经不可能更改。与葡萄牙一役的赛前演练和部署，会在米斯特拉尔酒店外的训练场进行。然而，这些疲惫不堪的球员们还是达成一致：他们要改变半决赛之后的行程。

与阿拉贡内斯时期一样，博斯克和他的教练组对本届杯赛进行了精心的准备，从日程安排，到训练基地、场地情况，事无巨细。西班牙教练组相信，从心理上来说，淘汰赛阶段每场比赛进行一次旅行，将行李留在驻地酒店，会避免让球员们每次离开训练营时觉得自己即将告别欧洲杯。出于这样的考虑，博斯克和他的教练组的安排是，半决赛如果淘汰葡萄牙队，则会再进行一次2000公里飞行，6月28日凌晨5点返回格涅维诺。球队将进行休整、恢复、训练，然后在6月30日（周六）飞赴1200公里以外的基辅，也就是决赛地点，准备周日晚上的最后一战。

而球员们，特别是队内的老队员，则决定劝说博斯克放弃这个安排。哈维和卡西利亚斯等人认为，更好的安排是半决赛后留在顿涅茨克过夜，好好睡一觉，免去两次长途旅行之苦，一直留在乌克兰等待最终决赛。

在已经筹划好的训练安排的基础上，西班牙足协为一次成功的决赛之旅安排的日程，包含着3200公里的飞行（顿涅斯克-格但斯克-基辅）。

而球员们提出的建议则只包含730公里的飞行（顿涅茨克-基辅），这节省出了几小时的睡眠时间，还免去了2500公里不必要的飞行。

这样一场争论并非什么严重的冲突。然而，当球员们向教练组请愿，将一个以前获得过成功的日程安排推倒重来，球队还是面临着失和的危险，很多处在博斯克这个位置的主教练会保持原则，拒绝球员的提议，有些教练甚至会将这视为对主帅权威的挑战。但是，博斯克认真聆听了球员们的想法，他让他们把这件事交给自己。经过思考和磋商，博斯克同意了。

做出这个决定的一个重要原因，是西班牙队刚刚将法国队淘汰出局，而顿涅茨克矿工的基尔沙训练基地（Kirsha training ground）的酒店和场地，之前一直为法国队所占据。西班牙足协对早先联系过的乌克兰其他可供使用的训练场和酒店不够满意，而格涅维诺则有五星级的草皮质量，训练场离酒店更是步行2分钟可及。现在，法国队的出局改变了这一切。顿涅茨克矿工的基地与顿巴斯竞技场只有20分钟车程，西班牙的小组赛都在波兰格但斯克进行，自然用不上这块场地。而现在，这里对疲惫不堪的西班牙队球员来说，真是太完美了。

在西班牙队对日程进行了有益的调整之后，这天夜里从加泰罗尼亚传来了一则噩耗：23岁的皇家贝蒂斯后卫米基·罗克（Miki Roque）去世。去年3月以来，他一直在与骨盆恶性肿瘤抗争，并为求医而放弃了足球生涯。普约尔和皮克都曾花费时间和精力，以确保罗克在巴塞罗那得到最好的私人治疗。皮克对此尤其尽心，他和这位加泰罗尼亚同乡曾分别在曼联和利物浦蹉跎岁月，二人在那个时期有了不错的交情。去年6月，罗克经过6小时的手术切除了肿瘤，一度传来乐观的消息，至少控制住病情发展是个现实的目标。

罗克是一个风格优雅、讨人喜欢的后卫，17岁时便被贝尼特斯派上场出战加拉塔萨雷，成为利物浦历史上最年轻的欧冠出场球员。一度，他还入选过西班牙国青队。他的去世，令那些曾和他一起从青训营走出的伙伴们悲痛不已。

布斯克茨就是其中之一。他在西班牙足协官方网站写道："惊悉昔日队友去世，谨向米基·罗克的家人和朋友致以深切慰问，我愿尽我所能向他们提供帮助。我们失去了一个非常好的人，一个了不起的球员，一个所有人值得学习的榜样，最重要的是，我失去了一位挚友，与他分享过的时光将永随我心。"

"闻听噩耗，你的第一反应是震惊。随即你会感叹生活的不公。现在，我们有着无尽的动力，要竭尽所能夺取冠军，将奖杯献给罗克。从现在开始，我们为罗克而战。"

通过社交媒体以及向罗克亲朋打电话、发短信的方式，几乎所有西班牙球员都表达了对这位曾是他们伙伴的年轻人去世的哀悼。

与此同时……

点球大战中，皮尔洛的勺子点球是本届欧洲杯的亮点之一。英格兰队则相形见绌，失落不已。与意大利队120分钟战成0：0后，三狮军团在点球大战中2：4败北，他们的点球血泪史上又多了两个倒霉蛋——阿什利·科尔和阿什利·扬双双失足12码点。

——第21日

——2012年6月25日，波兰，格涅维诺

除了罗克的去世，还有一个新的因素推动着西班牙队的卫冕，他们接下来的对手都有一种似曾相识的感觉。葡萄牙队是他们2年前世界杯1/8决赛的手下败将，而艰难击败英格兰队的意大利队，则是西班牙队本届欧洲杯揭幕战的对手，蓝衣军团依然保持着闯入决赛的希望。

在1976年帕年卡（Panenka）那记勺子点球后，世界足坛见证了无数个帕年卡式点球。1/4决赛中，皮尔洛又贡献了这样一份杰作。皮尔洛带着杀手般冷酷的眼神，冒着巨大风险，完成了这个勺子点球。

帕年卡，就是1976年击碎西德队大赛三连冠美梦的那个人。

帕年卡，这个姓氏在西班牙足球语言中几乎就是“胆量”的同义词。

帕年卡，就是那个如果你模仿他的技术却马失前蹄便会令你蒙受羞辱成为罪人的人。勺子有风险，模仿须谨慎。

西班牙队vs葡萄牙队，有着很浓的世纪德比的味道。西班牙队首发阵容很可能会有9人来自皇马和巴塞罗那，葡萄牙队那边则肯定会有3人。西班牙人不会忘记，世界杯刚结束后的一场友谊赛中，葡萄牙队曾4：0重创西班牙队。西班牙队阵营中的巴萨球员则肯定会注意到，穆里尼奥也来到了欧洲杯，充当半岛电视台的评球嘉宾。

穆里尼奥认为，西班牙队首战用法布雷加斯顶替正统前锋的做法，让他们的足球显得枯燥乏味：“哈维、伊涅斯塔和法布雷加斯之间来回倒脚，却无法给布冯制造真正的威胁，这种踢法并不好。没有正统前锋在场上，他们的足球会显得枯燥乏味。”

比赛的一大焦点，无疑集中在克里斯蒂亚诺·罗纳尔多（C罗）身上。西班牙队迄今为止只失1球，他们能防住本赛季在皇马夺取西甲冠军的征程中状态火热的C罗吗？同时，世界杯上与西班牙队交手时，C罗如断线风筝一般急躁而欠缺说服力的表现，也更加使他成为万众瞩目的焦点。

效力曼联期间，皮克与C罗相交甚厚。2008年返回巴萨后，皮克已经15次与C罗成为场上对手。1次是巴萨2009年欧冠决赛与曼联的比赛中，然后是世界杯和之后那场友谊赛，外加12次世纪德比。皮克取得了9胜3平3负的成绩。

皮克：*这不是C罗与皮克之间的较量，这么看问题的人最好放弃这个想法。这不是一对一的抗衡，也不是皇马和巴萨的比赛。我们要参加的是西班牙队与葡萄牙队的比赛，表现更好的那支球队会取得胜利，而这靠的是更出色的团队精神，而不是更强的个人能力。是的，不管是在巴萨还是西班牙队，基本上我每次盯防C罗都比较顺利，但我要强调，人们必须明白团队协作的重要性。对于比赛，一个至关重要的地方在*

于，当你遇到困难时，必须有队友站出来帮助你，而且中前场队员也要尽职逼抢对手。

——第22日

——2012年6月26日，波兰，格涅维诺/乌克兰，顿涅茨克

西班牙队在本届赛事期间，犯的少有的错误之一，就是没能注意到一些西班牙球迷赶到顿涅茨克去为他们与法国队的比赛加油助威。赶到这座位于乌克兰东北角的城市，比很多旅行都要更为艰苦，因为这里航班机票昂贵且票源紧张，酒店稀少，地面交通条件恶劣。西班牙队赛后非常疲劳，急切想赶回大本营，忽视了这座主要被法国人和乌克兰人占据的球场里还有一些西班牙球迷。上周六，只有少数球员没忘记去向看台上的西班牙球迷致意。

所以，在格涅维诺最后几天的训练中，堵在入口栅栏处的球迷得到了球员们格外热情的关注。每一天，都会有一些球员到这里满足球迷签名、合影的要求。几天来，每个球员都拿出一些时间回报了这些球迷。

老队员们指出，要在头脑中忘记疲劳这回事。年轻的阿尔巴则扔来一句题外话："我以前都是在电视上看大赛的，现在我实现了梦想，真是不想醒过来！"

助理教练的作用现在正变得愈加重要。他们无法亲自为西班牙队打赢比赛，但如果对于球员们不同程度的身心疲劳处理不当，可能就会葬送西班牙队夺冠的机会。

哈维尔·米尼亚诺：*葡萄牙队比我们多48小时休息、调整和备战的时间，这自然是有一定影响的。我们的备战工作必须做得非常扎实，才能弥补这个差距。打法国队时，是我们比法国多休息1天，所以我们现在不能用这个当借口。我们还没有发现我们队员的极限在哪里，但搁在四五年前，在一个赛季经过72场、6000多分钟比赛之后，还表现得这*

么出色，这么赏心悦目，是不可想象的。

现在，西班牙队要与格涅维诺说再见了。球员们几乎在酒店每个地方都留下了签名——SPA馆、保龄球馆、媒体中心无一例外。这个地方或许没有纽斯蒂夫特或波切夫斯特鲁姆的魅力，没有那宜人的气候和美丽的风景，但西班牙队在这里的备战是成功的。

顿涅茨克烈日当空，球场雄伟壮观，夜里灯火通明，是上演史诗级战斗的绝佳舞台。草皮条件不算太好，所以西班牙队选择在顿涅茨克矿工的场地进行训练。在此之前，伊涅斯塔、阿韦洛亚和内格雷多来到顿巴斯竞技场面对媒体。如果阿拉贡内斯在场，他一定会为自己当初对球员的教导感到骄傲。

2008年半决赛出战俄罗斯之前，阿拉贡内斯对球员们说："跟主裁判或助理裁判说话时，不要喊着'裁判'或'边旗'。跟他们击个掌，搂住他们的肩膀，张口说话要这样——'嗨，约瑟夫！'这样你就会发现，那哥们儿走开时会在心里念叨：'我的老天，他知道我的名字！'"

第二天比赛的主裁判将是土耳其人恰克尔（Cuneyt Cakir）。他和5名助手正在踩场、热身，适应着场地。在通道出口对内格雷多进行采访后，我和阿韦洛亚简单聊了聊。就在这时，本来跟其他几个人在一起的伊涅斯塔向我走来，他一直盯着通道外的那几个土耳其人，他向我问道："主裁判是谁？"

我误解了他的意思，回答说："你认识他的，他4月份还在诺坎普执法过巴萨和切尔西的欧冠半决赛呢。"

"不不，我知道这个。我是问，哪个是他？"伊涅斯塔边说边向几位裁判点头致意。

我指了指恰克尔，伊涅斯塔随即跟我们一起靠在通道出口的墙上，加入了我们的讨论。恰克尔和他的搭档们完成训练后，伊涅斯塔特意面朝通道出口站着。裁判们向通道走来的路上，还互相用手肘轻轻捅了下对方，几人交换了眼神，仿佛在说：瞧，这就是伟大的伊涅斯塔。他们走到伊涅斯塔身前时，自然要礼节性地停下来握个手。但伊涅斯塔首先找到了主裁判恰克尔，致以热情洋溢的问候：“你好！”

远离欧洲杯赛场的普约尔则在不断地给皮克发号施令，甚至比他俩在场上并肩作战时还要多。本届欧洲杯，他给皮克的建议只限于通过短信方式，他提醒皮克保持注意力集中，在阿韦洛亚和阿尔巴上前助攻时，要给他们补位。此外，把罗克死讯告诉皮克的，也是普约尔。

同样是通过短信方式，内格雷多在与克罗地亚比赛前，一直在跟塞维利亚队友拉基蒂奇交流。同样地，1/4决赛前，皇马球员也在跟本泽马互发短信。不过，阿韦洛亚提醒我说：“虽然我在俱乐部跟科恩特朗、佩佩以及C罗是队友，但这场比赛结束前，我不会跟他们说话，赛场上也没有什么朋友可言。”

对于西班牙队为何派出这3名球员参加赛前新闻发布会，我没觉得背后有什么学问。但第二天晚上，我就意识到了自己的错误。不过，还有另一件更重要一点的事情吸引了我的注意。

乘坐大巴经过半小时路程，我们来到了西班牙队的训练场。天已经黑了，但依然是丛林般的炎热。场地由铁丝支架完全封闭，每4.5米就有一个蓝色荧光的灭蚊灯。苍蝇蚊子都会被吸引过去然后壮烈牺牲。那滋滋滋的声音就像“发电站乐队”（Kraftwerk）在给球员们伴奏一样。

这一次，我们没能得到更近距离接近球队的权限。这里有太多摄像机，空间很挤，于是我走开了。媒体聚集在卡西利亚斯身边和身后，核心球员们在演练射门、传中、头球和任意球。不是所有人都会注意到场地另一侧在发生着什么。雷纳镇守球门，包括卡索拉、伊涅斯塔、皮克和阿韦洛亚在内的球员在练习点球。

他们这里的点球演练可不是随便射着玩，大家没有喧闹和玩笑，于是也没有吸引太多人关注。就这么五六个球员在练，过一会儿便有两个人离开，换另外两个人上来练几分钟。拉莫斯训练结束后晚走了一会儿，他也来射了一脚。他的射门势大力沉，命中了中间偏右的位置。

在此之前，哈维·阿隆索曾对我们说：“我认为与葡萄牙的比赛会打得难解难分，会跟我们那天晚上看的英格兰与意大利的比赛差不多。”

英格兰与意大利的比赛没有进球，经过加时赛后，双方点球决胜。皮尔洛有一记勺子点球得分，意大利最终4：2取胜。

——第23日

——2012年6月27日，乌克兰，顿涅茨克，顿巴斯竞技场

葡萄牙vs西班牙——欧洲杯半决赛

一！二！三！……赢！赢！赢！

比赛还没开始，西班牙队，或至少是安东尼奥·利莫内斯[①]已经赢了。球队得到了很好的保护，在顿涅茨克矿工训练基地的豪华宾馆远离了疯狂的人群。那些搭乘西班牙足协官方包机赶到这里的球员家属和朋友，则和我们一样住在矿工广场酒店（Shakhtar Plaza hotel），这是一家豪华宾馆，离半决赛的球场顿巴斯竞技场只有200米距离。葡萄牙队则发现，来自世界各地的大批记者和大量专程赶来的西班牙球迷也住在他们的维多利亚酒店（Hotel Victoria）。事情倒是没有失控，但我们仅以C罗为例来说，他每次出现在公开场合都会意识到，斗牛士军团的球迷与他住在一起。

下午晚些时候，我和一个消息灵通人士聊了起来，此君是几名国家队资深球员的好友。他告诉我，球队已经知道了首发名单。其中10个人选都很正常，但有一个人比较意外。

保罗·本托（Paulo Bento，葡萄牙队主教练）：*不论是托雷斯还是法布雷加斯首发，或者是佩德罗和席尔瓦之间如何取舍，我们都已经做好了准备。我们已经制订了详尽的战术安排，这些人员变数都是小变化而已。*

① 译者注：西班牙足协负责安排西班牙队出行及住宿的经理。

本托点了4个名字，其中有1个人进入首发，这比例倒也不算太差。西班牙队主力阵容中没有法布雷加斯，没有托雷斯，也没有佩德罗，但内格雷多令人意外地出现在了锋线。

西班牙队首发阵容：卡西利亚斯；阿韦洛亚、皮克、拉莫斯、阿尔巴；哈维、布斯克茨、哈维·阿隆索；席尔瓦、内格雷多、伊涅斯塔。

这样的安排相当意外。前往波兰前的最后一场热身赛中（在塞维利亚1：0击败中国队），内格雷多担任首发前锋。接下来，外界便开始了是该上法布雷加斯还是托雷斯，也就是该用假9号还是正统前锋的争论。这多少让人们忽略了一个事实：内格雷多本届赛事只打了1分钟比赛，比略伦特多60秒。

日常训练中，这两个人的状态都非常犀利，但略伦特本赛季的状态好得惊人。毕尔巴鄂能在欧联杯淘汰曼联并一路闯入决赛，他立有汗马功劳。2年前与葡萄牙队的那一战，是他替补登场改变了比赛，球队的致胜球有他一份功劳，西班牙队最终一路杀到决赛捧走金杯。然而，这个疲劳的赛季对略伦特影响很大，马塔也是如此，切尔西中场在慕尼黑欧冠决赛胜利后，已经几乎累得走不下球场。

毕尔巴鄂主帅贝尔萨的战术是以球员的疯狂跑动为基础。他们在赛季最后4周的崩盘，便被归结为球员身心上的透支。所以，内格雷多以微弱的优势挤进了首发阵容。

与和法国队比赛那天相比，今天的气温略有下降。本周初，这里还下过雨，但今天的湿度突然稍有降低，草皮也被更慷慨地多浇了些水，而且还剪短了些。

上半时的比赛再次证明，这支西班牙队面对身高和力量有优势的对手，面对组织性良好、进行包夹防守和奋力逼抢的球队，发挥便有可能会受到影响。然而，正像过去两届大赛瑞典队、巴拉圭队、葡萄牙队、荷兰队、克罗地亚队和法国队所发现的那样，采用这样战术的结果，就是比赛最后1/4阶段体力不支，被西班牙队进球。阿根廷队和葡萄牙队在击败西班牙队的友谊赛中，进攻要积极主动得多，但大赛又非友谊赛可比。各支球队为阻止西班牙队的进攻绞尽脑汁、耗尽体力，只剩下很少的精力可以用于发挥自己的创造力和进攻实力。比如，2012年欧洲杯的这场半决赛，卡西利亚斯等了120分钟也没做出过哪怕一次扑救。

西班牙队一直公开承认球员们十分疲劳，当葡萄牙人用压迫式防守对付世界杯、欧洲杯双料冠军时，斗牛士们的激情和才华确实很少得到展现。

内格雷多的表现非常平淡，在比赛很长时间里，本托的球队看上去一切尽在掌握。法布雷加斯和纳瓦斯相继替补登场，葡萄牙队则从下半场中段开始，直至120分钟结束，体能愈发不支，西班牙队在这一时段进攻相当凶猛。纳瓦斯的一次射门，逼迫门将连扑两下，但还是顽强阻止了本可造成必进球的补射。而在阿尔巴精彩的传球后，伊涅斯塔也迫使葡萄牙门将做出了一次令人难以置信的扑救，这是全场比赛最激动人心的一刻。

西班牙换上了纳瓦斯和佩德罗这两名速度飞快的边锋，此前2场比赛中，纳瓦斯曾攻入1球，佩德罗则创造了1个点球。博斯克还换上了法布雷加斯，后者本届杯赛已有2球进账。而阿尔巴作为一名边后卫，他出现在葡萄牙禁区的时间，比纳尼或C罗出现在西班牙禁区的时间都要多。

终场哨在夜里12点12分吹响——连小时和分钟都战成了平手！10分钟前，博斯克便开始让助理教练托尼·格兰德（Toni Grande）草拟点球手名单。他们两个人通过昨天的训练，已经拟定了一份很长的点球手名单，不过，已被替换下场的哈维、席尔瓦和内格雷多都在名单之上。

这个情况，昨晚在矿工的训练场上也已准备了预案。博斯克让那些通常很少踢点球的球员，比如，卡索拉、马塔、伊涅斯塔、法布雷加斯、拉莫斯和马丁内斯也都踢一两脚。但他没有让卡西利亚斯守门，他不希望后者经历点球一个个呼啸入门的感觉。同时，他也不想在全球媒体面前安排一堂正式的点球训练课，否则他们会打出“疲劳的西班牙队准备点球大战”这样的标题。博斯克的做法，是先后让6名球员从其他训练科目中腾出身来踢几脚，雷纳大约面对了18个点球。现在，真刀真枪的考验来了。

西班牙队最终点球战胜葡萄牙队跻身2012年欧洲杯决赛，这再次证明，他们的宝贵财富不止是球员们的才华而已。

托尼·格兰德建议的点球手顺序是：

1.哈维·阿隆索

2.法布雷加斯

3.皮克

4.拉莫斯

5.伊涅斯塔

博斯克赞同这一安排。其他人中，佩德罗和阿尔巴也是主要候选，但现在没有理由不赞同格兰德安排的这5个人。加时赛结束后，西班牙队球员们相互勉励着，分享着一些关于点球战术的想法。

和很多跟西班牙队拖到加时赛结束的球队一样，葡萄牙队也有几名球员已经累得坐在或躺在了草皮上。

教练们把球员们召集在一起鼓劲。托尼·格兰德宣读了点球手名单，法布雷加斯立即表示反对，他想踢第5个点球。他提出了三条理由。首先，他预感到自己将攻入致胜球；其次，4年前与意大利队的1/4决赛，他便射进了第5个点球；最后，他对压力和责任无所畏惧。

格兰德对法布雷加斯的提议不是很感兴趣。时间不多了，博斯克对点球手顺序已经做了进一步思考，而在球员和助理教练简短交谈时，博斯克又认真地观察着法布雷加斯的肢体语言，倾听着他的话语。这位主教练认定，法布雷加斯不是在逃避压力，这是一个积极的要求。于是，博斯克同意了。

最终点球手顺序调整为：

1.哈维·阿隆索

2.伊涅斯塔

3.皮克

4.拉莫斯

5.法布雷加斯

保罗·本托同样是一位温和的主帅。他头脑中的5个候选是：穆蒂尼奥、佩佩、纳尼、布鲁诺·阿尔维斯、C罗。他在考虑使用这个顺序，但他也愿意聆听任何有特殊偏好的球员的愿望。和西班牙队不同，葡萄牙助理教练并没有太多出谋划策，而守门员教练里卡多·佩雷斯（Ricardo Peres）则在给门将帕特里西奥看一些视频资料，后者看得非常专心。和法布雷加斯一样，C罗也乐于承担第5个点球的重任。虽然C罗更愿意第一个踢，但本托建议他第5个出场，在俱乐部和国家队点球命中率高达95%的C罗，接受了教练的安排。

葡萄牙点球手顺序为：

1.穆蒂尼奥

2.佩佩

3.纳尼

4.布鲁诺·阿尔维斯

5.C罗

与此同时，卡西利亚斯看上去似乎有些疯狂。最开始，队友们在给他鼓劲，最热情的拥抱来自雷纳和哈维。随后，门将教练奥乔托雷纳出现了，他在卡西利亚斯周围设了一道封锁线，现在是卡西利亚斯的私人时间。卡西利亚斯坐上板凳，摘下了手套，解开了护腕。之后，他又脱下球裤和铲球裤，直到只剩下内裤。接下来，他又重新穿上自己的专业行头。好了，准备好了。事后，他告诉我们说，他当时感到短裤太紧了，快把他勒死了。大英雄们通常都是穿得光鲜亮丽，而圣卡西，则来了一出球场脱衣。

回到中圈，哈维·阿隆索若有所思。佩佩偷偷跑过来，在他耳边说了句“帕特里西奥会扑出每一个点球”，哈维·阿隆索对佩佩的做法有点不爽。他的另一位皇马队友C罗，则跑向帕特里西奥，在后者耳边悄悄说着什么，看上去是在就哈维·阿隆索主罚点球的特点向他提供建议。哈维·阿隆索为利物浦、皇马和西班牙队一共踢过15个点球，13次命中。但他失手的那2次都是在重要场合——2005年欧冠决赛以及2010年世界杯1/4决赛。AC米兰门将迪达扑出了哈维·阿隆索射向左侧的点球，巴拉圭队的比利亚尔（Justo Villar）则将他瞄准右侧的射门化解。4天前对阵法国队的1/4决赛，哈维·阿隆索也主罚了点球，洛里斯扑向右侧，但哈维·阿隆索的射门从另一边飞入网窝。

这位巴斯克人有着与众不同的点球技术。他进行的是一个斜线的助跑，看上去，他似乎是要射向右侧。有时候，比如在对法国队的比赛中，他会摆出这个架势，但右脚踝一个假动作，将球以和跑动路线70度角的角度射向左边。打法国队时，他赌了那一侧，这次，他射向了右边。然而，帕特里西奥要么是猜透了哈维·阿隆索的心思，要么是运气太好。哈维·阿隆索的射门质量很不错，需要非常高质量的扑救才能挡出，但帕特里西奥做到了。

西班牙0：0葡萄牙

接下来是葡萄牙队的穆蒂尼奥出场。这是一个对压力司空见惯的球员。他19岁便成为里斯本竞技队长，2年前在万众瞩目下加盟了波尔图，他素以脚法好著称。尽管他并非高效射手，但他一直是球队的常规点球手。他最近一次失手，是在本托执教的里斯本竞技，帕特里西奥也是他的队友，那场比赛是欧冠资格赛对阵麦克拉伦执教的特温特。希门尼斯和奥乔托雷纳都注意到，穆蒂尼奥对自己的射门脚法很有信心，他会小碎步助跑，其间对门将进行观察，看门将是否流露出要扑向哪一边的意思。此外，穆蒂尼奥通常都很倾向于将球射向自己的左侧。

卡西利亚斯很清楚这一切。穆蒂尼奥射向了左侧，卡西利亚斯将球扑了出来。

西班牙0：0葡萄牙

和在奥地利时一样，卡西利亚斯的妈妈再次来到了现场。这回她没有昏倒，她只是去了厕所，以逃避这令人窒息的时刻。

现在轮到了伊涅斯塔出场，而不是法布雷加斯。他射门时手臂张得很开，有点像贝克汉姆罚任意球时的动作，以佯装要射向左侧。门将早早便做出了扑救动作，以至于在皮球还差1米才越过门线时，他已经倒在了左侧。事后伊涅斯塔承认，他看到了门将的动作，所以在最后一秒改变了射左侧的主意。

西班牙1：0葡萄牙

接下来，是佩佩对阵他的皇马队友。佩佩有时候看上去相当蛮横无理，有时候则又是一个强壮快速的领袖级后卫。和马切纳一样，佩佩的技术比很多人认为的要出色得多。

佩佩的助跑距离真是吻合欧洲杯的主题，他几乎是从波兰开始起跑，然后来踢一个位于顿涅茨克的皮球。他的低射力量很大，卡西利亚斯判断对了佩佩要射自己的右侧，但皮球仍从卡西利亚斯身下滚入球网。

西班牙1：1葡萄牙

接下来，是一个有着美妙人生的家伙登场。他的智商高达140，有个超级明星女友，身体条件好，技术好，年轻，家财万贯，有一只美妙的右脚。皮克的射门方向与佩佩一样，但更加势大力沉，所以尽管帕特里西奥全力侧扑，仍无法让自己的指尖触到皮球。在职业生涯277场正式比赛中，这是皮克第一次主罚点球，你无法料到他的点球有如此高的质量。

西班牙2：1葡萄牙

本托选择纳尼作为第3个点球手，布鲁诺·阿尔维斯则是第4个。和西尔维娅·多施内罗娃为西班牙队所做的一样，葡萄牙队的代表也把手写的点球手名单交给了主裁判恰克尔。但这并不意味着他们必须遵守上面所写的顺序。5个人选不能换，但顺序可以不通知裁判即自行调整。在这个紧张的时刻，布鲁诺·阿尔维斯忘了主罚顺序，提前出场了。在他一门心思走向罚球点，离禁区只差一步的时候，他无法预料到的事情发生了。

纳尼从中线跑到了禁区，他让阿尔维斯回去，自己来主罚第3球，这也正是之前的安排。纳尼把遵守顺序的重要性摆在了前面，而忽视了这可能干扰阿尔维斯原本非常集中的注意力，或者让西班牙人觉得葡萄牙人是如此不靠谱。阿尔维斯毫不犹豫地接受了纳尼的要求。纳尼射出了当晚质量最高的一个点球，他助跑时稍微停顿了一下，导致卡西利亚斯失去平衡，纳尼的射门直挂上角。

西班牙2：2葡萄牙

84天前，拉莫斯和卡西利亚斯刚刚在欧冠半决赛经历过点球决战，但遭受的是令人心碎的结局，以及外界的指责和嘲讽。现在，拉莫斯再次站了出来，他有了全新的发型，球衣颜色也变为红色，而不是白色。但还是那个面对诺伊尔射出冲天炮的人。

4月的那个夜晚，没有人指责C罗和卡卡射失了皇马的前2个点球，因为卡西利亚斯救出了克罗斯和拉姆的射门，使得拉莫斯能在比分持平的情况下走上罚球点。然而，这名后卫的射门实在离谱，皮球向上的曲线跟你放爆竹的烟花轨迹差不多。几个月前，鲍姆加特纳（Felix Baumgartner）刚完成了刷新世界纪录的太空跳伞，在YouTube上的很多恶搞视频里，奥地利人在几万米高空准备起跳时，一脚被拉莫斯射出的皮球击中了头部！何止于此，拉莫斯为那个点球承受了猛烈的批评和凶残的嘲笑。

在顿巴斯竞技场，拉莫斯的妈妈帕基（Paqui）已经不敢再看。她知道4月那次失手给儿子带来了怎样的痛苦。她索性帮雷纳的太太尤兰达（Yolanda）照看他们的女儿格蕾西亚（Grecia），让小姑娘坐在了自己的膝盖上。她身体伏向前方，把脑袋埋在雷纳女儿的肩膀上，直到这炼狱般的时刻结束。

整个世界，只有拉莫斯的哥哥雷内（Rene）以及一名西班牙队友知道，当初在忍受了无尽的谩骂后，拉莫斯立即决定，他的下一个点球，不论出现在何时何地，也不论多么重要，他将踢一个帕年卡式的勺子点球！

上一次，拉莫斯的点球射向了银河系，今晚，天空的群星为他排列成行。葡萄牙门将做出了侧扑动作，但拉莫斯优雅轻巧的射门让皮球划出一道拱形弧线，越过了帕特里西奥。

西班牙3：2葡萄牙

布鲁诺·阿尔维斯在葡萄牙队扮演着“四分卫”的角色。本托的球队一个重要的进攻套路，便是阿尔维斯送出四五十米的长传转移。然而，每一个高尔夫球手都会告诉你：“一号木杆给人看，推杆打好能赚钱。”意思是说，你开球再好也不过让人养养眼睛，只有短杆打好了才能出成绩。如今，阿尔维斯需要的是一脚11米而不是40米的球，在刚刚被纳尼干扰的情况下，他会有怎样的表现?

C罗一直在中圈像只关在笼子里的老虎一样来回踱步。现在，他站住不动了。

阿尔维斯跑向皮球，他的射门力量很大，但他的几何学发生了10厘米的误差。皮球将自己的品牌名称印在了门梁上，弹地时则落在了门线之外。球没有进！

西班牙3：2葡萄牙

现在，一切都在提速。阿尔巴走向自己8岁时便结识的法布雷加斯，双手抱住法布雷加斯的头，对他说："行了，属于你的时刻到了！"

法布雷加斯出发了。他脑海中闪过一丝悔意，他后悔不该告诉家人不必浪费钱来看半决赛，而是准备在基辅与他会合。4年前，他的点球淘汰了意大利队，为一个伟大时代铺平道路时，他的父母就在维也纳。现在，他真希望父母仍在场内。带着这样的思绪，他走到了禁区边缘。皮球正在那里等他。

法布雷加斯停下脚步，弯腰捡球时，他跟皮球聊了起来："不要辜负我，不要辜负我，请像在维也纳时一样飞进大门。我们必须再次创造历史。"

法布雷加斯和他那听话的皮球做到了。他进行了堪比佩佩的长距离助跑，皮球击中左侧立柱后滚入球网。

和4年前面对布冯时一样，法布雷加斯在最后时刻改了主意，将皮球射向左侧而不是右侧。葡萄牙门将几乎扑到了皮球，但最终鞭长莫及。皮球听了法布雷加斯的话，撞到立柱内侧后进入了大门。西班牙队挺进决赛。

西班牙4：2葡萄牙

和在维也纳时一样，法布雷加斯的大脑出现了片刻的空白，待他恢复意识后，他描述起了2006年秋天以来西班牙队的团队精神。差不多10个月之前，法布雷加斯在期待已久的诺坎普回归战中被马塞洛铲倒。比赛结束后，卡西利亚斯谈到了法布雷加斯："总会有那么一个铲球，让巴萨球员主动立仆在地。"

在经过几个月两败俱伤的争执后，出现了一通和解的电话。现在，两个人正为共同的目标并肩作战。卡西利亚斯站在离球门6米左右的底线处，而法布雷加斯则再次攻入点球决战的致胜球。狂喜的呐喊，张开的臂膀，闪动泪水的双眼，他们即将再次拥抱。

忘掉世纪德比吧，忘掉穆里尼奥吧。西班牙万岁！

葡萄牙0：0西班牙（西班牙点球4：2获胜）

葡萄牙队阵容：帕特里西奥；若昂·佩雷拉、布鲁诺·阿尔维斯、科恩特朗；梅雷莱斯（113’瓦雷拉）、韦洛索（106’库斯托迪奥）、穆蒂尼奥、纳尼；乌戈·阿尔梅达（81’内尔松·奥利维拉）、C罗

西班牙队阵容：卡西利亚斯；阿韦洛亚、拉莫斯、皮克、阿尔巴；哈维（87’佩德罗）、布斯克茨、哈维·阿隆索；席尔瓦（60’纳瓦斯）、内格雷多（54’法布雷加斯）、伊涅斯塔

——第24日

——2012年6月28日，乌克兰，顿涅茨克/基辅

已经打入欧洲杯决赛的西班牙队，凌晨2点之后才离开顿巴斯竞技场。未来24小时中，球队将经历上午11点飞赴乌克兰首都的旅行以及在新的驻地酒店的安顿。这一天，球队没有安排训练，球员们完全自由活动，可以与亲朋好友共处。

但首先，在午夜时分，球员们要在点球大战刚结束后面对媒体的采访。

拉莫斯将那记勺子点球送入帕特里西奥的大门后，摄像机镜头都对准了博斯克。主教练并没有显出开心的样子。

拉莫斯：*博斯克知道我这人有点疯狂。我早就准备要来这么一下，因为对拜仁的欧冠半决赛让我遭受了极大的痛苦。那个时候，人们立即开始质疑我担起责任的意愿和能力，这刺痛了我骄傲的内心。我那时便*

决定，要用非常酷的方式证明他们的错误。昨晚的训练中，我特意回避了练习点球，因为我知道媒体会捕捉到这个情报。在压力如此巨大的时候，门将面对一个即将罚球的后卫，最想不到的就是他会选择挑射。这的确有风险，但只要你脚法掌握得好，便有极大机会进球。在我开始助跑时，我注意到门将已经开始移动，我心里就踏实了。现在，我有了这么一段轶事可以讲给我的孩子和家人听，但最重要的事情在于，全世界都知道了西班牙队将去做没人做到过的事情，那就是连续3次赢得大赛冠军。没人知道我们为此付出了怎样的努力。

纳瓦斯：*拉莫斯把一切都告诉了我。比赛前一天晚上，我就知道，只要有机会踢点球，他就会去挑射门将。*

博斯克：*我当然没有生他的气。我还想让他再这样进几个呢！毫无疑问，看到他射进一个这样的点球，会让每个人都信心倍增。我知道他看到了门将的移动，于是选择像皮尔洛对英格兰时那样射门。这种玩法很时髦的。*

我们换下哈维，是因为他已经非常非常疲劳了，我们需要更多的速度和进攻能量才能取得胜利。盯防C罗是皮克和阿韦洛亚的事，需要的时候，布斯克茨也要来帮忙。他们干得很棒。不过，由于球员们已经非常疲劳，现在他们都处在体能极限上。C罗也不例外，哪怕他身体素质再出色，再充满力量。

法布雷加斯：*早晨的时候，我就有这个直觉和预感我会罚进第5个点球，也就是致胜点球。你无法确保自己不会罚丢，但我这个感觉非常强烈，所以我请求教练调整主罚顺序。走上罚球点时，我想到了我的家人，想到了4年前那一幕。比赛结束后，有人把手机递给我，那是我妈妈从巴塞罗那打来的电话。*

博斯克：*我们写入第一份点球名单的每一个人，都立刻表示他们愿意主罚。我们起初将法布雷加斯放在第2个，但对于点球，他是最有信心的人之一，所以当他说他希望第5个罚时，我们决定信任他，这个问题不值得过多争论。*

保罗·本托：*C罗没有要求第5个罚，我们是完全按照我们的设想制订了名单，每个人都表示赞同。下次再有机会，我也不会改变这份名单。如果是我们这边由C罗罚入第5个点球取得了胜利，现在这些批评我们的人都会是完全不同的论调。我认为，我们是上半时更出色的一方，但我们不够有效率，最终，点球就纯属像是买彩票。我们完全可以骄傲地回家。*

伊涅斯塔（推特）：*我们进决赛了！真是太开心了！这支球队太伟大了……*

这一天，阿尔巴的父母和兄弟都在举杯庆贺——他们和这位西班牙左后卫会合，庆祝他以1500万欧元转会巴塞罗那一事尘埃落定。阿尔巴的家人都住在基辅假日酒店，在一起分享了一天时光后，他们便又要短暂分别。球队将回到歌剧酒店（the Hotel Opera），在西班牙队周一启程去看德国队与意大利队的比赛前，这里将是球队的大本营。

不仅是德国媒体，德国队也在一定程度上为斗牛士军团所着迷。勒夫希望他的球队也像西班牙队一样踢球，他的球员们则认为德国队比西班牙队更为强大。德国媒体则报道称，本次杯赛已经表明，博斯克的球队是可以被击败的。

或许，德国人对西班牙队的过多关注，也影响了半决赛的结果。德国人忘记了怎么防守，巴洛特利在自己的个人演出中展示了胸肌和力量，德国人还没来得及意识到这场比赛不是闹着玩的，就已经被淘汰出局了。欧洲杯开始前，意大利队的夺冠赔率是15.0，但现在，他们闯入了决赛。

不过，在这场充满戏剧性的半决赛的尾声，意大利队显得非常疲劳，德国队一直在寻找扳平比分的机会。你可以打赌，全员可战并在基辅保持着愉快心情的西班牙队，今晚可以睡个安稳觉。

与此同时……

巴洛特利打入2球后，与扎戈耶夫、曼朱基奇、C罗和戈麦斯同以3球位列射手榜首位。西班牙队目前还没有人跻身这个行列，但决赛将有机会改变这个局面。

——第25日

——2012年6月29日，乌克兰，基辅

基辅究竟是天堂还是地狱，全凭你个人好恶而定。如果你喜欢古板、保守、规矩的事物，不要到这里来。但如果你喜欢生活中充满意外和惊奇，这里是属于你的城市。

西班牙队上一次到这里比赛，是2004年欧洲杯预选赛，那时的主力阵容只有卡西利亚斯还在。春天或冬天到这里参加世界杯、欧洲杯预选赛或者欧冠比赛的球队，都要经历艰苦漫长的旅行，忍受极度寒冷的天气。20世纪90年代末，巴塞罗那和博斯克的皇马曾接连在此地被舍甫琴科领衔的基辅迪纳摩击败。

现在是夏天，这里火云如烧，一点湿度都没有，就是热，让人感觉燥热。

今天白天，球员们主要进行休息和理疗。训练被安排在晚上全封闭进行，以确保最后一堂战术课能够保密，而明天则要到奥林匹克体育场进行一次公开训练。

西班牙队曾于2003年在基辅战平，西甲双雄则曾在这里遭受羞辱性失利，他们的苦主都是同一个人——瓦列里·洛巴诺夫斯基（Valeriy

Vasylyovych Lobanovskyi）。洛氏执教的基辅迪纳摩，在1997/1998赛季欧冠小组赛中4：0重创巴塞罗那，次赛季，他们又在1/4决赛淘汰了卫冕冠军皇马。舍甫琴科对巴萨上演了帽子戏法，对皇马的两回合也斩获3球，那是他在基辅的最后一个赛季。

2002年5月，洛巴诺夫斯基去世。相隔不到1年，赛斯（Inaki Saez）统率的西班牙队在基辅只收获2：2平局。不久，AC米兰在老特拉福德的欧冠决赛中捧杯，舍甫琴科回到故乡，将大耳杯带到了他导师的墓前。基辅迪纳摩的主场是迪纳摩体育场（有时面临重要比赛，他们会去更大的奥林匹克球场比赛），现在已经更名为瓦列里·洛巴诺夫斯基迪纳摩体育场（Valeriy Lobanovskyi Dynamo Stadium）。今晚西班牙队的训练便在这里进行，1小时15分钟的训练内容很紧凑，以恢复性练习和战术操演为主，现在要做的是让球员们的身体放松下来，头脑则要紧张起来。

皇马俱乐部的一件憾事在于，有一座重要奖杯，是他们从未取得、且由于该项赛事已经取消而永远不可能取得的，那便是欧洲优胜者杯。1975年，当时在皇马司职布斯克茨如今在西班牙队这个位置的博斯克，随队打入了优胜者杯1/4决赛，但败在贝尔格莱德红星脚下，当时还相当年轻的洛巴诺夫斯基则作为基辅迪纳摩主帅率队为苏联夺得第一项重要的欧洲锦标。今天，博斯克、法布雷加斯和拉莫斯来到这座美丽如画的球场参加记者会时，看到了两座优胜者杯的复制品，除了1975年那座，还有一座是基辅迪纳摩在1986年赢得的。这两座奖杯都放在地上，被当成了挡门器。

法布雷加斯和主教练会见媒体时，记者们的问题聚焦在与意大利队的第一场比赛，以及西班牙队如何打赢三连冠征程的最后一战。

法布雷加斯： *巴洛特利是个伟大的球员。他对德国队攻入的第2球是一脚巨星级的射门。在一场欧洲杯半决赛中，面对德国队这样的球队，让皮球直入死角，这是一个顶级中锋才能完成的事情。周日的比赛*

中，我们必须对他、卡萨诺和皮尔洛重点关照。现在，与其关注三连冠这个纪录，我们不如只是简单地去想怎么赢下这场比赛。我们已经创造了历史，现在我们希望去继续改写历史。

不过，在这支伟大的球队中，历史将在多大程度上是由老队员们书写？这届欧洲杯，普约尔都是在西班牙通过电视观看比赛，不过决赛时他将赶到乌克兰。在2014年夏天巴西世界杯的时候，普约尔已36岁。而现在，哈维也在考虑决赛后结束自己的国家队生涯。

过去三个赛季中，哈维几乎一直在忍受着跟腱和小腿肌肉的疼痛，这已经严重影响了他在赛场外的生活质量，训练和比赛之余，他总是要去接受治疗。同样，这也影响了哈维在场上的跑动能力，特别是在西班牙队或巴塞罗那被断球打反击的时候。到目前为止，他尚能勉强应付这个伤病，但这届欧洲杯，他并没有打出最高水平。

哈维习惯了通过大师级的传球掌控一切——皮球、节奏、进攻方向和比赛结果，都在他掌握之中。西班牙队和巴塞罗那的进球几乎都刻着"哈维制造"的标记。但本届欧洲杯，他这样的表现并不是很多。

在南非时，他的位置稍微前移了一些，背对进攻方向的时候略有增多。虽然这并没有造成根本性的影响，但所有这些因素相加，使哈维来到了一个准备做出重大决定的时刻。哈维正在考虑告诉博斯克，他打算在本周日带着奖杯结束国家队生涯——当普罗恩萨（Proenca）吹响终场哨时，哈维便将永久褪去斗牛士战袍。他在考虑应该怎么张口，这会带来怎样的后果，说再见会是怎样的感觉。

托尼·格兰德：*这几年来，我们对战术有那么一两处分歧。比如，哈维也许更喜欢跟这个球员搭档，而不是那个球员；他也许想让自己的位置靠前一些或靠后一些。有些时候他会说服我们，而另一些时候，则是我们让他按我们说的做。*

哈维： *半决赛结束后，我告诉博斯克我想从国家队退役。他问我："你现在有什么烦心事吗？你如何能甘愿错过巴西世界杯？"他让我在休假期间仔细考虑一下再说，我同意了。我听取了很多人的意见，包括我的家人、朋友、女友。最终，我意识到，我无法忍受不再进入国家队。如果真的退出，那么我错过的第一场友谊赛就会让我五内俱焚。我会产生退役想法，只是因为承受的那些批评，而不是针对任何人。我只是心里觉得："够了，够了，我们踢得不错，打进了欧洲杯决赛，但他们依然在说我是垃圾，我他妈真烂。人们讨厌我，那我就走呗。"*

哈维的思绪走得很远，意大利队主帅也是如此，不过原因完全不同。普兰德利，这位欧足联主席普拉蒂尼当年在尤文图斯的队友，在场下颇有君子风度，他希望自己的球队也能如此。同时，普兰德利还是个夜猫子，他和自己的教练组商定，在欧洲杯上每场胜利之后，都要去一个宗教场所"朝圣"一番。意大利队击败爱尔兰队后，普兰德利和阿尔贝蒂尼把球场内的工作处理完后，便在夜里从维利奇卡（Wieliczka）训练基地出发，徒步20公里，来到了克拉科夫附近的一座修道院。淘汰英格兰队后，他们走了11公里，来到了接近维利奇卡的另一座修道院。而在史诗般地击倒德国队后，他们又步行大约10公里，前往克拉科夫一座圣家族教堂，然后开车返回球队酒店，归来时已是凌晨5点。这种做法，或许有利于净化心灵，但恐怕不利于保持一个清醒的头脑。

——第26日

——2012年6月30日，乌克兰，基辅

对西班牙足球界一些紧张兮兮的人来说，意大利队半决赛的胜利有理由让他们感到不安。半决赛前，德国队是本届杯赛唯一保持全胜的球队，而且正式比赛已经是15连胜，创造了世界纪录。而意大利队在此之前，则在90分钟里只有1场胜利。

又一次，意大利队取得了让人大跌眼镜的胜利。1920年以来，西班牙队只用点球决战的方式击败过意大利队。如果比赛打得难解难分，世界冠军会接受再次通过点球取胜吗?

拉莫斯：*坦白地说，不会。在过去的几天里，前两届大赛那些难忘的回忆在我脑海中浮现，它们会让你更有动力打赢这场决赛。我们都希望像前两届大赛那样，看到西班牙全国的喜悦之情。周日晚上的比赛，要将我们树立的超高标准拔高到后来者几乎无法企及的程度。不论结果如何，我们都已经创造了历史，但现在，我们希望我们的国家能拥有历史最佳纪录。*

卡西利亚斯：*我每次都希望能避开点球大战。点球大战的胜利靠的是最微小的细节，几厘米就决定胜负。这里有太多东西让你无法掌控。*

但不管怎样，点球大战已不再是西班牙惧怕的事情。1984年到1996年间，在阿科纳达（Arconada）和苏比萨雷塔镇守西班牙队城池期间，球队共在大赛中经历了3次点球大战，取得1胜2负。一共14个点球中，西班牙门将一个也没有扑出。

自从卡西利亚斯成为一号国门，西班牙队经历了4次点球大战，2002年世界杯有2次，2008年欧洲杯1次，本届赛事又已经点球淘汰了葡萄牙。卡西利亚斯面对的总共18个点球中，他扑出了5个，还有2个击中门楣，1个打高。

奥林匹克体育场（the Olympic Stadium）是一座有跑道的体育场，球员们看上去对这里的草皮条件感到满意，而且通道里面也有一块人工草皮的热身区域。

意大利队首先进行适应场地训练，在他们开始返回更衣室时，西班牙队球员已经显得有些烦躁，他们等不及到场地内重新进行有球热身。

巴洛特利还是不走寻常路。意大利队球员走下台阶后，接受了有权进入这个内部区域的少数媒体简短的采访，然后返回更衣室。但超级马里奥没有这么做。他赤裸上身，只剩短裤，跟对德国队攻入那个超级进球之后的模样一样，他就这么个打扮来回溜达，等着大卫·席尔瓦的现身。他俩都是曼城球员，一个是有日本血统的西班牙人，一个是加纳裔的意大利人，两个人的块头几乎差了一倍，他们靠在墙上，就足球话题闲聊了起来。

西班牙队的训练简短而紧凑，之后，球员们返回歌剧酒店过夜。博斯克在考虑自己的首发阵容。到目前为止，他的战术决定基本都很对路，只有与法国队一役派遣内格雷多首发效果不佳。

防线没什么可说的。拉莫斯和皮克的中卫组合运转十分顺畅，自从2006年世界杯齐达内攻入法国队第3球后，西班牙在大赛淘汰赛阶段的900分钟比赛里还不曾丢球。

防线：卡西利亚斯、阿韦洛亚、皮克、拉莫斯、阿尔巴

中场就更没什么疑问了。半决赛中，哈维在顿涅茨克湿热的气候下有些疲劳，哈维·阿隆索则被佩佩的膝盖撞了下腰，但这两位老队员可以及时恢复。而布斯克茨则让博斯克似乎看到了当年的自己——抢断、传球，确保球队的运转。

中场：哈维、布斯克茨、哈维·阿隆索

锋线上，法布雷加斯用自己的表现挣得了首发资格。整整3周前的小组赛中，他对意大利队有过进球。半决赛对葡萄牙队，他替补出场让比赛朝着有利于西班牙队的方向发展。考虑到内格雷多对法国队首发时的糟糕表现，以及博斯克对略伦特的忽视，只有托雷斯能够挑战法布雷加斯，但加泰罗尼亚人已经赢得了这场竞争。

锋线：席尔瓦、法布雷加斯、伊涅斯塔

博斯克：*你会有很多次觉得，这种阵仗见多了，你就可以平静地面对了。但这么多年过去了，你反而会产生更强烈的责任感。我们现在没有时间紧张，因为要做、要思考的事情太多。你必须把心思集中在用*

人、阵型和战术上。现在，我们最期盼的就是决赛的开始。从在西班牙和奥地利的集训至今，我们已经在一起度过了40天时间。我们已经准备好了。

由于要对拉莫斯进行采访，我们来到了歌剧酒店。大约3/4的球员都坐在这家豪华酒店的接待室的椅子、沙发或板凳上。一群小孩在他们中间嬉戏玩闹，小一点的才刚学走路，大一点的也不过五六岁。球员们的妻子或女友也陪伴在这里，这里的气氛让你感觉不到足球的存在，这样的放松对这群小伙子们来说非常重要。

这期间，哈维把博斯克叫到了一边。他解释说，决赛将是他的告别战，他与伤痛的斗争让他身心俱疲，已经无力支撑。他对于西班牙队的战术与巴萨的细微区别持保留意见，但这远不是他想退出的决定性因素。他对博斯克说，他相信现在将这个决定说出来是处理这一问题的恰当方式。如果西班牙队输掉决赛，赛前表露退役意愿会让博斯克明白这不是哈维瞬间的感情用事。而如果西班牙队夺冠，这则是完美的告别方式。

对于哈维这个坚决的决定，西班牙队主帅表示强烈反对。他敦促哈维重新考虑，不要着急，好好想想去巴西夺取世界杯的目标。博斯克和格兰德更实在的做法，则是让哈维消除疑虑，让他不用怀疑国家队是否真的需要他来承担这个与在巴萨有着很大不同的角色。

欧洲杯结束6个月后，我与博斯克交谈时专门问了有关哈维位置的问题。

博斯克：*我不同意这个说法，我不认为国家队对他的要求与巴萨不同。球员们必须要接受的一点是，他们在俱乐部和国家队的角色或许会有不同，但我们不会让他们去做并不符合他们特点的事情。我知道，在巴塞罗那，即便追溯到瓜迪奥拉还在效力的那个梦之队时代，他们一直是中场中路只有一名组织型防守中场（当年是瓜迪奥拉，现在是布斯*

克茨），而我们使用了两名这样的组织者。但我要提醒所有人，伊涅斯塔在西班牙队左路就承担着与在巴萨略有区别的角色。伊涅斯塔和哈维都是世界级球员，也许球员们看问题的方式并不总与教练相同，但当我读到有关哈维在国家队改变位置的报道时，我觉得人们是在把它变成借口，等到哪天我们比赛没打好，就会拿这个来说事。但是，在基辅与意大利队的决赛，我并不认为我们对哈维的要求与平时有任何不同，在那一天，哈维以及整支西班牙队都有非常出色的表现。

决赛前24小时，博斯克也对哈维强调了这番话，最终哈维奉献了令人炫目的演出。与意大利队的第一场比赛中，哈维就有精彩发挥，大胜爱尔兰队一役他起到了突出作用，但半决赛与葡萄牙队一战，他在比赛后半段有些体能透支。格兰德后来透露，就是这场比赛引起哈维和教练组的讨论，他表示更喜欢只使用一名组织型防守中场，另外两个人负责进攻，就像在巴萨一样。博斯克安抚了哈维，但不容商量地坚持了自己的战术理念。

这一天的晚些时候，我遇到了西班牙足协主席维拉。我们达成一致，如果西班牙队夺冠，我可以带着摄影师进入西班牙队更衣室，获此权限的摄影师仅此一位。

——第27日

——2012年7月1日

乌克兰，基辅，奥林匹克体育场

西班牙vs意大利——欧洲杯决赛

一！二！三！……赢！赢！赢！

没有人，没有人会记住失败者。

——阿拉贡内斯，2008年6月28日，维也纳

智者阿拉贡内斯对很多事情有着英明的判断，但我希望，上面那句话，是他说错了。意大利队踢得很勇敢，进攻很有威胁，令人赏心悦目，并一路闯入决赛。决赛最终的比分没有反映出他们踢了怎样的一届欧洲杯。

不过，这场决赛还是再次印证了两个重要的问题。第一，如果你想跟西班牙队比技术，而西班牙队又处于最佳状态，你会输掉比赛。第二，如果西班牙队睿智的教练班子在3周内第二次研究起如何击败你，你就有麻烦了。

周六晚上，西班牙队教练组在歌剧酒店对意大利队的战术进行了第一次分析，而决赛当晚6点45分，又在同一间会议室进行了较为简短的第二次分析。对博斯克、格兰德、希门尼斯和奥乔托雷纳来说，有一些关键问题引起了他们的重视。有一两件事是很明显的。首先，小组赛交手时，皮尔洛在前70分钟得到了太多的空间，这一点必须改变。本届欧洲杯，这位身材并不高大的中场巨人已经3次获得当场最佳球员称号。皮尔洛打活了，则意大利队的进攻就会运转起来。其次，有一件事博斯克并不确信，但根据他所观看的所有录像，以及希门尼斯提供的敌情简报，他凭直觉告诉球员们：“你们比意大利队体能更好、更年轻、更有速度。他们比你们更疲劳。”这是一个推演出的结论，同时也是为了在心理上激励球员。

博斯克和他的教练组猜测，意大利队将重新使用第一场小组赛效果极佳的3-5-2阵型——自那之后，他们就放弃3-5-2，改踢4-1-3-2了。马乔已经解禁复出，但预测意大利队的防线人选很有难度，因为伤病问题已经迫使普兰德利在击败爱尔兰队一役后，每场比赛都改变防线人选。事实上，他们的伤病名单本身就让人有些悲观：巴尔扎利在首场与西班牙队一役受伤；基耶利尼对英格兰队受伤；德罗西在和坐骨神经痛搏斗，阿巴特则因肌肉疲劳，在与德国队的比赛中未能上场。

最后，如果意大利队使用4后卫阵型，博斯克便要求边后卫阿韦洛亚和阿尔巴要更有勇气，他们必须尽可能压上去，将意大利队的边路球员摁在他们的半场，在机会出现时，做好套边配合和反击的准备。博斯克对首场比赛时边卫的表现不太满意，批评他们让意大利队边路球员压得太靠上了。

这是夏日里一个美丽的星期天。西班牙球员对这里的燥热已经适应了很多，他们在基辅的一个公园照例进行了上午散步。

应西班牙足协的邀请，普约尔和比利亚昨晚来到了基辅。西班牙足协的管理人士曾提出一个设想，让这两名球员整届赛事都待在队里。这是为了利用他们的经验，并让球队更加和谐，全队与两名伤员同心同德，彰显团结。这是一个缺乏可操作性的建议，但如今西班牙队接近创造历史，二人都对邀请他们与队友们重聚表示感激。

虽然意大利队不同意中场休息时给草皮浇水，但普兰德利接受了开赛前大量浇水的提议。他希望场地状况能利于快速传球，这让博斯克相信，意大利队会复制打德国队时的战术，那就是坚决打反击，尽早进球，然后努力保住胜果。当他读到普兰德利的赛前讲话时，便更加笃信这一点："我非常希望我们打得积极进取，让他们被我们牵着鼻子走。西班牙队的强项不仅在于控球，也在于他们失去球权后抢回皮球的方式。我们必须选择恰当的时机，在某些区域形成局部兵力优势。我们不指望从头至尾控制着比赛，但我们知道，机会出现时，我们可以踢出自己的风格。"

奥林匹克体育场。夜幕降临。1.2万名西班牙球迷涌入球场。为了来到基辅，他们勇敢地忍受了艰苦而成本高昂的旅程，以及每晚5000欧元的天价宾馆。

意大利队球员离开内场，走下27级台阶，来到前厅的人工草皮，左边便是他们的更衣室。两队的更衣室都很宽敞，每间更衣室都设有储物柜、理疗区域、淋浴、厕所、一个巨大的按摩浴缸、一个装满等渗饮料的大型冰箱、摆满水果的桌子，墙上还装有电视。你简直可以把家搬到这里来。

热身结束，球场检查完毕，博斯克对球员们进行了赛前最后的讲话。一切处理妥当，博斯克走开了，他去给安东尼奥·“托内特”·马蒂诺（Antonio ‘Toñete’ Martiño）发短信。是他，当年发现了“骨瘦如柴”的年轻博斯克的足球才华。

“我们要确保我们打出一个非常强势的开局。我们要从一开始就标记我们的地盘，主导比赛方向。但我们只是球员，仅此而已。我们不是士兵，足球也不是战争。我们将像在足球城球场时一样勇敢，绝不怯懦，毫无保留。我们要奋力断球，努力控球，保持谦卑，同时又打出风格。你们依然是我们国家孩子们的榜样，我们将为他们打赢这场决赛。”

今晚，“一！二！三！……赢！赢！赢！”代表的不仅是这场比赛的胜利。“赢！赢！赢！”，三届大赛，三次胜利，流芳百世。

西班牙队的阵容和人们预料的一样，阵型是4–3–3。卡西利亚斯；阿韦洛亚、皮克、拉莫斯、阿尔巴；哈维、布斯克茨、哈维·阿隆索；席尔瓦、法布雷加斯、伊涅斯塔。

意大利队则再次修补阵容。阿巴特取代了巴尔扎雷蒂，而普兰德利则没有将阵型改回C组首战收效甚佳的3–5–2。

意大利阵型为4–1–3–2。布冯；阿巴特、巴尔扎利、博努奇、基耶利尼；皮尔洛；马尔基西奥、德罗西、蒙托利沃；卡萨诺、巴洛特利。

西班牙队很高兴看到意大利队没有采取翼卫战术，马乔没有重返首发则令他们感到意外。西班牙队从未如此信心爆棚。

双方列队准备进场时，拉莫斯跟每一位队友击掌鼓劲，皮尔洛在对面死死地盯着他。

开场10分钟内，双方便有4次射门。最有威胁的是哈维和法布雷加斯之间漂亮的二过一配合，最终哈维的射门稍稍高出门楣。

意大利队有着不错的表现。他们看上去信心十足，但他们的节奏没有西班牙队快，所以他们的逼抢便不够凶狠。于是，西班牙队取得了领先。

阿尔巴发起了这次连传10脚的进攻，而进攻最后的完成者则是场上最矮小的球员。皮球首先在阿韦洛亚、伊涅斯塔、哈维和席尔瓦之间传递，直到皮尔洛未能紧逼伊涅斯塔的那一刻，机会来了。

席尔瓦此时占据着假9号的位置，法布雷加斯则换到了右路。伊涅斯塔送出了本届欧洲杯最精彩的传球，皮球从基耶利尼内侧突破了意大利队防线。法布雷加斯从不以速度见长，但他超越基耶利尼突向底线——这名尤文图斯后卫不久后便将因本届比赛遭受的腿筋伤势复发，而提前结束比赛。法布雷加斯下底后传中送向点球点附近，布冯在防守自己的前门柱，席尔瓦则从巴尔扎利和博努奇之间杀将出来。曼城魔术师将球顶入了空门。法布雷加斯和席尔瓦之间的配合，在本届赛事已经有两次洞穿意大利队城池。

意大利队在努力扳平比分。卡萨诺做出两脚中目标射门，尤其是第二脚颇具威胁，多亏卡西利亚斯奋力化解。然而，在这之后不久，比赛便正式失去了悬念。

卡萨诺的上前逼抢，迫使卡西利亚斯大脚开球，来到左路的法布雷加斯头球点给阿尔巴。后者大腿停球，第二次触球便将球传给哈维。由于刚才意大利队压得非常靠上，皮尔洛和德罗西都离哈维很远，无法阻止他的推进。这期间，阿尔巴在左路开始启动，原本有8名对方球员都比他更接近意大利队球门，但转眼间便只剩4个。随即，哈维送出了他个人在本届比赛中的最精彩传球，刚好从巴尔扎利和博努奇之间穿过。欧洲杯开赛前，博斯克曾对阿尔巴说，他将是球队的秘密武器，结果，他以天生射手水准的射门，使西班牙队大赛三连冠已基本板上钉钉。

蒙托利沃和中场休息时替下卡萨诺的迪纳塔莱，下半时都有进球机会来改变比赛走势，然而，意大利队的第三个替补莫塔，由于拉伤肌肉被抬离球场，这导致意大利队在最后30分钟将以10人应战世界冠军。

其实意大利人踢得很聪明，但西班牙队老练地控制着比赛，德国人、巴西人和意大利人也都会这么干。西班牙队球员来回倒脚，等待对手体力透支，然后无情地利用他们的破绽。

比赛还有6分钟结束时，几乎已经压到二前锋位置的阿韦洛亚逼抢德罗西，导致后者传球给皮尔洛时出现失误。哈维断球直传，托雷斯成为历史上唯一一位连续两届欧洲杯决赛进球的球员。

马塔替下伊涅斯塔60秒后，已经彻底跑不动的意大利人再失一分。拉莫斯后场长传，布斯克茨准确的直塞球再次找到托雷斯。托雷斯知道自己的切尔西队友也在包抄，他引来布冯出击，然后外脚背把球拨向中路，马塔将比分改写为4：0。托雷斯刚才的进球使他也成为本届赛事攻入3球的球员之一，而依据规则，这记助攻最终帮助他脱颖而出，荣膺金靴奖。

没有太多人注意到，在比赛刚刚打满90分钟、即将进入伤停补时的时候，卡西利亚斯敲着自己的手腕，冲底线裁判喊道："裁判！得啦！尊重一下我们的对手吧！"

西班牙队创造了历史。他们成为第一支大赛三连冠的球队。他们创造了欧洲杯52年历史上最悬殊比分的决赛。2004年以来，西班牙队便从未在欧洲杯输过球。而2006年以来，尽管他们三届大赛使用的是不同的防线组合，但从未在大赛淘汰赛阶段有过丢球。

这届欧洲杯刚开始时，西班牙队被指责踢的是无聊的足球。但整届赛事，他们的进球数最多（12球，与2008年欧洲杯一样，那时每个人都为他们漂亮的进攻着迷），射正次数仅少于意大利队。6场比赛，西班牙队58次射门打在门框范围以内，以进攻才华著称于世的德国队比他们只少踢了1场比赛，这项统计却低出17次，另一支半决赛球队葡萄牙队则少了23次。西班牙队场均接近10次射正，英格兰队则只有4.75次。

还有一种批评声音认为，西班牙队的控球其实是一种防守战术，然而，卡西利亚斯在本届杯赛共做出15次扑救，只有哈特、布冯和吉文比他更多。西班牙队会创造机会，也会被对手创造机会。只不过，球在自己脚下时，他们实在要比其他任何对手都强出太多。

庆祝过程中，球员们披上了各种各样的旗帜、围巾和纪念T恤。拉莫斯在向普埃尔塔致敬；法布雷加斯的白色T恤上则写有纪念米基·罗克（Miki Roqué）、普雷西亚多（Preciado）、达尼·哈尔克（Dani Jarque）和普埃尔塔（Puerta）的文字。雷纳反穿着印有罗克名字的皇家贝蒂斯球衣，以让罗克的名字能被全世界看到。这些姿态不会帮你赢得奖杯，这些球员也不是圣人，但这彰显出他们的价值观，让你明白他们将什么看得最重。

普拉蒂尼将奖杯颁发给卡西利亚斯之后，球员们带着他们的孩子在场内庆祝。回到更衣室后也是如此。

但让我吃惊的是，当绝大多数球员都回到更衣室后，这里的气氛并没有想象中那么热烈，比顺利完成了一天日常工作的公司职员兴奋不到哪里去。

这在一定程度上说明，西班牙队对这次夺冠的态度——“我们来这里的任务就是夺冠”——在欧足联最初提名伊涅斯塔当选赛会最佳球员时，一个有门路的朋友听到了消息，给巴萨中场发短信通报了这一喜讯。伊涅斯塔当时刚刚到家，他回的短信是：“别逗我玩了！”伊涅斯塔无法相信这是真的，直到他在欧足联官方网站上读到这则新闻。

回过头来看，西班牙全队都承认，他们的心态不一样了，对自身职责的认识开始有所变化。

卡索拉：*去问任何一个球员，他们都会告诉你，最美妙的一次经历和最热烈的一次庆祝，同时也是他们人生中最难忘的时刻，是夺取2008年欧洲杯冠军的时候。拿到世界杯很棒，但赛后没有2年前那么疯狂的庆祝。而2012年欧洲杯夺冠后，所有有小孩的球员，都把孩子带到了球场上。夺得这座奖杯当然很重要，你必须要为之庆祝一番。但这是我们第三次夺冠了，当我们回到马德里，看到整个国家再次陷入狂欢时，你才会稍微亢奋一些。但说实话，第三次夺冠后，大家的感觉就是“这很正常”，并没有太多狂喜。*

托雷斯：*第三次夺冠后的庆祝，与第一次非常不一样。我觉得，每件事都是第一次最特殊吧。维也纳是梦幻般的，我们之前从未取得过这样的成就，但我们在为之努力。那次庆祝非常疯狂，大家都是难以置信*

的感觉。世界杯的重要性就不用说了，但我们是在离祖国很远的地方夺冠的。打赢世界杯决赛是一次很棒的经历，但感觉已经跟欧洲杯不一样了。当时我们既充满了难以抑制的喜悦，又得尽快去赶飞机，那感觉很奇怪，类似于“得啦，赶快吧，飞机快起飞啦”。而这届欧洲杯，我得说，开赛之前，我们便认为自己会成为冠军。事实上，夺冠是我们唯一能做的事。尽管创造历史带给我们巨大喜悦，但之后的庆祝更像是一次家庭派对。4年前，我们这些球员还很少有人有孩子，如今，则几乎每个球员都当了爸爸。我们一起在酒店度过了一个月时间，交了新的朋友，很多球员的妻子孩子也共同分享了很多时光。当我们拿到这座奖杯时，我们希望所有人都马上一起来庆祝，让家人也加入我们，享受这份喜悦，品尝冠军的滋味，给孩子们留下爸爸取得成就的记忆。这次夺冠感觉不同的另一个原因，就是我们已经从维也纳那批充满饥饿感的年轻人，变为已经习惯了总是取得胜利的、成熟的、想法很实际的职业球员。这是一段从学习如何胜利，到对胜利习以为常的旅程。

在我们的镜头对准他们的时候，由于费利佩王储前来道贺，球员们围成一圈唱了一小段“冠军”之歌。卡西利亚斯痛饮了一瓶香槟，一两个新国脚则与奖杯合影。博斯克离开了这里，让球员们自己好好庆祝，他站在外面的走廊里跟妻子特里尼（Trini）聊天。他的儿子阿尔瓦罗（Alvaro）则走进更衣室去与他心中的英雄们见面。一眼就能看出来，球员们非常喜欢他。

哈维披着加泰罗尼亚旗帜，皮克则披着他剪下来的球网。布斯克茨还戴着世界杯庆祝时就戴过的巴塞罗那一座小镇的围巾，向他的家乡致敬。

托雷斯把孩子们带了进来，巴尔德斯、纳瓦斯和卡索拉都成了和蔼的叔叔，跟几个孩子玩了起来。

这就像一场盛大的公司野餐。维拉和费利佩像是喜气洋洋的老板，博斯克则在让员工们充分放松，这里还有很多员工的妻子和孩子。办公室里的压力和戏剧性场面都被放在了一边。

更衣室里的气氛非常友好，他们让我们一起畅饮，但我们只是完成自己的工作，然后离开了属于他们的地盘。出来时，我碰到了比利亚和普约尔。显然，他俩并不喜欢观众的身份，而是希望上场踢球。出于尊重，他俩先让队友们庆祝了10分钟，然后走进更衣室向他们表示祝贺。普约尔与卡西利亚斯、博斯克和哈维未来的妻子组成了“顾问团”，他们在友好地劝说哈维，意见很简单，“不要退出国家队”。在接下来两天的庆祝中，大家一直在劝哈维重新考虑，看看一个夏天的休息能否让自己的身体感觉更好，憧憬一下第二次捧起世界杯的感觉。哈维确实重新考虑了这个问题，他也确实改变了主意。接下来，如何调整自己的身体，博斯克对他如何使用，都将是西班牙争取四连冠伟业成功与否的重要因素。但这是今后要考虑的问题了。

眼下，西班牙人的肾上腺素正在沸腾，他们用出色的表现回敬了那些批评的声音。

普兰德利：*我们唯一的遗憾，就是我们太疲劳了。我们面对的是一支伟大的球队，是世界冠军。当我们在场上只剩10个人的时候，比赛就已经结束了。我们在下半时初段有两次机会，但没有把握住，而莫塔下场后，我们就一点力气都没有了。试图进攻时，我们很难回防到位。我认为，我们打了一届非常出色的欧洲杯，我们唯一的遗憾，就是本场比赛之前没能多得到几天休息时间。我们在小组赛与西班牙队交过手，我们那场表现非常出色，因为我们的体能处在100%的状态。面对西班牙队这样的球队，你在试图断球时必须处于最佳状态，但今晚显然并非如此。你必须要赞美西班牙队。他们今晚创造了历史，而且当之无愧。虽然他们没有派出正统前锋，但他们还是给你制造着无穷无尽的麻烦。*

阿尔巴：*我的队友们此前都已经创造过历史，但这届欧洲杯我得到机会与他们一起创造新的历史。事情的进展比我想象的顺利得多，去年*

的这个时候，成为国家队一员对我而言还只是个梦想，而现在，我已经成为了欧洲冠军。我家乡奥斯皮塔莱（Hospitalet）的人告诉我，我会在决赛中进球，所以我现在想到了他们、我的家人和朋友，他们一直在支持我。

哈维： *我们整场都比意大利队表现得更好，因为我们今晚的表现非常完美，打出了我们本届欧洲杯最好的一场比赛。这一次，我做出了一些决定性的贡献，而之前的比赛中，我的直塞球都不太奏效，今天则传出两脚造成进球的直塞。我觉得，我们遭受的批评是因为我们把自己的标准设定得非常高。人们对我们的要求就是每场比赛都取得胜利，而且都要赢得轻轻松松，但这是不可能的。不过，比起全国上下都对我们没有信心的那些年，我更喜欢这样的压力。*

通过哈维的讲话，我们看得出来，他已经甩掉了一个包袱，那两粒带来冠军的“哈维制造”的进球，让他备感欣慰。

皮克： *我们非常开心。这是我一直缺少的一座奖杯，因为我没有参加2008年欧洲杯。但最美好的事情在于我们决赛的过程，这才是真正的西班牙队。*

法布雷加斯： *这场比赛真是太美妙了。决赛不是为了好看，而是为了赢，但如果你能打出漂亮的比赛，享受比赛，那就是最美妙的事情。*

卡西利亚斯： *我们是很早以前就为夺冠打下了基础，我们付出了公众看不到的巨大努力。而且，教练也摸透了处理两代球员过渡的技巧。当人们看到4：0的比分时，可能会觉得比赛很容易，但我希望人们去想一想并记住我们为来到这里并留在这里付出了怎样的努力。我们最终带着高贵与尊严赢得了冠军。*

奖杯到手，历史改写，家人相伴，西班牙队开始了派对，开始了对里约的憧憬。

西班牙4：0意大利

西班牙队阵容：卡西利亚斯；阿韦洛亚、拉莫斯、皮克、阿尔巴；哈维、布斯克茨、哈维·阿隆索；席尔瓦（59'佩德罗）、法布雷加斯（75'托雷斯）、伊涅斯塔（87'马塔）

进球：14'席尔瓦、41'阿尔巴、84'托雷斯、88'马塔

意大利队阵容：布冯；阿巴特、巴尔扎利、博努奇、基耶利尼（21'巴尔扎雷蒂）；皮尔洛；马尔基西奥、蒙托利沃（56'莫塔）、德罗西；巴洛特利、卡萨诺（46'迪纳塔莱）

第十二章　巴西指南

有些人会认为，西班牙队既然已经夺得大赛三连冠，那么，对于没能拿到联合会杯冠军，他们其实并不在意。此间他们两度参加联合会杯——2009年在南非和2013年在巴西，但两次均未赢得冠军奖牌。

事情并非如此，2013年在福塔莱萨大城堡球场（Estadio Casteláo in Fortaleza）的联合会杯半决赛的一个情景，很好地说明了西班牙队对此项赛事的投入。

意大利队开局主动出击，场面一度占优，但世界冠军随即予以还击，并在加时赛统治着比赛，无奈双方难分胜负，比赛进入点球决战。12码轮盘赌是属于神枪手的舞台。前12名球员弹无虚发，卡西利亚斯和布冯似乎都对此毫无办法。直到博努奇的射门越过门梁，卡西利亚斯从球门走开，剩下布冯单独面对纳瓦斯。

卡西利亚斯对点球大战并不陌生，1999年U20世青赛，他曾帮助西班牙队在1/4决赛点球击败加纳队，随后卡西利亚斯赢得了他人生第一个世界冠军头衔。此后他经历了一切，赢得了一切奖杯。

然而这次他居然紧张得不敢看，他站在距离布冯20米外的广告牌处，在纳瓦斯踢进那粒致胜点球前，卡西利亚斯背对球门，用右手挡住眼睛，生怕自己看到任何东西。与此同时，他嘴中还念念有词，像是在对上苍祈祷。

那些不相信西班牙队渴望这座奖杯的人，只需要重新看一下拉莫斯、伊涅斯塔、阿韦洛亚、阿尔巴、皮克、哈维·马丁内斯在欢呼呐喊中冲上去拥抱将他们送入决赛的队友的情景。是的，他们渴望拿到这座奖杯。

令人无奈的是，两次出战联合会杯，球员们最终只收获了疲惫的双腿和一块亚军奖牌。到底是什么让这项赛事成为西班牙人屡屡失足的地方？

想想看，一个36岁的老拳手，早已厌倦了高原训练、清晨6点钟到街上跑步、高蛋白低热量的饮食、远离家庭的孤寂以及没完没了的战斗。但他要捍卫自己的冠军腰带，等待他的是一个年轻的挑战者。拳台的召唤，只能让老拳手不顾疲倦坚持上阵。

远征巴西之旅，闷热潮湿的天气，以及对阵塔希提队和尼日利亚队的小组赛，都让队中大部分球员提不起精神。某些球员身心俱疲，他们坦言，遥远的南美绝非他们2013年夏天想去的地方。但当“拳赛”铃声响起，“拳台”的另一个角落站着意大利队或巴西队这样的对手。那么，你还是会用上所剩下的每一分力气，全力一战。博斯克的弟子最初对这届赛事有些冷漠，但随着最后阶段重量级赛事的到来，他们的求胜欲望毋庸置疑。

跟2009年一样，这次也有一名关键球员缺阵，在南非是伊涅斯塔，在巴西则是哈维·阿隆索。

一支强大的球队不会仅仅依赖一两名球员，不会没了谁就玩不转。而这支处在辉煌时代的西班牙队，早已学会在伤病袭来之际，如何应对并填补伤员的空缺。但随着球队人员老化以及繁重比赛任务而带来的困倦，在球场上维持良好的战术秩序，把失误减少到最低，并尽可能减少无谓跑动，就变得日益重要。联合会杯前几个月，世预赛面对法国队和芬兰队的平局表明，当布斯克茨和哈维·阿隆索不能在中场联袂上阵时，西班牙队的表现就会缺少精确性、秩序感和穿透力。

2012年秋天主场对阵法国队，布斯克茨后撤代司中卫，哈维·阿隆索担任单后腰且表现并不算差，但西班牙队在控球和队形保持上仍有所失色。

而在2013年春主场爆冷战平芬兰队的比赛中，哈维·阿隆索因伤倦勤，布斯克茨独力撑起中场攻防大梁，结果未能有效覆盖保护好中场中路，普基（Pukki）的扳平进球就与此有莫大关系。

在巴西，西班牙队首战乌拉圭队时就像是一列暴走列车，他们打出的足球快速精确，富有观赏性，只是稍欠更有效的最后一击。

到了决赛，博斯克的球队早已筋疲力尽。一方面是受天气影响，一方面是在一个漫长紧张的赛季后，身体和精神上已经不堪重负，他们看起来就像醉酒未醒。

以上种种导致西班牙队失误增加，这时务必要限制巴西队前压、把战火烧到西班牙队半场，而布斯克茨和哈维·阿隆索这对组合的机智、经验和预判能力正是球队所需要的。有他俩搭档的保障，西班牙队在2010年世界杯和2012年欧洲杯7场淘汰赛690分钟一球不失，而此役面对巴西队他们输了个0：3。

巴西的第二球是最好的例子，当时离半场结束不到2分钟。布斯克茨上抢浩克失误，身后的奥斯卡得以在无人看防的情况下从中圈杀到禁区前沿，然后助攻了内马尔的进球。

哈维·阿隆索先是受到腹股沟伤势困扰，随着2013/2014赛季的开始，又不幸跖骨骨折。核心球员的伤病问题，是冠军球队总要面对的。重组布斯克茨+哈维·阿隆索这道中场屏障——或者给予哈维·马丁内斯在这个位置证明自己的机会——对西班牙队的2014年世界杯征程来说至关重要。

有了2013年联合会杯对巴西当地气候的深刻体会，博斯克和他的幕僚们当然对此警醒有加，但除非天上掉馅饼，否则他们不可能完全克服这个问题。除非2013年6月的情况被证明只是例外，否则累西腓（Recife），特别是福塔莱萨（Fortaleza）的湿热天气势必会影响所有欧洲球队。如果抽签结果让德国队、西班牙队、英格兰队、法国队、荷兰队或者意大利队在那些地方反复比赛，这无疑将成为他们夺冠路上的一大障碍。如果能多在南部打比赛，远离2013年夏天使他们不堪忍受的湿热天气，卫冕冠军肯定会把这视作极大的奖励。

在福塔莱萨战罢尼日利亚队一役（接下来对意大利队的比赛也被安

排在此地），有些球员觉得，在那里做完赛前热身后，就感觉像是踢了90分钟的激烈比赛。那两场比赛都在当地时间下午4点进行，这是为了帮助广告商和赞助商尽可能吸引欧洲市场。不过，这个时段也正是气温最高的时候，对球员来说显然会遇到更大的困难。

“被榨干了。”在那种天气下激战两场的西班牙队球员，当被问到体能情况时没好气地回答道。

福塔莱萨–累西腓–里约，地理上的分隔意味着几千公里的空中旅行，这对世界杯上的每支球队都是潜在的难题。这次联合会杯更显示出西班牙队此前三届大赛是交了多好的运气：2008年欧洲杯，他们2场比赛在因斯布鲁克（Innsbruck，奥地利城市），1场在临近的萨尔茨堡（奥地利城市），另外3场都在维也纳；2010年南非世界杯，他们7场中的4场在约翰内斯堡和比勒陀利亚（Pretoria）；2012年欧洲杯则3场小组赛均在格但斯克（波兰城市）。

看完这些，再和西班牙队后勤战略的制定者聊过以后，我非常确信地认为，比赛地的地理特点和球队后勤保障，对大赛中谁胜谁负有着重要的影响。

西班牙队把训练基地视为他们备战计划的重要组成部分，这已经成为一种竞争优势。他们建立起一个基地，确保附近就有质量很好的训练场，以避免不必要的车马劳顿。基地通常选择僻静甚至有点偏远的地方，这样球员和家人们可以得到充分的放松时间和空间。

但在联合会杯上，西班牙对当地组委会非常不满，从一开始他们就不赞成组委会的做法。

先是西班牙足协在巴西找不到类似纽斯蒂夫特或波切夫斯特鲁姆的地方，他们被告知须在一份指定的单子上选择在哪里驻扎和训练。

在累西腓的酒店里，博斯克的弟子们财物和现金被盗。然后哗众取宠的媒体又失实地指责西班牙队球员在宾馆里搞派对，并带了一些陌生人进入酒店。凡此种种根本拿不出任何证据，博斯克的球员们大都携有家眷，他们对此感到非常愤怒。

阿韦洛亚：*我们非常生气。哪怕相关记者遭到起诉，这也是非常不愉快的经历。即便没有任何证据或者监控画面能够佐证他们的说法——因为这些事根本就没有发生——但这种假新闻一经发表，就总会让一些人怀疑它是真的。我希望写出这些垃圾的人被处以重罚，好让他下次编故事时知道会有什么后果。*

拉莫斯：*西班牙足协会对此采取法律行动，一路追究到底，否则球员们自己也会。我们将这种刻意撒谎污蔑我们形象的行为视为非常严重的冒犯。但我也懂得区分，很多巴西人对我们很友好，我们不会因为一个大话精而带着消极的印象离开这里。我们也知道，像这样的盗窃事故在哪都有可能发生。*

结果，西班牙队没有建立一个固定的大本营，博斯克和弟子们一间一间地不停更换宾馆，从累西腓到福塔莱萨再到里约。他们发现这里的机构对于招待一支重要的国家队仍准备不足。他们每换一处地方就和宾馆工作人员建立起新的关系，确认那里的酒店大堂够不够安全，以避免受到索要签名的人群的打扰，还要确认那里的WiFi信号是否良好，食物质量是否过关，房间舒不舒服，有没有交通噪音，等等。这些细节最终都会影响到球员们的感受、训练、休息和比赛。当然，还有一个细节是，球员们开玩笑说，在累西腓的宾馆房间里发现了一只像猫一样大的蟑螂，这让一些人想到了1999年的尼日利亚。

在西班牙队球员们周围，巴西正在爆发全国性抗议，西班牙国脚们对此倒是能够理解。在巴西期间，当地人和西班牙球员聊到了失业、教育、医疗和不断攀升的世界杯举办费用。

大部分喜爱这项运动的人会认为，足坛最伟大的赛事在一个以足球闻名的国度举办，是一件令人兴奋的事情，还能唤起人们对伟大时代的记忆。但西班牙队球员在巴西发现，很大一部分巴西人不仅不想当世界杯东道主，甚至觉得因此遭到过分压榨，进而对世界杯产生仇视心理。

到了2014年夏天，或许某些社会问题将会得到解决，或许不会。

在一个对足球如此狂热的国度，大部分人却愿意把举办这一足球盛会的机会拱手相让，这无疑是一种奇怪的感觉。但话又说回来，世界杯的时候，西班牙队会对这种氛围有着更好的准备。

联合会杯时，巴西球迷在场内对西班牙人的每一下触球都报以嘘声和口哨声的现象引发热议。但西班牙队已经见怪不怪，而且这反而更能激发球队的能量。

有评论家声称，西班牙队这段辉煌时期正在走向终结，他们也许是对的。尽管我看不到这种足球哲学走向衰落的征兆，尽管像伊斯科（Isco）、蒂亚戈·阿尔坎塔拉（Thiago Alcántara）、丹尼尔·卡瓦哈尔（Daniel Carvajal）、伊尼戈·马丁内斯（Iñigo Martínez）、科克（Koke）和阿尔瓦罗·莫拉塔（Álvaro Morata）这样的天才球员正在不断涌现，但确实，每个团队都有它的生命周期。

巴西当地的交通、气候和社会问题，也许会让西班牙队的老化现象进一步凸显出来。如果世界杯是在英格兰、荷兰或者法国等国家举办，这些就不成问题。但这就是生活。

在竞技层面，西班牙队正在面临瓜迪奥拉的巴塞罗那早已遇到的问题（毕竟俱乐部的比赛数量远多于国家队）——对手把你研究透了。

卡西利亚斯：*我们的对手对我们的研究越来越透彻，他们懂得如何找出我们的弱点，破坏我们的战术部署。时过境迁，对手们已经知道怎样给我们制造麻烦。我们面临的挑战是再次提高自己。*

这班球员一直明白，如果他们不处在最佳状态，他们是可以被击败的。

他们也知道凡事总有终结，就像2006年是一个开始，尽管那时人们还看不出西班牙将成就如此辉煌。不过，他们相信，2013年巴西联合会杯的经验，会帮助他们走上卫冕世界杯的正确道路。

伊涅斯塔：*世界杯上我们会更好地完成自己的工作，我们会比其他球队更清楚在那里打赛会制比赛是怎样一回事，我们会更容易适应。*

意大利队主帅普兰德利在2012年欧洲杯决赛上犯了一个错误，他没有复制小组赛首战的3-5-2阵型。但他吸取了教训，在联合会杯半决赛上，他不仅使用了这一阵型——正如卡西利亚斯所说，这个阵型最能打到西班牙队的痛处——他还激励球员拿出了勤勉的态度，表现得很有侵略性，全队显得信心十足。

不曾想，意大利队的努力只是为东道主做嫁衣，使西班牙队，或者说是博斯克挑选的那套阵容，没有状态为本届赛事献上一场它本该拥有的精彩决赛。

半决赛与意大利队一战，西班牙队一度形势凶险，但世界冠军还是及时找回感觉，他们甚至本可以在点球决胜前就漂亮地解决战斗。最终，他们集中注意力，展现出过硬的技术，赢得了那场让卡西利亚斯精神紧张的点球大战。而这一切，都发生在30℃高温和湿度80%的天气中，而西班牙队的球员们已筋疲力尽。所以，当得知国际足联当地组委会不能，或不愿同意他们半决赛后当晚飞往里约的申请，球队非常愤怒。博斯克班子的后勤管理人员本想让疲惫的球员们再挺一挺，反正他们很多人在一场重要的比赛过后难以入睡，毕竟体内的肾上腺素还没完全消解。西班牙足协原计划，赛后新闻发布会之后立刻前往机场离开福塔莱萨，飞行2200公里赶赴里约（反正这个时候很多球员无论如何都还不会睡），在宾馆安置好，睡个懒觉，晚上再通过恢复性训练调整球员疲惫的身心状态，然后再把注意力集中在对决赛的准备上。

但组委会说不行。没有航班，没有宾馆，西班牙队想要的那家宾馆已经被巴西队占用了。这已经够让人恼火的了，更气煞人的是，西班牙媒体团当夜居然飞离了福塔莱萨，世界冠军们反而被落在后面。

在里约等待他们的是斯科拉里麾下的巴西队，一支充满斗志和能量的队伍。他们在本届赛事中，作为一支国家队却像一支俱乐部球队那样无比默契，能做到这一点很不容易。主场球迷的支持非常狂热，巴西队球员的表现明显上了一个档次，内马尔则因他的技巧、闪电般的速度和强大的自信显得分外突出。

同时，巴西队还身强体壮，决赛上斯科拉里的战术是要拆解西班牙队的短传配合，把身体对抗运用到规则允许的极限，在必要时不惜超出这一底线。全场巴西队对西班牙队26次犯规，这已经很高了，但他们连一张黄牌都没有得到，其中8次犯规是针对伊涅斯塔的。

荷兰队2010世界杯决赛上踢得更加粗野，但西班牙队最终还是赢了。在某些比赛中，巴西队这样的杀伤性战术将会受到黄牌和红牌的惩罚，但在另一些比赛中，可能就会遇到今夜的荷兰人比约恩·柯伊伯（Bjorn Kuipers）这样宽容的裁判。

赛后每名接受采访的西班牙球员或者教练组成员都一致承认，3：0大胜的巴西队是表现更好的一方。

博斯克：*偶尔打个败仗没有坏处。祝贺巴西队，他们的胜利当之无愧。*

皮克：*如果我们能通过这场比赛对未来任务的艰巨性产生清醒的认识，那么输球对我们也是有好处的。我们还有很多方面需要提高，如果我们想赢回更多就必须付出更多。*

无论如何，对世界冠军来说，也有一些积极的东西。在西班牙队的一连串失误导致巴西队取得领先后，佩德罗有过一次破门机会被大卫·路易斯在门线上解围，此球如果进了，西班牙队中场结束时本可与对手1：1战平。结果恰恰相反，斯科拉里的球队上半时结束前再下一城，下半时开场2分钟又打入第3球，充分展示了他们赢球的决心。

当然，值得博斯克思考的是，皮克被红牌罚下后西班牙队10人应战，反而却得到了点球机会，可惜被拉莫斯射失，球队还逼迫塞萨尔做出了两次精彩扑救，本来看上去身体已经透支，败局已经不可挽回的西班牙队，差一点就不可思议地让悬念重生。

我认为，做事严密谨慎的博斯克在他的赛后总结中，会重新审视自己的部署：他何以认定6月27日（周四）与意大利队进行了120分钟“桑拿足球”（sauna-football）苦战的球员中，仍有10人具备足够的体能状态可以在周日晚上出战这支年轻、充满力量、身体素质出色的巴西队？此役首发阵容唯一的变化，就是马塔代替了席尔瓦，替补席上却坐着像哈维·马丁内斯、卡索拉和索尔达多这样才华横溢的球员。考虑到一些首发球员的状态和表现，让这些替补球员首发就上，效果或许会更好。“Qué sé yo？”这是梅西的口头禅之一。意思是：我怎么知道呢？

特别是哈维，世界杯时对他的使用恐怕就得更精打细算一些。小组赛他分别在两场比赛踢了90分钟和77分钟，打塔希提队时则得到轮休，随后，他不仅对意大利队打满120分钟，还攻入了西班牙队的第一个点球。决赛时，如果下半场再调上哈维全力打45分钟，会不会是更明智的策略？这个问题只能由博斯克和哈维本人去解决了。

有些事情不在控制范围之内。西班牙队的骨干球员慢慢变老，而部分球员则在俱乐部遇到些麻烦事。世界杯前的几个月，欧洲冠军联赛激战正酣，这座奖杯同样分量十足。与此同时，博斯克的球员中有不少还得在西班牙、德国和英格兰等各国联赛为联赛冠军奋战。

如何处理好球员身体和精神的疲劳，后勤方面如何应对艰辛的旅途，以及如何挑选训练基地，这些都是摆在希门尼斯和米尼亚诺领衔的管理团队面前愈发重要的问题。

第十三章　进入未知世界

adidas
la roja is all in
adidas is all in
CAMPEONES EUROCOPA 2012
movistar
Cruzcampo
CHEVROLET
IBERDROLA
CEPSA
Banesto
pelayo
CAMPEONES

西班牙国家队现正驶向一片未知的水域。

此前从未有哪支球队连赢三次国际大赛冠军，那也就不会有哪个教练或者哪支队伍，会接触到大赛四连冠的难题，他们将不可避免地遇到人员是否和如何更新换代，怎样保持战斗力的问题。而这是没有先例可考的。

巴西队、法国队和德国队都曾连续赢得过洲际冠军和世界杯，但接下来，他们要么受到重要球员伤病或退役的影响，要么就是过分迷信已经老化的核心球员，这些都是非常致命的。

四连冠，是一项没有蓝图、没有先例的工程。

从现在到巴西世界杯，博斯克面临着与多年前在皇马时类似的问题，当年他也正是因此而被不公正地赶下帅位。那时，银河战舰亟需一个换血过程。需要为原有的大约13到14人的骨干班底，补充4到5名新援。球队虽然仍在夺回一座座奖杯，但已渐显疲态，需要身体素质及体能更好的球员。皇马的错误在于，他们指望这一过程能由他们的主席及其党羽和一连串能力不足的教练来完成，而不是信任博斯克去完成更新换代。

实际上，尽管博斯克过去曾作为皇马青训总监主导过很多次球员的更新换代，不过，他只有过两段长期执教成年队的经历，这也就意味着，他如今面临着最复杂的挑战之一，同时对他来说也是一个全新的课题。

在皇马，是领导层把天才球员交到他的手上。弗洛伦蒂诺签下银河战舰一个个巨星，从1999年到博斯克离开帅位的2003年6月，这个时间并不够长，博斯克还没机会去开始一次人员换代。但必须要赞扬博斯克的是，自他2008年接手西班牙国家队，他就一直在平静中循序渐进地让球队吐故纳新。

在写作本书期间，来自皇马的纳乔（Nacho）成为博斯克任内第35位新晋国脚。从莫拉尔（Manu Del Moral）到博扬（Bojan）的失败，再到佩德罗、布斯克茨、皮克、纳瓦斯和阿尔巴的成功，博斯克为球队注入新鲜血液的工作渐入佳境。掌印5年，平均每年有7名新面孔在国家队获得机会，这可不能叫作保守了。

他解释道："我们显著扩充了队伍，但这并不意味着我们已经对为我们带来成功的团队失去信心。我们只是无法漠视从青训生产线上不断涌现的天才球员，因为这些年来，新秀生产线的运转日益加快。但无论如何，这不会让我们排除任何曾经和我们一起创造历史的球员。"

但从卫冕世界杯的角度来看，博斯克更艰巨的任务，是要对巴西世界杯的主力阵容究竟是小修小补还是大换班做出抉择，这是两种迥然不同的思路。首先他在组队上势必要做出一些艰难的决定，一些曾经创造历史的老队员，面临着那些在国际青年足球历史上开创最辉煌篇章的青年才俊的竞争。

如不受伤病影响，锋线上他要从阿尔瓦罗·内格雷多（Álvaro Negredo）、胡安·马塔（Juan Mata）、费尔南多·托雷斯、大卫·比利亚、罗伯托·索尔达多（Roberto Soldado）、费尔南多·略伦特、阿尔瓦罗·莫拉塔（Álvaro Morata）、佩德罗（Pedro）、克里斯蒂安·特略（Cristian Tello），甚至包括迭戈·科斯塔（Diego Costa）在内的这些人中找出合适的人选。

中场的选择可就更困难了，即便某些球员会因状态或者伤病落选。想想吧：哈维·阿隆索、哈维、安德烈斯·伊涅斯塔（Andrés Iniesta）、塞尔吉奥·布斯克茨（Sergio Busquets）、塞斯克·法布雷加斯、哈维·马丁内斯（Javi Martínez）、蒂亚戈·阿尔坎塔拉（Thiago Alcántara）、桑蒂·卡索拉（Santi Cazorla）、赫苏斯·纳瓦斯（Jesús Navas）、大卫·席尔瓦（David Silva）、安德尔·埃雷拉（Ander Herrera）、科克（Koke）、马里奥·苏亚雷斯（Mario Suárez）、伊斯科（Isco）、布鲁诺（Bruno）、贝纳特（Beñat）、哈维·加西亚（Javi García）和阿西尔·伊利亚拉门迪（Asier Illarramendi）。18个星光熠熠的名字，而随着赛季进行还会有新的挑战者加入，但只有9个人可以去巴西。

博斯克目前的工作完成得不错，他会用谨慎制定的标准，去比较两名顶尖球员。对大多数教练来说，要是能有博斯克这样的幸福烦恼，你让他们干吗他们都会干。

更艰难的无疑是如何挑选首发11人。随着时间推移，教练犯错的空间比过往三届大赛都要小。博斯克很清楚这一点。

博斯克：*在2013年联合会杯，我想我们应对赛事的方式是正确的，只是我们打进决赛的时候已经非常非常疲惫，身体上已经透支了。我们在最后一战中失败了，巴西队表现更好。他们从国歌奏响的那刻起就处于更好的状态。我一直觉得处理失败之道在于接受失败，分析败因，并从中汲取教训。这场失败是否表明了一股趋势？我真不这样认为。我们在往后的比赛将非常专注，找回信心。问题在于很多人都认为我们必须轻松取胜。但有些比赛并不是一帆风顺，有些比赛是令人难以相信的艰难。当你总是面对着更看重破坏，而不是踢球的对手时，取胜并不容易。*

一些帮助博斯克取得成功的肱股重臣，现在已经不能保证在一个赛季打了60场比赛之后，仍能在让人困乏的潮湿天气中7场比赛都踢满90分钟。主教练已不能再时刻使用他最信任的阵容。这样的挑战，让我们又想起了一件往事。

在2006年世界杯的备战阶段，阿拉贡内斯便已确信，他一度相信的与西班牙民族特征相契合的足球风格，已经不再适用他手下这帮球员。同时，他意识到，如果能最大限度利用西班牙球员的技术优势，以及国青队培养出的赢家思维，他们便可成就一番大事。

这一次，智者犹豫了。他选择了多一点保守。劳尔、佩尼亚（Pernía）、安东尼奥·洛佩斯（Antonio López）、巴勃罗·伊巴涅斯（Pablo Ibañéz）、路易斯·加西亚和华金们太多了，伊涅斯塔、马切纳、卡普德维拉、哈维和塞纳们太少了。

这次巴西世界杯不一样，西班牙队不需要也不大可能像2006年世界杯之后那样，经历一次足球哲学、执教理念、队内气氛或者场上领袖等方面的根本性转变。但在现有的身经百战的老队员基础上，引入一些充满青春活力的新人是必要的。西班牙队需要不一样的挑战，以及相同的勇气和人事管理技巧。

在巴西，西班牙队将面临气候和交通上的种种难题。如果首发11人里包含34岁的哈维、32岁的哈维·阿隆索、36岁的普约尔和32岁的比利亚，便更是如此。

什么时候才是正确的舍弃某些老将的时机？哪名球员能带来惊喜，并且没有受到任何岁月的侵蚀？哪名球员该留作替补上场的王牌，而不是首发出场？这些都是留给博斯克的难题。

8年前，直觉告诉阿拉贡内斯要清除队内那些偶像神祇，但他畏缩了。直到第一场淘汰赛对法国队遭受耻辱性失利，以及随后的2008年欧洲杯预选赛输给北爱尔兰队和瑞典队，阿拉贡内斯终于被许可放弃劳尔、阿尔贝尔达、卡尼萨雷斯、华金、雷耶斯和路易斯·加西亚等球员。除了追随自己的信念，阿拉贡内斯别无选择。

博斯克面临的“风险管理”问题，不包括从名单上开掉哈维、哈维·阿隆索、比利亚或者普约尔。但客观形势强烈要求博斯克把他们中的一到两人更多地放在板凳上，一是为了保存他们的体能，二是为了让场上出现更多的充满力量、体能、饥渴和自信的年轻球员。

最近的比赛中，下半场换上的球员进球或助攻，已经成为博斯克指挥比赛的标志性杰作。那么，他现在需要对于老队员的使用问题，也做出同样成功的抉择。

2013年秋天，西班牙队主帅明确无误地表明了自己的意图。尽管没有选入包括比利亚、哈维·马丁内斯、卡索拉、托雷斯和马塔在内的很多球员——这些人完全有可能在打厄瓜多尔队、芬兰队和智利队时获得机会——但他相信，对原有阵容做一些小规模的调整，便足够在2014年夏天赢得世界杯冠军。

2013年9月，他阐释了自己的根本理念。

博斯克：*如果队中有球员是来自夏天那支赢得欧青赛冠军的队伍，那是因为他们已足够出色，可以为成年国家队出战。新近涌现出来了一批非常优秀的球员，我们会逐步把他们吸纳进国家队。有五六名球员有望加入进来，而且不会引起大惊小怪，他们都将发挥作用。不过，赢得2012年欧洲杯冠军的骨干班底依然具备超强的实力。这是一支稳定的国家队，阵中只有少数几名球员超过30岁，这支队伍还能再打上一段时间，但愿他们还能为我们带来很多欢乐。*

不少球员都希望担起重任，帮助这支出色但正在老化的球队。经过分析，我认为，这其中有两个人可以在球队处于困境时发挥重要作用，那就是伊斯科和哈维·马丁内斯。马丁内斯是一名很棒的球员，得分能力不俗，防守能力突出，身体素质优秀，能力非常全面。2013年联合会杯半决赛对阵意大利队的加时赛，博斯克换上这名巴斯克人充当临时中锋，马丁内斯惊异之余倒也乐于接受。面对这位拜仁中场，满头雾水的意大利中卫基耶利尼在一次角球防守时问道："等等，你不是踢后卫的吗？"

或许穆里尼奥的切尔西也有同样的疑问，2013年欧洲超级杯，马丁内斯替补上场斩获扳平比分的进球，最终拜仁在点球大战中获胜。

至于伊斯科，我想他现在已是世所公认的天才少年，这样想的人可不止我一个。

伊涅斯塔：*对我们来说，拥有像伊斯科这样的一批实力出色的年轻球员非常棒。当有这样的新球员加入时，帮助他们尽快融入球队是我们义不容辞的责任。就伊斯科而言，他在短期内展现了他的天赋和实力。但愿他能以这样的速度继续进步，尽管他显然是西班牙队未来希望的一部分，但此时此刻，他已经能够为球队做出贡献。*

前文已经多次说到，很多西班牙媒体都惯于错误评价阿拉贡内斯和博斯克，并低估他们手下的球队，所以我不会掉入他们的陷阱。博斯克、托尼·格兰德、米尼亚诺等人已经成功地证明，他们的经验、才能、统军能力和未雨绸缪的远见卓识，都是无与伦比的。他们比那些神经质的媒体懂得多。这支球队拥有划时代的技术能力，拥有夺取胜利的决心，队内还有无与伦比的融洽气氛，结论是，任何改革都应该缓步进行。如果必须在彻底换血和小修小补间做出选择，那答案必须是后者。

正确时机的小幅调整可以收获明显效果，但是对巴西队的失利表明，如果西班牙队不幸遭遇恶劣天气，如果某些重要球员被过度使用，如果人员选择和轮换不够完美，那么西班牙队将处于2006年以来最危险的境地。

然而，如果博斯克运气够好——过往三届大赛，博斯克、卡西利亚斯和哈维都发现，运气一直站在西班牙队这一边——而且他的用人尺度把握得当，那么西班牙将是为数不多的冠军争夺者之一（还有巴西队、阿根廷队、德国队，或许还有意大利队）。

话虽如此，西班牙队仍有他们的隐忧。

哈维和卡西利亚斯这两大核心球员，不仅是西班牙队三连冠的重要基石，也是8年来队内健康气氛的重要保障。他俩无疑都在西班牙足球历史上最伟大球员之列，甚至最伟大的两个人就是他俩。当然，哈维一直说，伊涅斯塔比自己更强，西班牙6号现在也确实已经成为决定比赛胜负的球员。

2012年冬天，哈维和卡西利亚斯曾共同获得阿斯图里亚斯王子奖。他俩的领导能力一直对西班牙队非常重要。在维护团队精神、帮助新晋国脚、保持进取心、维护加泰罗尼亚人和马德里人和谐关系等方面，他们都是球队的表率。除了单纯的个人能力因素之外，现代国家队赢得胜利所需要的每一项素质，都能在他俩身上找到。

特别是考虑到西班牙足球潜在的分裂倾向，他俩兄弟般的友谊尤为难能可贵，他们能通过自己的感召力影响队中的其他球员。

卡索拉：_真正的友谊是超越竞技对抗的，卡西利亚斯和哈维便是表率。你走上球场，为你的旗帜，为你的球队而战。你甚至可能跟好哥们儿在场上发生冲突，但一旦终场哨响，这些就都被忘到九霄云外。你们离开球场，然后会到一个舒适的餐厅小聚。碰到棘手的问题时，哈维和卡西利亚斯都表现出他们是多么珍视这些年来建立的友谊。他们有着很多共同的记忆，他们会努力维持两大阵营的和谐，他们会坐下来把事情说开，然后解决分歧。事实上，我们的三大队长——哈维、卡西利亚斯和普约尔都对球员们有着重大影响。他们在国家队和俱乐部都以身作则，他们在行为标准和职业素质上为我们树立了榜样。他们能给你传递很多有益的经验，跟他们在一起，你会学到很多。_

这两个人是如此重要，于是，哈维的年龄和长期以来的脚踵问题，以及卡西利亚斯在皇马一线队的不佳处境，让西班牙这个时代最重要的两名球员不再确信已处于职业生涯暮年的自己在队中的地位。2013年秋天，卡西利亚斯面临着要么接受只打欧冠和国王杯，要么就离开皇马在世界杯前确保俱乐部主力位置以保持状态的问题。

博斯克“欠”卡西利亚斯很多——他扑出的那些点球，他作为队长对球队的领导，世界杯决赛他化解罗本单刀球的永恒时刻，在2011年疯狂的国家德比之后，他给哈维和普约尔打去的电话。

2013年9月做客芬兰队的关键比赛中，在安切洛蒂一直把他摁在皇马板凳的情况下，卡西利亚斯依然为国家队首发出场。卡西利亚斯在国家队的备胎巴尔德斯立即对媒体表示，他依然认为卡西利亚斯是不可动摇的一号门将。

拥有这么厚实的班底，是博斯克的幸运。巴尔德斯具备一流的实力，时刻做好准备出场，2013年春天，在巴黎1∶0奏凯的比赛中，巴尔德斯证明了这一点。雷纳也是如此，他能力很强，而且对球队在大赛期间保持团结起着重要作用。在他们三人之后，则是德赫亚。博斯克说，一旦曼联门将成为一号国门，他在奖杯数量和服役时间上都将“创造一个新的时代”。

但是，卡西利亚斯就是卡西利亚斯。博斯克最希望的局面，当然是他的队长在巴西世界杯来临时，保持健康和体能，心情愉快，状态出色，无可争议地占据一号门将位置。但如果事与愿违，博斯克就将面临自己执教生涯中最重大的抉择之一。

这对哈维同样适用。巴塞罗那主帅马蒂诺表示，所有球员都将参与轮换，以确保关键球员在四五月份争夺冠军的关键时期能有更充沛的体能和更锐利的状态。这个思路或许能帮助哈维在世界杯上起到更重要的作用。如今的哈维，依然主导着西班牙队的比赛节奏，也依然能够撕开对手的防线。

以前，对手们习惯用专人紧盯以及多人包夹的方式防守哈维和伊涅斯塔。而今，对手们愈发喜欢使用犯规战术，并利用体能优势来不断地考验哈维。不论对手是有球还是无球状态，当哈维被其从身边越过时，是否愿意回追？待世界杯开幕，哈维便将34岁了，在一名核心球员到了这个岁数的时候，对手用这种招数来为难他一点也不奇怪。

我不知道博斯克在教练界的历史地位如何，我只是比较确定地知道，他并不在乎这些。

在俱乐部和国家队领域，他都曾率队夺得世界冠军和欧洲冠军，这在历史上是独一无二的。

如果他还能第二次染指世界杯，再加上他的欧洲杯、两座欧冠、两座西甲，后来者怕是望尘莫及了吧？

也许，即将到来的这届世界杯将是一次终极考验，决定着下列两大因素何者更为重要：一、球员生产线和球队打法；二、2007年到2012年处在巅峰期的黄金一代的这批球员。

若想证明前者更重要，我们就要看博斯克是否能从马丁内斯、卡瓦哈尔、蒂亚戈、伊斯科、索尔达多和内格雷多等球员中选出几人进入主力阵容，并依然取得胜利。

若想证明后者更重要，那么，我们就要看到一次浪漫主义的谢幕演出。在一届取得好成绩的大赛中，这支球队在关键时刻依然以比利亚、托雷斯、哈维、普约尔、卡西利亚斯为绝对核心。

从西班牙足协前技术总监的言论来看，他倾向于认为，虽然西班牙人才培养体系很不错，但这批黄金一代球员是无与伦比的，甚至是不可复制的。

耶罗：*我与一些人的观点相同，替代这批伟大球员将非常困难。现在有一些不错的球员涌现出来，但如果想夺取世界杯冠军，或征服欧洲，我们需要的是绝对顶尖的水准。我是这一代球员的忠实球迷，他们在场上场下都完美诠释着西班牙足球。我从没见过这样一个才华横溢的团队。如果你一个一个去看，你会发现，这些球员绝大多数都是在各自位置上位列世界前三的高手。*

然而，为俱乐部和国家队5次在欧洲赛事决赛进球并帮助球队取得胜利的那位射手，则持不同观点。他暗示说，国家队的运转体系，使他们在巴西世界杯有更大的夺冠机会。

托雷斯：*如果你才华不够，但态度正确，你依然可以赢得荣誉。但如果你有才华却没有正确态度，你什么都赢不了。而当你二者兼备时，夺冠的主动权就更多掌握在你自己手里了。西班牙足球成功的秘诀在于，这个时代我们在每个位置都有出色的球员，球队没有任何薄弱环*

节。而如果哪个位置比其他位置薄弱一些，其他球员的能量就会弥补这小小的不足。阿拉贡内斯和博斯克都可以在23个顶尖选手中选择首发阵容，每一个球员都是自己俱乐部的重要一员。而在西班牙队，他们在不得已的情况下却学会了如何当一名替补。我觉得，这是我们这个时代最鲜为人知的成功秘诀。因为，当你在板凳上拥有太多不开心的球员时，球队的团队精神就会开始破裂。显然，我们板凳上高手云集，但大家都知道如何接受主教练这场让你打替补的决定，这是为了球队好。这一点非常重要。西班牙队能连续夺冠，是因为我们创造了一个真正的团队。你当然可以对伊涅斯塔、哈维或卡西利亚斯进行特别的褒奖，但我认为我们有点像多特蒙德。他们也许有一两个突出的球员，但最突出的是他们的团队精神、战术打法、场上的勤勉和协作。我们这支球队，如果到了哈维和哈维·阿隆索从国家队挂靴的那一天，席尔瓦和法布雷加斯会是二十五六岁的年纪。这支国家队在很长时间里依然会十分强大，依然会不断取得胜利，因为我们多数位置都有三名懂得如何为了球队利益接受替补身份的顶尖高手。就是这样的一支团队，才能让你成为冠军。突出的球星是伟大的球队打造的，而不是有一两个超级巨星就能组成一支成功的球队。10到15年后，人们将更加珍视我们取得的成就，因为现在我们仍面临外界不少批评的声音，他们会发表这个人该上或那个人不该上之类的评论。我送他们一句话，让专业人士安静工作，好吗？我们已经创造了历史，我们现在的表现也并不糟糕。以前，他们因为我们拿不到冠军而批评我们。现在，他们因为我们没能每场比赛都赢4：0而批评我们。真正糟糕的，是这辉煌时代结束的那一天。那一天终会来临。但我们足够幸运，自始至终见证了这个时代，我认为我们可以为自己感到骄傲。

说到底，西班牙队一路走来取得的荣誉，意味着不论他们在巴西获得怎样的成绩，都是额外的奖赏，巴西世界杯的成绩并不是问题的核心。

他们已经改变了足球。三座奖杯属于你在这本书中遇到的那些英雄。我必须承认，近距离见证他们的成功之路，有时令人欢喜，有时令人紧张，但总是乐趣十足。

西班牙队一项永恒的成就，也是他们为每个热爱足球的人做出的贡献在于，他们展示出，重视技术、视野、技巧、战术、青训、热爱控球并热爱胜利，会有着怎样的收获。每个国家，不论是你的国家，还是我的国家，都可以努力打造出属于自己的“西班牙队”。

同时，西班牙队也是一部关于人的故事。这是一些我遇到过和所能遇到的最不平凡的人，他们是充满饥饿感、全身心投入的赢家。他们有趣，好玩，“穷凶极恶”地追逐着他们的理想。

最后，我们又要谈到卡西利亚斯，西班牙的“圣伊克尔”——那个一次次扑出点球的卡西利亚斯，那个训练结束后与雷纳斗智斗勇但铩羽而归的卡西利亚斯，那个化解罗本单刀的卡西利亚斯，那个每次赛后都会同意我采访要求的卡西利亚斯，那个在大赛结束后捧起奖杯的卡西利亚斯。

卡西利亚斯：*过去，西班牙人习惯了庆祝足球之外每一个体育项目的胜利。网球、篮球、五人制室内足球、手球、水球、曲棍球和其他一切项目，我们都拿过奖杯。那个时期，西班牙足球一事无成，但我们有自己的规划。我们规划的一部分，就是找到一群孩子，教会他们如何赢，并且一直赢。*

我们依靠强大的实力，加之好运相伴、更成熟的心态、命运的眷顾，有时则是纯粹的运气，走到了今天。我们全身心投入我们的事业，直到最后一场比赛的终场哨音响起。毫无疑问，对我们当中的一些人来说，胜利宜早不宜迟。我们已经三十多岁，正在走向职业生涯的终点。

是我们的教练阿拉贡内斯和博斯克挖掘出了我们的潜能吗？我不知道。但我认为我们每个人都是“俄罗斯方块”中的一个方块，我们能完

美地组合在一起。但是，你无法阻止时间的流逝，任何事物都有它的生命周期。我们要靠教练继续吸纳年轻球员，补充到我们这群老家伙中来。

我们所做的事情，我们已经做到的事情，就是让非常艰巨的任务看上去是那么普通。

西班牙队三连冠英雄谱

伊克尔·卡西利亚斯 Iker Casillas
2008年欧洲杯/ 2010年世界杯/ 2012年欧洲杯
首发: 18
替补: 0
失球: 6
不失球场次: 13
入选赛事最佳阵容: 2008/ 2010/ 2012

佩佩·雷纳 Pepe Reina
2008年欧洲杯/ 2010年世界杯/ 2012年欧洲杯
首发: 1
替补: 0
失球: 1

安德烈斯·帕洛普 Andrés Palop
2008年欧洲杯
首发: 0
替补: 0

维克托·巴尔德斯 Víctor Valdés
2010年世界杯/ 2012年欧洲杯
首发: 0
替补: 0

劳尔・阿尔比奥尔 Raúl Albiol
2008年欧洲杯
首发: 1
替补: 1

费尔南多・纳瓦罗 Fernando Navarro
2008年欧洲杯
首发: 1
替补: 0

卡洛斯・马切纳 Carlos Marchena
2008年欧洲杯/ 2010年世界杯
首发: 5
替补: 3
入选赛事最佳阵容: 2008

卡莱斯・普约尔 Carles Puyol
2008年欧洲杯/ 2010年世界杯
首发: 12
替补: 0
进球: 1
入选赛事最佳阵容: 2008/ 2010

霍安·卡普德维拉 Joan Capdevila

2008年欧洲杯/ 2010年世界杯

首发: 12

替补: 0

助攻: 1

塞尔吉奥·拉莫斯 Sergio Ramos

2008年欧洲杯/ 2010年世界杯/ 2012年欧洲杯

首发: 18

替补: 0

入选赛事最佳阵容: 2010/ 2012

阿尔瓦罗·阿韦洛亚 Álvaro Arbeloa

2008年欧洲杯/ 2010年世界杯/ 2012年欧洲杯

首发: 7

替补: 1

华尼托 Juanito

2008年欧洲杯

首发: 1

替补: 0

赫拉德 · 皮克 Gerard Piqué
2010年世界杯/ 2012年欧洲杯
首发: 13
替补: 0

霍尔迪 · 阿尔巴 Jordi Alba
2012年欧洲杯
首发: 6
替补: 0
进球: 1
助攻: 1
入选赛事最佳阵容: 2012

胡安弗兰 Juanfran
2012年欧洲杯
首发: 0
替补: 0

安德烈斯 · 伊涅斯塔 Andrés Iniesta
2008年欧洲杯/ 2010年世界杯/ 2012年欧洲杯
首发: 17
替补: 0
进球: 2
助攻: 3
入选赛事最佳阵容: 2010/ 2012

哈维·埃尔南德斯 Xavi Hernández
2008年欧洲杯/ 2010年世界杯/ 2012年欧洲杯
首发: 18
替补: 0
进球: 1
助攻: 4
入选赛事最佳阵容: 2008/ 2010/ 2012

塞斯克·法布雷加斯 Cesc Fàbregas
2008年欧洲杯/ 2010年世界杯/ 2012年欧洲杯
首发: 5
替补: 11
进球: 3
助攻: 5

桑蒂·卡索拉 Santi Cazorla
2008年欧洲杯/ 2012年欧洲杯
首发: 0
替补: 7

哈维·阿隆索 Xabi Alonso
2008年欧洲杯/ 2010年世界杯/ 2012年欧洲杯
首发: 14
替补: 3
进球: 2

马科斯·塞纳 Marcos Senna
2008年欧洲杯
首发: 5
替补: 0
入选赛事最佳阵容: 2008

塞尔吉奥·布斯克茨 Sergio Busquets
2010年世界杯/ 2012年欧洲杯
首发: 13
替补: 0

哈维·马丁内斯 Javi Martínez
2010年世界杯/ 2012年欧洲杯
首发: 0
替补: 2

大卫·席尔瓦 David Silva
2008年欧洲杯/ 2010年世界杯/ 2012年欧洲杯
首发: 12
替补: 1
进球: 3
助攻: 4

鲁文·德拉雷德 Rúben de la Red
2008年欧洲杯
首发: 1
替补: 0
进球: 1

大卫·比利亚 David Villa
2008年欧洲杯/ 2010年世界杯
首发: 11
替补: 0
进球: 9
助攻: 1
入选赛事最佳阵容: 2008/ 2010

费尔南多·托雷斯 Fernando Torres
2008年欧洲杯/ 2010年世界杯/ 2012年欧洲杯
首发: 11
替补: 6
进球: 5
助攻: 2

塞尔吉奥·加西亚 Sergio García
2008年欧洲杯
首发: 1
替补: 0
助攻: 1

达尼·古伊萨 Dani Güiza
2008年欧洲杯
首发: 1
替补: 3
进球: 2
助攻: 1

胡安·马塔 Juan Mata
2010年世界杯/ 2012年欧洲杯
首发: 0
替补: 2
进球: 1

赫苏斯·纳瓦斯 Jesús Navas
2010年世界杯/ 2012年欧洲杯
首发: 1
替补: 5
进球: 1
助攻: 1

佩德罗 Pedro
2010年世界杯/ 2012年欧洲杯
首发: 2
替补: 6

费尔南多·略伦特 Fernando Llorente

2010年世界杯

首发: 0

替补: 1

阿尔瓦罗·内格雷多 Álvaro Negredo

2012年欧洲杯

首发: 1

替补: 1

致谢

我要特别感谢那些为本书写作接受专访的足坛人士：首先是维森特·德尔·博斯克（Vicente del Bosque），这位从第一天起便以幽默的语言和友善、开放性的态度对待我的西班牙队主帅。远在他受封侯爵爵位之前，他便是一位有着高贵品质的人。接下来，我要感谢安赫尔·马里亚·维拉主席（President Ángel María Villar）、马科斯·塞纳（Marcos Senna）、桑蒂·卡索拉（Santi Cazorla）、费尔南多·托雷斯（Fernando Torres）、赫拉德·皮克（Gerard Piqué）、吉内斯·梅伦德斯（Gines Mélendez）、帕科·希门尼斯（Paco Jiménez）、何塞·曼纽尔·奥乔托雷纳（José Manuel Ochotorena）、霍安·卡普德维拉（Joan Capdevila）、达尼·阿兰苏比亚（Dani Aranzubia）、卡洛斯·马切纳（Carlos Marchena）、费尔南多·纳瓦罗（Fernando Navarro）、塞尔吉奥·加西亚（Sergio García）、维克托·穆尼奥斯（Victor Muñoz）、史蒂夫·麦克马纳曼（Steve McManaman）、格雷姆·索内斯（Graeme Souness）、戴维·普罗万（Davie Provan）、盖斯卡·门迭塔（Gaizka Mendieta）、霍安·加斯帕特（Joan Gaspart）、哈维·恩里克斯（Javi Enríquez）、米格尔·雷纳（Miguel Reina）、托内特（Tonete）、阿尔伯特·费雷尔（Albert Ferrer）、伊纳基·赛斯

（Iñaki Sáez）、赫苏斯·戈麦斯（Jesús Gómez）和托马斯·希策尔斯佩格（Thomas Hitzlsperger）。是他们一次又一次的帮助，将挖掘轶事和引语以探求对某些话题的解释的过程，变为带给我灵感和惊喜的发现之旅。

我还要感谢这些年来曾接受我采访，跟我聊八卦开玩笑，令我无限尊重的人们：伊克尔·卡西利亚斯（Iker Casillas）、维克托·巴尔德斯（Víctor Valdés）、安德烈斯·帕洛普（Andrés Palop）、佩佩·雷纳（Pepe Reina）、阿尔瓦罗·阿韦洛亚（Álvaro Arbeloa）、卡莱斯·普约尔（Carles Puyol）、哈维（Xavi）、安德烈斯·伊涅斯塔（Andrés Iniesta）、哈维·阿隆索（Xabi Alonso）、佩德罗（Pedro）、大卫·比利亚（David Villa）、费尔南多·略伦特（Fernando Llorente）、阿尔瓦罗·内格雷多（Álvaro Negredo）、塞尔吉奥·布斯克茨（Sergio Busquets）、罗伯托·索尔达多（Roberto Soldado）、哈维·马丁内斯（Javi Martínez）、胡安·马塔（Juan Mata）、霍尔迪·阿尔巴（Jordi Alba）、劳尔·阿尔比奥尔（Raúl Albiol）、费尔南多·耶罗（Fernando Hierro）、塞斯克·法布雷加斯（Cesc Fàbregas）、埃米利奥·布特拉格诺（Emilio Butragueño）、大卫·席尔瓦（David Silva）、路易斯·阿拉贡内斯（Luis Aragonés）、托尼·格兰德（Toni Grande）、哈维尔·米尼亚诺（Javier Miñano）、劳尔·冈萨雷斯（Raúl González）、库尔特·亚拉（Kurt Jara）以及鼓王马诺洛（Manolo el del Bombo）。

在西班牙足协，以下人士都成为了我的朋友，并在工作上给了我莫大帮助：帕洛马·安托兰斯（Paloma Antoranz），他一直带着深厚的感情和高超的智慧照料着西班牙队；安东尼奥·布斯塔门特（Atonio Bustamente），他对我非常热情，照顾有加；接下来还有玛丽亚·何塞·克拉拉蒙特（Maria Jose Claramunt）、西尔维娅·多施内罗娃（Silvia Dorschnerova）、苏珊娜·巴尔克罗（Susana Barquero）、何塞·曼努埃尔·奥达斯（Jose Manuel Ordas）、巴勃罗·佩纳

（Pablo Pena）、路易斯·阿奈斯（Luis Arnaiz）、佩德罗·科尔特斯（Pedro Cortes）、胡安·路易斯·拉雷亚（Juan Luis Larrea）、路易斯·乌兰加（Luis Uranga）、托尼·格拉（Toni Guerra）、达米安·加西亚（Damian Garcia）以及华金·雷塔莫萨（Joaquin Retamosa）、安托林·贡萨洛·马丁（Antolin Gonzalo Martin）和安东尼奥·利莫内斯（Antonio Limones）。

必须指出，对于西班牙队所经历的那些进球、扑救、高质量训练课和不错的运气，如果不是西班牙足协主席安赫尔·马里亚·维拉具备那样的远见卓识、耐心、信念和抱负，我们将无法写下这些故事。在此也感谢他。

而当我寻求他们的帮助时，一些非常友善热情的人，比如，埃尔南·桑斯（Hernán Sanz）（比利亚雷亚尔）、拉法·拉莫斯（西班牙人）、加雷思·迈尔斯（切尔西）、马克·戈内利亚（Mark Gonella）和凯蒂·鲍德温（Katie Baldwin）（阿森纳）、阿图罗·卡纳莱斯（Arturo Canales）、本·米勒（Ben Miller）以及丘斯·略伦特（Chus Llorente），都饱含激情地回答了我的问题。谢谢你们。

欧足联官方网站、国际足联电视台以及HBS和IMG这两家公司的很多人，都与我在欧洲杯和世界杯期间有着愉快的合作。人数之多，恕我无法一一列举，但在此仍要感谢奈恩·沙尔特（Nairn Salter）、基思·库珀以及安德林·库珀（Keith and Andrin Cooper）、尼基·穆迪（Nick Moody）、罗斯玛丽·费根（Rosemary Fagan）、蒂耶里·德巴克，还有大卫·奥塞尔（Thierry De Backer and David Ausseil）、罗伯·埃斯特瓦（Rob Esteva）、阿尔弗雷多·罗德里格斯（Alfredo Rodríguez）、安德鲁·哈斯拉姆（Andrew Haslam）、卡蒂亚·罗思（Cathia Roth）、大卫·法雷利（David Farrelly）、德米特里斯·马米金斯（Dmitrijs Mamikins）、约翰·阿特金（John Atkin）、乔什·赫什曼（Josh Hershman）、卡迪拉·马尔科奇（Kadira Malkoc）、凯文·阿什比（Kevin Ashby）、马丁·辛德利（Martyn

Hindley）、迈克尔·哈罗德（Michael Harrold）、保罗·尼克森（Paul Nixon）、帕维尔·戈尼策（Pavel Gognidze）、雷米·维格曼斯（Remy Wigmans）、萨姆·亚当斯（Sam Adams）。吉姆·阿格纽（Jim Agnew）——还记得从维也纳到里斯本那段神奇的旅程吗？西蒙·哈特和帕特里克·哈特（Simon and Patrick Hart），你们知道我对你们的良好祝愿。胡安尼塔·德科克（Juanita de Kock），我要向你和你的家人问好。埃瓦里斯托和米格尔（Evaristo y Miguel），也要向你问好！

还要感谢阿迪达斯，尤其是卡洛斯·罗霍（Carlos Rojo）、贝伦·弗拉瓜斯（Belén Fraguas）以及路易斯·卡诺（Luis Cano）。

除了西班牙队之外，还有一支了不起的“红队”——阿尔瓦罗·马乔（Álvaro Macho）、德尔芬·拉米雷斯（Delfín Ramírez）、保罗·布赖恩（Paul Bryan）、爱跳舞的桑蒂·索尔索纳（Santi ‘I love to dance’ Solsona）以及罗伯托·埃尔南德斯（Roberto Hernández）。

这样一本书的写作，需要广泛取材。我由衷感谢那些腾出宝贵时间帮我把这个故事讲得更丰满的人们。如果由于我的失误，而没能充分指出某些引语的出处，请相信我绝非故意为之并请谅解我的疏漏。在这本书中，我记录了我对一些事情在当时和事后回顾起来的感受，如果我对某些西班牙媒体提出了批评意见，那么在此我要强调，追随西班牙队征战世界各地的相当一部分记者，是才华横溢、正直、勤恳的人，是美妙的旅途伙伴。我指的是哪些人，他们知道的。

阿拉贡内斯VS劳尔

接受《阿斯报》（Diario AS）专访时，阿拉贡内斯回顾了自己弃用劳尔的决定。

2008年欧洲杯

2008年欧洲杯首场比赛前，托雷斯接受了《世界体育报》（El Mundo Deportivo）记者马内尔·布鲁纳（Manel Bruña）的采访。卡西利亚斯对电视节目《罗宾逊报告》（Informe Robinso）谈到了球队的团结问题。与瑞典队的比赛前，托雷斯接受了西班牙电视台的采访。而在他的自传《厄尔尼诺：我的故事》（El Niño: My Story）中，托雷斯回顾了对于被替换下场的恼火。亨里克·拉尔森（Henrik Larsson）对《世界体育报》记者康奇塔·鲁拉（Conchita Roura）讲述了自己对托雷斯的推崇。拉莫斯2009年接受《国家报》（El País）采访时，则回忆起了他早些年在阿拉贡内斯手下的恣意任性。

阿里戈·萨基（Arrigo Sacchi）和达米亚诺·托马西（Damiano Tomassi）对《世界体育报》发表了观点。在《西班牙队的秘密》（Mas Secretos de la Roja）一书中，卡西利亚斯回忆了对于意大利队的恐惧。古伊萨和法布雷加斯作客了《罗宾逊报告》节目，接受了《世界体育报》的采访。1/4决赛前，阿拉贡内斯对他在《阿斯报》的朋友哈维尔·马塔利亚内斯（Javier Matallanes）吐露了队内气氛的实情。普约尔通过节目透露了与俄罗斯队一战的更衣室训话，还对路·马丁（Lu Martín）大谈队内的“寿司帮”。

奥塔莱萨的智者

多数阿拉贡内斯以前的引语，都来自《世界体育报》和《国家报》的资料。

1987年7月，恩里克·伊巴涅斯（Enrique Ibáñez）对《国家报》谈到了阿拉贡内斯离开马德里竞技帅位的决定。1991年8月，阿拉贡内斯接受《国家报》记者何塞·米格雷斯（Jose Miguélez）采访时聊到了自己的恐惧症。7年后，他又对这位记者表示，他相信西班牙队应该坚持他们“烈焰”风格的足球，而不是采用tiki-taka踢法。

关于赢得大赛你想知道的一切

哈维借代表国家队第100次出场的机会，对《马卡报》谈到了自己当年在国青队的经历。卡西利亚斯在其自传《谦逊的冠军》（la Humilidad del Campeón）中，回顾了当年在尼日利亚征战世青赛的故事。

胡子背后的男人

博斯克对《国家报》回忆了自己的父亲。关于他在球员时代很容易引起批评者注意的言论，同样出自该报。

南非指南

2009年夏天，耶罗对《国家报》的何塞·萨马诺（José Sámano）和路易斯·马丁（Luis Martín），就西班牙队在南非的表现发表了评论。

2010年世界杯

伊涅斯塔在《罗宾逊报告》节目中，谈到了对自己身体状态和心理状态的担忧，奥斯卡·塞拉达斯（Óscar Celadas）和埃米里·里卡特（Emili Ricart）也是在该节目中发表自己的见解。托雷斯在个人官网上，讲述了自己横穿欧洲的探险。博斯克在《罗宾逊报告》节目中，回忆了与智利队比赛前大巴上的沉寂，比利亚、哈维和皮克也是如此。同样是在该节目中，托雷斯谈及了要“惩罚”佩德罗的想法。他对南非世界杯的感觉，则发表在《世界体育报》上。

哈维和比利亚在西班牙足协的纪录片中，谈到了与葡萄牙队的比赛。

克鲁伊夫对《加泰罗尼亚日报》（El Periodico）、西多夫对BBC批评了荷兰队决赛中的表现。伊涅斯塔通过《罗宾逊报告》发表了有关范博梅尔的言论。他对艾萨克·牛顿的致敬，则是在接受《国家报》记者路·马丁采访时做出的。

英语课

哈维·阿隆索与《国家报》聊了相关话题，劳尔则给沙尔克04球迷写了公开信。

孩子们很棒

法布雷加斯有关在国青队与拉莫斯共事的回忆，发表在《阿斯报》上。

劳尔是对锡德·洛（Sid Lowe）和皮特·詹森（Pete Jenson）谈到了在德国的新生活。

2012年欧洲杯

哈维尔·米尼亚诺在《国家报》上赞叹了球员对国家队工作的投入，法布雷加斯则是通过该报向阿拉贡内斯致敬。

托尼·格兰德对《红色期刊》（Diario de la Roja）讲到了哈维与他和博斯克的谈话。哈维后来表示，格兰德就此向他进行了道歉。哈维明确表示，他从不会向教练建议应该让某一个球员取代另一个球员，他只会谈那些“对全队有益”的事情。

哈维对《国家报》谈到了收回退出国家队成命一事。

巴西指南

阿韦洛亚和拉莫斯对《国家报》聊到了他们对巴西媒体有关偷窃事件错误报道的愤怒。

进入未知世界

博斯克有关联合会杯的评论，出现在西班牙足协官方网站上。

耶罗通过国际足联官方网站称赞了这一代西班牙球员。

卡西利亚斯对路易斯·马丁发表了那番精彩的言论。

谢谢你们

这不是在挖煤，也不是在严寒中往轮船上钉柳钉，但写一本书，至少尽自己所能地尝试写书，绝非易事，需要苦思冥想，绞尽脑汁。在这个过程中，我比以往任何时候都更需要我的爱妻路易丝。她聪慧，有着准确的判断力，创意无限，有时与我心灵相通。不仅是她对我无条件的支持，更是她的才华，让我的写作成为可能，并且写得更好。没有她的帮助，这本书将大为逊色。既然这个故事能够打动她，那么我就知道这个故事值得一写。

同样地，我那两个可爱的女儿，一个在西班牙长大，一个在那里出生。看着她们非常了解的球员取得成功，不啻为开启人生旅程的良好方式。卡拉，安妮，谢谢你们的支持。

我希望我的父母与兄弟们喜欢这本书。在写作过程中，每当我发牢骚或对他们爱搭不理时，他们都非常明智地不来打搅我。

众多亲朋好友都曾给予我无私的帮助，阵容足以赶上好莱坞大片卡司。首先，我想感谢格雷姆・朗西（Graeme Runcie），是他帮助我融入西班牙。锡德・勒夫（Sid Lowe），他自己正在写一部巨作，他与皮特・詹森（Pete Jenson）一道，在我最需要的时候，提出了大量宝贵意见和更正建议。谢谢你们。当我需要帮助或者建议时，罗伯・穆尔（Rob Moore）、伊万・莫迪亚（Ivan Modia）、科杜拉・莱因哈特

(Cordula Reinhardt)、奥雷利奥·卡帕尔迪(Aurelio Capaldi,意大利传奇)、伊恩·麦加里(Ian McGarry)以及无所不能的罗尼·伦(Ronnie Reng)均不吝伸出援手。希望有朝一日能够回报你们。

卡梅洛·鲁维奥(Carmelo Rubio),这位一直与这些伟大球员零距离接触的摄影师,给予了我们慷慨的帮助。才华横溢的丹·莱顿(Dan Leydon)也一如既往地展现了他的热情和睿智。

西尔维娅·冈萨雷斯·庞塞拉斯(Silvia González Poncelas)才识过人,充满活力,风趣幽默,我愿意向任何人推荐她从事媒体工作的才华。谢谢你。同时还要感谢我的朋友谢丽尔·简·坎贝尔(Cheryl Jane Campbell)。

虽然我很高兴能跟踪采访几届大赛,但这些重大赛事正愈发考验着我们精神和身体的耐力,特别是如果你想从头至尾紧跟一支夺冠球队的话。幸而我每次都有贵人相助。2008年,达尼·韦尔塔(Dani Huerta)和尤尔根·皮尔格(Jürgen Pilger)全程跟踪了西班牙队的夺冠历程,总念叨着“智者说……”的伊恩·霍利曼(Ian Holyman)给予了很大帮助。

2010年,跟两位大牛的合作——跟迈阿密有着不解之缘的亚当·戈德芬奇(Adam ‘Miami’ Goldfinch),以及总在执着于“保卫沙发”的格伦·波斯特(Glen ‘defending the couch’ Post,绰号“影子”)改变了我的人生。

对于在大赛上跟踪采访西班牙队,我知道,桑蒂·塞古罗拉(Santi Segurola)、马内尔·布鲁纳(Manel Bruña)、米格尔·安赫尔·劳拉(Miguel Angel Lara)以及我在《西甲综述》(Revista de la Liga)节目中的同事吉列姆·巴拉格(Guillem Balague)都会做出顶尖水准的精彩报道。但这里面最厉害的当属我的好朋友路·马丁(Lu Martín),他为记者这个职业做出了最好的注脚,球员们都信任他,喜欢他。

此外,我要感谢BackPage Press出版社。想实现他们这样的成就,需要的不仅是才华、眼界、勤勉,还需要具备足够的勇气。这家公司建立于经济危机的背景之下，它的诞生，是因为奠基者们相信，这项事业可以也必须做得更好。他们的作者和客户都认为，他们实现了他们的目标。尼尔·怀特（Neil White）和马丁·格雷格（Martin Greig），辅之以卡丽和尼克（Carrie and Nic）的帮助，谱写着鼓舞人心的故事。

最后，衷心感谢各位读者阅读本书。感谢上帝将足球带给了我们。

格拉汉姆·亨特 Graham Hunter

2013年10月，于巴塞罗那

译者后记

本书由我和《体坛周报》国际足球资深编辑严俊、郭磊合作翻译完成。其中，我负责翻译第1~8章，严俊翻译第9~10章，郭磊翻译第11~13章。本书作者格拉汉姆·亨特为我们提供了美妙的文本故事，而卓文天语的责任编辑邓东文老师在整个翻译过程中鼎力支持，还有牵线搭桥的沙迎风老师，在此我们表示衷心感谢。

由于时间仓促，加之译者水平有限，书中难免会有疏漏，希望读者指正、包涵，不胜感激。

最后，我们要感谢父母、妻子和朋友们，感谢你们的理解与支持，作为本书的第一批读者，你们辛苦了！

网易体育主编　张玉强

2014年5月15日